LUI, MOI & LE BÉBÉ

LOLA DUMAS

LUI, MOI & LE BÉBÉ

Éditions Addictives

Pour S, la basse continue.
Pour M, la petite musique.

« Il y aura toujours un couple frémissant
Pour qui ce matin-là sera l'aube première. »
Louis Aragon, « Que la vie en vaut la peine »
in « Les yeux et la mémoire », chant II, 1954

« Mais qu'allons-nous faire, de tous ces plaisirs ?
Il y en a tant sur Terre.
Nous ferons ce qui est interdit
Nous irons nous promener la nuit.
Nous irons ensemble à la buvette.
Nous ferons tous deux des galipettes.
Nous fumerons la pipe en cachette.
Nous irons ensemble à la buvette.
Nous nous gaverons de pâtisseries.
Nous ferons tout ce qui est interdit. »
Jacques Demy, « Les rêves secrets d'un prince
et d'une princesse » *in Peau d'âne*,
film musical réalisé en 1970

TABLE

I

PASSAGER CLANDESTIN

1
ENCLENCHER LE CONTACT

Léonie

– Stoooooooooooooooopppppp !!!

Je vais tuer Simon. C'est décidé. J'adore mon frère, mais cette fois je vais le tuer. Je n'ai pas d'autre solution pour me sortir de cet enfer. Ça dure depuis 8 heures du matin. Il va être midi, je n'ai pas encore déjeuné et je dois récupérer son fameux milliardaire à « 13 h 30 pétantes ».

– … et je te rappelle que tu dois prendre Jesse Franklin à 13 h 30 pétantes…

Noooon ? Pas possible ?

– … parce que M. Franklin…

– … ne supporte pas une seconde de retard car il est extrêmement ponctuel, et M. Franklin a toujours un costume impeccable parce qu'il en change plusieurs fois par jour, et M. Franklin préfère qu'on ait une conduite souple, et M. Franklin et patati et patata…

– Ah ? Mais comment tu le sais ? Je te l'ai déjà dit ?

– Mais ce n'est pas la grippe que tu as, Simon, c'est un problème de mémoire immédiate tendance Alzheimer ! Tu me répètes les mêmes choses en boucle depuis presque quatre heures ! Je sais TOUT sur Jesse Franklin, jusqu'à la manière dont il s'assied dans la voiture en commençant par glisser sur une fesse, avant de se stabiliser sur les deux au milieu du fauteuil arrière comme un roi sur son trône, un portable sur chaque oreille, donnant des ordres à on ne sait qui à travers le monde ! Je n'en peux plus, Simon ! Et puis, il faut que je mange et que je parte, là, maintenant ! Autrement, ça n'aura servi à rien que je sois libre pour te remplacer : il n'y aura personne pour conduire Sa Majesté Franklin ; ça te retombera dessus et cela ternira l'image de l'entreprise.

– OK, OK, mais justement, c'est pour l'image de la boîte que… Et puis il ne s'attend pas à… Bon, de toute façon, c'est vrai : il faut que je me repose… Je suis épuisé. Ah oui, au fait, n'oublie pas de vérifier que dans la Rolls…

– AU REVOIR SIMON !!!

Vlam ! Je n'ai pas d'autre choix que de fuir enfin cette litanie « simonienne » en lui claquant le bec en même temps que la porte au nez.

Ouf ! Sauvée.

Je me doutais qu'en proposant de remplacer Simon au pied levé pour conduire le « grand » Jesse Franklin, j'allais devoir défendre l'affaire devant mon père et son cher fils, seul habilité jusque-là à conduire la Rolls Phantom, mais franchement je n'imaginais pas que ça me prendrait autant de temps et d'énergie. Ils sont coriaces les Caravaggio ! Pourtant, j'en suis une aussi ! Il faut croire qu'ils l'avaient oublié un moment. Je conduis des karts depuis que j'ai 7 ans et je suis née dans ce garage. Je peux démonter et remonter un moteur en moins de temps que Simon met à comprendre un épisode de *Game of Thrones* (bon, bon, d'accord, j'abuse certainement un peu. Il avait compris le générique du premier au bout d'une heure, soyons honnêtes !). Ils le savent aussi bien que moi, mais ils continuent à faire comme si j'étais une gamine tout juste capable de conduire une trottinette. Je pilote des voitures de course ! Ils me tapent sur les nerfs parfois, ces « Caramachos » ! On est au XXIe siècle à New York ou dans leur chère Italie au Moyen Âge ? Je leur ai déjà expliqué, et ce n'est pourtant pas compliqué de le savoir et de faire la différence, il n'y avait pas de voiture dans l'Italie du XIIIe siècle. Donc ? Il n'empêche que je subis le tribunal de l'Inquisition depuis hier soir.

***

Quiconque n'a pas conduit une Rolls Phantom dans Manhattan par un début d'après-midi ensoleillé manque une des plus belles expériences de volupté. Elle avance sans bruit, et les rues défilent comme dans un film. On se sent comme la reine d'Angleterre. Évidemment, la reine d'Angleterre ne conduit pas sa voiture en plein New York avec une casquette ridicule sur la tête. Encore que… allez savoir… quand on voit ses chapeaux… pourquoi pas une casquette ! Et puis, après tout, il paraît qu'elle aime conduire, et vite en plus ! Si ça se trouve, dès qu'elle rentre au Palais, elle s'habille en salopette et prend une vieille Porsche pour faire le tour de sa propriété à toute blinde. Quoi qu'il en soit, c'est la classe ! J'adore cette voiture, même si, d'habitude, je préfère les engins un peu plus « nerveux ». Je ne sais pas, la Rolls, ça me calme, ça repose. On a l'impression qu'il ne peut rien nous arriver. J'imagine que ça doit être comme ça tout le temps quand on est milliardaire. Cette évidence que tout vous est dû et que le monde vous appartient. Je me demande si c'est ce que pense le fameux Jesse Franklin. Multimilliardaire et pas encore 30 ans, beau gosse en plus, si j'en crois Simon : ça doit être vrai pour que mon frère l'admette avec une pointe d'admiration. Il doit être mieux qu'un top model et sacrément impressionnant ! Bref, le genre qui fait défiler les mannequins et les actrices dans son lit sans avoir à faire le moindre effort. Quand je vais raconter à Jenny que je conduis un milliardaire « bombesque » et que j'ai enfin pu voir le plus beau palace de New York ! Bon, attendons que ce soit fait. Si ça se trouve, les goûts de Simon en beauté masculine sont douteux, et puis je ne sais pas si le luxe à un tel degré va me plaire tant que ça. J'aime bien mon petit appartement, moi. Ceci dit, avec sa taille multipliée par dix, il ne serait pas mal non plus. Même par cinq, tiens, je m'en contenterais. Avec quelques domestiques, une belle voiture et un chauffeur… Non, pas de chauffeur. Je ne vois pas qui conduirait mieux que moi ! Allez, ça suffit. Pour l'instant, le chauffeur, c'est moi.

Je suis en avance ; il me reste à attendre devant le *Plaza* avec ma pancarte au nom de Jesse Franklin, à côté de la Rolls, avec toute la prestance qui fait la marque et la fierté des Caravaggio.

***

– Bonjour. Vous êtes bien le chauffeur de M. Franklin ?

Amusant ! En tant que brune, j'ai souvent remarqué que c'est toujours quand on attend un type canon qu'arrive une grande et belle bonde à la place. Ça se confirme, même devant les palaces on dirait, mais, en temps normal, elle n'arrive pas en portant un bébé ; ce qui est pourtant le cas de celle-ci. Disons que c'est l'exception qui confirme la règle.

– Bonjour madame, oui, c'est bien cela.

– M. Franklin arrive dans quelques instants. Je suis la gouvernante et je viens installer sa fille.

Je suis prête à tout, mais là… Qu'est-ce que c'est que cette histoire ? Une mauvaise blague de Simon ? Il a passé des heures à me répéter des évidences sur la conduite des Rolls et les milliardaires et il ne m'a pas dit que Franklin avait une fille !!? Il me le paiera.

– Très bien madame, lui réponds-je d'un ton très professionnel malgré ma surprise. Nous pouvons installer l'enfant à l'arrière, à côté de M. Franklin.

Un siège bébé dans une Rolls ! On aura tout vu !

– Parfait ! On va la mettre ici. Il pourra la voir et elle ne le gênera pas pour travailler. Vous savez comment installer le cosy ?

– Je l'ai déjà vu faire, mais pas pour ce modèle.

Ben voyons ! Il y a encore trois minutes, je savais à peine que ça existait, mais une Caravaggio ne se démonte jamais !

– Je vous montre comment le mettre et l'enlever alors, comme je ne reste pas avec M. Franklin. Je vous retrouverai plus tard.

– Bien, allons-y.

Nous faisons le tour de la voiture pour installer le cosy à

l'arrière. La gouvernante pose le siège, avec une certaine élégance, je dois l'avouer, et commence ses explications.

– Donc, une fois le siège posé sur le fauteuil, toujours dans ce sens, vous passez la sangle de ceinture par-derrière, dans le conduit destiné à la recevoir, puis vous bloquez ici avec ce clapet, avant de la faire repartir dans l'autre sens en la tirant comme ceci. Vous me suivez ?

– Oui, oui.

À dire vrai, j'ai lâché l'affaire depuis qu'elle m'a dit dans quel sens poser le siège, mais bon…

– Puis vous retirez cette partie pour pouvoir glisser à nouveau la ceinture dedans et, en refermant, vous enclenchez le mécanisme qui sert de blocage. Il faut que vous entendiez le « clac ». Si ce n'est pas le cas, vous devrez tout recommencer depuis le début.

C'est certainement idéal pour le bébé ces sièges de voiture, mais le type qui a inventé ça devait par contre détester ses parents et avoir une volonté farouche de se venger sur tous les géniteurs des générations futures. À côté, défendre mes compétences de conductrice auprès de mon père et de Simon tenait de la promenade d'agrément ! En gros, il faut choisir : avoir un enfant ou une voiture. Les deux ensemble sont incompatibles s'il faut se servir de ces sièges.

– Voilà ! Et c'est la même chose pour le retirer, sauf qu'il faut évidemment commencer par la partie qui débloque le siège. Là, vous appuyez sur la sorte de manette qui dépasse, ici, et vous lui appliquez une légère pression qui va désenclencher le mécanisme et vous permettre de faire basculer le cosy pour désenclaver la ceinture. Comme ça, c'est simple, non ?

– Enfantin. Merci.

Ou elle se moque de moi ou elle ne se rend plus compte après l'entraînement intensif qu'elle a dû subir. La pauvre ! Je suppose qu'elle a passé un diplôme après une formation éprouvante de plusieurs années, digne des Marines pour arriver à comprendre comment ce truc s'attache. Si ça ne gêne personne, je pense que ce « cosy » fera désormais partie de la Rolls. Il est hors de question que j'essaie de l'enlever.

– Eh bien ! Je vous laisse. Bonne journée. Vous direz à M. Franklin que les instructions sont dans le cosy.

– Très bien, merci. Bonne journée madame !

Et l'Archange Gabriel s'en va après m'avoir déposé son fardeau comme si de rien n'était. Tu parles d'une Annonciation ! Je n'en reviens pas, le beau milliardaire est papa ! Simon doit bien rigoler entre deux quintes de toux en m'imaginant découvrir l'info et devant la gérer sans rien laisser paraître. Qu'il s'étouffe avec ses glaires ! En attendant, me voilà avec un milliardaire et son bébé, qui est mignon, ceci dit…

– Alors ma choupette, tu as l'air bien tranquille et souriante, mais… je ne sais même pas comment tu t'appelles. On attend ton papa.

Mince ! Au fait, où ai-je mis ma pancarte ? Elle doit être tombée dans la voiture pendant qu'on installait le cosy inventé par le copain de Norman Bates. Elle est peut-être sous le siège arrière. Faut que je la retrouve !

***

– Bonjour Simon, que faites-vous à quatre pattes dans la voiture ? Vous avez perdu quelque chose ? Sortez de là, on part immédiatement. Il faudrait que je passe prendre un costume avant ma réunion.

Noooon ! Dites-moi que ce n'est pas vrai ! Jesse Franklin ! La honte ! Si papa et Simon apprennent que LE client du garage Caravaggio m'a trouvée dans cette position et m'a parlé pour la première fois en s'adressant à mes fesses, je suis foutue !

Résumons. La situation est grave, mais pas désespérée. J'ai Jesse Franklin dans le dos qui parle à un derrière qu'il croit être celui de mon frère et il faut que je sorte de cette voiture avec dignité et que je me présente sans que la réputation de la maison Caravaggio en prenne un coup, ni la mienne non plus.

J'entame donc un mouvement à reculons en pensant déjà à la rotation forcément pleine de grâce qui me permettra de me retrouver en face de Jesse Franklin comme si de rien n'était et… je me cogne la tête sur le haut de la portière. Ma casquette tombe, le chignon que j'avais mis un temps fou à parfaire pour dissimuler mes cheveux explose. Résultat : je me retrouve en face de Jesse Franklin rouge et en sueur, les cheveux en bataille, dont une bonne partie s'est collée sur mon front. Je dois avoir l'air d'une folle ébouriffée sortant de son lit après une nuit agitée, mais certainement pas d'un chauffeur de maître. Et c'est dans cet état que je me retrouve, les yeux dans les yeux, devant LUI. Et LUI, c'est du jamais-vu, même aux plus beaux temps de la statuaire grecque. Si les sculpteurs de l'époque l'avaient connu, Apollon aurait sa silhouette. Tout est proportionné, idéal. Il est grand, mais juste ce qu'il faut ; il est musclé, mais harmonieusement, rien d'ostentatoire. On a l'impression qu'il habite son corps parce que c'est tout simplement le plus bel endroit où vivre, même vu de l'extérieur. Son visage respire le calme et l'assurance, et il possède des yeux tellement clairs qu'ils semblent sans fond. La douceur qui s'en dégage me donne envie de me laisser aller, de m'abandonner. Malgré tout le contrôle qu'il renvoie, j'y ai quand même décelé de la surprise. Il faut dire qu'il s'attendait à un chauffeur et voilà qu'il tombe sur Mlle Foldingue qui a l'air de revenir de son jogging. Je ne dois pas être sous mon meilleur jour. Et maintenant quoi ? Il n'y a plus de chauffeur, plus de milliardaire, plus de voiture, plus de New York. Je n'avais jamais imaginé qu'un homme comme ça puisse exister. Et il est là. Au revoir tous les autres. Mais quels autres ? Ils n'existent pas, n'ont jamais existé. Merci Simon, merci la grippe, merci qui vous voulez ! Une partie de ma conscience encore active me dit que je vais devoir parler à un moment et conduire cette voiture pour que la vie reprenne son cours. Je suis son chauffeur. Enfin, je devrais l'être, maintenant ! Non… S'il y a un Dieu quelque part, laissez-moi encore savourer le moment, juste un ou deux siècles comme ça par exemple, hein ? Qu'est-ce qu'un siècle pour vous ? Allez, s'il vous plaît… Mais ses lèvres absolument parfaites se mettent à bouger. C'est qu'il doit me parler, non ? Faisons confiance à mes oreilles qui, normalement, devraient se remettre en marche.

– Vous… n'êtes pas Simon.

– Pas complètement.

Mais qu'est-ce que je raconte ?

– Pardon ?

– Non, je veux dire que je ne suis pas Simon.

– C'est ce qu'il me semble aussi, mais qui êtes-vous alors ?

Il dit ça en soulevant le coin de sa lèvre, le regard tendre. Chez un autre, ce serait un simple sourire, mais chez lui, c'est le signe léger de tout son corps en tension, mais souple comme celui d'un félin, qu'il m'envoie et qui vient me frapper en plein cœur.

– Je suis de la famille Caravaggio. Je suis sa sœur.

– Ah !

– … et je le remplace.

Je vais donc redevenir chauffeur.

– Eh bien, vous allez m'expliquer tout ça en conduisant. On y va ?

C'est ça !

Je récupère ma casquette, ramasse mes cheveux pour qu'ils y retrouvent leur place rapidement, ferme la porte derrière Jesse Franklin, qui se glisse effectivement sur le siège d'une manière unique (heureux sièges), et me mets au volant.

– Où allons-nous ?

Je le regarde dans le rétroviseur. Il a jeté un œil sur sa fille avec un drôle d'air (Ah oui ! C'est vrai, il a une fille, j'avais oublié !) et croisé mon regard avec une pointe d'effarement.

– Bloomingdale's et après à mon bureau.

– Bien, M. Franklin.

Je démarre. Allure hyper-professionnelle et conduite souple, comme me l'a répété Simon. La Rolls commence à glisser sur l'asphalte comme en apesanteur. Je ne suis pas loin de me sentir dans le même état. Ce Jesse Franklin dégage vraiment quelque chose de particulier et ce n'est pas seulement dû à son physique de rêve.

– Et donc, où est Simon ?

– Au fond de son lit, foudroyé par une grippe.

– Il m'avait dit qu'il avait une sœur, mais je ne vous imaginais pas aussi…

Rouge et ébouriffée ? Qu'est-ce que Simon a bien pu lui dire ?

– … aussi ?

– … Heu… Aussi compétente en conduite.

Hum. Drôle de compliment. Mais son regard me dit autre chose. Enfin, j'aimerais bien…

– Merci ! Il parle aussi de vous, mais il était quand même en dessous…

Ouh là… glissement de terrain. Je dois être pro-fes-sion-nelle !

– … en dessous ?

– Non, je voulais dire en retrait… Enfin, il ne dit pas tout, quoi. Devoir de confidentialité, bien entendu…

– Oui. Je comprends.

Il semble soudain se refermer un peu. En tant que chauffeur, ce n'est pas à moi de prendre la parole en premier. J'ai dit quelque chose qu'il ne fallait pas ? Il imagine peut-être que Simon en raconte plus que ce que j'ai dit. J'espère que je n'ai pas gaffé. Après mon entrée en matière, je ne peux pas me permettre une nouvelle erreur. Je vais le conduire à Bloomingdale's avec l'air le plus « chauffeur classe » que je connaisse.

– Mais dites-moi, vous avez l'habitude de transporter les clients avec un enfant dans votre voiture ?

– Non, mais puisque c'est vous, je fais une exception.

– C'est trop d'honneur !

J'en étais sûre, j'ai dit quelque chose qu'il ne fallait pas. Il a pris un ton ironique et cinglant. Il faut que j'assure.

Je ne dois pas me laisser submerger et trouver comment rattraper le coup, mais comme je ne sais pas d'où vient le coup... Professionnelle, professionnelle !

– Mais c'est normal, vous êtes le client le plus important de la maison Caravaggio, M. Franklin.

Réponse parfaite.

– Eh bien merci ! Qu'est-ce que ce serait si j'étais le dernier ! Vous êtes trop aimable, il ne fallait pas... vraiment. Mais qu'est-ce que c'est que cette odeur ?

Réponse parfaite, mais pas selon les critères de M. Franklin. Visiblement, je n'ai pas encore tout rattrapé. Quant à l'odeur...

– Je suppose que la petite a...

– Oui, j'imagine. Eh bien, faites quelque chose.

« Faites quelque chose » ? Qu'est-ce qu'il entend par là ? Il a beau être l'homme le plus merveilleux du monde, il reste un homme, on dirait. Je devrais « faire quelque chose » quand une couche se remplit quelque part, c'est ça ?

– Je peux m'arrêter où vous voulez.

Je débite ça sur un ton calme et parfaitement distant en lui lançant mon regard le plus « italien » dans le rétroviseur, mais il semble assis sur une plaque chauffante et continue sur le même registre exaspéré.

– Mais allez-y alors. Il faut tout vous dire on dirait, Mlle Caravaggio ! C'est incroyable ! Alors, arrêtez-vous, tout de suite !

– Bien, M. Franklin.

J'encaisse. Je suis peut-être chauffeur, mais je ne vais pas me laisser parler sur ce ton longtemps. Je m'arrête sur une place libre, le long d'un trottoir, et j'attends que « Monseigneur » Franklin s'occupe de sa fille en essayant de faire retomber en moi l'énervement qu'il a provoqué. S'il est assis sur une plaque chauffante, moi, je suis une Cocotte-Minute. J'ai retenu l'explosion du couvercle quand je l'ai vu et qu'il m'a remuée tout l'intérieur, mais il vient de monter le gaz pour une autre cuisson et ça risque de lui péter au visage.

On reste comme ça un moment. Il n'y a que la petite qui semble à l'aise, malgré l'odeur qu'elle produit. Franklin n'a toutefois pas l'air de vouloir faire baisser la température, et nos ébullitions respectives semblent se rapprocher dangereusement.

– On attend quelque chose ? Je n'ai pas que ça à faire et ma patience a des limites. Je veux bien tolérer quelques libertés prises sur l'organisation par votre entreprise parce que, jusque-là, le service était impeccable, mais tout de même !

– Comment ça « jusque-là », M. Franklin ? Vous m'avez certes trouvée dans une position peu professionnelle en vous attendant, mais je ne pense pas...

– Je ne vous parle pas de ça ! Il faudrait visiblement changer cet enfant !

– Et... vous n'avez pas l'habitude de la changer, M. Franklin ?

– Mais ce n'est quand même pas à moi de le faire ?!!

Ça y est, on y est ! Il me prend pour qui ? Tous les mêmes !

– Comment ça, ce n'est pas vous ? Je suis votre chauffeur, pas votre gouvernante ! Il ne faudrait pas tout mélanger !

– Mais qu'est-ce que vous racontez ! Vous délirez ?

– Comment ça, je délire ? J'accepte gentiment d'installer cet enfant dans une Rolls avec un engin inventé par un malade mental, je supporte son odeur en conduisant, mais je ne vais tout de même pas en plus la changer sous prétexte que je suis une femme, peut-être ?

Le beau Jesse Franklin n'a pas l'air de comprendre ce que je lui dis. Tout son corps est tendu comme un ressort, prêt à faire exploser le toit de la Rolls.

– Pas parce que vous êtes une femme, mais parce que vous avez installé cet enfant dans MA voiture !

– Mais parce que c'est VOTRE enfant !

– Mais vous êtes folle ? Je n'ai pas d'enfant !

– Mais moi non plus, je n'ai pas d'enfant. Où est le problème ? Et puisque je n'ai pas d'enfant et vous non plus, pourquoi ce serait à MOI de la changer, hein ?

Et toc, prends ça ! Attends, attends, Léonie, tu as raté un truc ou il vient de se dire quelque chose d'important, là ?

On se regarde. Il y a plusieurs tonnes qui nous tombent d'un coup sur les épaules. Je me calme. Lui aussi. Ça sent toujours aussi mauvais.

– Comment ça, vous n'avez pas d'enfant, M. Franklin ?

– Je n'ai pas d'enfant.

Il m'a répondu ça sur un ton affreusement calme, presque effrayant.

– Je n'ai pas d'enfant non plus.

– D'où vient cet enfant alors ?

– Votre gouvernante l'a apporté avant votre arrivée, et…

– Je n'ai pas d'enfant, Mlle Caravaggio, donc je n'ai pas non plus de gouvernante.

Je viens de comprendre. Il vient de comprendre. Nous venons de comprendre. Pas la peine de continuer à conjuguer, plus rien n'est normal. Ma salive a disparu intégralement de ma bouche et le reste de mon corps s'est congelé. Je tente d'envoyer un son du fond de mon iceberg.

– Alors, nous avons un problème.

Jesse Franklin me répond, de l'autre côté de la banquise.

– Alors VOUS avez un problème…

À quel moment ai-je dit que je pouvais remplacer Simon ? Je veux qu'on rembobine tout depuis hier soir ! Maintenant !

2
PASSER UNE VITESSE

Jesse

– Alors, VOUS avez un problème… et vous allez le régler immédiatement.

Je n'arrive pas à le croire. Il y a un quart d'heure, je parlais aux fesses de Simon et c'est le visage de sa sœur qui est apparu. Depuis, c'est le monde à l'envers !

– Non, mais attendez ! J'ai un problème, j'ai un problème ! Comment vouliez-vous que je devine que vous n'avez pas d'enfant ? Ce n'est tout de même pas de ma faute si une femme sort de je ne sais où et me scotche un cosy dans la Rolls avec un marmot qui est censé être le vôtre !

Personne ne me parle comme ça ! Cette fille est incroyable. Absolument superbe et pas commune. Je ne m'attendais pas à… mais elle prend un peu trop ses aises. Il va falloir qu'elle comprenne qu'elle est avant tout mon chauffeur.

– Et c'est ma faute peut-être ? Assez, Mlle Caravaggio ! Je ne paye pas des employés pour leur inconséquence ou leur bêtise, mais justement pour leur service qui doit être irréprochable afin de me soulager des contingences. Vous, vous êtes censée me conduire sans problème où je le demande, et on s'arrête au bout de 500 mètres parce que vous avez laissé je ne sais qui installer un enfant dans ma voiture ! Trouvez-moi un autre moyen de déplacement, prenez cet enfant, amenez-le à la police et décrivez-leur la femme qui vous l'a apporté, et vite ! J'ai un rendez-vous important dans l'après-midi, je vous le rappelle, et je ne suis pas encore allé chercher le costume que je dois porter en deuxième partie de journée.

Non, mais je rêve ! La voilà qui descend, et en claquant la porte en plus ! Quelle furie !

J'habite Los Angeles et tout le monde pense que c'est une ville de fous parce qu'il y a Hollywood et des artistes soi-disant excentriques, mais tout leur cinéma n'est justement qu'un jeu. La vraie ville de dingues, c'est New York, parce qu'ici, une chose est certaine, personne ne « joue » les dingues : tout le monde l'est vraiment ! C'est pour ça que j'aime cette ville, mais c'est aussi pour ça qu'elle me met souvent hors de moi ! Nulle part ailleurs aux États-Unis je n'aurais pu me retrouver dans une Rolls avec un chauffeur qui est en fait une femme chauffeur et un bébé hilare mais puant qui n'est à personne. Il va quand même falloir nous sortir de cette situation rapidement. Cette Caravaggio a du caractère, et je dois avouer qu'elle m'a troublé, mais ça suffit, je ne peux pas me permettre de lui laisser croire que ça lui donne des droits. Réglons ça !

Mais en dehors de la voiture ; ça devient vraiment intenable à l'intérieur !

– Votre comportement n'est pas tolérable, mais je suis prêt à passer là-dessus si vous vous démenez un peu pour régler le problème immédiatement, car je n'ai jamais eu à me plaindre de la maison Caravaggio et votre frère a toujours été précieux, efficace et… calme.

– Contrairement à moi, sous-entendu…

Ça, c'est le moins qu'on puisse dire ! Ce n'est pas possible, elle n'arrête jamais ! Mais où est l'interrupteur ?!!

Je me retrouve sur le trottoir à discuter avec mon chauffeur, qui est une brune incendiaire surexcitée, pour régler quelque chose qui n'aurait jamais dû arriver. Pourvu que personne de mon entourage n'arrive à l'improviste. J'aurais du mal à expliquer la situation.

– Écoutez, ça suffit maintenant. Je suis un homme d'affaires très occupé et je n'ai pas l'intention de gérer votre susceptibilité, ni de régler un problème causé par une employée. Je n'ai pas de temps à perdre pour ça. Appelez-moi un taxi, faites ce que vous voulez de cet enfant, mais débarrassez-m'en que je puisse faire ce que j'avais prévu. Et puis, c'est la deuxième fois que je vous le demande et c'est deux fois de trop, vous auriez dû trouver ça toute seule avant même que j'y pense ; c'est le principe du service de qualité. Appelez la police qu'ils prennent ce gosse et retrouvent la femme qui vous l'a donné. Vous devez bien vous souvenir d'elle ; ça ne fait pas si longtemps que vous l'avez vue, non ? Ça ne devrait pas être trop difficile, en vous concentrant deux secondes au lieu de gesticuler. En attendant, on en perd du temps, beaucoup, et il est précieux puisque c'est le mien…

– Oui, je me doute que le mien n'a aucune valeur. Et ne vous inquiétez pas, je me souviens d'elle en détail, jusqu'à son grain de beauté en forme de cœur sous l'œil. Vous voyez que je peux aussi me concentrer, M. Franklin !

– Qu'est-ce que vous avez dit ?

Ça ne peut pas être elle, ce n'est pas possible !

– J'ai dit que je peux aussi me conce…

– Non, avant. Décrivez-moi cette femme.

J'ai vraiment dû changer de visage parce que mon « chauffeur » s'est calmé d'un coup. Il faut que je me reprenne, mais je dois savoir si mes soupçons sur cette femme sont exacts.

– Eh bien… elle est assez grande – je dirais au moins 1,75 mètre –, blonde, les cheveux courts, plutôt jolie, avec une classe naturelle et une voix très douce mais ferme et…

– … et le détail dont vous avez parlé…

– Oui… Elle a un grain de beauté en forme de cœur sous l'œil… gauche. Oui, c'est ça, à gauche. C'est bête, hein, mais il me faut toujours un peu de temps pour différencier la droite de la g…

– Mary…

C'est Mary, ça ne fait aucun doute !

– Mary ? Quoi, Mary ? Vous la connaissez, alors ?

– …

Mince. J'ai laissé échapper son nom. Mon Dieu ! Mary.

– M. Franklin ? Vous connaissez cette femme ?

– …

Pourquoi a-t-elle réapparu ?

– Qu'est-ce que… ? Hum, oui, je…

Mary, qui me retrouve après tout ce temps, avec un gosse ! Je dois en savoir plus.

– Que vous a-t-elle dit ?

– Eh bien, pas grand-chose à vrai dire. Elle m'a expliqué

comment installer le siège bébé, qu'elle était votre gouvernante…

– Rien d'autre ? Quelque chose qui pourrait être important.

– Si, que le bébé est une fille… qu'elle nous retrouverait plus tard… Mais là, du coup, vu ce qu'il se passe, je n'y crois plus trop maintenant…

Mlle Caravaggio a l'air bien embêté, mais beaucoup moins que moi ; je peux lui assurer.

– Ça alors ! Vous êtes sacrément perspicace, mais vous auriez mieux fait de l'être un peu avant, quand on vous a apporté le bébé par exemple. Ça nous aurait évité ce désagrément.

– Mmmff, j'aurais bien aimé vous y voir.

– Si vous m'y aviez vu, votre fameuse « gouvernante » m'aurait vu aussi et nous n'en serions pas là. Allez, cherchez ce qu'elle a bien pu vous raconter qui pourrait nous aider.

– Ah oui ! Elle a aussi ajouté que quelque chose était dans le cosy… des informations ou des instructions si je me souviens bien, mais j'ai pensé que c'était pour démonter le siège parce qu'il faut dire que, sans manuel d'utilisation, ça me paraît impossible de…

– Dans le cosy ?

Il va falloir retourner dans l'enfer de la couche pleine, mais je n'ai pas le choix. Si Mary a laissé quelque chose dans ce siège, c'est certainement l'explication de la situation délirante dans laquelle elle a décidé de me mettre !

Mon Dieu ! Quelle odeur !

J'espère que ces « instructions » ne sont pas sous la petite ! Je ne suis pas prêt à chercher une aiguille dans une botte de purin en mode apnée ! En plus, la chose s'est endormie. Je n'ai pas envie d'être obligé de la secouer et de la réveiller. Si je me souviens bien, il me semble qu'en plus des odeurs, les bébés produisent des sons assez stridents et désagréables et sur une durée qui dépasse l'entendement quand ils ne sont pas contents. Évitons donc de lancer la sirène d'alarme ! Il y a une lettre coincée sur le côté.

Ça doit être ça !

– Vous avez trouvé quelque chose ?

– Oui, oui…

Pour Jesse. C'est bien l'écriture de Mary. Après tout ce temps ! Qu'est-ce que ça veut dire ?

« Bonjour Jesse. Je te confie Zoé. Elle est aussi un peu de ton sang ! Je ne veux pas qu'elle voie couler le mien. Prends soin d'elle, je ne peux pas t'en dire plus. Mary. »

– Je n'y crois pas, mais pourquoi elle me fait ça ?

Oui, c'est du Mary tout craché, toujours à dramatiser et à parler par énigme, mais la vie n'est pas une fiction, Mary ! « Son sang va couler », dans ses veines, ça oui, et certainement rempli de substances illicites ou de je ne sais quoi d'autre ! Elle est capable de tout. Déjà, à l'époque, elle me rendait dingue ! Comment a-t-elle su où me trouver ? En plus, il lui a fallu un sacré culot pour arriver à installer cet enfant dans la voiture et s'enfuir avant que j'arrive. Chapeau tout de même ! Mais pourquoi ce mystère, pourquoi ?

– Alors ? Vous avez une explication ?

Une explication… Une explication… Non, je n'ai pas d'explication, Mlle Caravaggio. En tout cas, aucune que je peux donner à un chauffeur qui m'a mis dans un sacré *pétrin. Il ne me reste qu'à prendre un air vaguement détaché.*

– Comment ? Hum. La petite s'appelle Zoé.

– C'est tout ?

– Il semblerait que sa mère ait un petit problème, mais, la connaissant, ça ne doit pas être bien grave…

Encore un de ses plans foireux plutôt, et une certaine manie à me mettre dans l'embarras !

– Mais pourquoi elle vous la confie à vous, alors ? Et de cette manière ?

Merci ! C'est la question, mais je n'ai pas le temps de chercher à la résoudre. Mary a disparu depuis notre dernière dispute et n'a pas donné signe de vie. Elle ne va tout de même pas venir me polluer l'existence maintenant !

– Je n'en ai aucune idée et ça ne m'intéresse pas. On va la retrouver et lui rendre cette gosse, point barre. Je n'ai ni le temps, ni l'envie de m'occuper de ce truc.

– Charmant ! Ça a le mérite d'être clair. Au moins, vous savez qui elle est ; ça va faciliter les choses. J'appelle la police comme prévu et vous leur direz vous-même où la trouver.

Elle cherche son portable en retournant vers la voiture.

– Non, attendez.

On va laisser la police en dehors de ça ; c'est Mary après tout ! Je peux régler ça moi-même avec l'équipe, et puis je n'ai pas vraiment besoin de publicité, surtout en ce moment !

– On ne va pas faire comme ça. Il faut régler les choses autrement.

Elle s'arrête dans son élan et me regarde avec un mélange d'incompréhension et d'énervement.

– C'est-à-dire ? Il faudrait savoir. Il y a deux minutes, je devais quasiment jeter la petite *illico presto* dans un commissariat avec sa couche pleine, et maintenant, il faut trouver une autre solution ?

Réfléchissons vite et bien. J'ai les moyens de me sortir de ce mauvais pas, mais pour l'instant le temps presse. Gérons avec l'existant, comme on dit, et donc avec cette demoiselle Caravaggio…

– Hum, écoutez mademoiselle… Mais quel est votre prénom au fait ?

– Léonie.

Léonie ! Même son prénom n'est pas commun. Une beauté, chauffeur, avec l'air renfrogné, plantée au milieu du trottoir et qui attend des explications alors que je n'ai normalement pas à en donner à qui que ce soit.

La journée commence bien !

– Écoutez Léonie, l'affaire est à la fois plus simple et plus compliquée que prévue. Je connais effectivement la femme qui vous a amené cet enfant, et la lettre s'adresse explicitement à moi. Je ne pense pas que mêler la police à cette affaire soit une bonne idée. Il faudrait donner des explications qui ne regardent personne. Je vais me débrouiller, mais je ne tiens pas non plus à m'occuper de ça trop personnellement pour des raisons…

– Personnelles ?

– C'est ça. Je vois que vous comprenez. Il va donc falloir que je prenne un peu de temps pour réfléchir à la manière d'agir.

– Et donc, que fait-on ?

– Eh bien, moi je dois aller m'acheter un costume pour un

rendez-vous d'affaires très important. Il n'y a pas de raison que je change mon planning qui a déjà pris trop de retard !

– Et je suppose que vous n'allez pas faire ça avec une « Zoé » qu'on renifle à 15 kilomètres à la ronde, n'est-ce pas ? Ça ferait tache.

Cette Léonie a une manière bien à elle de décrire les choses, mais ça tombe juste.

– Effectivement, vous avez compris, et c'est pour cela que nous allons exactement faire ce que vous imaginez.

Voilà, c'est réglé ! Finalement, elle est très bien cette Léonie quand elle fait un effort de réflexion.

– C'est-à-dire, M. Franklin ? Vous serait-il possible de préciser « exactement » ce que j'imagine ?

OK, j'ai parlé trop vite.

Bon, on est en plein n'importe quoi. Mary, Mary, tu as toujours été un peu étrange. Je vais te retrouver aussi vite que possible, même si je préférerais ne pas te revoir. Tu n'as pas raté ton coup, encore une fois ! Tout ça tombe VRAIMENT mal, et, pour l'instant, je n'ai que Léonie-la-furie sous la main pour m'aider à gérer cette histoire. Je dois lui faire confiance, je n'ai pas le choix, et en même temps… Non, oublions que cette fille est aussi… troublante. Je n'avais pas besoin de ça… Il va falloir jouer aussi serré que pour les signatures de mes plus gros contrats.

Cas Léonie : maîtrise, mode flatterie empathique, option séduction.

– Léonie, Léonie…

Je prends ma voix la plus irrésistible, mon sourire qui fait craquer n'importe qui et le regard qui va avec.

– M. Franklin, M. Franklin…

Elle a pris une voix irrésistible, un sourire qui doit faire craquer n'importe qui et un regard de braise. Je vois, cette fille est vraiment un numéro ! Il va falloir jouer serré. J'embraye sur l'affectif.

– Je suis désolé, je m'emporte. Vous savez ce que c'est la tension des affaires.

– Oui, j'imagine, mais…

Elle reste sur ses gardes, mais on dirait que j'ai réussi à la déstabiliser. Je continue sur le même mode : un petit pas vers elle pour refermer le piège tranquillement. Et puis, ce n'est pas désagréable de s'en rapprocher, de surcroît.

– J'ai besoin de vous Léonie. Il n'y a que vous pour m'aider à l'heure actuelle.

– Que… enfin… oui, peut-être…

Ça marche toujours le côté enveloppant.

– Non, c'est certain, je sais que je peux vous faire confiance. Je l'ai tout de suite su, à la seconde où je vous ai vue.

– Ah ! Je ne pensais pas…

– Mais si, vous l'avez senti, n'est-ce pas ?

– C'est-à-dire que… peut-être, un peu.

Mordue.

– Allez, ne soyez pas modeste.

– Je ne suis pas mod…

– Mais si, vous aviez raison ; ce n'est pas votre faute. Ça ne va pas durer longtemps, mais il faut que vous m'aidiez à garder ce bébé jusqu'à ce qu'on retrouve sa mère.

– Ah, je vois !

Léonie recule légèrement. Je tente la complicité.

– Tant mieux. Alors, c'est d'accord ?

– J'ai failli marcher. Vous êtes doué, mais, M. Franklin,

vous n'allez pas me faire croire qu'avec tout votre argent, vous ne pouvez pas vous payer une baby-sitter pour régler vos problèmes de garde au lieu de choisir une professionnelle de la conduite ? Je suis pilote de course, spécialiste en mécanique et chauffeur occasionnellement, même si, en l'occurrence, il se trouve que ce n'était visiblement pas une bonne idée.

OK, cas Léonie : mode raté. Pas normal, ça. Et pourtant, c'est vrai qu'elle m'inspire confiance. Je n'arrive pas à garder la tête froide et à trouver le ton juste pour la « manipuler »... Je n'ai pas vraiment envie on dirait... étrange. Bon, enchaînons...

– Léonie, ce n'est pas un problème d'argent. Je n'ai pas le temps de faire autrement et, je vous l'ai dit, la situation est plus compliquée que prévue. Il y a tout de même un bébé dans cette voiture !

– Ça, je sais, mais je ne comprends pas...

Mieux vaut jouer la sincérité avec cette fille ; on dirait qu'elle a des radars.

– Ce que vous avez à comprendre, c'est que je n'ai pas plus envie de mettre la police que les personnes avec qui je passe des contrats au courant de ce qu'il arrive. Le monde des affaires est un monde de requins. J'ai une image à tenir et je ne veux pas que des gens se servent de l'apparition de cet enfant pour me desservir. Il ne faut pas que ma vie personnelle déborde sur le travail. Vous comprenez maintenant ?

– Mais et moi ! Je ne vois pas en quoi m'occuper d'un bébé pourrait servir mon image de pilote de course ! Et pourquoi faudrait-il que je m'occupe aussi de votre vie « personnelle » ?

– Alors, soyons clairs, c'est quand même à vous que je

dois ce petit problème, non ? Vous pouvez bien prendre une partie de sa résolution. Et puis, ce ne sera que pour un moment. Il se passe quelque chose d'imprévu, vous êtes malheureusement au courant et je dois compter sur votre discrétion. Et puis sincèrement, je… enfin, quand je vous ai vue, j'ai…

Tais-toi, tu glisses sur une pente dangereuse. Ce n'est pas la peine de compliquer les choses encore davantage.

– Passons. Je pense que vous pourrez très bien vous occuper de cet enfant. Moi, j'en suis incapable.

– Et moi, j'en suis capable parce que je suis une femme, c'est ça ? Vous l'auriez demandé à Simon ?

– Mais ce n'est pas le problème…

– Eh bien, si, c'est le problème, justement ! Je ne suis pas assez bonne pour conduire les voitures, mais pour garder les gosses, ça va !

– Mais je n'ai jamais dit…

Non, mais c'est pas vrai ? Elle repart en live au quart de tour ! Cette fille est à claquer, ou à calmer par un baiser comme elle n'en a jamais reçu. Si je ne me retenais pas…

– Ah ! Quand il faut prendre la Rolls et conduire Sa Majesté, là, j'ai le droit à des heures de recommandations à la noix, mais pour torcher une gamine, hop, hop, c'est naturel. Je peux te faire ça d'une main sans réfléchir ! Et là, il n'y a personne pour m'expliquer quoi que ce soit.

– Mais calmez-vous Léonie ! Vous pouvez le faire en réfléchissant ou trouver quelqu'un qui vous explique si vous voulez…

Mais pourquoi elle veut réfléchir pour torcher une

gosse ? Et c'est moi « Sa Majesté » ? Hum... la baffe ou le baiser ?

– C'est toujours la même chose !

Pour l'instant, je vais garder les deux options en suspens...

– Des années de combat des femmes et, sous prétexte qu'on a des seins et un utérus, on est les meilleures pour garder les enfants !

– Mais enfin, je ne vous demande pas de garder cet enfant parce que vous avez un utérus, ni même de l'allaiter d'ailleurs ! Je vous demande de me rendre service parce que cette galère m'arrive au pire moment, parce que vous êtes là et au courant et que je ne tiens pas à ce que ça se diffuse dans le monde entier. C'est possible ça, avec ou sans utérus !?? Et vous pouvez même laisser vos seins dans la voiture et les reprendre quand tout ça sera terminé, si ça vous arrange pour votre image de pilote ! Et puis vous m'inspirez confiance aussi, voilà ! Ça vous va comme ça ?

J'ai lancé ça sans trop réfléchir, mais finalement, ce n'est pas plus mal.

– Je... je vous inspire confiance. Ah bon ?

Oui, elle m'inspire confiance, et je ne sais pas trop quoi en penser. Je ne comprends à peu près aucune de ses réactions, et pourtant je sais que cette fille n'est pas un danger pour moi, au contraire !

– Donc, on peut s'entendre ?

D'un seul coup, tout devient plus calme, presque normal.

– Je ne sais pas encore, mais je vais quand même garder mes seins avec moi. Quant au reste, on verra. Tout ça... d'un coup… je ne sais plus vraiment où j'en suis.

– Eh bien, arrêtons de nous le demander et agissons.

Léonie me regarde comme si on se connaissait depuis toujours, avec douceur et abandon. On dirait que tout s'est relâché et que nous ne sommes que tous les deux alors que la rue new-yorkaise bourdonne de monde qui nous passe à côté sans nous voir. Nous ne les voyons pas non plus.

– D'accord. Pour l'instant, l'urgence est d'aller acheter des couches pour cette petite et de la changer, et puis de voir ce qu'on peut lui trouver pour s'en occuper le temps qu'on la gardera.

– Pas longtemps, c'est promis.

Je dis ça avec une sincérité qui m'étonne, tant je ne sais pas combien de temps va durer cette affaire.

– OK. Où va-t-on ?

– À Bloomingdale's.

– À Bloomingdale's.

– J'en profiterai pour acheter mon costume.

– Je n'en doutais pas une seconde. Vous gardez toujours le sens des priorités.

– Toujours ! C'est pour ça que je suis le meilleur en affaires. Et, quoi qu'il arrive, le costume est toujours une priorité, n'est-ce pas ?

– Sans conteste, M. Franklin.

Nous nous sourions avec un petit pétillement dans l'œil, avant de remonter dans la voiture. Ce n'est pas désagréable cette entente soudaine. Et puis, il faut l'avouer, j'ai trouvé aussi fort que moi.

– Allons-y, et vite. Et avec les fenêtres ouvertes si possible. Je vais monter à l'avant, exceptionnellement.

– C'est parti, M. Franklin. C'est vous le patron !

Franchement, je n'aurais jamais imaginé me retrouver dans une situation pareille. Et Mary ? Où peut-elle bien être ? Devoir m'occuper de cette histoire, comme si je n'avais que ça à faire ! Et avec cette Léonie qui n'arrange rien, ou qui arrange tout ? J'ai toujours eu l'habitude de saisir la chance au vol et de m'adapter aux situations, c'est ma force, mais qu'est-ce qu'il y a à saisir ici ?

Quand elle s'est relevée de la voiture tout à l'heure, décoiffée… Léonie… Je m'attendais à voir Simon, alors forcément… mais ce n'est pas que ça. Elle a quelque chose que je n'avais jamais vu avant. Je connais les femmes… beaucoup… alors pourquoi celle-ci me… ?

Allez ! Ce n'est pas le problème ; je dois être secoué par la réapparition de Mary, et puis j'ai autre chose à faire que de m'occuper de cette brune à moitié hystérique, non ?

En même temps, plus je la regarde et plus je la trouve différente, et puis cette complicité tout à l'heure… Elle a une manière d'aborder les choses, droite, entière. J'ai l'impression qu'elle voit à travers toutes mes défenses. C'est dangereux, mais j'ai presque envie de la laisser faire. J'ai confiance, oui. Il ne faut pas. Il ne faudrait pas.

Et si je me trompe ? Et si c'est juste son physique et son allure qui me troublent ?

Si on ne peut pas lui faire confiance, attendons. Pour l'instant, je l'ai entraînée dans l'histoire et il va falloir gérer.

– Pourquoi vous me regardez comme ça ? Ça me gêne pour conduire ; je n'ai pas l'habitude…

– Hein ? Heu… Je ne vous regarde pas. Je…

– Bah, si…

– Non, non, je ne regarde rien… Je réfléchissais…

– En me fixant comme ça ?

Mince, je ne m'étais pas rendu compte que je la regardais avec autant d'insistance. Il va falloir que je fasse attention.

– Oui, je… Je me demandais ce que j'allais prendre comme costume.

– Et c'est le mien qui vous inspire ? Vous seriez certainement très bien avec une casquette.

Elle m'énerve.

– Oui, c'est ça, regardez la route et foncez à Bloomingdale's au lieu de faire de l'humour de chauffeur.

– Mais je suis chauffeur, M. Franklin, non ?

– Certes… mais pas que, puisque vous avez accepté de vous occuper de la petite Zoé…

– Oui, on verra. J'en discuterai avec mon utérus.

– Mais vous êtes impossible !

– Il paraît.

– Non, je vous rassure, c'est certain.

Et ça me plaît ou pas ?

3
DÉMARRER EN DOUCEUR

Léonie

Je n'avais jamais osé mettre les pieds chez Bloomingdale's et je vais y aller pour acheter des couches et des accessoires pour bébé ! Si j'avais su que je me mettrais dans une telle galère en remplaçant Simon, je me serais tailladé les veines en me jetant dans l'Hudson après avoir avalé du poison plutôt que de lui proposer de conduire le « beau » Jesse à sa place. En même temps, je serais passée à côté du beau Jesse, même si celui-ci les accumule : hyper désagréable, hyper séduisant, hyper papa d'une fille qu'il n'avait jamais vue et dont il veut se débarrasser, hyper touchant dans sa détresse que je devine face à ce bébé et hyper à claquer pour sa goujaterie. En moins d'une heure, ce type m'a fait passer par tous les états et j'ai accepté l'inacceptable. Et si je veux être honnête, ce n'est pas seulement parce que c'est un client. Je n'arrive pas à lui en vouloir et je n'arrive même pas à lui en vouloir de ne pas arriver à lui en vouloir. Enfin, je m'y perds un peu pour tout dire, et le voilà, assis à côté de moi dans une Rolls. Je n'arrive pas à savoir s'il me manipule complètement ou s'il a au moins une once de sincérité, de celle que j'ai vue dans ses yeux quand ils ont rencontré les miens et que je découvre de temps en temps quand il lâche prise, mais ce n'est pas souvent !

Ce gars doit être un alien, je ne vois que ça.

Ce qu'il ne sait pas, c'est que je suis encore plus coriace que Ripley.

– Nous voilà chez Bloomingdale's, M. Franklin.

– OK, Léonie, garez-vous là. On se dépêche d'acheter tout ce qu'il faut pour que je puisse aller à mon rendez-vous. Vous prenez le bébé et vous faites les courses avec elle pendant que j'achète mon costume.

– Mais bien entendu ! Nous voilà repartis !

– Pardon ?

On dirait qu'il oublie aussi vite qu'il enregistre. Ça doit être une caractéristique masculine.

– J'ai accepté de vous aider, pas d'occuper deux boulots en même temps. Je veux bien faire un effort avec cet enfant, mais franchement… il va falloir que je porte la petite avec son cosy. Ça doit peser une tonne ce truc avec elle à l'intérieur. Je suis chauffeur pas haltérophile ! Je ne vais tout de même pas m'occuper de 200 kg de courses pendant que vous essayez tranquillement un costume.

– OK, OK, je prends le cosy et on y va. On verra après comment on s'organise.

« Je prends le cosy et on y va » ; je sens que je vais rire un moment. Le temps qu'il le détache, on y est encore ce soir.

Jesse descend de voiture, avec la souplesse et la rapidité d'un tigre qui viendrait d'apercevoir une gazelle après une journée de jeûne, et se rue sur la porte arrière pour détacher Zoé. J'ai hâte de voir comment il va s'en sortir.

N'ayons l'air de rien, décontractée, du genre qui ne s'attend pas à voir un milliardaire suer sang et eau pour comprendre comment retirer cet engin de la voiture.

Je vais le laisser se débrouiller un peu et puis j'arriverai, blasée, et lui distillerai quelques infos « Made by la gouvernante » quand il sera à bout de nerfs.

– Bon, vous traînez ou quoi, Léonie ? On n'est pas en train de faire un après-midi de shopping entre amies.

– Mais ?

Le temps que je descende, Jesse Franklin est déjà à deux mètres de la Rolls, le cosy de Zoé dans une main (avec Zoé dedans !), comme s'il tenait une simple sacoche en cuir avec juste quelques feuilles à l'intérieur. Ce n'est pas possible !

– Léonie, vous êtes avec nous ? Je vous ai proposé de laisser vos seins dans la voiture si besoin, pas votre cerveau. Action, réaction ! On y va ?

– Hum, c'est malin ça.

D'accord, c'est un alien, et ultra musclé en plus !

Je me demande si je ne vais pas tenter d'assister en douce à l'essayage de son costume. Il faudrait quand même que j'aie un peu de satisfaction dans cette histoire, non ? Pour l'instant, on ne peut pas dire que j'y ai gagné grand-chose. Je me demande d'où sort cet homme !

Bloomingdale's, c'est un peu comme la maison du Père Noël, mais sans le Père Noël et sans aucun lutin qui te fait des cadeaux. Tu passes dans les rayons et dès que tu vois quelque chose qui te plaît (c'est-à-dire tout le temps), tu as des sueurs froides en imaginant qu'on pourrait te retirer le prix de ce que tu viens de regarder de ton compte en banque juste parce que tu y as jeté un œil. Un peu comme dans les salles des ventes où tu n'oses pas te gratter le nez de peur que le commissaire-priseur pense que tu as fait la dernière enchère et qu'il t'adjuge un sarcophage antique et abominable qui ne rentrerait même pas dans ton salon et qui aurait la valeur de l'immeuble où tu habites. Autant dire que je suis Jesse au pas de course vers le coin pour les bébés, la tête baissée, en essayant de ne pas (trop) regarder les fringues, ni les lutins (enfin les vendeuses) qui voient défiler un dieu vivant d'1,85 mètre portant un cosy avec une odeur improbable, comme si c'était un panier de cerises bourré de crottes pour l'occasion, suivi par un chauffeur qui rase le sol et qui a en plus tout l'air d'être une femme.

Je ne raconterai JAMAIS ça à mon père, ni à Simon. À Jenny ? Peut-être, quand j'aurai digéré l'affaire.

Enfin ! Ça y est, Jesse a atteint le rayon.

– Bon, voilà les couches. On prend un paquet de celles-ci et puis c'est bon.

– Attendez, M. Franklin, on dirait que c'est classé par poids.

– Peu importe, je n'ai pas le temps, ni l'habitude de mégoter. J'ai les moyens d'acheter les plus lourdes, Léonie.

Il est touchant quand il prend cet air sûr de lui… pour dire n'importe quoi.

– Mais non, je ne parle pas du poids des couches, mais de celui du bébé.

Il vient de comprendre, mais ça n'a pas l'air de le démonter.

– Ah ! Bien, c'est simple, il suffit de prendre des couches qui correspondent à son poids, alors.

– Bah oui, mais elle pèse combien ?

– Je n'en sais rien. Ça pèse combien à cet âge-là ?

– Aucune idée et, de toute façon, ça ne nous avance pas beaucoup ; on ne connaît pas son âge non plus.

– Vous ne savez pas son âge ?

– Mais comment voulez-vous que je le sache ? Ce n'est pas une bouteille de vin ! Il n'y a pas l'année écrite dessus. Et puis, en plus, elle a certainement moins de 1 an, alors même avec le millésime…

Jesse Franklin a l'air concentré comme Sherlock Holmes qui serait sur le point de dévoiler un fait élémentaire au Dr Watson. J'attends la révélation.

– Attendez. On va aller dans le rayon des salles de bains. Il y aura bien un pèse-personne.

Élémentaire. Et nous revoilà en train de traverser le magasin dans l'autre sens pour trouver de quoi peser cet enfant qui a fini par se réveiller avec le grand 8 que lui fait subir Jesse depuis dix minutes, mais ça a plutôt l'air de l'amuser. Elle gazouille et essaye d'attraper tout ce qui est à sa portée. Je ne pensais pas qu'un enfant pouvait rester aussi calme et heureux avec une couche pleine.

– Bon voilà, on ne s'embête pas, sinon on va perdre du temps. Je la pèse avec le cosy, le poids est écrit dessus ; je ferai la différence.

– Alors ?

– Elle doit faire un peu plus de 6 kg.

– Super ! On retourne au rayon des couches.

Jesse Franklin a complètement oublié qu'il était un

milliardaire hautain ! C'est fou comme chercher quelque chose pour une enfant peut occuper l'esprit, même celui d'un homme comme lui. Je trouve que ça le rend encore plus séduisant cette façon de s'affairer pour trouver des couches adaptées.

– Il faut quoi d'autre ?

– Du lait ?

– Et donc un biberon ?

– Ce serait effectivement plus pratique si on veut qu'elle boive. Et il va lui falloir des habits aussi... Des jouets ?

– Bon, Léonie, il y a trop de choses. Je vous propose qu'on se répartisse les tâches. Je vais chercher couches et nourriture et vous vous occupez des habits et autres objets essentiels que je n'imagine même pas, ça vous va ? Ça n'agresse pas le chauffeur qui est en vous ? On se retrouve ici dans une demi-heure.

– Le chauffeur qui est en moi peut se satisfaire de cette répartition pour le moment.

– Alors, c'est parti. À tout à l'heure.

Et nous voilà partis à toute vitesse dans les rayons du magasin comme si notre vie en dépendait.

– Noooon, attendez !

– Quoi encore ? Le chauffeur a des remords ou la femme est de retour ?

– Non, le chauffeur et la femme viennent de se souvenir qu'on ne connaît toujours pas l'âge de Zoé, et je crois que la nourriture et les habits pour les bébés sont rangés par âge.

– Noooon ?!! Mais pourquoi ils rangeraient les couches par poids et les habits et la nourriture par âge ? C'est aberrant !

J'adore quand il découvre un truc qui l'étonne tellement

qu'il abandonne complètement sa carapace de M. Je-maîtrise-tout.

– Je n'en sais rien, mais c'est comme ça et je ne pense pas qu'ils vont changer le classement pour nous. En tout cas, pas dans l'heure ! Il faut trouver l'âge de la petite.

– OK, on va demander à quelqu'un. Il doit bien y avoir une mère… heu… ou un père bien sûr… dans ce magasin.

– Non, mais ça ne va pas ? Vous voulez qu'on demande à quelqu'un dans la foule quel peut bien être l'âge du bébé qu'on trimballe en donnant son poids ? On va se faire coffrer dans la minute !

– Juste ! On est coincés.

– C'est peut-être écrit quelque part dans le rayon pour les tout-petits.

– Mais non, attendez !

Jesse Franklin sort un téléphone portable qui doit pouvoir faire des calculs pour la NASA et projeter un film sur grand écran en Dolby Surround en même temps. Je n'avais jamais vu un truc pareil.

– Dites donc, il fait aussi téléphone votre engin ?

– Oui et il conduit les voitures également, mais je ne me sers pas encore de cette option par compassion pour la caste des chauffeurs.

Jesse Franklin me jette un regard amusé et complice avant de se replonger sur Internet.

– Ça y est, j'ai trouvé une appli pour tout savoir sur les bébés qui a l'air pas mal.

– Génial.

– « My baby, my masterpiece. »

– En toute modestie…

– Oui, bon, peu importe le nom, ça a l'air complet. Il y a plein d'infos sur la nourriture et tout. Voilà, si c'est une fille qui pèse dans les 6 kg, avec les photos qu'ils montrent, elle doit avoir dans les 4 mois.

– Zoé, 6 kilos, 4 mois. Cette fois, c'est bon ! À tout à l'heure M. Franklin.

– OK. Euh… Léonie.

– Oui ? On a oublié quelque chose.

– Oui, appelez-moi Jesse. C'est idiot ce « M. Franklin » quand on cherche des couches, non ?

– OK, Jesse, on se retrouve ici dans une demi-heure.

Jesse… Il me demande de l'appeler Jesse. Bon. C'est vrai que c'est… plus simple. Allez, c'est parti pour les courses !

Finalement, je ne m'en tire pas si mal dans mon malheur. Je ne porte pas la petite et j'achète les choses les plus rigolotes et les moins lourdes. On va se faire plaisir, ma cocotte.

Je ne pensais pas qu'il y avait autant d'habits pour les enfants ! Le rayon pour l'âge de Zoé est grand comme tout mon appartement. Dommage que je n'aie qu'une demi-heure ; on pourrait y passer la journée. Allez, ambiance shopping !

C'est mignon ça pour 4 mois. Je vais éviter le rose layette, ce n'est pas parce que c'est une fille… On va habituer le papa tout de suite à ne pas l'enfermer dans le genre ! Je n'en peux plus de ces clichés. C'est vrai que je n'ai pas pu me retenir tout à l'heure, mais ça fait des années que je me bats contre ma famille pour qu'elle accepte ma passion pour les voitures, et le jour où je tombe sur un homme de rêve, il veut m'enfermer dans une nurserie avec sa propre gosse dont il veut en plus se débarrasser. Il est quand même gonflé ! Tiens, Zoé ne parle pas encore, mais on va envoyer un petit message subliminal à son père avec ce T-shirt : « J'ai un sale caractère, mais vous n'avez pas vu mon père ! ». Pas mal. Ça devrait faire mouche.

Allez, c'est l'heure. Je suis curieuse de voir comment Jesse s'en est tiré.

Je me dirige vers l'endroit où on doit se retrouver et je le vois qui arrive en même temps que moi, suivi du regard par toutes les vendeuses du magasin qui multiplient les poses pour se faire remarquer en ayant l'air de continuer leur travail de la manière la plus naturelle possible. Et Jesse qui passe au milieu de tout ça sans rien voir, on dirait. Non, c'est moi qu'il regarde en me lançant un sourire à faire pâlir de jalousie toutes ces donzelles qui, du coup, me jettent un œil mauvais et étonné en se demandant pourquoi un type encore plus beau que Jude Law ne s'intéresse qu'à son chauffeur. Il y a des petits plaisirs comme ça dans la vie…

– On a tout ce qu'il faut ?

– Je pense.

– Alors, on ne traîne pas ; j'ai un rendez-vous dans moins d'une heure.

Il me dit ça et en même temps on ne bouge pas tout de suite, comme heureux de se retrouver et d'avoir accompli notre mission, mais il faut quand même se diriger vers les caisses.

Quand on arrive devant la caissière avec ce qui me semble être la moitié du magasin, elle se redresse d'un coup en essayant de trouver le meilleur profil à présenter devant Apollon, mais mon dieu grec règle le tout sans lui jeter un regard, comme s'il payait un simple bretzel dans un

Delicatessen, et nous voilà repartis au pas de course vers la Rolls dont on remplit le coffre et tous les endroits libres avec les achats.

– Bien.

– Bien.

Tout est calé dans la voiture, Jesse et moi devant et Zoé dans son cosy, posée sur le trottoir. On se regarde. Et là, nous avons certainement tous les deux la même pensée profonde, angoissante, métaphysique mais essentielle : qui va changer la petite ?

– Et maintenant Léonie ?

– On a ce qu'il faut pour changer Zoé.

– Parfait. J'ai même pris les produits pour la nettoyer. J'ai cru comprendre que les couches ne suffisaient pas.

– Très bonne initiative, Jesse.

– Donc, on a tout.

– Oui. On a tout.

Petit moment de silence, sourires figés et vaguement faux-culs, Jesse reprend la main.

– Donc, on peut changer sa couche.

– C'est ça.

– On peut le faire dans la Rolls, il y a de la place.

– Il y a de la place.

– On va peut-être la sortir du cosy, non ?

– Ce serait mieux en effet.

Jesse attrape le cosy avec une dextérité sans nom, sort Zoé de ce truc comme un magicien sort un lapin de son chapeau, installe tout comme il faut.

Petit moment de silence, sourires figés et vaguement faux-culs : deuxième service.

– Et voilà, Zoé est prête ! Les couches, les produits… Tout est là. Voilà, voilà.

– Tout est nickel.

– Hum…

– Oui Jesse ?

– Je… enfin… Évidemment, loin de moi l'idée de penser que c'est une chose réservée aux femmes, mais…

Ah ! Ah ! Nous y voilà.

– Mais ?

– Mais disons que pour une première fois… pour Zoé… il vaudrait mieux quelqu'un de doux… de sensible…

– Une femme quoi ! Comme moi par exemple ?

– Oui, enfin, non, enfin… vous n'êtes pas forcément douce… Enfin, je veux dire… si, bien sûr, mais…

– Ah ! Ah ! Ah ! OK, je me sacrifie pour cette fois. Je change la bête, mais vous m'aidez un peu pour la tenir et vous irez jeter le paquet explosif.

– Vendu.

Léonie Caravaggio, tu es en train de changer la couche de la fille d'un milliardaire a priori inaccessible qui t'a retourné la tête au point que tu acceptes de l'aider à s'occuper de son enfant et qui va certainement disparaître de ta vie dès qu'il aura retrouvé la mère de sa fille et son chauffeur attitré. « Ci-gît Léonie Caravaggio. Elle fut poire, amoureuse et devint nonne après un choc psychique dû à un changement de couche effectué sur la fille d'un alien. Paix à son âme. »

– Allez, Zoé, tu me donnes un petit coup de main au lieu de gigoter comme ça. Vous pouvez lui tenir les jambes, Jesse.

– Ah bon ? Oui, oui.

– Merci, mais pas comme ça. Si vous regardez bien, Jesse, avec les jambes tenues comme ça, on ne peut pas lui retirer la couche, non ?

– Exact, je vais la tenir autrement.

J'ai Jesse Franklin, à quelques millimètres de moi, quasiment collé. Il n'y aurait pas Zoé, on serait dans les bras l'un de l'autre ! Je sens sa chaleur, sa peau, sa force derrière son costume impeccable. Finalement, il tient les petits pieds de Zoé avec beaucoup de douceur. Le milliardaire aurait-il aussi un cœur, de la tendresse en réserve ? Je me tourne vers lui pour lui demander de me passer la crème pour la petite et il tourne son visage en même temps pour me dire quelque chose. Nos bouches sont à la distance de la possibilité d'un baiser.

– Hum… Vous…

– Oui ?

Nos souffles sont si près qu'ils se mêlent, n'en faisant plus qu'un. Il va… on va le faire ? Pourquoi ne bouge-t-il pas ? Je ne bouge pas non plus.

Jesse ? Tu penses à la même chose que moi ? Je vais te…

Mais Zoé gigote.

– … Vous pouvez me passer la crème, Jesse ?

– Oui, la voilà. Bon… Je vous laisse finir. Je vais jeter la couche et on s'en va.

– …

Zoé est propre comme un sou neuf. Je remets le cosy tant bien que mal, enfin mal ; je n'y arrive pas… Jesse est revenu.

– Laissez, c'est comme ça que ça s'attache, Léonie.

C'est humiliant, mais je dois admettre qu'il y arrive, lui… Mieux que moi. Ça doit être un siège qui ne peut être mis que par les gouvernantes et les milliardaires, je suppose.

– Merci Jesse, et maintenant ?

– Maintenant ? On devrait déjà être partis. Je dois être à mon bureau dans vingt minutes. Avec toutes ces histoires stupides, je n'ai pas eu le temps de m'acheter le costume qu'il fallait. Allez, remuez-vous un peu, Léonie.

Il remonte à l'arrière. Fin de la parenthèse. Direction son bureau de la 5e Avenue.

– Bien « M. Franklin », et Zoé ?

– Personne ne doit voir cet enfant, je vous fais confiance. Je vais faire en sorte de trouver l'adresse de sa mère et de la lui rendre le plus vite possible.

Ah, parce qu'en plus Sa Majesté ne sait même pas où habite la mère de son enfant ! Bravo ! De mieux en mieux ! Il se souvient de son prénom, ça doit déjà être un effort énorme ! Et il y en a combien comme ça ? Peut-être qu'on va nous jeter un mioche dans la voiture à chaque fois qu'on va faire une halte devant un hôtel !

Monsieur est multimilliard-père si ça se trouve ! Pfff, mais comment j'ai pu me laisser attendrir un moment ! Enfin, si, je sais pourquoi…

Je démarre pour rejoindre son bureau. Le silence s'est installé. Je ne sais pas ce qu'il pense. Je n'ai pas envie de lui demander. Je ne peux pas oublier l'heure que l'on vient de passer. Il y a Jesse et je conduis M. Franklin, j'ai rêvé ?

– Nous y voilà, M. Franklin. Qu'est-ce que je fais en attendant ?

– Comment voulez-vous que je le sache ? Ce n'est pas mon problème. Vous trouverez bien à vous occuper Léonie, hein ?

Il y a plein de choses dans la voiture et puis on est à New York ! Tenez, voici ma carte avec mon numéro de portable. Donnez-moi le vôtre au cas où. Vous venez me reprendre ici à 18 heures. Essayez de vous distraire avec la petite, moi j'ai du travail.

– Mais je ne suis pas…

Jesse Franklin n'entend pas le début de ma phrase qui se perd dans le bruit de la porte qu'il claque en sortant.

– Grrrr, il s'en tape visiblement de savoir ce que je suis et ce que je ne suis pas. Ton père est un drôle de type, peut-être même un sale type, ma chère Zoé !

– Uuuu… Uuuuu… Mmm.

– OK, OK, il ne faut pas dire de mal de ton papa chéri apparemment, ou alors tu as faim ? Oui, ça doit plutôt être ça, sinon je ne te comprends pas. Allez, je vais voir ce que « daddy » a acheté pour sa petite chérie.

Bon, alors, qu'y a-t-il de bon là-dedans pour ma choupinette ? Des petits pots. Ça a l'air bon ça, mais il n'a pas pris de cuillère, ni rien… c'est original ! Ça va être pratique surtout. Ah ! Il y a des biberons… sans tétine ? Royal ! C'est possible ? Ah non, elles sont là ! Pas complètement stupide le Jesse. Et le lait ? Ici ! On va y arriver. Ah, mais c'est pas vrai, c'est du lait en poudre et je n'ai pas d'eau… Oh là là ! Mais c'est un enfer ce mode d'emploi : il faut doser, mélanger, chauffer. Non, mais ça sert à rien ce qu'il a acheté là ! Bravo le « partage des tâches » ! Je n'ai pas pris des T-shirts sans trou pour passer la tête ou des chaussures qui ne s'enfilent pas, moi ! Je ne vais pas m'en sortir !

Je suis en Rolls, avec une gamine qui va bientôt mourir de

faim, un coffre plein de nourriture inutilisable et plusieurs heures creuses à remplir ! Je ne vois qu'une solution : je laisse tout comme ça et je pars en Amérique du Sud vivre sous un faux nom. Il y a bien quelqu'un qui trouvera la voiture avec cet enfant dedans. On est dans un pays civilisé, non ? Les gens ne sont pas assez cruels pour laisser mourir une petite, même dans une Rolls.

Oui, d'aaacccord, moi non plus... Donc, adios le Brésil ! Je ne pars plus. Mais quoi, alors ? Au secours ! Maman, maman !

Impossible, là où il y a maman, il y a papa et je vois déjà le sketch. « Ah ! Bravo ma petite fille ! On te confie à ta demande insistante le client le plus important ; mademoiselle peut assurer, mademoiselle est chauffeur professionnel, mais mademoiselle se fait refourguer un bébé dont elle ne sait même pas s'occuper correctement et appelle la famille au secours dans la seconde ! Laissez-moi rire ! Ah ! Il a tout de suite vu ce que tu valais M. Franklin ! Chauffeur ? Nooonnn, mais assistante maternelle, oui ! »

Plutôt mourir !

Je vais appeler Jenny... Oui, bonne idée, ça : Jenny... qui ne connaît rien aux bébés, en tout cas pas avant leur majorité et plutôt de sexe masculin. On oublie ! Bon allez, tant pis, je tente maman ; elle a toujours été mon alliée et je peux compter sur elle. Elle comprendra tout de suite ce qu'il se passe.

– Maman ?

– Léonie, alors tu te débrouilles ?

La voix de maman ! J'entends même son sourire et je vois ses yeux qui pétillent, et le monde redevient merveilleux.

Je suis de nouveau en sécurité.

– Papa est là ?

– Non, il est sorti pour la journée. Il devait voir son vieil ami Antonio qui vient de s'acheter une Panhard, paraît-il. Je pense surtout qu'il voulait s'occuper pour éviter de tourner dans l'appartement comme un lion en cage en se retenant de t'appeler ! Ça va toi ?

– Écoute, je n'ai pas trop le temps de t'expliquer et je ne peux pas trop t'en dire de toute façon, mais j'aurais besoin de toi.

– Bah, tu sais moi, les voitures et la conduite…

– Non, non, il s'agit d'un bébé.

Maman marque tout de même un petit temps d'arrêt face à l'annonce de la nativité soudaine.

– Un bébé ? Mais qu'as-tu fait, Léonie ?

– Rien. Je te dis, je ne peux pas t'expliquer maintenant, mais je dois m'occuper d'une enfant qui commence à avoir faim. J'ai tout ce qu'il faut dans le coffre sauf l'essentiel, et donc je ne peux pas la nourrir et je dois la garder jusqu'à 18 heures.

– Bon, ton père…

– Nooon maman, il ne faut rien dire à papa !

Le rire de maman résonne en cascade dans le combiné.

– Oui, je n'ai rien compris à ta situation, mais je me doute qu'il vaut mieux laisser ton père en dehors de ça. J'ai l'impression qu'il apprécierait moyennement le retournement de situation ! J'essayais justement de te dire, avant que tu m'interrompes à cause de ta frayeur, que ton père ne sera pas là avant 20 heures. Si tu veux, on se retrouve chez toi, ce sera plus sûr. Tu m'expliqueras tout ça, enfin j'espère. À tout de suite ma chérie.

– Merci maman ! Je savais que tu étais la meilleure.

– Je ne sais pas si je suis la meilleure, mais je devrais encore savoir nourrir un bébé et m'occuper de ma grande fille qui n'est jamais en retard d'une nouvelle invention.

– J'arrive !

Ouf ! Si la vie avec mon père est supportable, c'est bien parce qu'il y a ma mère ! Tu me sauves la vie maman ! Jesse veut que personne de son entourage ne sache que ce bébé existe, mais maman ne fait partie ni de sa famille ni de ses clients, c'est parfait, non ? Bon, j'ai peut-être une version personnelle du sens à donner à « personne », mais je n'ai pas le choix. Je raccroche et je me dirige vers mon sauvetage en expliquant la tournure des événements à ma passagère.

– Zoé, on va manger, se reposer et on reviendra voir papa, et tu vas rencontrer la maman la plus chouette de toute la terre !

– Matapata ! Uuuuu...

– Comment peux-tu affirmer ça ? Tu ne connais pas encore maman, mais si c'est ton avis... Allez, c'est parti !

Quand j'arrive au pied de chez moi, maman m'attend avec des cabas vides et son plus beau sourire. C'est toujours troublant de voir comment une petite bonne femme comme elle peut dégager autant de volonté et d'énergie.

– J'ai pris quelques sacs pour monter les affaires dont tu m'avais parlé. Détache le bébé et va garer la voiture à quelques rues d'ici. Ce n'est pas la peine que quelqu'un la voie devant chez toi à cette heure.

– Très bonne idée ! Merci maman.

On détache Zoé ; ma mère a l'air de s'y connaître en cosy.

Je mets quelques affaires dans les sacs et je la retrouve après être allée garer la Rolls un peu plus loin.

– Alors ma chérie, qu'est-ce que c'est que cette histoire ?

– Top secret ! Tout ce que je peux te dire, c'est que cet enfant s'appelle Zoé, que sa mère a des ennuis, mais « certainement » pas graves selon Jesse Franklin, *the Boss*, et qu'elle l'a posée ce matin dans la Rolls.

– De M. Franklin ?

– Oui. Il semblerait que le milliardaire ait répandu sa semence au gré du vent et que certaines paysannes aient décidé de lui déposer leur récolte sans le prévenir de la livraison. On ne peut pas dire qu'il ait vraiment apprécié le fruit, et, du coup, il me l'a refilé.

Ma mère a vraiment l'air abasourdi, presque plus que moi quand la fameuse fausse gouvernante m'a apporté Zoé !

– Non ??!

– Si

– Effectivement, nous épargnerons ton père et ton frère. Pas la peine de leur livrer cette information... sensible.

– Merci maman.

– Allez, on va faire le biberon de cette petite et la mettre au lit. Ça dort à cet âge-là ! Elle doit être épuisée.

Je regarde maman préparer le biberon et s'occuper de Zoé. On dirait qu'être mère, c'est comme le vélo, ça ne s'oublie pas. Par contre, quand on n'a jamais pédalé sans les roues... Moi, je me sens dépassée, et du coup, libérée pour un moment grâce à ma petite maman chérie.

– Je crois que je vais faire la sieste aussi, je suis morte. Tu es d'accord pour dormir avec moi après ton biberon en attendant qu'on aille retrouver ton père, Zoé ?

– Glu. Naaa.

– Je ne l'aurais pas dit comme ça, mais c'est un assez bon résumé de la situation. Maman ?

– Oui.

– Tu pourras me filer aussi quelques informations importantes sur les bébés de 4 mois ?

– Ah ! Ah ! Oui, oui. Je devrais me souvenir de deux ou trois choses « importantes ».

– Et… Maman, juste par acquit de conscience…

– Oui ?

– Ça t'a pris combien d'années pour savoir attacher un cosy ?

4
ACCÉLÉRER

Léonie

Il a fallu sortir du cocon protecteur de ma mère, mais j'ai tout de même pu faire un petit break avant de retrouver la Rolls. J'étais toutefois bien loin de la douce insouciance de ce matin. La petite Zoé est de nouveau installée à l'arrière. Me voilà qui retourne chercher Jesse Franklin.

Vais-je retrouver Jesse, M. Franklin ou encore une troisième facette du bonhomme ? Va-t-il m'en dire plus sur sa fille ?

– Ma petite Zoé, ça reste évidemment entre nous. Tu ne dis pas à ton père qu'on a rencontré ma mère. Il m'a bien dit qu'il pensait pouvoir me faire confiance…

– Maaamaaamaaa.

– « Allez ! Ne soyez pas modeste »…

– Prrrtt.

– Ah ! Ah ! C'est toi qui as raison ! C'est ça que j'aurais dû lui répondre. En attendant, on est juste à l'heure pour retrouver « M. Franklin », qui est toujours ponctuel, je te le rappelle.

On rigole, on rigole, mais dans le fond, il n'y a pas de quoi. Je ne sais pas comment je vais me sortir de cette affaire. Jesse bat le chaud et le froid, sur un éventail qui va du brûlant au congelé. Je ne sais toujours pas si c'est un salaud, même si tout le laisse à penser. Je n'arrive pourtant pas à me faire à cette idée. Instinct féminin ? Argh ! Non ! Non ! Non ! C'est nul. Pas moi ! L'instinct féminin n'existe pas… Je ne vais tout de même pas me mettre à y croire ! Pourquoi pas un instinct de conducteur de bus ou de vendeuse de hot dogs pendant qu'on y est ? En même temps, il faut bien avouer que, de temps en temps, l'instinct… Bref, ça doit bien exister !

Allez, arrête Léonie ! Tu ne vas pas te cacher derrière ton petit doigt.

Il se passe quelque chose avec lui, et je suis certaine que c'est réciproque. Ce type dégage un mélange de violence et de tendresse. Je n'arrive pas à savoir ce qui me touche. Cette vivacité aux aguets ? Cette force ? En même temps, je sens qu'il se protège, mais de quoi ? Dès qu'il lâche un peu la bride, nous sommes sur la même longueur d'onde : c'est une évidence ! J'ai l'impression d'être en harmonie avec son esprit, comme si, d'un coup, tout était à sa place. Et je ne parle même pas de son « enveloppe corporelle » qui ferait basculer n'importe quelle sainte dans le stupre et la luxure ! Heureusement qu'il n'a jamais croisé la route de Mère Teresa ou de Sœur Emmanuelle. Sûre que ça aurait changé la teneur de leur engagement ! En même temps, avec tout son argent, il aurait pu leur filer un sacré coup de main, non ?

Stop ! Mais qu'est-ce que je raconte ? Je suis barrée, là !

Je ne sais pas si je vais trouver un jour qui est le vrai Jesse Franklin, mais, en attendant, il faut que je récupère celui que j'ai découvert il y a quelques heures et qui s'attend à ce que son chauffeur le prenne à l'heure pile, juste maintenant en fait.

Je descends de la voiture et ouvre la porte par laquelle Jesse Franklin se précipite à sa manière inimitable. Je remonte et attends.

– … Non, mais tu me vends ça tout de suite et tu rachètes tout ce que ces crétins ont lâché sans en connaître la valeur… hum… c'est ça…

– Bonsoir… M. Franklin…

Il m'a à peine jeté un regard dans le rétroviseur et s'est installé à côté de Zoé comme si c'était un sac à provisions posé là par un livreur de chez Fauchon.

– … Non, je ne veux pas le savoir… les affaires sont les affaires… Oui, bonsoir Léonie… Non, c'est mon chauffeur… mais non, imbécile, je t'expliquerai… Allez, je te laisse, débrouille-toi, je te fais confiance…

Tiens, je n'avais pas encore eu droit à la grande scène avec les téléphones ! Un peu déçue, il n'y en a qu'un, là… C'est dommage quand on a deux oreilles !

– Eh bien ! Vous ne démarrez pas, Léonie ?

– Pour aller où… Jesse ? Que fait-on de Zoé maintenant ? Ça ne vous intéresse pas ce que j'ai bien pu faire avec elle pendant tout ce temps ?

Visiblement, la question l'embarrasse et l'irrite. Que s'est-il passé dans sa tête pendant tout ce temps ?

– Ça ne m'intéresse pas, ça ne m'intéresse pas… Vous avez

fait ce qu'il fallait faire, non ? Vous voulez quoi ? Qu'on prenne un café dans un endroit sympa et que vous me racontiez votre journée ? Passionnant ! Vous voyez bien que je suis occupé et que la mienne n'est pas terminée, continue-t-il sur le ton du « patron débordé et excédé par sa secrétaire ».

– Ah ! Pardon ! Oublions donc le compte rendu « passionnant » de ma journée « passionnante » ! Ça ne me dit pas ce qu'on fait avec la petite. Je vous dépose, je rentre chez moi et on la laisse dans la voiture ?

– Eh bien, voilà, c'est très bien ça ! Vous avez trouvé la solution !

– Quoi ?

– Mais je ne sais pas, moi ! Vous n'y avez pas réfléchi ? Vous voyez bien que je n'ai pas eu le temps d'y penser !

– Et tout ce que vous avez à me proposer, c'est de laisser la petite dans la Rolls ? Mais ce n'est pas possible d'être aussi… égoïste et désinvolte !

Je me retourne vers lui. Je serais presque prête à l'étrangler.

– Calmez-vous ! Vous avez presque de l'écume aux lèvres ! Ce n'est pas la peine de devenir enragée. Je suis juste en train de vous dire que je travaillais pendant que vous vous reposiez et que j'ai encore du boulot !

– Pendant que je me reposais !

Bon, ceci dit, c'est vrai, j'ai fait une sieste, mais il n'est pas censé le savoir. Et puis, ce n'est pas le problème ! Je ne vais pas me laisser faire.

– Parce que vous trouvez que c'est du repos de s'occuper d'une enfant de 4 mois ? Et maintenant, il faudrait qu'on l'abandonne sur le bord de la route aussi, pourquoi pas ?

Comme j'y avais pensé avant que maman ne me sauve... hum, hum...

– Non, vous avez raison, j'ai mieux! On va la déposer au zoo de Central Park... et puis je vais vous y laisser aussi, tiens... vu votre état. Ils vont me remercier pour les spécimens, et ça m'étonnerait qu'ils vous relâchent un jour dans la nature. Ça va régler tous mes problèmes d'un coup et en plus je passerai pour un généreux donateur; c'est bien pour mon image, ça! Je vais en parler à mon chargé de com'.

– Très drôle, mais concrètement?

Il me met hors de moi avec son air de se moquer de tout! C'est sérieux là!

– Mais c'est très concret. Ah! Pardon? Je ne vous ai pas demandé; vous préférez peut-être le zoo de Brooklyn? C'est vrai qu'il est plus grand. Je vous laisse choisir alors...

– Très bien, va pour Brooklyn! C'est sur le chemin de la déchetterie, je pourrai vous y déposer!

Et avant, je vais te faire bouffer tes téléphones et tous les paquets de couches de Zoé pour te faire payer ta désinvolture de sale macho ultra-friqué...

Je me retourne vers le volant, les bras croisés, avant de mettre ma menace à exécution.

– OK, OK, Léonie, bien envoyé! On se calme. Qu'est-ce que vous proposez?

Je lui jette un œil noir dans le rétroviseur; ça a l'air de l'amuser maintenant! Pff, ça fait dix minutes qu'il me promène avec ses provocations en fait, et il croit que je vais lui pardonner comme ça?

– Rrrrmmm.

– Mais encore?

Il est irrésistible cet idiot avec son petit sourire en coin. OK, il m'a bien eue, mais il ne perd rien pour attendre.

– Il n'y a pas trente-six solutions ; on ne peut aller que chez vous.

– Chez moi, mais c'est à l'hôtel ! J'habite Los Angeles ! Comment voulez-vous que je gère une enfant dans un hôtel sans que personne ne le sache ?

– Il fallait y penser avant, cher monsieur !

– Avant quoi ?

C'est fou ce qu'il joue bien l'étonnement !

– Bah oui, tiens, avant quoi ? On se demande ? Quoi qu'il en soit, c'est la seule solution pour l'instant. Si vous voulez que tout ait l'air normal, il faut que vous retourniez à l'hôtel et qu'on se débrouille pour y faire rentrer Zoé sans que personne ne la voie, puisque c'est ce que vous voulez.

– Mouais, vous avez certainement raison. De toute façon, tant que je ne sais pas où est Mary… Alors à l'hôtel, mais il va falloir être TRÈS discrets.

– Vous me connaissez…

– Oui, justement, je commence. Je vais tout de même assurer les arrières et appeler Akira. En route !

– En route !

Je ne sais pas où se situe « Kira », ni pourquoi il veut appeler là-bas, mais j'ai l'impression que je vais finir quand même par voir l'intérieur du Plaza, moi ! Bah quoi… On peut aussi essayer de profiter du soleil avec les pieds dans la mouise, non ?

– Bonsoir Akira, j'ai besoin de rentrer discrètement dans ma suite avec mon chauffeur et un bébé, vous m'arrangez ça ? Parfait ! On va garer la Rolls au parking et il faudra monter ce qu'il y a dedans… C'est ça, on se retrouve là-bas. À tout à l'heure.

Oui, bon, OK, Akira n'est pas un lieu, mais le super-ninja du patron. On ne peut pas tout comprendre tout de suite…

– Dites donc, il a l'air efficace cet Akira, et il ne s'étonne de rien.

– Akira ne s'étonne jamais de rien et encore moins quand la demande vient de moi.

Je suis curieuse de voir à quoi ressemble un type qui ne pose pas de questions quand on lui demande de régler un truc pareil ! Il faut dire que quand Jesse prend ce ton ferme, sans discussion possible, je ne vois pas qui pourrait désobéir, même pas l'avatar de Bruce Lee !

Le *Plaza* apparaît au détour de l'avenue. J'ai toujours trouvé ce bâtiment majestueux, posé au bord de Central Park. Toute la magie de New York est là.

– Nous voilà à l'hôtel.

– Allez directement dans le parking, je vais prévenir le placeur.

– Bien. Rien que le parking, ça vend déjà du rêve !

– Attendez de voir le reste alors, lâche-t-il sur un ton plein de promesses.

Je ralentis devant la guérite du gardien. Le bonhomme qui en sort doit faire 2,50 mètres et a la tête d'un gars qu'on n'aimerait pas croiser seule dans l'allée d'un cimetière, ni nulle part ailleurs.

– Bonjour Günter. Ne vous dérangez pas, on gare la Rolls avec le reste de mes voitures.

– Bien, M. Franklin. Bonne soirée, M. Franklin.

– Bonne soirée, Günter.

Quand je disais que personne ne discute...

On rentre tranquillement dans le parking après avoir laissé Günter retourner dans sa guérite dont on se demande bien comment elle peut le contenir en entier.

– La vache ! Il n'a pas joué dans *La Revanche de Frankenstein,* Günter ? J'imagine qu'ils lui ont laissé un cercueil pour se reposer dans sa guérite.

– Oui, et on a eu de la chance de le voir. Normalement, il ne sort pas quand il fait encore jour.

– C'est pas vrai ?

– Non, ce n'est pas vrai. Allez, garez-vous à cette place, au milieu des autres voitures, ici.

Ce mec est incroyable ! Et il se permet de se payer ma tête en plus. Ceci dit, ça m'énerve, mais, aussi improbable que cela puisse paraître, ça rajoute à son charme qui n'en avait pourtant pas besoin.

Léonie, Léonie, fais gaffe, nom de D...

– On laisse tout dans la voiture, Akira fera le nécessaire.

– J'espère que le « tout » ne concerne pas Zoé ?

– Bah si, c'est un paquet comme un autre, et puis lourd avec ça... Sans compter que vous n'arrivez jamais à détacher le cosy.

– Com... ?

Jesse attend ma réaction, l'air le plus sérieux du monde, mais avec son petit sourire dans l'œil.

– OK, vous m'avez encore eue. Dites donc, vous êtes en forme pour quelqu'un qui dit avoir travaillé dur toute la journée ? Détachez donc le cosy vous-même puisque vous êtes un professionnel de la question.

– Mais c'est déjà fait Mlle Caravaggio. Vous devriez savoir que je suis professionnel en tout.

– Mmm… en modestie et en vannes pourries aussi, on dirait.

Jesse se rapproche de moi après avoir éclaté de rire et me donne la direction à prendre en mettant sa main sur mon épaule. Tout cela a l'air naturel d'un coup ; on pourrait presque se tenir par la main !

Y a-t-il pensé comme moi ? A-t-il eu la même envie ?

On traverse le parking du *Plaza*, grand comme un terrain de foot, pour aller vers l'ascenseur qui aurait pu contenir la Rolls avec toutes les portes ouvertes.

– Akira a fait ce qu'il fallait, on dirait. On n'a pas croisé un chat.

– Je vous l'ai dit, Akira fait toujours ce qu'il faut. Au mieux.

– Il me semble que j'ai aussi assuré aujourd'hui, non ? Sans vouloir faire mon Akira…

– C'était pas mal.

Nous nous sourions encore quand la porte de l'ascenseur s'ouvre sur le dernier étage, occupé par la suite de Jesse, et nous voilà tous les trois dans l'antre du milliardaire. J'ai dit l'antre ? Si les grottes étaient toutes comme ça, je pense que l'espèce humaine serait restée bien tranquillement dans la préhistoire ! Tout est lumineux, gigantesque. La pièce principale est plus grande que l'appartement de mes parents et se termine sur une baie vitrée avec terrasse qui offre une vue sur New York à couper le souffle. Tout a l'air tellement cher et précieux que je n'ose pas bouger et encore moins m'asseoir sur un des canapés qui a la taille d'une péniche. Il y a même un piano, un écran géant, un bar ! Et des pièces jusqu'où ? J'en ai presque le tournis. La voiture, même une Rolls, c'est mon domaine, mais là, c'est lui qui est dans le sien. On sent que le fauve est dans son élément naturel ; tout cela n'a rien d'extraordinaire pour lui. Se déplacer dans cet appartement immense lui est aussi évident que de respirer, tout est à sa mesure. Il est rentré, a posé Zoé dans son cosy devant le canapé et se retourne vers moi.

– Léonie, la suite est assez grande pour que vous puissiez vous déplacer un peu plus loin que devant la porte.

– Bah, justement, c'est presque trop grand… Je ne sais pas dans quelle direction aller.

– Ah ! Ah ! Asseyez-vous à côté de Zoé. Je l'ai mise devant le canapé. Sortez-la de ce cosy et je vais nous servir à boire. Vous prenez ?

– Comme vous.

– Surprise, alors !

– Oui… Je vais rester sur le registre de la surprise… tant qu'à faire. Je ne sais pas si votre boisson sera à la hauteur de celle que m'a donnée cet appartement !

Il disparaît dans une pièce au fond pendant que je sors Zoé de son cosy et la pose sur le canapé immense. Elle a l'air d'une crevette au milieu de l'océan. Je n'ai pas l'impression d'être beaucoup plus grande.

Qu'est-ce que je fais là ? Je suis chauffeur, puis baby-sitter, et maintenant je suis installée sur le canapé de la plus grande suite du Plaza avec un milliardaire qui m'a demandé de l'appeler par son prénom et qui est en train de me préparer un verre. Quelqu'un peut me dire ce qu'est devenue la réalité et comment elle va se terminer ?

Jesse a retiré sa veste et revient vers moi avec un verre de… Un verre de quoi, d'ailleurs ?

– Qu'est-ce que c'est ?

– Surprise ! Vous vouliez la même chose que moi. C'est une composition personnelle. Je pense que ça va vous plaire.

– Merci. Hum… Oui, c'est délicieux, mais c'est fort !

Je ne sais pas ce que c'est, mais si je termine le verre et s'il ne remet pas sa veste, je pense que je vais lui arracher le reste de ses vêtements et finir en dansant nue sur le piano avec ma culotte sur la tête et en chantant « El Porompompero ». Dangereux son cocktail !

– Oui, c'est un mélange… Zoé a l'air à l'aise sur ce canapé.

– Oui, on dirait. Elle fait de grands sourires, mais elle ne bouge pas beaucoup.

– Parce qu'elle devrait faire des cabrioles à son âge ?

– Non, je ne pense pas.

– On va regarder sur l'appli.

Je pose le verre sur la moquette et prends Zoé sur mes genoux. Jesse se rapproche et sort son portable géant. Et nous voilà en train de consulter l'appli côte à côte, comme deux parents, pour découvrir comment bouge un bébé de 4 mois, pourquoi il rigole et ce que peuvent vouloir dire ses gazouillis. Je sens que le cocktail me monte à la tête. Ma jambe droite est collée à la jambe gauche de Jesse, je sens sa chaleur, son parfum discret mais puissant. Il me montre une photo de bébé sur l'appli. J'ai chaud. Zoé me tient chaud aussi. Je me rapproche pour voir la photo ; ma tête est presque sur l'épaule de Jesse. Il ne fait rien pour se retirer.

– Regarde, Zoé, c'est un bébé comme toi.

Imperceptiblement, ce que je viens de dire nous a encore

rapprochés. Jesse montre le portable à Zoé, qui essaie de le prendre. Il sourit, se tourne vers moi. Il a toujours son sourire. Nos bouches s'appellent au-dessus de la tête de la petite, qui tente toujours d'attraper la photo du bébé qui lui ressemble. La main de Jesse s'est posée derrière moi. Il suffirait de quelques centimètres pour qu'elle soit sur mon dos, qu'elle me caresse. Zoé a presque attrapé le téléphone, et le visage de Jesse est à quelques centimètres du mien. Nous allons… Non, il ne faut pas. Jesse s'en rend compte aussi et recule d'un mouvement souple, mais vif.

– Je reviens. Je dois passer quelques coups de fil.

Il me dit ça dans un souffle qui ressemble à un baiser et se lève.

– Si vous n'êtes pas revenu dans une heure, j'appelle les secours. Je ne pourrai jamais vous retrouver toute seule tellement c'est grand ici.

– Mais non, il y a à peine trois heures de marche jusqu'à la chambre du fond !

– Ah ! Dans ce cas, ça va, mais j'irai plutôt chercher la Rolls, si besoin. Elle tient dans l'ascenseur. Et puis trois heures avec la petite…

Il a son sourire en coin et son œil rieur. Je lui souris. Il disparaît vers le fond de l'appartement, à trois heures de marche donc.

Je reste seule avec Zoé, qui fait un drôle de bruit, comme si elle frappait à une porte. Comment arrive-t-elle à faire ça ? Mais non, ON frappe à la porte ! Jesse, Jesse, il faut que je retrouve Jesse. Je ne suis pas censée être là et Zoé non plus. Il ne faut pas qu'on fasse de bruit. Vite, je prends la petite dans mes bras. Mais où est Jesse ? C'est vraiment grand ici.

C'est pas vrai ! La pièce du fond ; je l'entends qui parle.

– Ah, Jesse, Jesse…

Je dis ça tout bas pendant qu'il coupe son téléphone.

– Mais pourquoi vous parlez à voix basse ?

– Chuuut. Y'a quelqu'un qui frappe… qu'est-ce qu'on fait ?

– Comment ça qu'est-ce qu'on fait ? On ouvre la porte, voyons ! Ça doit être Akira.

– Hein ?

– Oui. On est dans un palace et dans ma suite. Personne ne vient me déranger si je ne l'ai pas appelé au préalable. Et sinon, ce sont eux qui m'appellent avant de venir.

– Ah bon !

Jesse se dirige vers la porte, l'ouvre, et le fameux Akira rentre dans la pièce. Pour être plus précise, d'un coup, il EST dans la pièce. On a beau savoir que forcément il bouge pour se déplacer, comme tout le monde, mais c'est comme si votre cerveau était incapable d'enregistrer ses mouvements. J'ai bien aperçu quelqu'un à la porte et puis, soudain, il est devant moi, la main tendue. Il a une tête de moins que moi. Un visage de bonze en bronze, tout en muscles.

– Akira Ozu. Enchanté mademoiselle Caravaggio. Vous êtes comme la pluie fraîche sur un matin d'été.

– Enchanté… M. Ozu. Vous êtes… euh… pareil.

Je lui serre la main après avoir libéré l'une des miennes en basculant Zoé sur ma hanche.

– Je n'aurais pas cette prétention. C'est une possibilité qui n'appartient qu'aux élues. Bonjour ma petite Zoé.

– Venez Akira, nous avons à faire. À tout de suite Léonie.

Jesse a coupé court à la rencontre, et Akira Ozu s'est déjà téléporté à l'autre bout de la pièce, laissant l'élue que je suis sous sa pluie fraîche. Il connaît mon nom et celui de Zoé, comment ? Jesse ? Quel âge peut-il avoir ? C'est impossible à dire. Entre 20 et 75 ans ? À côté de Jesse, on dirait un enfant fragile trimballé sans ménagement par son père et, pourtant, il a l'air d'être le plus sage des deux, et il est sans doute le plus vieux aussi. Cet Akira dégage une énergie tout en retenue mais dont on imagine que la déflagration rayerait New York et une partie de l'État de la carte s'il lui prenait de la libérer.

Où suis-je tombée ? Ces gens sont vraiment des extraterrestres.

Je repose Zoé sur le canapé et termine mon cocktail d'une traite ; il me fallait bien ça ! Je vois soudain une ombre revenir vers moi. Akira ? Il s'en va ? Combien de temps est-il resté ?

– Au revoir, mademoiselle Caravaggio. La beauté est éphémère sauf pour les cœurs purs.

– La beaut… ? Purs ? Oui, au rev…

Je ne l'avais pas vu revenir et il a déjà disparu !

– Qu'est-ce qu'il a voulu dire ?

Jesse est revenu dans la pièce, l'air soulagé visiblement, ou c'est moi qui suis un peu saoule ?

– Généralement, il n'y a que lui qui le sait.

C'est rassurant !

– Et il fait quoi pour vous ?

– Tout, ou à peu près, mais il ferait tout si je lui demandais. C'est une sorte de… majordome total. J'ai l'impression qu'il a toujours été là et qu'il le sera encore même plusieurs siècles après ma mort.

– C'est effectivement l'impression qu'il donne, et je ne l'ai vu que cinq minutes.

– C'est Akira.

– Et les affaires de Zoé…

– … sont dans la pièce du fond.

– Mais comment… ?

– C'est Akira.

– OK, je ne m'étonne plus de rien.

– Il y a aussi un repas servi dans la pièce d'à côté.

– Mais comment… ?

– Ça, vous l'avez déjà dit, et je vais vous répondre la même chose. Ça va limiter un peu l'intérêt de notre conversation au bout d'un moment, alors autant s'installer pour dîner, non ?

On a bu un verre, maintenant on va dîner. Je suis dans la suite d'un palace avec un milliardaire qui m'attire et qui semble être attiré par moi. Il faut que je parte maintenant, sinon je ne sais pas où on va. Tout lui semble normal.

Il fait ça souvent ? Avec qui ? Je suis une conquête de plus ? Pourquoi moi ? Parce que je l'ai aidé avec Zoé, et après ? Je vais répondre qu'il faut que je rentre, c'est mieux.

– Avec plaisir, Jesse. J'ai une faim de loup !

On dirait qu'une autre voix que la mienne a donné une réponse inattendue. Si ça se trouve son cocktail est bourré de substances hallucinogènes à visée schizophrénique. Il en a bu ou pas ? Tant pis, je mange et je m'en vais. Sinon, ça va être *Apocalypse Now* à la maison !

Avant que l'on s'installe, j'entends une Zoé qui gazouille et qui va aussi avoir faim… Ça va me laisser le temps de réfléchir et de faire passer les effets du cocktail.

– Je vais aller donner son biberon à Zoé avant de dîner ;

c'est préférable.

– Et je vais aller lui préparer un petit coin pour dormir.

Je donne son biberon à Zoé qui me regarde, hyper-concentrée.

Que pense-t-elle de tout ça ? Sa maman lui manque ?

Pendant ce temps-là, Jesse lui invente un petit lit bien bordé avec les coussins des fauteuils. Il me jette des coups d'œil que j'ai du mal à interpréter. Zoé s'endort avant la fin du biberon et on la dépose dans son berceau de fortune, tous les deux au-dessus d'elle. Si on m'avait décrit cette scène il y a vingt-quatre heures…

– C'est tout de même une situation… étrange…

– Oui, ce matin, j'étais chauffeur et ce soir…

– Je…

– Je…

Nous sommes là, heureux ? Gênés ? Troublés ? Je découvre le vrai Jesse. Nous sommes si proches, trop peut-être. Non, pas assez !

Jesse… Jesse… As-tu envie comme moi ?

J'ai l'impression que nous ne sommes plus que des yeux soudés et deux bouches qui attendent de se frôler. On respire plus vite tous les deux. Il esquisse un geste vers moi et tout bascule. Sa bouche est sur la mienne, je suis dans ses bras, je prends son visage dans mes mains.

Qu'est-ce qu'on fait ?

Ça dure et c'est bon. J'attends ça depuis… des siècles ? Sa bouche est chaude, douce, aimante. Je voudrais que ça ne s'arrête jamais. Nous nous détachons, encore suspendus, étonnés.

– On va dîner ?

– Jesse… Je ne sais pas si…

– Mangeons, on en parlera à table.

Jesse m'entraîne vers la table du repas qui conviendrait à Pantagruel et Gargantua réunis. Le rêve ! Un repas merveilleux partagé avec un dieu de l'Olympe et plus rien d'autre n'a d'importance. Tout scintille. Tout est simple et évident.

Il y a des gens qui vivent en plus de nous sur cette planète ?

En fait oui. Il y a mon frère, mon père, ma mère…

– Jesse, je ne sais pas ce qu'il s'est passé. Ce repas est merveilleux, mais je vais devoir rentrer.

– Mais Léonie, ce n'est pas ce qui était prévu…

– Pardon ?

– Je veux dire… enfin…

– Vous aviez tout prévu, c'est ça ? Un petit cocktail, le bonze qui rentre et sort en me disant que je suis la pluie pure qui sort du cœur et qui en a profité pour mettre le couvert, une petite galoche en passant et puis c'est emballé ?!! Bobonne va s'occuper de la petite pendant que monsieur pourra retourner à ses affaires !

Je me lève, furieuse. Je serais prête à balancer toute la table par la fenêtre.

– Mais Léonie, ce n'est pas ça. Vous savez bien que ce n'est pas ce qu'il s'est passé !

– Et que s'est-il passé au juste ? Vous n'aviez rien prévu, et d'un coup vous avez été irrésistiblement attiré par la beauté ineffable de mes lèvres purpurines ?!!

Jesse éclate de rire.

– Eh bien… oui. Il y a quelque chose de ça.

– Et… et pourquoi je devrais vous croire ?

– Parce que c'est vrai et que j'ai besoin de vous, Léonie. On laisse ce qu'il s'est passé de côté. Vous pouvez rester? Pour Zoé. Ça m'arrangerait, vraiment. Je vous l'ai dit, j'ai confiance en vous.

– Oui… mais demain?

– … est un autre jour. Vous voulez bien m'aider, alors?

– Hum… OK. Je reste et je vous aide le temps que… mais je ne fais pas la vaisselle!

– On est dans un palace. Vous pouvez tout laisser comme ça.

Il a son sourire à tomber. Je tombe.

– Merci Léonie.

– OK. Je… peux utiliser la salle de bains? En attendant, préparez-moi un lit à côté de Zoé.

– Allez-y, Léonie, j'ai deux, trois choses à finir et je m'occupe de ça.

La salle de bains est à l'image du reste. On pourrait y faire laver un bataillon de scouts. Des scouts qui prendraient soin de leur corps en plus! Je n'ai jamais vu ça. Le moindre placard ressemble à un magasin de produits de beauté! Il y a tout ce qu'on veut et le reste, et même des préservatifs! Ils sont prévenants dans cet hôtel! Ce n'est tout de même pas Akira qui… Je vais finir par lui prêter des pouvoirs surnaturels si ça continue…

Bon, calme-toi Léonie! On s'est embrassés, ça, c'est sûr. Il en avait envie autant que moi, OK. Il y a Zoé, sa fille qu'il a eue avec une femme qu'il a l'air de considérer comme moins que rien… Non, non, non, je vais devenir folle! Léonie, mets-toi sous la douche, froide, et reprends-toi. Bon, avec un peu d'eau chaude quand même, la douche ! Ce serait dommage de se faire du mal, au prix où doit coûter la suite…

Je sors de la douche et enfile un peignoir pour me rendre compte que j'ai tout de même oublié un petit détail. Je retrouve Jesse qui travaille dans le salon.

– Jesse ?

– Ah ! Léonie, vous êtes sortie de la douche, et vous avez trouvé les peignoirs. C'est parfait.

– Bah ! En fait, c'est à moitié parfait…

– Quel est le problème ?

– Je n'ai pas vraiment… de vêtements pour dormir…

– Quel est le problème ?

– Jesse… Ce n'est pas drôle !

– OK, désolé ! Je vais vous trouver quelque chose au magasin de l'hôtel, restez là.

– Oh ça, je ne vais pas bouger !

Jesse sort de la suite et me laisse sur ce canapé immense à me demander si j'ai bien fait d'accepter, quand mon téléphone sonne. Mince, c'est Simon ! Je réponds ? De toute façon, si je ne réponds pas, il va appeler toute la nuit…

– Oui, Simon.

– Où es-tu ? Tu as vu l'heure ? Je suis obligé de calmer papa. Ça s'est bien passé avec M. Franklin ?

Je ne sais pas si sa grippe s'arrange, mais il n'a pas l'air particulièrement jovial.

– Bah, en fait, ce n'est pas vraiment… euh… terminé.

– Quoi ? Mais qu'est-ce que c'est que cette histoire ? Ça n'arrive jamais et…

– Non mais, Simon, il va revenir, là. C'est une situation un peu particulière, un gros contrat visiblement…

– Mais je ne vois pas…

– Je fais ça pour la boîte, tu sais. Si tu crois que c'est une partie de plaisir !

Il ne faudrait pas que j'en fasse trop tout de même. Ceci dit, plus c'est gros…

– Oui, je me doute, mais tu peux…

– Bon, je dois te laisser, je vois M. Franklin qui arrive. Il a un autre rendez-vous à pas d'heure à l'autre bout de la ville. À plus, Simon.

– Mais Léon…

Je raccroche au moment où Jesse rentre dans la suite.

– Un problème, Léonie ?

– Non, Jesse, c'était Simon.

– Il va mieux ?

– Oui… enfin non. Je ne sais pas, en fait.

– Ah ! Tenez, je vous ai pris ça. Je pense ne pas m'être trompé sur votre taille. Ça devrait aller pour ce soir.

– Merci. C'est un pyjama ?

– Euh… pas vraiment… mais il ne restait que ça.

J'ouvre le paquet qui contient… une nuisette en soie.

– Effectivement… ce n'est pas un pyjama, ou alors juste un morceau, et plutôt petit !

Je dois être écarlate.

– Essayez-la. Ce n'est que pour ce soir et c'est mieux que rien, non ?

– Je vais voir.

Je retourne dans la salle de bains. J'enlève le peignoir devant la glace et j'enfile la nuisette. Elle ne couvre pas grand-chose. Je ne me suis jamais vue comme ça. Elle s'arrête juste en haut des cuisses, montrant quasiment tout mon corps et laissant imaginer le peu qu'elle cache. Elle dessine mes seins plus qu'elle ne les dissimule. La soie est douce et légère. J'ai l'impression d'être vêtue d'un souffle. Je ne verrais pas mon reflet dans le miroir, je pourrais me croire nue.

Il ne restait vraiment que ça dans la boutique ? Je peux aussi dormir en peignoir, non ? C'est l'heure de vérité, il me provoque. Salaud, pas salaud ? Je prends le risque de me jeter dans la gueule du loup ? Il faut dire qu'il a de belles dents... Quel va être le prix à payer pour ce petit jeu ? Et quel est le jeu ?

J'ouvre la porte de la salle de bains et me poste dans l'embrasure de la porte qui donne sur le salon où Jesse s'est remis au travail.

– Eh bien, Jesse, c'est mieux que rien ou pas ?

Il relève la tête et je vois dans son regard que rien ne serait pas mal non plus.

– Évidemment, ça change de votre tenue de chauffeur, et même du peignoir...

– Je dois dire que je me sens un peu moins chauffeur d'un coup...

– Je me demandais...

– Oui ?

– Ce que ça ferait...

– Oui ?

– De recommencer ce qu'il s'est passé avant le dîner tout à l'heure, avec cette tenue, pour voir...

– Voyons.

Je suis restée dans l'embrasure de la porte de la salle de bains. Il vient. Il n'est pas loin, mais il prend son temps. Nos regards sont rivés l'un vers l'autre et j'ai l'impression qu'il y a comme un filin tendu qui y passe et qui s'enroule pour nous rapprocher petit à petit. À chaque tour de manivelle du désir, Jesse est un peu plus près. Il arrive finalement contre moi. Le filin est à sa tension extrême. Nos regards ne se sont pas quittés. Il m'attrape les poignets et remonte le long de mes bras jusqu'aux épaules qui tiennent les fines bretelles de la nuisette. Ses gestes sont décidés, tendres mais fermes. Ses mains sont comme un autre souffle, plus chaud que celui de la nuisette. Il les a posées sur mes épaules et m'attire vers lui par une légère pression en approchant sa bouche de la mienne. Il m'effleure plus qu'il m'embrasse, comme pour simplement partager nos respirations, sentir nos peaux. Il recule un peu et me fixe, glisse doucement ses pouces en dessous de la première bretelle, puis de l'autre, et dégage les morceaux de soie avec douceur. La pesanteur fait le reste, et la nuisette vient s'échouer sur mes pieds. J'ai à peine senti son glissement, mais je suis nue et mon corps n'est plus qu'une étendue à vif, une source de chaleur qui s'alimente encore à celle de Jesse.

– C'était bien la peine que je la mette…

J'ai soufflé la phrase à quelques millimètres de sa bouche ; il me répond avec la même respiration.

– Oui, c'était la peine. Il ne faut jamais se passer du plaisir qu'on a d'imaginer avant de découvrir.

Nous ne bougeons plus. Il a posé ses mains sur l'embrasure de la porte, légèrement au-dessus de moi. Son corps m'enveloppe à distance, très courte. Je suis obligée de lever légèrement la tête pour voir son visage qui me surplombe. Je sens le félin de retour. Il absorbe tout par le regard, la peau, le nez. Je suis aussi passée en mode animal. Notre cerveau a mis la raison en veille ; il ne reste plus que l'instinct, les sensations qui surgissent comme des éclairs. Le fauve a cependant l'air de vouloir prendre son temps. Ça tombe bien, moi aussi ! Je suis nue devant lui et il m'offre son corps encore habillé. À part le frôlement de tout à l'heure, nous ne nous sommes pas touchés depuis la chute de la nuisette qui gît à mes pieds comme une peau superflue qu'un serpent aurait laissée après sa mue. La trace de ma vie d'avant, celle où mon corps ne savait pas que celui de Jesse existait. Il ne bouge toujours pas. Il attend que je le découvre, que j'enlève ce qui le recouvre encore.

– Je crois que moi aussi, j'ai assez imaginé.

Il ne répond pas, mais acquiesce par une respiration plus rapide. Je pose mes mains sur son torse dur et lisse comme le marbre. Le tissu de la chemise est de trop. Je défais les boutons, doucement. Il me regarde faire, jusqu'au dernier, et se redresse en lâchant l'embrasure de la porte pour que je puisse enlever complètement ce vêtement, pourtant à peine un voile, mais qui me cachait l'essentiel et qui va désormais rejoindre la nuisette dans un froissement. J'ai envie que nos corps se touchent. Je me colle à lui et l'embrasse dans le cou en caressant son dos. Je sens la pointe de mes seins durcir contre son buste, autant à cause du contact que des sensations apportées par le mélange de son parfum et de son odeur d'homme qui attend le moment où nos sexes se trouveront. Il prend mon visage dans ses mains et approche ses lèvres des miennes.

– Nous devions recommencer quelque chose je crois, non ?

Nos langues se cherchent, longuement cette fois, jouent à se cacher pour mieux se connaître. Il a glissé ses mains dans mon dos puis sur mes fesses nues pour me coller à son bassin. Je sens son sexe déjà tendu à travers le tissu de son pantalon. Je me colle à lui pour le sentir davantage. J'ai envie de le voir nu. Maintenant. Je me recule un peu pour que mes mains puissent explorer tous les replis des muscles de son torse et arrivent naturellement à la ceinture, que je détache doucement. Je n'ai jamais été aussi entreprenante, à l'aise, sûre de savoir ce que je veux. C'est comme si son corps me dictait les gestes qu'il attend et que j'avais gardés cachés en moi avant de le connaître. Je laisse descendre le pantalon le long de ses cuisses parfaites. Il s'en débarrasse d'un seul mouvement en retirant ce qui lui reste de vêtements, sauf son caleçon qui laisse deviner son sexe, énorme, qui attend d'être libéré du carcan qui semble peiner à le retenir. Il me guide doucement dans la salle de bains et referme la porte. Les miroirs multiplient nos corps et nous font devenir des êtres étranges, capables non seulement de sentir et toucher mais aussi de voir toutes les facettes de l'autre en un seul regard. La situation nous laisse en suspens quelques secondes, puis nos corps se rejoignent naturellement dans un baiser qui nous lie pendant que nos mains commencent à explorer le reste de nos corps appuyés sur les lavabos.

Jesse a pris mes seins et les tient à pleines mains. Son pouce caresse doucement chacun de mes tétons, rejoint par son index pour former une pince qui m'envoie des décharges jusque dans le bas-ventre à chaque fois qu'il la referme. Je ne sais jamais quand il va décider de le faire, et le plaisir de l'attente augmente celui de la surprise. Je me sens presque totalement liquide. Nos bouches ne se quittent pas et je faufile mes mains dans le seul tissu qui cache encore sa chair.

Je fais glisser le caleçon, qui résiste à l'endroit où son sexe se dresse. Jesse laisse échapper un soupir quand je le prends dans ma main pour le libérer. Le caleçon va rejoindre le sol et je tiens désormais son membre à deux mains, imprimant un léger va-et-vient à la base pendant que ma main droite caresse son gland aussi dur et doux qu'un métal poli. Il tressaille parfois de secousses incontrôlées quand ma main s'approche d'une partie plus sensible.

Sa bouche décide de quitter la mienne pour aller embrasser et mordiller mes seins, libérant une de ses mains qui se glisse le long de mon ventre vers mon sexe. Je n'ai pas lâché le sien. Il soulève ma jambe et la laisse poser sur son avant-bras puissant, prenant ma fesse dans sa main. Ses doigts commencent à caresser le bord de mon intimité, écartant les lèvres en douceur, survolant le bord de mon sexe sans y pénétrer tout de suite. Chacun de ses doigts semble autonome et venir réveiller un plaisir à chaque endroit qu'il effleure. J'attends le moment où ils viendront me connaître plus profondément, mais Jesse reste à la lisière, me rendant presque folle d'envie. C'est alors qu'il se redresse, m'embrasse avec passion, avant de me soulever et de m'asseoir entre les deux lavabos. Il se penche entre mes jambes, qu'il a écartées avec douceur. J'ai l'impression d'être en feu quand sa langue vient rajouter une flamme, à la limite du supportable, s'infiltrant au fond de moi, puis revenant par petits coups sur mon clitoris. C'est le moment qu'il choisit pour glisser enfin ses doigts en moi, tout en continuant son mouvement régulier avec sa langue. Je lâche un râle rauque que je n'avais jamais entendu sortir de ma bouche. Il me garde comme ça, en tension, sur le fil de la jouissance. Il semble connaître encore mieux que moi le rythme de mon plaisir, stoppant quand je suis au bord de l'orgasme pour reprendre dès que la tension est passée. Je ne sais combien de temps ça dure, mais il décide de s'arrêter au moment où je vais presque défaillir. Il se redresse. Nous nous regardons, les yeux embrumés. J'ai envie, maintenant. Je descends du lavabo pour attraper un préservatif. Les miroirs reproduisent une Léonie en feu qui enfile la membrane ultrafine sur le sexe de Jesse dans une caresse qui le fait gémir, nos deux corps pailletés de sueur.

– Viens Jesse, doucement.

– Oui.

Il m'embrasse avec encore plus de tendresse que la première fois. Je suis collée à lui, son sexe sur mon ventre. Je m'accroche à son cou et soulève une jambe, qu'il attrape aussitôt. Sans le dire, nous avons souhaité la même chose. Il prend ma deuxième jambe et me porte au milieu de la salle de bains, me fait glisser sur lui jusqu'à ce que son sexe soit au bord du mien. Nos fronts se touchent, ses doigts m'écartent. Il commence à me pénétrer, juste avec l'extrémité de son sexe qui va et vient, puis il se laisse entrer en moi complètement, pendant que tout mon corps se frotte au sien. Puis il recommence doucement, laissant le mouvement se dérouler, puis de plus en plus vite.

Nos respirations se font de plus en plus hachées. Il semble inépuisable et d'une force incroyable. Sans se retirer, il me mène au sol et accélère, appuyant davantage à chaque fois qu'il est au fond de moi. La houle qu'il avait arrêtée en enlevant sa langue tout à l'heure est en train de revenir grâce à la régularité de ses mouvements. Je ne vois plus les choses que par flashs : les muscles de ses bras, ses yeux, son sexe en moi. Des sons arrivent aussi, comme décalés de la réalité. Des soupirs. Un râle. Un cri. J'ai l'impression de ne plus être qu'une sensation, une émotion, une jouissance. Le plaisir se diffuse dans chaque parcelle de ma peau, elle-même reliée à chaque parcelle du corps de Jesse. Je sens tout. Je veux tout.

Il prend ma tête entre ses mains.

– Léonie, Léonie.

Ses muscles sont de l'acier sur le point de craquer. Je sens nos corps se tendre en attendant l'orgasme. Je ne sais plus si je respire. Ça vient.

– Jesse !

J'arrête Jesse au fond de moi en le serrant avec mes jambes et je le guide pour qu'il se mette sur le dos. Il se laisse basculer et je me retrouve sur lui, mes mains sur sa poitrine, son sexe englouti au fond du mien. Je me penche sur son visage, mes cheveux faisant une alcôve à nos regards. Cette fois, c'est moi qui recommence le mouvement. Je reprends où il s'était arrêté, plus profondément. Il tient mes fesses dans ses mains brûlantes, trouve immédiatement les saccades qui font écho à mon déhanché. Je le garde au plus profond de moi en le serrant de plus en plus, l'emmenant aux endroits qu'il n'avait pas trouvés seul. Et soudain, oui, c'est là, nous arrivons en même temps à la juste place, où il faut ! Plus la peine de… juste rester comme ça… bouger comme ça… jusqu'à ce que ça explose. On ne respire plus et…

Toutes les cordes qui nous tenaient claquent d'un coup dans un tonnerre qui me laisse comme sourde. La secousse me fracasse en déversant son onde multipliée par celle de Jesse. Je ne sais pas si on a crié. Je ne sais pas ce qu'on a dit.

Je ne sais pas si on est encore vivants. Je sais juste que j'ai été frappée par un plaisir tel qu'il en était presque douloureux. Et puis tout se relâche. Les dernières digues tombent, laissant s'écouler le fleuve plus paisiblement. Je sens les muscles de Jesse se détendre peu à peu, même si son sexe est encore dur en moi. Je ne le retiens plus et je me laisse aussi aller à l'apaisement. Je suis bien, comme jamais. Heureuse, c'est ça ?

Je me laisse tomber sur lui. Nous reprenons peu à peu notre souffle et nos esprits. On se regarde, on se reconnaît, comme échoués sur une plage après un cataclysme. On s'embrasse. C'est toi. C'est moi. On est là. On tremble encore un peu. On rit par à-coups, sans raison, comme une libération, un grand souffle, une respiration. La vie.

Tu ne peux pas être un salaud, hein Jesse ? S'il te plaît. Pas après ça…

5
FREINER EN SOUPLESSE

Jesse

J'entends la sirène, l'alarme ! Il faut que je m'en sorte, que je l'arrête ! Je ne comprends pas d'où elle vient. Elle est loin et très proche en même temps. Je cours, mais elle se rapproche. Elle est partout. Qui a sonné l'alarme ? Je sens… quelque chose… qui me tire… vers la sirène… qui vient… de l'extérieur… Je bascule… Non… Ce n'est pas ça… Ce n'est pas encore là… Mais ça arrive… Ça me… Oui… C'est juste que ça me…

Réveil ! Ce bruit ! Et ce n'est pas une sirène, c'est un… bébé. Un bébé ? Dans la suite que… ? Zoé. Mary. OK, je me souviens. Je dormais, mais c'est ici le cauchemar ! Et il y a dans mes bras Léonie. Léonie… C'est vrai. Il y a eu « hier soir ». Depuis que j'ai rencontré cette fille, il n'y a plus rien de normal. Mary me laisse une gosse, je demande à Léonie de rester pour m'aider alors que j'ai un staff qui obéit au doigt et à l'œil et qui pourrait me débarrasser du problème en deux secondes. C'est vrai que c'était plus pratique que ce soit elle qui me file un coup de main. Plus pratique… c'est tout ? Hum… facile d'y croire. Lui ramener cette nuisette alors qu'il y avait des dizaines de pyjamas et de chemises de nuit dans la boutique… Et puis après… je n'avais jamais autant désiré quelqu'un, ressenti un plaisir aussi fort… Qu'est-ce qu'il m'arrive ?

Ça y est. La petite s'est tue. On pourrait croire qu'elle n'était là que pour servir de réveil… qui ne fonctionne pas sur Léonie on dirait… Ce ne sont pas les femmes qui réagissent à la sonnerie du téléphone et aux cris des enfants normalement ? Il faut quand même qu'elle se réveille.

– Léonie… Léonie… réveille-toi.

Ce n'est pas possible de dormir comme ça. Elle n'a vraiment rien entendu ? La suite est bien insonorisée, et ses oreilles aussi on dirait.

– Léonie !

– Hum… Jeeeesse. Je dors.

– Oui, oui, Léonie. La petite a pleuré.

– Oui, elle a faim, je suppose.

– Léonie… Il est déjà… 7 heures. Il faut que je me lève et il faut nourrir Zoé.

– Hum… Oui, bien, et donc ?

– Il faut se lever, et vite, et puis…

– Et puis, Jesse… On ne peut pas discuter un peu ?

– Non, on n'a pas le temps. Allez !

– Ah ! Mais ne me bouscule pas comme ça ! Merci le réveil tendre ! OK, je vois, c'est le retour de *Mister* Franklin ! Pour le coup, je préfère vraiment Dr Jesse ! Je suppose que si j'ai droit à « tant d'égards », c'est parce que c'est à moi d'aller m'occuper de Zoé, selon les codes du *big boss* !

– Bah, tu... vous... tu as accepté de m'aider. Et là, oui, ça m'aide si on se lève, qu'on accélère un peu la manœuvre et que tu t'occupes de cette enfant.

– Mais bien entendu, Sa Majesté ! Léonie-Shiva va gérer ça ! On a besoin d'une petite séance de sexe ? C'est bien pratique, Léonie est dans les parages ! Une nuisette et vas-y, le matin, on n'a pas le temps. Faut nourrir la gosse ? C'est encore bien pratique, Léonie est « miraculeusement » restée dans les parages, alors autant qu'elle fasse le biberon pendant que monsieur fait des choses importantes, lui !

Mais ce n'est pas ce que je voulais dire. Est-ce que les choses ne pourraient pas être simples, c'est-à-dire se passer comme je le pense... Comme d'habitude ?

– Évidemment, si tu le prends comme ça...

– Parce que c'est comme ça que tu me le présentes ! Ce n'est pas assez important pour monsieur de nourrir sa fille, peut-être !

Elle a l'air d'avoir dit ça sérieusement.

– Mais qu'est-ce que tu racontes ? D'où sors-tu que Zoé est ma fille ?

– Parce que ce n'est pas TA fille que SA mère t'a refilée et qu'on trimballe depuis hier, peut-être ?

– Non. Je te l'ai déjà dit, je n'ai pas d'enfant.

– Et donc pas de mère de ton enfant, non plus ?

– Ça va de soi.

– Mais... que... Tu te fous de moi ? Alors moi, je me couche avec un père et je me réveille avec un célibataire sans enfant et tout ça est bien entendu normal pour M. Franklin ! Parce que M. Franklin ne daigne pas informer les femmes qu'il emmène courir chez Bloomingdale's pour après leur enlever leur nuisette qu'il est en fait libre comme l'air et qu'il n'y a pas des paysannes ensemencées par l'étalon à tous les carrefours ?

Paysanne ? Étalon ? Carrefour ? Akira, sors de ce corps !

– Quelles paysannes ? C'est quoi ce délire campagnard d'un coup ! Je ne comprends rien à ce que tu rac…

– Des paysannes ou autre chose, on s'en tape ! Ce n'est pas le problème ! La question, c'est qui est Zoé et qui est Mary, alors ?

Je sais, ce n'est pas facile pour toi, mais je ne peux pas…

– Ce n'est pas le moment, Léonie. Franchement, pour l'instant, ça ne te regarde pas…

– Ça ne me regarde pas ? Ce n'est pas le moment ? Pas de problème ! Débrouille-toi avec cette gosse qui est donc de nouveau à personne et de nulle part ! Moi, je vais prendre ma douche ! Bon courage pour donner le biberon à un mirage hurlant et affamé qui ne me regarde pas et que je n'entends donc pas non plus, Jesse Franklin !

Elle m'épuise. Il semble clair désormais que cette femme est folle. Elle couche avec moi en croyant que je suis un père de famille et elle me hurle dessus quand elle apprend le contraire. N'importe quelle autre fille normalement constituée aurait eu la réaction inverse ou c'est moi qui délire ? Je serais tombé sur une nymphomane seulement attirée par les pères ? Une « patermane » en quelque sorte ? Ça existe, ça ? Si ça n'existe pas, je l'ai trouvée. Quelle chance ! Reste à savoir si son désir persiste maintenant qu'elle n'imagine plus que Zoé est ma fille, ou alors j'ai vraiment découvert le symptôme d'une nouvelle pathologie féminine.

Je pourrais peut-être déposer le brevet à la faculté : la maladie de Franklin, ça sonne bien !

Mais folle avérée ou folle transitoire, elle me plaît, et ça ne va pas. Cette dingue me plaît. Hier soir, c'était… comme jamais. Comment est-ce possible ? Pourquoi ça m'arrive avec elle ? Pourquoi ai-je l'impression également que nos esprits se rencontrent ? Pourquoi je lui passe des choses que je ne passerais à personne, à elle, Léonie Caravaggio, chauffeur, sœur de mon chauffeur et « patermane » potentielle. Ce n'est pas possible ! Je n'ai ni le temps ni l'envie de me perdre dans une histoire… comme ça. Elle me plaît… mais il faut que les choses redeviennent normales. Et voilà Zoé qui s'y remet ! Elle a presque autant de voix que sa mère, si je me souviens bien de nos engueulades mémorables.

Allez, Jesse, au boulot ! Il faut éteindre la sirène d'alarme et après on verra quoi faire avec la lionne italienne.

– Alors Zoé, bien dormi ?

– WAAAAA ! WAAAAA ! WAAAA !

– Oh là là ! Attends, on va déjà voir s'il faut changer cette fameuse couche… vendue selon le poids des enfants. Je n'en reviens toujours pas. Allez, on sort de ce lit de fortune, c'est le cas de le dire !

Je prends la sirène dans mes bras ; c'est ce qu'elle attendait on dirait car le son baisse d'un coup. C'est la première fois que je prends un enfant dans mes bras. C'est quand même étrange de porter un être humain complet en miniature. Tout est déjà là, mais en modèle réduit. Et puis, elle ne parle pas et en même temps on a l'impression qu'elle comprend pas mal de choses…

– Eh bien, ça va mieux on dirait ! Tu voulais qu'on s'occupe de toi, hein ? Ah, mais tu veux jouer avec mon nez, toi. Non, Zoé, on n'a pas le temps. Attends, je te pose là et je t'enlève cette couche qui est… ouf, pas trop pleine. Merci Zoé ! Si tu peux continuer à réserver les plats de résistance à Léonie, je me contenterai de ces petits hors-d'œuvre. On va rester amis comme ça, OK ? Allez, on ne bouge pas trop les petits pieds et les petites jambes que je puisse m'occuper de tout ça.

Heu… Attends, Jesse Franklin, c'est toi qui viens de dire ça ? Bon, Léonie est sous la douche ; elle n'a pas pu entendre. Il n'y a personne d'autre dans la pièce. Tout est sous contrôle. Ça reste entre nous.

– Voilà, c'est bien. Tu as l'air d'aimer qu'on te change, dis donc, non ? Et ta maman, elle est où ? Tu le sais, toi ? Tu sais pourquoi elle m'a chargé de te garder ? Allez, on a fini la couche, on va prendre le petit déjeuner.

Déjà la changer, c'est tout un programme, mais j'avais vu Léonie le faire et puis bon… ce n'est pas si compliqué que ça, non plus ; c'est juste un peu… dégueu ? Bref, mais alors la préparation du biberon, c'est un métier ! Apparemment, il ne faut pas se tromper sur le dosage, et puis ne pas le faire trop chaud non plus…

– Ga na, ga na.

– Je ne vais pas assez vite, c'est ça ?

– Moouiiii.

– Hein ? Tu m'as répondu, là ?

– A… A…

– OK, OK, je suis en train de virer maboul. Pure coïncidence phonétique, on va dire ! Il faut bien que cette petite s'entraîne à faire des sons, et c'est tombé sur ceux-là.

Il n'empêche, je ne vais pas en parler à Akira. Il serait capable de me sortir un truc du style : « La bouche de l'innocent produit la vérité de la conscience qu'il n'a pas » ou quelque chose dans le genre… Je vois ça d'ici !

Le biberon est prêt. Enfin, je considère qu'il l'est et je me dirige vers Zoé qui a visiblement compris que le repas arrivait et gigote dans tous les sens. Je la prends dans mes bras et lui engouffre la tétine dans la bouche.

– Bon allez, tète maintenant ! Ah, mais non, tu en mets partout. Qu'est-ce qu'il y a ? Zoé, mince, qu'est-ce qu'il se passe ?

Heureusement que je n'étais pas encore en costume ! Ah oui, je sais, Léonie m'a dit ça hier soir. Il y a des vitesses sur les tétines, mais j'ai cru qu'elle plaisantait avec son obsession des bagnoles ! Des vitesses sur les tétines… J'aurai tout entendu ! Bon, faut régler le débit, quoi. Voilà, c'est mieux, on dirait.

– Tu es bien, là, Zoé ? Ça a l'air de te plaire.

C'est marrant, ça calme de donner le biberon. On regretterait presque de ne pas avoir de sein.

Non, mais au secours ! Je ne vais pas bien, moi. Termine ton repas, mauvaise graine, qu'on en finisse et que mon cerveau se remette à fonctionner normalement ! Je crois qu'il faut finir le biberon en faisant quelque chose d'important… ah oui, le rot ! J'aurai tout entendu et j'aurai tout fait aussi ! Allez, donne tout ce que tu as, Zoé. Je t'aide…

Je me lève avec Zoé en la posant doucement sur mon épaule. Elle sent… le bébé ? C'est idiot, elle a l'air tellement fragile… Je crois qu'il faut marcher en la berçant un peu ; j'ai vu ça dans des films…

– Lala… Lalala… Lala.

– Alors Jesse, on prend goût à bercer les bébés ?

– Hein ?

Mince, Léonie est sortie de la douche. Désolé Zoé, je te repose un peu… cash.

– Je ne vois pas ce que tu… vous… voulez dire, Léonie. La petite fait des borborygmes et avait l'air de vouloir… Juste le temps de… Je la reposais, là. Bon, tout ça a assez duré. Je dois me préparer aussi ; j'ai une réunion importante. Je file sous la douche. Occupez-vous de Zoé pendant ce temps-là, mais j'ai déjà fait le nécessaire, je crois.

– Je n'en doute pas, « M. Franklin ».

Elle n'a pas dû voir grand-chose, mais il vaut mieux que ce soit elle qui s'occupe de Zoé ; ça évitera que je m'atta… enfin que je sois obligé de faire des trucs débiles avec un nourrisson. J'envoie un SMS à Simon pour lui dire que Léonie fait l'affaire et qu'il peut continuer à se soigner. C'est mieux comme ça tout de même. Et puis, je ne vois pas Simon remplacer Léonie avec Zoé. Évitons aussi que l'information se diffuse à trop de monde. Normalement, je règle ça dans la journée et je suis de nouveau tranquille. Léonie sera parfaite en attendant, même s'il va falloir que je la recadre sérieusement, et puis que j'arrête moi aussi de… Mais je ne contrôle plus grand-chose on dirait. J'aime la manière d'être de Léonie, sa façon de parler, sa franchise, sa beauté aussi.

J'aime ? Jesse, ça suffit ! Tu as du boulot, et du sérieux en plus ; il y a un sacré paquet d'argent à la clef. Tu ne vas pas gâcher tes affaires pour une nuisette et des couches. À la douche!

***

La douche m'a remis les idées en place. Je ne vais pas laisser les choses déborder une nouvelle fois.

– Bien, Léonie, je te… vous laisse. Je vais être en retard et ce n'est pas possible ; je ne suis jamais en retard. J'ai prévenu Simon que vous restiez avec moi. Je ne lui ai évidemment pas dit que c'était pour garder Zoé.

– Parce ce que je vais garder Zoé ? Seule ?

– Oui, j'ai une journée hyper-chargée et je ne peux pas me permettre de rejouer celle d'hier…

– Y compris jusqu'à la partie… nocturne, c'est cela ?

Je dois me tenir à ce que j'ai décidé.

– Y compris jusqu'à la partie nocturne… Vous comprenez, je…

– Je comprends parfaitement, M. Franklin, ça ne pourrait pas être plus clair.

Pourquoi ça paraît si difficile soudain ?

– Bon, très bien, c'est comme ça, et ce n'est pas la peine de vous énerver. Je…

– J'ai l'air énervé, M. Franklin ?

– Non, non, vous avez l'air…

– L'air de quoi ? Ça vous intéresse de le savoir ?

Je ne préfère pas.

– Bon, bon, on ne va pas sombrer dans le sentimentalisme. Évitez de me jouer la grande scène de l'acte IV. On est entre adultes, je vous paye et nous avons passé un contrat…

– … qui vous arrange. On dirait que je n'avais pas lu les clauses écrites en petit à la fin, ou bien elles ont été rajoutées ce matin ? Mais c'est vrai que vous êtes un homme d'affaires… avisé, n'est-ce pas ?

Avisé ? C'est ça, Léonie…

– Ça suffit, je dois partir maintenant.

– Sans chauffeur ?

– Je vais me débrouiller, faites-en autant. Je reviens dans la soirée. Vous avez mon numéro si besoin, mais je serai très pris et je ne pourrai certainement pas…

– Répondre. Bien entendu, ça va de soi ! Vous avez beaucoup de travail.

– C'est ça. À ce soir.

– À ce soir, M. Franklin.

Je sors de la suite. Je fais 200 kg alors que tout cela aurait dû me rendre plus léger. Ça va arriver, forcément. Tout ce poids depuis hier ! Ça ne peut pas partir comme ça !

***

Il faut que je me raisonne. Je crois qu'elle a compris ; j'ai été parfait, en fait. Je n'ai même pas eu besoin de m'énerver. De toute façon, j'ai une autorité naturelle. Elle n'a même pas osé se rebeller pour une fois… Oui, tiens, c'est tout de même étrange ça ! D'habitude, elle monte dans les tours sans qu'on la pousse… Elle était bien calme… Elle a dû se souvenir que j'étais le patron, c'est tout. C'est moi qui paye, non ? Ça sert à ça l'argent, le pouvoir. Ne pas perdre de temps à discuter, à donner des biberons soi-même… Ne pas perdre de temps à des choses qui font perdre du temps… Allez, ça, c'est réglé !

Il faut que je me concentre sur la réunion qui vient, que je me remette dedans. Je ne sais pas ce que j'ai, ce poids qui ne me quitte pas, comme une impression étrange, un truc qui ne passe pas. Je n'ai pas eu le temps de déjeuner ; ça doit être ça ! Je vais me faire livrer quelque chose au bureau, pas d'inquiétude. Assez gambergé !

– Taxi !

Je rentre dans le premier taxi qui s'arrête et lui donne l'adresse du bureau quand mon portable sonne. C'est Henry. Le travail reprend. Tant mieux !

– Oui Henry, j'arrive.

– OK. Tu arrives plus tôt d'habitude, quelque chose ne va pas ?

– Non, rien, des petits problèmes de dernière minute. Pendant que je te tiens, je n'ai pas eu le temps de petit déjeuner, j'allais appeler un traiteur, mais tu peux t'en occuper ? Que ce soit prêt quand j'arrive.

Silence d'Henry. Quelques secondes, mais je le connais trop pour ne pas comprendre qu'il se pose des questions.

– Jesse, tu es « presque » en retard, enfin selon tes critères habituels, et tu n'as pas eu le temps de déjeuner ? Tu fais quoi, là ? Il n'y a pas tout ce qu'il faut dans la Rolls en plus ?

– Je ne suis pas dans la Rolls, j'ai pris un taxi.

Nouvelle micro-pause d'Henry.

– Tu es dans un taxi ? Tu n'as plus de chauffeur ? Où est Simon ?

– Il a la grippe.

– Ah oui, tu m'as parlé d'une Léonie hier, c'est ça ? Ce n'était pas une blague ? Tu la sors d'où ?

– C'est la sœur de Simon, elle le remplace.

– Et elle a la grippe aussi aujourd'hui ?

– Non, c'est un peu compliqué, Henry, je t'expliquerai.

– Bah, j'espère… Tu me caches des choses ou quoi ? Tu es amoureux ? Tu as l'air ailleurs depuis hier. Si tu n'as plus le temps de déjeuner et que tu as une femme comme chauffeur… Elle t'a « chauffé » et elle ne te « chauffe » plus, cette Léonie ou quoi ?

– Arrête, ne dis pas n'importe quoi… Tu sais bien que j'ai d'autres choses à faire que de m'envoyer en l'air avec une employée qui conduit ma voiture.

– Qu'est-ce qu'il se passe alors ?

– …

– Jesse, on se connaît depuis des années. Vas-y, lâche ! Il y a quelque chose de pas normal.

Il a raison. Si quelqu'un doit savoir, c'est bien lui !

– C'est Mary.

– Mary ? Non ? Mais quoi Mary, tu l'as revue ?

Henry a vraiment l'air retourné.

– Non, mais elle m'a laissé une lettre hier dans la Rolls, posée dans le cosy de sa fille.

– Nooooon, c'est pas possible ! Elle a une fille et elle te l'a laissée ? Mais pourquoi ?

– Ce n'est pas très clair. Elle aurait des problèmes. Je ne pense pas que ce soit sérieux, mais tu connais Mary : tout devient « important » si elle le décide.

– Mais franchement Jesse, pour te laisser sa fille, et sans te voir directement en plus, elle a peut-être vraiment de gros problèmes.

Tu ne vas pas t'y mettre aussi, Henry. Je me sens assez

« lourd » comme ça !

– Ah ! Ne commence pas. Tu as toujours plus ou moins pris sa défense, mais je la connais mieux que toi.

– OK, pas la peine de me faire la leçon. Et tu penses faire quoi ?

– La retrouver, lui rendre la môme. Je compte sur toi, Akira et le staff pour mettre la main dessus d'ailleurs.

– Et la petite est où ?

– Avec Léonie, mon chauffeur.

– C'est pas banal ! C'est la sœur de Simon qui garde la fille de Mary ? Et qui d'autre est au courant ?

– Personne. Akira et toi maintenant. On verra ça après la réunion, tu veux bien ? Là, j'ai besoin d'être à fond. Je dois récupérer tous mes moyens.

– Ça m'étonnerait que tu les aies perdus, te connaissant.

La confiance d'Henry me fait du bien.

– Non, ne t'inquiète pas, mais ça ne fait qu'un jour et je commence déjà à en avoir assez. Mary a encore réussi à mettre son bordel, même à distance ! Je veux juste que ça s'arrête, récupérer mon chauffeur et oublier toute cette histoire, et vite.

– Je te comprends. Mince ! Mary ! Ça alors, c'est incroyable ! Après tout ce temps ! Et revenir comme ça… La vie est vraiment pleine d'imprévus.

– Ce n'est pas moi qui vais te contredire.

Et encore moins depuis que je sais que Léonie Caravaggio existe, que j'ai tenté de la mettre à distance et que je n'arrive pas à me la sortir du crâne.

Je t'ai connu plus efficace, Jesse Franklin. Il va falloir te reprendre !

6
NE PAS RATER LE CRÉNEAU

Léonie

Et voilà ! J'en étais sûre. Je me suis fait rouler dans la farine comme une vieille boule de pâte à pizza, comme dirait mon père. Je ne peux m'en prendre qu'à moi ! Qui a accepté d'aider ce milliardaire imbu de lui-même ? Qui n'a pas cherché à en savoir plus tout de suite ? Qui a voulu se convaincre que ce n'était pas un sale type ? Et qui est sortie de la salle de bains dans une nuisette en soie qui était composée d'à peine plus de tissu que deux strings réunis ? Réponse : ma pomme !

Mais quoi ? Je n'ai tout de même pas rêvé, ni tout inventé ?

Il s'est passé quelque chose entre nous, c'est évident, et je ne parle pas que des galipettes dans la salle de bains. Il n'y aurait eu que ça, ce serait déjà incroyable : une telle osmose ! Ce n'était pas que sexuel, pas possible ! Mais il y a eu les regards et les gestes avant… et le dîner… et on a dormi ensemble. Il était si tendre… Et puis le matin arrive et ce n'est plus le même. À tel point qu'il me lâche que Zoé n'est pas sa fille ! Ça m'a mise hors de moi, mais je m'en voulais tellement d'avoir cédé à mon désir alors qu'il avait une fille, de me mettre dans une position impossible par rapport à la boîte et de faire n'importe quoi depuis que j'ai croisé ce type ! Il y a tellement de choses qui ne se seraient pas passées comme ça si je n'avais pas cru que c'était sa fille ! Enfin… peut-être pas ! Pourquoi ne pas l'avoir dit avant ? Et pourquoi ne pas me dire qui est le père dans ce cas ? Et surtout qui est cette Mary pour lui et pourquoi elle lui a laissé sa fille alors ? Et ce matin, je me retrouve dans le rôle de la baby-sitter sans avoir mon mot à dire, après tout ce qu'il s'est passé ! Aurait-il vraiment une double face ? Je ne comprends rien à ce Jesse Franklin. Je n'arrive plus à réfléchir comme il faut. Il faut que j'y voie clair. Jenny ! Jenny connaît les hommes comme sa poche. Enfin, même mieux que sa poche étant donné qu'elle connaît plus d'hommes qu'elle n'aura jamais de poches ! C'est ça, il faut que j'en parle à Jenny. Elle, elle me dira. Je l'appelle.

– Léonie, mais tu es folle de m'appeler à l'aube ?

– Je te réveille ?

– Tu me réveilles ? Mais évidemment. On est en plein milieu de la nuit !

– Mais Jenny, il est plus de 8 heures du matin.

– 8 heures ! Tu m'appelles à 8 heures du matin ? Que se passe-t-il ? Tu as un problème ? Tu es en danger de mort ? Où es-tu ? J'arrive. J'envoie la police !

8 heures du matin, pour Jenny, c'est le commencement de sa nuit !

– Non, calme-toi Jenny, ça va. Je suis à l'hôtel *Plaza*…

– À l'hôtel *Plaza* ! Que fais-tu à l'hôtel *Plaza* ? Tu as dormi là-bas ?

– Oui.

– Nooon ! Et tu m'appelles seulement maintenant, mais c'est pas possible ! Raconte, raconte ! Et tu y as dormi seule ?

– Non.

– La vaaaache ! Arrête cette torture, envoie l'info ! Je veux tout savoir. Je suis ultra-réveillée. J'écoute !

Ça y est, elle est passée en mode hystérique. Je me demande si j'ai bien fait de l'appeler finalement ; elle va vouloir tout savoir…

– OK, il m'arrive un truc incroyable et je deviens folle.

– Bah, raconte vite avant qu'on t'interne alors !

– Je vois que ma santé t'intéresse… Eh bien, hier, j'ai remplacé Simon comme chauffeur du milliardaire Jesse Franklin.

– Le canon dont Simon parle tout le temps ? C'est avec lui que tu as couché ?

Tout Jenny, ça !

– Attends, attends. Donc, Simon a la grippe. Tu imagines que j'ai dû me battre pour avoir le droit de conduire la Rolls, mais les deux Caravaggio ont fini par accepter. J'y vais donc. Je suis super-excitée et en attendant Jesse…

– Hum… Tu l'appelles Jesse ?

– Oui, bon. Donc sa gouvernante arrive et installe sa fille dans la Rolls.

– Il a une fille ??!

Jenny se calme un peu. Un mec avec un enfant… forcément…

– Eh bien, non, justement.

– Je ne comprends plus rien, là. Et puis je ne vois pas le

rapport avec le fait que tu sois au *Plaza* et que tu aies « certainement » couché avec lui…

– Si tu me laissais finir…

– Oui, oui, je te laisse. Vas-y.

Jenny est excitée comme un vampire qui viendrait de découvrir les réserves de sang de la Croix-Rouge !

– Donc la nana installe sa fille, mais, au bout d'un moment – je te passe les détails –, il m'annonce qu'il n'a pas de fille, puis après il trouve une lettre dans le cosy de la petite, et là, retournement de situation, il me dit qu'il connaît finalement la mère et qu'il veut régler ça sans la police, ni rien. J'en conclus qu'une ex lui a refilé le fruit de leurs ébats torrides.

– J'en aurais conclu la même chose ! Il est torride alors ?

– T'es vraiment obsédée, mais oui, il est torride…

– T'as couché ! Ah ! Ah ! Ah !

– Ça t'intéresse mes problèmes ou tu veux juste le script d'un porno, là ?

Elle m'exaspère des fois !

– Rhoooo, t'es susceptible ! Allez, explique-moi tout. N'empêche, t'as couché avec un milliardaire torride. Trop bon !

– Pffff, bon, je continue. Ce que je ne t'ai pas dit, c'est que quand on s'est vus, le courant est passé d'un coup, mais avec tout ça, forcément… bon. Là-dessus, il me demande de l'aider à garder la petite – il veut que ça reste secret –, et nous voilà à son hôtel.

– Ça devient intéressant…

– Merci ! Avant l'hôtel, le feuilleton ne te passionnait pas ?

– J'arrête.

– Donc, nous voilà à son hôtel. Dîner merveilleux, on s'embrasse, l'ambiance s'installe, il m'offre une nuisette…

– Et il te l'arrache et vas-y !

Je suis sûre qu'elle se fait le film, mais bon. Il faut dire qu'elle en a « tourné » quelques-uns !

– Mmm… T'es lourdingue des fois, mais en gros, c'est ça. Ce qui ne va plus, c'est ce matin. Il change complètement d'attitude. Moi, je m'en voulais d'avoir cédé à un type qui a une fille et qui se comporte visiblement comme une ordure avec la mère, et lui me dit que non, qu'il est vraiment célibataire, et j'apprends qu'il n'a effectivement pas de fille. Il continue toutefois à ne pas me dire qui est la mère et, dans la foulée, il redevient hyper-distant, genre : « Vous êtes mon employée, vous gardez la petite. Ne me dérangez pas, et patati et patata. » Et maintenant, je suis là, comme une cruche, et je ne sais plus quoi penser… Je n'arrive pas à croire qu'il soit mauvais.

– Nooon, tu n'arrives pas à le croire ? Tu es amoureuse, c'est tout !

Si c'est pour me dire ça…

– Mais non, enfin, je ne sais pas, enfin, il est…

– C'est bon, après ce que tu viens de me raconter, tu me dis que tu ne sais pas s'il est mauvais… T'es raide dingue de lui, quoi !

– Bah… en fait, oui, je crois, mais ça ne me dit pas ce que je fais. Et lui, pourquoi fait-il ça ?

– Bon, je n'ai pas tous les éléments et je ne suis pas spécialiste en milliardaire, mais un mec, riche ou pas, qui demande à une fille de rester avec lui alors qu'il pourrait faire sans, qui semble super-amoureux le soir et qui devient distant le matin, c'est qu'il est accro et qu'il ne veut pas perdre la face.

Psychologie « jennyesque » ! Elle devrait écrire dans *Cosmo* au lieu de faire des fringues !

– Tu racontes n'importe quoi ! Pourquoi ne voudrait-il pas perdre la face ?

– Sais-tu seulement que les hommes ont peur ?

– Pas lui, c'est un *winner*. Il affronte tout de…

– Non, je te parle de sentiments, du fait de s'attacher ! Même… Rambo, tiens, il va te zigouiller n'importe qui sans ciller, mais si une fille lui tape dans l'œil et dans le cœur, tu le verras détaler comme un lapin ! C'est certain.

– Rambo ? En lapin ?

– Oui, même Rambo. Bon, le lapin, c'est un exemple, une métaphore. Je ne connais pas Rambo personnellement, mais j'en ai vu d'autres.

– Tu… Tu as peut-être raison, mais en attendant, je suis coincée ici avec Zoé alors que j'ai d'autres choses à faire et…

– Reste pas coincée.

– T'es marrante, toi, j'ai la petite !

– Oui, mais tu n'es pas la baby-sitter, comme tu dis ! Et si tu veux savoir ce que « Jesse » a dans le ventre… sois toi-même ! Fais ce qui te ressemble.

Elle a l'air convaincu de ce qu'elle dit.

– Facile à dire ! Je ne sais plus trop qui je suis.

– Tu vas vite retrouver. J'ai confiance !

– Tu crois ? Ça me touche, tu sais. Merci Jenny, heureusement que tu es là. Mais toi, ça va ? Je te réveille, je te raconte mes histoires…

– Oui, ça va. Bon, je me suis réveillée un peu trop tôt grâce à toi, mais ça valait la peine pour une fois. Du coup, je ne vais pas me recoucher. Ça va me permettre de bosser un peu, parce qu'à midi, je dois voir un mec pas mal que j'ai rencontré il y a deux jours, qui est dans la police je crois, au FBI ou un truc comme ça. Enfin assez haut placé, je n'ai pas bien compris, mais il est mignoooon!

– Ça y est, c'est le bon?

Avec Jenny, c'est toujours le bon. Pendant dix minutes.

– Qui sait? Mais j'hésite parce qu'en ce moment je sors de temps en temps avec un super beau gosse qui deale dans mon quartier. L'allure de caïd, mais au lit un expert dans le...

– Noon, c'est bon, ne me raconte pas! Un flic et un voyou! Tu ne fais pas les choses à moitié. Fais gaffe quand même!

– Hi! Hi! T'inquiète, je gère! Et puis, drôle de coïncidence: hier soir, j'ai un peu couché avec un avocat justement!

– Un peu couché? Jenny, tu es folle! Il te manque un juge et un procureur pour faire la totale, là! Il va t'arriver des ennuis un jour!

– Mais non, et puis je n'arrive pas à choisir... Ils ont tous un petit quelque chose qui me fait craquer... Pour en garder un seul, il faudrait qu'il regroupe tous les bons petits morceaux ventilés au hasard dans les autres en fait. Du coup, je pioche en attendant.

Ça pour piocher... En fait de pioche, je dirais même plutôt qu'elle y va à la pelleteuse. On devrait l'appeler Jenny Caterpillar!

– T'es incroyable! Je ne sais pas si tu trouveras cet oiseau rare, ni même s'il existe, mais tu m'as remonté le moral, comme d'habitude! Tu as raison, je vais agir!

– Go! Go! J'espère que ça va s'arranger. Je verrais bien le milliardaire et sa suite moi aussi.

– Pas touche !

– Ah ! Ah ! Ah ! Amoureuse, je te dis !

– C'est ça ! Allez, à bientôt.

– Bonne journée. Tiens-moi au courant.

– Toi aussi !

Je connais Jenny depuis qu'on est gosses, mais elle m'étonnera toujours. Quoi qu'il en soit, elle a raison. Je ne vais pas rester aux ordres de M. Franklin ! Je ne me suis pas changée depuis hier et je n'en peux plus de ce costume. Et puis j'ai laissé en plan mon inscription pour le rallye ; je ne vais tout de même pas passer à côté de ma vie pour un milliardaire qui ne sait pas ce qu'il veut et qui n'arrive même pas à le dire ! Il faut que je retourne chez moi, mais pas avec Zoé. Papa sera certainement là, et s'il me voit débarquer avec elle, on va avoir droit au drame, à la crise et à l'infarctus. Même si certaines fois il m'agace, je n'ai aucune envie de le perdre à cause d'un milliardaire et de sa non-fille…

Cher Jesse Franklin, tu vas récupérer cette enfant, de gré ou de force. Où est son numéro ? Ah, voilà ! Tu es occupé ? Attends un peu, je vais t'occuper davantage.

[Je ne peux plus garder Zoé. Je vous l'amène dans la matinée.]

Hop ! Envoyé. Attendons.

– Taaaaaa.

– Oui, il faut que tu manges, toi. C'est parti ! Je ne suis pas comme ça. Je ne vais pas te laisser à ton père… heu… à ton je-ne-sais-quoi le ventre vide et la couche pleine. Comme ça, il ne pourra RIEN me reprocher !

Ah ! Réponse.

Il n'est pas si occupé le Jesse quand on le met le nez

dans son caca !

[Impossible. Vous avez nourri la petite ?]

Non, mais il ne manque pas d'air ! Sa Seigneurie n'a pas le temps, mais il vérifie que je fais bien le boulot !

[Oui, quand même, je ne suis pas débile. Il faut qu'on parle, Jesse.]

[Impossible. Ce soir peut-être.]

Peut-être ? Dans deux minutes, il va me dire de prendre rendez-vous avec sa secrétaire pendant qu'on y est !

[Avant. C'est urgent !]

[Non. Pas question. Pas possible.]

J'enrage !

Je me jette sur Zoé, qui n'y peut rien, la pauvre, mais il faut quand même que je lui donne son biberon. Espérons que ça me calme !

– Ton biberon est prêt. Viens, toi, ça va être pratique de répondre avec les mains prises, mais il ne va pas s'en sortir comme ça !

[Je dois aller chez moi, sans Zoé.]

Alors, qu'est-ce que tu vas répondre à ça, Sa Majesté ?

[Je suis occupé. Je n'ai pas de solution pour vous. Trouvez toute seule.]

Heureusement que c'est Zoé que j'ai dans les bras, sinon ça volait à travers la suite pour aller s'écraser dans Central Park !

– Aaaaarrrgggghhhh !

– Muich.

– Oui, pardon Zoé, mais là, Jesse Franklin est allé trop loin ! Il va voir qui est Léonie Caravaggio. Milliardaire ou pas, meilleur client ou pas, bombesque ou pas, crèèève !

[J'arrive.]

Et je coupe le portable.

Jesse Franklin, prépare-toi à la colère d'Achille ! Je vais débarquer dans ton bureau et je ne bougerai pas tant que tu n'auras pas récupéré cette môme ! Et si tu ne la gardes pas avec toi, à côté le Siège de Troie aura ressemblé à une fête des voisins, parole de Caravaggio !

***

J'arrive, j'arrive… Encore faut-il réussir à sortir de cette suite. Hier, Akira l'improbable avait nettoyé le terrain, mais ce matin, il risque d'y avoir le groom dans l'ascenseur. Et je ne suis pas Akira, juste « la pluie fraîche » de je ne sais plus quoi ; ça ne va pas suffire. Il faut que je trouve le moyen de faire sortir le bonhomme de sa cage, et sans me faire voir en plus.

– Tu as une idée, Zoé ?

– Baaaaaaaa.

– Oh, pas la peine de crier… hum… ou appeler ? Bien joué Zoé !

Est-ce qu'on peut enregistrer quelque chose sur cette chaîne hi-fi, assez grosse pour sonoriser tout l'hôtel !?? *Yes* ! C'est là, le micro… Allez, je tente :

– Monsieur, monsieur, s'il vous plaît, vous pouvez venir ? J'ai un problème, je suis coincée… Monsieur…

Voyons ça :

« Monsieur, monsieur, s'il vous plaît, vous pouvez venir ? J'ai un problème, je suis coincée… Monsieur… »

Et si je le mets en boucle ? OK, ça marche !

– Zoé, on tente la scène 25 : la fuite en « loucedé ». Je te rappelle ton texte : tu n'en as pas ! Silence complet, compris ?

– …

– Mais tu comprends vite, toi ! Je suis certaine que Jesse n'est pas ton père maintenant !

Personne dans le couloir. On laisse la porte ouverte. J'ai la télécommande de la chaîne. On entend ? Génial ! Allez Zoé, on se planque. J'appelle l'ascenseur. Silence. Moteur. Ça tourne. Action !

« Monsieur, monsieur, s'il vous plaît, vous pouvez venir ? J'ai un problème, je suis coincée… Monsieur… »

L'ascenseur est arrivé à l'étage et ma phrase tourne en boucle, mais il ne se passe rien.

Alors, il n'est pas curieux ce groom ou quoi ? Ils les attachent dans l'ascenseur ou bien ils sont élevés dedans depuis leur naissance et ils ne connaissent pas l'extérieur. Il y a un cheptel dans chaque hôtel, avec reproducteurs et tout… Bon, c'est pas vrai ! Tu te décides à sortir pour aller voir ce qu'il se passe dans cette suite ? Une femme t'appelle, nom de Dieu. Cours, Forrest !

S'il ne se décide pas, je ne vais pas tenir longtemps accroupie dans ce recoin du couloir avec une Zoé qui peut se mettre à faire des borborygmes à tout moment, voire plus !

Groom, groom, va voir ce qu'il se passe ! Ouuuuui, c'est ça !

Le groom s'approche de la porte de la suite avec la lenteur et les précautions d'un puceau découvrant un bordel de Macao !

Ils ne sont pas courageux dans cet hôtel ! Heureusement

que personne n'appelle au secours pour de vrai ! On aurait le temps de mourir plusieurs fois !

Le groom finit par entrer. J'attends qu'il pénètre dans le salon et en profite pour m'enfuir de la suite.

Hop ! Hop ! Zoé dans l'ascenseur, direction la Rolls !

– Ma Zoé, le type va se dire que les milliardaires ont des goûts musicaux étranges, mais ça m'étonnerait qu'il aille s'en plaindre auprès de Jesse Franklin, hein, ma cocotte ? Et puis, même s'il en parle, la vérité, maintenant on s'en tape ! Ah ! Ah ! Ah !

***

L'excitation passée, je n'en mène pas large. C'était finalement plus simple de sortir de l'hôtel que de rendre Zoé à Jesse. Nous voici à son bureau de la 5e Avenue.

– C'est ici qu'on se quitte, Zoé. Dans quelques minutes, tu seras avec celui qui est censé te garder et tout sera rentré dans l'ordre.

Je pénètre dans l'immeuble avec un petit pincement au cœur, mais je n'ai pas le choix : il faut y aller.

– Tu vas me manquer, Zoé.

Et Jesse ? N'y pensons plus.

Le hall a la froideur des décorations contemporaines. L'hôtesse, qui campe derrière son petit bureau, est du même tonneau : tailleur impeccable, chignon tellement serré qu'il doit être fait par des culturistes en mal d'exercice de force, maquillage au cordeau et regard au couteau. Pas un sourire. Il faut dire qu'avec mon costume froissé, Zoé qui pèse et la tête que je dois faire, ça ne donne pas envie de me filer une tape sur la cuisse en guise de bienvenue !

– Bonjour mademoiselle, c'est à quel sujet ?

– Je viens voir M. Franklin.

– Désolé, il ne reçoit personne ; il est en réunion toute la journée.

Je suis trop fatiguée et à bout de nerfs. Il va falloir que cette hôtesse fasse un effort.

– Il va me recevoir ; il est prévenu.

– Je ne pense pas, mademoiselle. M. Franklin ne m'a rien dit à propos d'un… chauffeur.

Elle a dit ça sur un ton qui ne me plaît pas du tout. Il faut que je reste calme ; je sens que je pourrais vite m'énerver. J'ai encore les SMS de Jesse Franklin qui viennent me percuter le cerveau.

– Et qu'est-ce qui vous fait penser qu'il ne me recevra pas ?

– Les consignes sont très précises : personne ne dérange M. Franklin.

– Eh bien, je modifie vos consignes : personne ne dérange M. Franklin, sauf moi !

– Ce n'est pas possible.

– Écoutez, faites un effort, puisque je vous dis…

– Je n'ai aucun effort à faire pour une…

– Une quoi ?

Elle a intérêt à trouver la bonne réponse parce que je sens qu'Achille va débarquer pour de bon.

– Une… simple employée… qui n'a aucune autorisation à ma connaissance…

Mauvaise réponse.

– Je ne suis PAS une simple employée et je porte donc MON autorisation à votre connaissance !

Je laisse le piquet à chignon planté là et commence à monter au premier en ouvrant chaque porte que je trouve, mais le piquet a réussi à se mettre en marche et me suit en poussant de petits cris.

– Mademoiselle, non ! Vous ne pouvez pas rentrer ! Arrêtez ou j'appelle la sécurité.

La sécurité ! C'est elle qui ne l'est plus, en sécurité !

– Suffit maintenant ! Avant que tu n'appelles la sécurité, tu seras morte, le crâne fracassé par ce cosy déjà lourd en lui-même, mais dont le poids est augmenté par une gamine d'environ 6 kg, selon « My baby, my masterpiece », c'est-à-dire une gamine aussi déterminée que moi à éradiquer la bêtise de la planète. Si tu ne me crois pas, regarde-la dans les yeux, puis regarde les miens. Et si, de surcroît, tu as quelques notions de physique, tu dois savoir que le mouvement que va lui impulser mon bras va multiplier le poids initial de tout le paquet qui viendra s'écraser sur ta tête, qui est, à entendre les sottises que tu profères depuis cinq minutes, totalement vide. Elle devrait donc exploser comme une pastèque avec une facilité qui étonnera les médecins légistes les plus chevronnés. Tu veux tenter l'expérience ou tu me dis dans quelle salle je peux trouver Jesse Franklin ?

– Je…

– Maintenant.

– C'est la porte du fond.

– Eh bien, voilà ! C'était pas compliqué.

Parfois, je me fais peur. Gonflée d'adrénaline, je pousse la porte de la salle comme j'entrerais dans un saloon. Je suis John Wayne, j'ai allongé le shérif minable qui me bloquait l'entrée et maintenant je vais me faire ce Pied-Tendre qui…

me regarde effaré en même temps que la dizaine d'autres types en costume autour de la table. L'adrénaline s'évapore d'un coup. Je ne suis plus John Wayne, mais une nana qui porte une enfant au bout du bras. J'ai beau avoir mon costume de chauffeur, je serais à poil que ça ne serait pas plus incongru ! Jesse me fixe. Il ne dit rien, mais il me parle, comme il sait me parler, et je le comprends, comme je sais le comprendre. Notre connivence est bien réelle. Pour tous les autres, rien n'a changé chez Jesse Franklin, mais moi, je suis reliée à ses yeux, comme hier au dîner, dans la salle de bains et dans tous nos clins d'œil complices depuis que nos regards se sont croisés. Il me demande de ne pas le trahir. Il est vraiment dans une réunion importante et il ne peut pas s'occuper de Zoé. Il a vraiment besoin de moi ; ce n'est pas un salaud ! Il ne faut pas qu'il perde la face… JE dois nous sortir de là, trouver quelque chose, avec le piquet qui se tortille dans mon dos en plus ! J'enchaîne sur le nouveau programme.

– Ohhh ! Je suis désolée, Jesse, je ne peux vraiment pas faire autrement. Je n'ai plus que toi vers qui me tourner. J'ai un énorme problème… avec la petite… Il faudrait que tu me rendes service… Désolée messieurs… Je…

Jesse a compris. Ses yeux me remercient. Il reprend la main, poursuit, comme si tout cela était parfaitement normal.

– Messieurs, comme vous le constatez, c'est une urgence. Je vous laisse quelques instants. Tu peux continuer sans moi un moment, Henry ? Je ne serai pas long ; je règle ça dans la minute.

Il se lève, attrape le cosy de Zoé et on se retrouve dans le couloir, avec le piquet qui s'est replanté immédiatement à sa vue et qui tente une explication qui le sortira de terre.

– Je suis désolée, M. Franklin, j'ai dit à cette demoiselle que… Et elle a voulu…

– Ce n'est pas grave, Daisy. Je m'en occupe. Allons quelques minutes dans mon bureau.

Jesse reste silencieux jusqu'à ce que nous arrivions dans son bureau.

– Léonie…

– Jesse… Je…

– Oui, je sais. Je n'ai pas été très… correct depuis ce matin. Quant à savoir si ça méritait cette entrée fracassante dans la réunion la plus importante de ce contrat…

Il est redevenu le Jesse d'hier. Il pose Zoé en face de nous. Elle regarde la scène avec ses yeux immenses. Amusée ?

– Je comprends, mais…

– Merci de m'avoir tout de même sauvé la mise et de ne pas être allée jusqu'au bout de ton… projet.

– Je suis trop faible.

Son sourire inimitable vient éclairer son visage.

– Je ne dirais pas ça. Qu'as-tu fait à Daisy ? Elle te regarde comme si tu allais la tuer.

– Rien. Je lui ai dit que j'allais la tuer.

– Ah ! Je te retrouve ! Tu m'as presque fait peur ce matin avec ton… calme.

– Et toi aussi avec ton… arrogance.

Il s'approche de moi. Nous sommes presque dans les bras l'un de l'autre. Il effleure ma main.

– Léonie, j'ai encore besoin d'un peu de temps pour cette réunion. Tu peux…

– Garder Zoé.

Je sens son soulagement. Il prend un instant et caresse mes doigts en silence. Je me sens fondre. Nous jetons ensemble un regard à Zoé qui a l'air d'approuver.

– Merci ! On se retrouve dans deux heures ? Je pense qu'on pourra… parler un peu.

– Saurai-je enfin à qui est cette enfant ?

– Oui, promis ! Il faut que j'y retourne. Henry va me maudire et les autres vont commencer à se poser des questions.

– Chacun son tour ! Moi, j'ai donné.

Il me lâche et se dirige vers la porte, puis se retourne avant de sortir, la main sur la poignée.

– Je sais, je ne t'ai pas fourni beaucoup de réponses parce que je ne pouvais pas… pour certaines raisons… ce qu'il s'est passé entre nous… Je crois que je ne les avais pas, que je ne voulais pas ou que je n'étais pas prêt à les avoir…

– Et maintenant ?

– Je ne sais pas… Mais je crois que je veux bien qu'on les cherche ensemble…

– Ça peut attendre deux heures, alors.

Il me sourit, avec les lèvres, les yeux. C'est presque aussi bon qu'un baiser !

– À tout à l'heure, Léonie.

Il commence à ouvrir la porte.

– Jesse ?

Il s'arrête, me regarde.

– On se tutoie de nouveau ?

Tout son corps est avec moi.

– On dirait, non ?

Il sort de son bureau. Il est beau. Il est fort et fragile. Ses yeux n'ont jamais été aussi clairs et son sourire envoûtant. J'ai retrouvé la souplesse du félin et la tendresse du crocodile. J'ai confiance en lui. J'ai envie d'avoir confiance. On verra bien dans deux heures.

II

PANIQUE AU *PLAZA*

7
VOUS ENTREZ SUR L'AUTOROUTE

Léonie

– Et qu'est-ce que j'aurais dû faire ?!! Dire à notre plus gros client : « Ah ! Désolée, M. Franklin, il va être minuit, je vous laisse les clefs de la citrouille. Mon père trouve que je suis trop jeune pour vous conduire au bal et il m'attend à la maison avec mes pantoufles » !!?

Je ne suis pas rentrée de la nuit, prétendument parce que Jesse Franklin avait besoin de son chauffeur, mais maintenant je dois témoigner devant le juge Aldo qui m'attendait, les narines fumantes, prêt à instruire l'affaire Léonie Caravaggio, suspectée de découchage intempestif et de rébellion à l'autorité paternelle. Je risque perpète.

– Mon cher papa, ce que j'ai fait correspond tout simplement à ce que j'appelle de la conscience professionnelle !

Normalement, c'est imparable, ça !

– Ne crois pas que tu vas t'en tirer avec ta « conscience professionnelle ». Avant professionnelle, il y a conscience et j'aimerais bien savoir ce que t'a dit la tienne quand tu as décidé seule de poursuivre le travail jusqu'à des heures indues sans me demander l'autorisation !

Bon, c'était imparable et il a paré. C'est vrai qu'il est connu pour être retors le juge Caravaggio !

Et voilà ! En arrivant chez mes parents, j'ai retrouvé la scène du tribunal qui avait déjà statué sur mon aptitude à conduire Jesse Franklin, LE milliardaire. Il ne manque cette fois que le procureur, en l'occurrence mon frère Simon, qui est retourné chez le médecin pour voir où en est sa grippe. Maintenant, il va falloir que je trouve une réponse qui satisfasse le bulldog enragé qui fut autrefois mon géniteur aimant.

– Parce que majeure, chargée de conduire un milliardaire et donc entièrement responsable de mes actes et de mes décisions, je dois faire une demande d'autorisation pour savoir si je continue le travail une heure de plus ?

– Il ne s'agit pas d'une heure mais de toute la nuit ! beugle le magistrat, qui semble avoir perdu le sens des convenances, même face à un prévenu.

– Une heure ou la nuit, j'aimerais bien avoir une réponse sur le fond et pas sur les détails, et savoir si le même procès aurait été fait à Simon ! Est-ce que j'aurais dû ne pas rendre le service à notre client et perdre du temps à te joindre pour attendre l'éventuel *imprimatur* du Saint-Père ?

Moi aussi je sais hurler.

– Ah ! Ne blasphème pas en plus !

Il dit ça, mais je sais que ma réplique l'a calmé et il tourne en rond dans le salon en cherchant comment on pourrait clore cette discussion sans qu'il perde la face. Je le connais mon papa chéri ! Laissons-le trouver.

– Bon…

– …

– Ce que tu as fait n'est pas… correct, mais pour cette fois…

– …

– On va dire que c'est une erreur de jeunesse.

– C'est ça…

– Pardon ?

Allez, je vais calmer le jeu. Il fait un effort, je vais en faire un aussi, sans ironie. Et puis j'ai encore pas mal de choses à régler : Jenny m'attend chez moi, il va falloir aller retrouver Jesse…

– J'approuvais. Je disais : « C'est ça ». Certainement « ça », quoi…

– Ah bon ! Ça va alors.

Il ne me croit pas, mais on s'est compris et ça arrange tout le monde. Il n'est pas méchant mon père. Juste un peu… Italien ?

– Bon, il faut que je retourne travailler, papa.

– Oui, OK, mais attention, hein ! Plus de coups comme ça !

– Évidemment ! Tu imagines bien que j'ai vieilli depuis hier soir ! Alors les erreurs de jeunesse…

– Grrrr… Allez file, sale gamine !

– Moi aussi je t'aime, papa.

Il fait mine de me courir après pour me donner une fessée – ce qu'il n'a d'ailleurs jamais fait de toute mon enfance –, mais je suis déjà partie. Je sais que je le rends dingue, et c'est réciproque, mais on s'adore. Dans le fond, il s'inquiète pour moi, c'est tout, mais je ne suis plus une petite fille.

Je retourne chez moi. Jenny doit saturer à garder Zoé

depuis plus d'une heure ; ce n'est pas vraiment son truc les bébés.

***

Zoé… Ai-je bien fait d'accepter de continuer à m'occuper d'elle ? Enfin… J'ai décidé de faire confiance à Jesse tout à l'heure à son bureau, de lui laisser le temps pour m'expliquer ce que veut dire toute cette histoire et ce que je fais dedans. Il faut dire qu'il était… craquant.

Et sincère ?

Je le pense. Il lui aurait été facile de me faire jeter dehors par ses sbires ! Ne serait-ce qu'en appelant Akira, le maître zen qui pourrait déclencher un tsunami juste en remuant un orteil, et même pas le gros en plus ! Depuis que Zoé est entrée dans nos vies et qu'une certaine Mary ne veut pas s'y montrer, j'ai acheté des couches chez Bloomingdale's, fait l'amour dans la salle de bains d'une suite et failli tuer une hôtesse d'accueil à coups de cosy avec Zoé dedans ! Au milieu de tout ça, il y a Jesse. Toujours Jesse. Si loin. Si proche.

Voyons où en est Jenny.

Je rentre chez moi.

– Jenny, c'est moi ! Tu t'en sors ?

Mon petit appartement est au-dessus de celui de mes parents. Un étage à monter et c'est la liberté ! Enfin… en partie, parce qu'il est difficile de passer totalement à travers l'œil de lynx paternel, voire même de ses oreilles. Il sait toujours plus ou moins quand je suis là et, quand il a un doute, il monte… Heureusement que j'ai réussi à établir tout de même quelques règles et que ma mère veille à ce que mon père les respecte. Quand j'ai emménagé, il venait sonner toutes les demi-heures sous les prétextes les plus fallacieux : vérifier un joint, mettre un coup de peinture sur une porte, revisser une étagère… À l'époque, j'ai failli lui demander de regarder les gonds des fenêtres pour pouvoir le pousser à l'extérieur, mais ma mère m'a dit que ce n'était pas une bonne idée, que mon père pouvait être encore utile et elle a réussi à lui faire comprendre que j'avais besoin d'air ! Et il m'en faut dans ce petit deux-pièces… dans lequel je trouve Jenny, étendue sur mon canapé, ronflant comme un sonneur, à côté de Zoé qui la regarde, amusée.

Bravo Jenny !

– Jenny ! Jenny ! On se réveille, là ! Tu gardes Zoé ou c'est l'inverse ?

Je claque la porte et Jenny se réveille en sursaut, mettant quelques secondes à comprendre la situation.

– Ah ! Léonie !

– Tu te souviens de mon prénom ? C'est déjà encourageant ! Tu dors depuis longtemps ? Tu étais censée avoir l'œil sur Zoé !

– Oui… Non… Mais je ne dormais pas, je réfléchissais…

– Profondément même, on dirait. Tiens, prends un mouchoir et essuie le fruit de la réflexion qui a coulé le long de ta joue jusque sur mes coussins pendant que tu te creusais le crâne !

Je connais Jenny comme si je l'avais faite ! On est parties en colo ensemble, on a dormi chez l'une, chez l'autre… Je suis bien placée pour savoir qu'elle s'endort n'importe où et n'importe quand et que, à peine endormie, elle produit avec sa bouche une trace de limace dont la taille finale indique la durée approximative de son sommeil. À vue de nez, là, elle dort depuis que je suis descendue chez mes parents !

– Oh ! Excuse-moi Léonie, mais quand tu m'as appelée pour garder la petite, je venais à peine de me coucher, alors une fois sur ton canapé… avec la gamine qui n'a pas des masses de conversation…

– Oui, je comprends. Elle est encore un peu jeune pour écouter tes frasques nymphomanes.

– Tiens, à ce propos…

– Non, Jenny, je n'ai pas le temps d'apprendre que tu as couché avec un maître-chien ou que tu as des vues sur le facteur.

– Comment tu sais pour le maître-chien ?

On éclate de rire en même temps. Jenny a une certaine passion pour les hommes, mais elle a aussi de l'humour. Elle est la première à rire de ses aventures et même de l'image que ça donne d'elle. Elle est libre et, en plus, c'est un vrai cœur d'or, ma Jenny ! J'espère qu'elle trouvera l'amour un jour, le vrai. Ceci dit, ça lui arrivera peut-être si elle arrête de baver autant en dormant ! Si ça se trouve, c'est pour ça qu'elle ne garde pas les hommes.

Ça doit être ça ! L'homme de ta vie, c'est celui qui se réveille dans ta bave et qui trouve ça touchant, et cela même quand tu as une haleine de chacal.

Il faudra qu'on en discute un de ces jours, tiens !

– Bon, Jenny, ce n'est pas tout ça, mais il va falloir que je sorte de cet appartement avec Zoé pour aller retrouver Jesse, sans me faire remarquer par le juge Aldo.

– T'inquiète, je vais aller saluer ton père. Quand il est avec moi, il est tellement concentré à essayer de découvrir les arcanes de ma vie sentimentale en ayant l'air de ne surtout pas demander et en restant sur le mode « Ce n'est pas un comportement pour une jeune fille », que tu pourrais sortir de l'immeuble juchée sur un mammouth sans qu'il n'y prête attention !

Alors là, je suis soufflée !

– Nooon, mon père essaie de te tirer les vers du nez ?

– Disons qu'il est curieux, mais comme il ne peut pas valider ma façon de vivre et que, en même temps, il m'adore, ça donne des discussions assez comiques. Je l'aime bien ton père…

– Oui, tu es un peu sa deuxième fille… qu'il ne se sent pas obligé de surveiller. Des fois, j'échangerais bien ma place avec la tienne…

– Ah bon ? Tu veux essayer les maîtres-chiens ? J'ai des adresses.

– Imbécile !

Jenny se lève du canapé, enfin sèche, et prend Zoé dans ses bras.

– C'est vrai qu'on n'a pas vraiment eu le temps de discuter, Zoé, dit-elle, puis en se tournant vers moi : Et pas trop avec toi non plus. Ça en est où avec Jesse Franklin ? Je n'ai pas encore compris pourquoi tu continuais à t'occuper de la petite…

– Écoute… Je n'en sais trop rien moi-même. Tout est allé super vite ! Mais je suis certaine qu'on a une vraie… « relation » avec Jesse, même si je ne sais pas encore laquelle. Et puis tu m'as dit toi-même qu'il devait être amoureux… peut-être…

– Oui, mais ça reste ton patron. Je ne veux pas remuer la

tronçonneuse dans la plaie, mais tu n'as pas peur de te retrouver dans le rôle de la bonne du XIXe siècle, amoureuse du fils de famille et qui doit se taire et rester sans espoir de… ?

Jenny appuie là où ça fait mal, mais elle est la seule à pouvoir me poser cette question et à m'obliger à y réfléchir. Un court silence s'installe pendant que Zoé vérifie à coups de petites claques que les joues de Jenny sont aussi lisses et solides que les siennes.

– Oui, c'est le patron, mais parfois, ça ne l'est plus… Et puis, il m'a demandé de lui rendre service et j'ai accepté, alors… ça change un peu la donne, non ? Même si, c'est vrai, parfois, il redevient cassant et autoritaire…

– Mmm… pas facile.

– Pour l'instant, je continue. Je verrai bien. En fait, j'ai envie de voir…

– Tu as raison, la vie est courte. Il faut tout prendre, même si ça doit faire mal, mais c'est aussi ça qui donne sa vraie valeur à ce qui fait du bien ensuite, non ?

Jenny la philosophe nymphomane me rend Zoé, après lui avoir fait un gros baiser sur la joue, et se dirige vers la porte.

– Allez, je vais m'occuper de ton père. Laisse-moi dix minutes. Dès que j'aurai lancé la conversation, tu pourras sortir en jouant de la trompette et en tapant des pieds. Il n'entendra plus rien !

– Merci Jenny ! Je t'appelle.

Jenny me sourit et passe la porte. Je suis de nouveau seule avec Zoé. Il va falloir retrouver Jesse. Patron ou amoureux ?

***

– Jesse ? C'est Léonie. J'arrive au *Plaza* dans dix minutes.

– OK, on dégage la place. Passe par le garage, il n'y aura personne. À tout de suite.

– À tout de suite.

Je raccroche, jette un coup d'œil à Zoé qui joue avec ses pieds à l'arrière et démarre la Rolls pour atteindre l'hôtel. Il va encore falloir se faufiler comme une voleuse sur le terrain nettoyé par Akira. Combien de temps cela va-t-il durer ? Cette fois, je veux des réponses et je les aurai.

***

Effectivement, je suis arrivée sans encombre jusqu'à la suite avec Zoé. Je frappe à la porte, que j'ai franchie hier pour la première fois, avec une petite appréhension. Je ne suis pas encore revenue de la soirée de la veille et cette fin de journée démarre sur l'inconnu. La porte s'ouvre et Jesse apparaît, souriant et encore plus beau que dans mon souvenir. N'empêche, je suis aussi venue pour avoir des réponses à mes questions.

– Léonie, entre ! Donne-moi le cosy.

Jesse m'a ouvert la porte avec un grand sourire, un peu gêné tout de même. On marque le temps de réadaptation nécessaire pour passer de l'intensité de notre dernier échange à cette atmosphère plus normale. Enfin… normale. Sur le mode léono-franklinien, chaque seconde est une nouvelle surprise ! Normal donc.

– Merci.

Jesse emmène Zoé qui s'est endormie dans la chambre du fond et je rentre dans la suite, à peine moins impressionnée que la veille. J'attends Jesse en regardant Central Park par la baie vitrée. Il revient sans bruit.

– Encore merci pour aujourd'hui. Viens, assieds-toi.

Nous nous installons sur l'immense canapé en L, à bonne distance l'un de l'autre.

– Mmm… Je me suis débrouillée, mais… Tu m'as promis, Jesse. Qui est Zoé ? Et Mary ?

– …

– C'est si difficile ?

– Mary…

– Oui ?

– … est ma sœur.

– Ta sœur ! La gouvernante ?

– Oui.

– Mais pourquoi ta sœur te laisse ta nièce en se faisant passer pour ta gouvernante ? Et pourquoi attendre aussi longtemps pour me le dire ?

Je n'y comprends sincèrement rien, mais je n'ai jamais senti Jesse aussi mal à l'aise. Il a beau garder une apparente maîtrise, je vois bien qu'il est tiraillé.

– Je ne sais pas pourquoi elle a fait ça. Pas encore.

– Mais ça n'aurait pas été plus simple de tout me dire tout de suite ?

– …

– Écoute, Jesse, tu me demandes de l'aide, mais tu ne me fais pas confiance. Il vaut mieux que je m'en aille.

Je me lève pour sortir, mais Jesse m'attrape le bras en passant.

– Attends ! Assieds-toi. Je te fais confiance, mais… Je n'ai pas l'habitude de…

– De quoi ?

– De parler de tout ça. C'est… ancien et pénible.

– Tu ne peux pas me laisser dans l'ignorance si je t'aide. C'est trop lourd, Jesse.

Il me regarde droit dans les yeux. J'y lis le combat contre lui-même, la détermination… puis le relâchement.

– OK, tu as raison, je vais te dire… Mary a disparu il y a des années. Après la mort de nos parents dans un accident de voiture, c'est ma tante qui nous a recueillis, mais Mary a vite commencé à devenir… rebelle.

– Comment ça ?

– Elle ne voulait pas vivre avec notre tante, Martha. Il faut dire que Martha est un peu… « ésotérique », mais ce n'était pas que ça.

– Elle devait être sous le choc de la mort de tes parents. Ça a dû être terrible ! Vous aviez quel âge ?

– 18 et 19 ans. Nous avions toujours été proches, et puis soudain… Mary a commencé à traîner dans les milieux underground, à refuser les règles de la société pendant que je commençais des études de commerce. Ça a été le choc des cultures…

– Mais pourquoi te confie-t-elle ta nièce aussi longtemps après tout ça ?

– Aucune idée.

Il a effectivement l'air de n'être au courant de rien.

– Je ne savais même pas qu'elle avait un enfant. Elle est à moitié folle !

– Ne t'énerve pas, Jesse ! Tu comptes faire quoi ?

– La retrouver et lui rendre sa fille.

– Et en attendant ?

Il me regarde encore plus intensément que tout à l'heure.

– Est-ce que tu peux continuer à m'aider ? Pas longtemps, ne t'inquiète pas ! Je vais faire en sorte que tout rentre vite dans l'ordre.

Que tout rentre vite dans l'ordre… Y aura-t-il encore de l'ordre quelque part ?

– Eh bien… Je…

– Je te paierai, évidemment. En plus de ton travail de chauffeur, cela va sans dire. Ne t'inquiète pas.

Tu vas me payer évidemment… Cela va sans dire ! Tu es… mon patron. Si c'est le seul moyen de voir… ce que tout ça va donner. J'espère que la philosophie de Jenny fonctionne…

Quand je disais que chaque seconde est une surprise… qui m'oblige à retrouver la bonne distance à chaque nouvelle donne. Une pincée de complicité, balayée par un petit coup de vent de remise en place. Je prends ? En tout cas j'encaisse.

– Oui, je… veux bien t'aider, Jesse.

Je l'aurais fait aussi… sans l'argent, mais c'est peut-être mieux comme ça, plus clair. Plus clair ?

– Merci Léonie. Ça me soulage. Vraiment !

Jesse se lève, puis se rassied et lâche un léger soupir au milieu de son sourire. Il me regarde intensément, pas seulement reconnaissant. Il esquisse un geste qui amènerait sa main vers ma cuisse pour prendre la mienne, puis se retient.

OK. Retour au professionnel, et ça, je sais faire !

– Bon, quelle est la suite des événements ?

– Essayer de joindre ma tante Martha, voir si elle sait où trouver Mary et puis lancer Akira et Henry sur des pistes…

Bref, accélérer les recherches pour te libérer, et vite.

– Merci.

Ai-je envie d'être vite libérée ?

– Je vais chercher Zoé. Ça va être l'heure de son repas.

– OK, je passe quelques coups de fil pendant ce temps.

– Parfait.

De retour dans le salon avec Zoé et le biberon que j'ai préparé, je découvre Jesse au téléphone, marchant de long en large en nous jetant des petits coups d'œil, à Zoé et à moi.

– Oui ma tante, j'ai encore le collier en pierres de lune… Oui, oui… il accroche vraiment bien l'énergie positive… Je sais… il a été chargé par le mage Imbalu Tuba. C'est hyper efficace. Si, si… Ne vous inquiétez pas…

Haussement de sourcils de Jesse dans ma direction. Je lis sur ses lèvres : « JE N'EN PEUX PLUS. »

– Bon, merci ma tante. Je vous tiendrai au courant… Il faut que je raccroche, là. Oui, bonne soirée… Oui, vous aussi, que les forces chtoniennes vous protègent… lance-t-il, puis en s'adressant à moi : Ouf ! Je n'avais pas eu Martha au téléphone depuis des lustres. Je ne me souvenais pas comme c'était épuisant…

Jesse vient s'asseoir à côté de nous. Il a effectivement l'air épuisé.

– Les forces chtoniennes ?

– Oui, Martha est en lien permanent avec la terre et l'espace.

Jesse a lui-même l'air dépassé par ce qu'il m'annonce.

– C'est une antenne parabolique ?

Il me sourit, visiblement content que ça m'amuse plus que ça ne m'effraie.

– Elle mériterait… En attendant, elle n'a pas eu de nouvelles de Mary depuis pas mal de temps, mais je pense qu'elle en sait plus qu'elle ne m'en dit. Je vais appeler Akira et Henry.

Jesse se relève et recommence son circuit de tigre en cage avant l'arrivée du dompteur, pendant que Zoé engloutit son biberon dans mes bras.

– Oui Akira, je vais laisser votre portable à Léonie. Vous êtes à son service 24 h/24. Il faudrait aussi que vous arrangiez quelque chose pour Zoé, voir tout ce qui lui manque… tout ça… Je vais mettre Henry sur la piste de Mary…

Il est impressionnant en président des États-Unis organisant la Troisième Guerre mondiale sans ciller.

– Tu entends, Zoé ? lui dis-je tout bas. Ton oncle parle à son ninja Akira. C'est le monsieur de l'autre fois qui connaît déjà les gens avant même de les avoir rencontrés, qui te serre la main et, le temps que tu lui répondes, qui est déjà sorti de l'hôtel sans que tu l'aies vu passer la porte. Une sorte de chat transformé en bonze, si tu veux… Un « chonze », en quelque sorte !

Jesse a raccroché.

– C'est bon pour Akira, Léonie. Tu l'appelles dès que tu as besoin. Je t'envoie son numéro de portable sur le tien. Il te fera rentrer et sortir d'ici en toute discrétion.

– Merci Jesse, mais on n'est peut-être pas obligés de rejouer *James Bond contre docteur No* à chaque fois qu'on doit transporter ta nièce, si ?

Il ne me répond pas.

Pas entendu ?

De toute façon, il n'y a pas à discuter visiblement.

– Henry ? Oui… Non… Je voudrais que tu te lances sur la

piste de Mary. Il faudrait que tu me retrouves son numéro et tout ce que tu peux savoir sur elle…

Henry ? Henry ? Ah oui ! C'est le gars classe qui a continué la réunion quand j'ai joué Règlements de comptes à OK Corral *au bureau de Jesse.*

– Alors, tu vois, Zoé, Henry, c'est le bras droit de ton oncle. Parce que Jesse a deux bras droits : le sien, accroché à son corps, et Henry, qui est un autre bras prêt à tout dès que ton oncle utilise déjà le sien. En plus, Henry possède lui-même deux bras utilisables. C'est pratique, hein ?

Même si je le hurlais, Jesse n'entendrait pas ce que je murmure à Zoé. Il a l'air hyper concentré. On dirait qu'il a presque oublié qu'il n'était pas seul dans la pièce.

– Non, Henry… Non, je m'en tape. Tu fais comme ça pour l'instant. Non… Mais ne discute pas… Je préfère.

Si le patron préfère…

– En attendant, il faut que je te trouve un bavoir, ma chère Zoé. Il y en a peut-être dans la grande penderie de la chambre ?

Si ça se trouve, Akira s'est déjà glissé dans la pièce pour en mettre un dedans au moment où j'y pensais. Je ne serais pas plus étonnée que ça de trouver le ninja plié entre deux serviettes.

Pendant que Jesse continue sa conversation, je laisse Zoé sur le canapé pour qu'elle profite de l'épisode de *NYPD Blue* joué par son oncle et je vais chercher un éventuel bavoir ou au moins une serviette dans cette immense penderie remplie de vêtements et de chaussures… de femme. DE FEMME !

– DE FEMME ! DE FEMME ! JESSE FRANKLIN, TU TE MOQUES DE MOI ?!! DES VÊTEMENTS DE FEMME ? J'HALLUCINE !

Jesse arrive en courant dans la chambre, l'air complètement ahuri et le téléphone à la main, qu'il regarde une dernière fois pour être sûr qu'il a bien raccroché.

– Qu'est-ce que c'est que ÇA ?

J'ouvre en grand les portes de la penderie. Tout est plein à craquer de robes et de chaussures de femme hors de prix.

– Il ne faudrait pas me prendre pour une cruche ! Je me doute que, dans le petit monde des milliardaires, coucher avec une femme un soir et l'exploiter pour garder un enfant, ça ne doit engager à rien, mais j'aimerais bien un minimum de respect !

– Mais que… ? Mais non !

– Quoi « mais que ? Mais non » ? Tu vas me dire que tout ça, c'est à toi, que tu t'habilles en femme pour te détendre après tes dures journées de travail, hein ?

– Mais… Tu te trompes. Ce n'est pas ce que tu crois, c'est…

– Je me trompe ? Ce sont bien des vêtements de femme, non ?

Jesse a repris de la contenance et me lance, énervé :

– Eh bien, oui, tu as tout compris ! C'est ça, ils sont à moi. D'ailleurs, tu me retardes avec tes questions, je dois enfiler ma guêpière ; j'ai une soirée bi et trans dans une heure au Royal Cocono à Harlem !

– Quoi ?!?

– Non, mais tu es vraiment barrée parfois. Pour qui veux-tu que ce soit ? Pour Akira ? C'est pour toi, évidemment.

– P… p… pour moi ?

Je me sens un peu bête d'un coup. Jesse me regarde, exaspéré.

– Oui, tout est à ta taille. La même que la nuisette, je crois.

– Mmm… je… mais… pourquoi ?

– Eh bien… j'espérais que tu continuerais à accepter de m'aider et, comme je te retiens ici, j'ai pensé… que ce serait mieux si tu avais deux ou trois choses à te mettre. J'ai acheté ça par avance… en espérant que…

Nous voilà comme deux idiots.

– Ah… oui. Bon, bah, merci ! Je…

Deux ou trois choses… Il y a de quoi habiller toutes les princesses de Monaco pendant un an ! Et jamais deux fois de la même façon !

– Eh bien… je suis… touchée…

Mais je ne vais pas le laisser s'en tirer comme ça.

– … En même temps, si c'est comme la nuisette… et que tu m'enlèves le moindre vêtement dès que je l'ai enfilé… ce n'était pas la peine d'en prendre autant…

Jesse se détend.

– J'aime avoir le choix dans les vêtements que j'arrache, et puis… il ne faudrait pas prendre vos désirs pour la réalité, Mlle Caravaggio !

Il me lâche ça avec son petit sourire enjôleur et narquois. J'aime bien quand on commence à jouer.

– Oh, mais ne vous croyez pas irrésistible, M. Franklin ! Je n'ai rien demandé, moi ! Je verrai juste si vous savez vous tenir et si j'arrive à porter une de ces robes plus d'un quart d'heure en votre présence sans que vous pensiez à me l'enlever avec les dents.

– Très bonne idée, le coup des dents ! J'essaierai à l'occasion.

– Il faudra encore que je vous laisse la saisir… mais je vous abandonne. Bobonne doit coucher bébé.

Et je sors de la pièce, royale.

– Merci bobonne. Par contre, il faudra changer de prénom. Bobonne, ça ne sonne pas terrible dans un ensemble Vera Wang.

– Eh bien, il fallait choisir votre baby-sitter dans l'Upper East Side au lieu de la prendre dans le prolétariat new-yorkais. Bonne nuit, M. de Rothschild !

Je lui lance ça sans même me retourner.

– Bonne nuit, Karl Marx.

– Pfff… Je n'ai même pas de barbe.

Il n'y a pas à dire, il s'améliore question vannes.

8
LE DANGER VIENT DE L'ARRIÈRE

Jesse

Léonie est allée se coucher dans la chambre du fond avec Zoé. Il est 2 heures du matin, et après mes nombreux coups de fil, je suis fatigué moi aussi. Mon téléphone sonne, c'est Henry qui me rappelle.

– Jesse ? Tu dormais ?

– Non, j'attendais ton rapport.

– C'est ce que je me disais. Alors voilà…

Henry commence son rapport :

– J'ai réussi à localiser Mary. Ça n'a pas été une partie de plaisir, je me permets de te le dire.

– Tu as ma reconnaissance éternelle, Henry.

– Oui, c'est ça, ironise, mais les gars de l'équipe ont fait un super boulot, et j'ai vérifié toutes les données. C'est bon, on a son adresse et son téléphone. Je pourrais presque te donner la couleur de la culotte qu'elle portera demain matin quand tu lui rendras la petite.

Henry est le plus fin limier que je connaisse. Il est encore pire que moi ! Quand il tient une proie, il faudrait l'abattre pour qu'il la lâche et, même mort, il trouverait encore le moyen de donner du fil à retordre à ses adversaires.

– Super boulot ! Vraiment ! Envoie-moi tout ça sur ma ligne cryptée, sauf la couleur de la culotte ; je m'en passerai. Et puis, je ne suis pas certain de vouloir lui rendre Zoé moi-même. Après tout, elle ne me l'a pas laissée en main propre…

– Tu ne veux pas la revoir pour pouvoir vous expliquer après toutes ces années, lui demander d'où sort cette môme et pourquoi elle te l'a confiée ?

– Je ne sais pas, Henry… Elle a mis un sacré bordel dans ma vie depuis quelques jours… Ça aurait pu dégénérer encore plus que ça…

Je sens que Henry n'approuve pas vraiment. Il est persuadé que Mary a vraiment des ennuis. Et puis, je crois qu'elle lui a toujours un peu plu… Peut-être était-il même vaguement amoureux d'elle à l'époque, mais il n'est pas du genre à me l'avouer, surtout depuis qu'il a rencontré Eva. Et puis, c'est un ami et il n'ira pas contre ma décision.

– OK, tu t'organises comme tu veux. C'est toi le patron !

La dernière phrase prouve qu'il n'est effectivement pas complètement d'accord. Je redeviens le patron quand il ne veut pas discuter et qu'il me signale qu'il fait quelque chose juste parce que je le lui demande. Ça lui évite de se disputer avec l'ami.

– Merci Henry ! J'ai encore quelques heures pour décider de ce que je vais faire, mais je crois vraiment que Zoé va retrouver sa mère de la même manière qu'elle m'est arrivée : par le biais d'une autre personne.

– Léonie ?

– Léonie… Pourquoi pas !

– Entre nous, il se passe quelque chose avec ton « chauffeur », non ? Vous avez une relation pour le moins étrange… et votre sketch au bureau l'autre fois ? Daisy ne peut plus voir un cosy sans se taper des sueurs froides. Elle n'est pas banale ta Léonie !

– Ce n'est pas MA Léonie… Mais j'avoue qu'elle n'est pas banale. C'est le moins qu'on puisse dire…

– Oui, je vois ce que c'est. Tu n'es pas encore prêt à tout me raconter. J'attendrai.

Le limier a senti quelque chose. Sacré Henry ! Il a raison, il va falloir qu'il attende que j'en sache plus moi-même…

– Il n'y aura certainement rien d'autre à dire demain matin. Allez, bonne nuit Henry !

– Bonne nuit, *secret lover* !

– C'est ça, monsieur le fouineur ! Allez, je raccroche !

Ça, pour les sketchs, Léonie n'est jamais à court de scénarios…

Non mais, quand j'y pense, personne ne me hurle dessus, et encore moins sur ce ton ! Et moi qui accours pour la découvrir prête à faire un sacrifice humain parce qu'elle a trouvé des vêtements de femme dans la penderie, qui sont pour elle en plus ! Elle serait vraiment bonne pour la camisole certaines fois. Elle ne peut pas réfléchir deux secondes et demander les choses gentiment au lieu de sortir l'artillerie lourde dès qu'un truc lui déplaît ? Je n'ai jamais vu un phénomène pareil. Quand je suis arrivé dans la chambre, on aurait dit une furie, une gorgone avec les griffes de Freddy ! Quand j'ai compris qu'elle croyait que tous ses vêtements étaient pour mon harem… Mon harem ! Comme si j'étais du genre à entretenir une troupe de femmes soumises ! Pour qui elle me prend ? Si elle savait depuis combien de temps je n'ai pas vraiment été… amoureux ? Et là, je le suis ? Non, ce n'est pas possible ! De toute façon, ça s'arrête demain. Mais quand même…

Merde ! Elle me plaît vraiment. Cette folle me fait battre le cœur sur un autre rythme. Je ne me contrôle plus. Et puis… elle me faire rire aussi… et je me sens bien avec elle… Stop ! Stop ! Je me sens bien, mais elle me rend dingue et me fait aussi penser de travers on dirait.

Le dossier avec toutes les infos sur Mary est arrivé sur mon portable, envoyé par Henry. Il faut que je dorme maintenant. Il ne reste plus beaucoup de temps avant… ce matin, pour la fin des ennuis et de la parenthèse Léonie…

***

Le soleil du petit matin m'a trouvé sur le canapé du salon après quelques heures de sommeil. Sa chaleur m'a réveillé en me caressant la joue, comme aurait pu le faire Léonie. Je l'ai laissée dormir hier soir, je n'ai pas osé la déranger pour lui dire que tout est terminé, grâce à Henry.

Il est à peine 6 heures et j'ai encore du temps avant d'aller réveiller Léonie, ou que Zoé se mette à hurler pour obtenir son biberon. Devrais-je revoir Mary ? C'est vrai qu'on s'amusait bien, enfants, quand il y avait encore papa… maman…

Mary court en maillot de bain sur la pelouse de la

maison. Il fait une chaleur à crever et je la poursuis avec le tuyau d'arrosage. Elle est trempée et hurle comme une dératée.

– Ahhh ! Ahhh ! Je me vengerai, Jesse. Tu vas voir ! Quand tu ne t'y attendras pas !

Papa nous regarde, amusé, depuis le perron de la maison.

– Papaaaaa, arrête Jesse !

– Non, je le laisse faire, j'aime bien avoir une fille propre !

– Elle va briller encore plus que la voiture, papa ! Promis !

On rit. Maman sort, le sourire aux lèvres, et rejoint mon père. Tant mieux ! Comme ça, je peux nettoyer tout le monde d'un coup ! Je tourne le jet d'eau vers eux.

– Aaaahh ! Jesse !

Tout le monde me court après pour me prendre le tuyau et on termine tous à rouler sur la pelouse trempée. On en a mal au ventre tellement on rit.

C'était le temps du bonheur. Il y a presque vingt ans ! L'insouciance. Notre maison. Mary toujours gaie. Papa et maman si présents et attentionnés. Et puis, il y a eu l'accident et l'annonce, ce jour terrible d'octobre. Mary et moi dans la maison.

– Jesse ? Viens voir, il y a une voiture de police qui vient de s'arrêter devant le portail.

– Laisse-moi ! On s'en fout. Je suis en train de lire, là...

– Mais Jesse... il y a tante Martha et un policier qui arrivent...

– Hein ?

Je me précipite vers la porte d'entrée et l'ouvre, Mary à mes côtés. Tante Martha et le flic remontent l'allée. Tante Martha a l'air effondré et le flic a le visage fermé. Mon cœur se met à battre plus vite, j'ai froid, je sais qu'il se passe quelque chose de pas normal et je ne veux pas le savoir. Je regarde Mary, puis ma tante. Mary fixe le couple improbable qui remonte la pelouse. Ils ont l'air d'arriver au ralenti, de mettre des milliers d'années pour traverser quelques mètres. Des milliers d'années qui seront encore trop courtes avant que le monde ne s'écroule. J'en suis sûr… Le monde s'écroule. Le monde s'est déjà écroulé et je ne veux pas qu'on me l'annonce… Je ne veux pas que tante Martha atteigne ce perron. Je ne veux pas qu'elle ouvre la bouche…

– Jesse… Mary…

Tante Martha nous regarde. Elle a pris trente ans depuis la dernière fois qu'on l'a vue, il y a une semaine. Le flic regarde ses pieds. J'ai l'impression de voir toute la scène depuis l'extérieur de mon corps.

– John et Sarah…

– Que se passe-t-il, tante Martha ?

Mary a parlé dans un souffle à peine audible.

– Un accident de voiture. Ils sont morts. Vos parents sont morts. Tous les deux.

– Noooooonnn !!!

Mary part en hurlant dans la maison. Je ne bouge pas. Tout s'est arrêté. Je vois Martha. Le flic. La pelouse. Les voisins qui sortent de chez eux et fixent au loin pour essayer de voir ce qu'il se passe. J'ai entendu ce qu'a dit tante Martha, j'ai compris les mots, mais je ne suis pas certain d'en avoir compris le sens. Mon corps vient d'être vidé intégralement par une main invisible. J'ai senti la poigne se refermer à l'intérieur et arracher tout ce qui s'y trouvait. Impossible de décrire la douleur qui ne semble pas vouloir s'arrêter ! Il n'y a plus qu'un froid brûlant. Je suis une caverne, de la roche abandonnée. Les visages de mes parents défilent devant moi, heureux, souriants.

– Rentrons à l'intérieur.

Je crois que c'est le flic qui a parlé. Mes pieds sont soudés au perron.

– Je ne pourrai pas bouger monsieur.

J'essaie de tourner la tête vers lui. Je ne vois qu'un visage brouillé, comme si je le regardais à travers un pare-brise inondé par la pluie. Je ne vois plus que de cette manière. Tout est inondé, flou. Que se passe-t-il ?

– Viens, Jesse.

Tante Martha m'a touché l'épaule. Mon corps se souvient alors qu'il n'est plus soutenu par rien, qu'il ne peut pas tenir debout. Je m'effondre en sentant mon visage couvert de larmes. Il me semble… qu'il y a un être vivant… qui me rattrape… et me porte, mais je sombre.

Je ne pleure plus aujourd'hui et je suis encore debout. J'ai appris à tout contrôler, mais la douleur intérieure est la même à chaque fois que je me souviens de ce moment. Plus rien n'a été comme avant ensuite. Tante Martha nous a pris chez elle. Notre vie a changé et Mary aussi. Jusqu'à cette fameuse nuit…

J'ai soif. Mince ! Il est 4 heures du matin… Tant pis, il faut que je boive. Je descends dans la cuisine. Il y a de la lumière. Qui peut être réveillé à cette heure ? Je pousse la porte et je tombe sur Mary, habillée, qui remplit un sac à dos. Elle me fixe un instant, puis continue comme si tout était normal, comme si je n'étais pas là, comme s'il n'était pas 4 heures du matin.

– Que fais-tu ?

Elle continue. Silencieuse. Je la vois aller et venir pour finir de remplir son sac de fruits et de boîtes de conserve. Elle le ferme et finit par me répondre.

– Tu vois bien ce que je fais ! Je me tire d'ici.

– Mais… Pourquoi ? Tu vas où ?

Elle enfile son sac sur son dos et me regarde.

– Tout a changé, Jesse. J'ai changé. Je ne peux pas faire comme si la vie avait continué bien tranquillement. J'ai compris beaucoup de choses.

– Et tu as compris quoi ?

– …

– Tu as compris quoi pour te tirer en pleine nuit en vidant les placards de tante Martha comme une voleuse ?

– J'ai compris que je ne voulais pas devenir ce que tu es en train de devenir… Si le monde peut s'écrouler d'un coup, je n'ai pas envie d'attendre ça comme une bonne petite bourgeoise… Il y a d'autres combats à mener !

– Qu'est-ce… Et qu'est-ce que je suis en train de devenir, hein ? Tu le sais, toi !?? Je continue mes études, je vais prendre ma vie en main, pour maman, pour papa, pour qu'ils soient fiers de moi là où ils sont…

– Ils ne sont plus nulle part, Jesse. Juste dans le passé. Et moi, je veux l'avenir, mais pas celui que cette société me prépare…

– Tu t'es fait envoûter par tes pseudos amis rebelles, oui !

– Pas d'envoûtement, Jesse. J'ai un cerveau. Je pense seule. Salut !

Mary me tourne le dos, ouvre la porte qui donne dans le jardin et sort sans me jeter un regard.

– Mary…

Elle est partie. Je n'ai plus soif. J'éteins la lumière de la cuisine et je remonte dans ma chambre. Le froid est revenu. La caverne, je ne serai plus qu'une caverne… Tu m'abandonnes, Mary. Toi aussi ! Eh bien, tire-toi ! Je suis seul et je m'en sortirai seul. Plus personne ne m'abandonnera. Il n'y aura plus personne pour m'abandonner. Je ferai en sorte qu'il n'y ait plus jamais personne pour m'abandonner !

Et je n'ai pas revu Mary depuis… jusqu'à… Non, je ne la reverrai pas. C'est décidé ! Je vais aller prendre une douche et puis je réveillerai Léonie et je lui dirai de ramener Zoé à sa mère. Pas besoin que je me mêle de ça, c'est du passé ! Du passé. Enterré.

***

Il est 7 heures et j'ai assez traîné avec ces vieux souvenirs. La douche m'a remis les idées en place. Je suis prêt.

Allons voir Léonie et Zoé !

Je rentre dans la chambre. Zoé est déjà réveillée et me regarde. Elle a l'air d'être contente de me voir. Enfin… Je dois délirer, ce n'est qu'un bébé ! Je ne suis pas certain qu'elle soit capable de me reconnaître. Léonie lui a fait un coin sur le lit immense et dort à côté. Léonie… qui a remis sa nuisette et dort à moitié découverte. Elle est vraiment… belle. Je sens presque sa chaleur d'ici. Je me souviens comme elle sait être douce, comme on peut être complices… mais il n'est plus temps pour ça.

– Léonie ! Léonie !

Elle se réveille et me sourit.

– C'est l'heure ? Tu es déjà prêt ?

– Oui. Je dois partir. J'ai encore deux grosses affaires aujourd'hui.

– Décidément… Les matins se suivent… et se ressemblent…

– Eh bien, non ! Henry a retrouvé la trace de Mary cette nuit.

Léonie ne semble pas très réjouie par la nouvelle. Elle ne doit pas encore être bien réveillée.

– Bien. Tu prends Zoé et tu la lui ramènes ? Je rentre chez moi, c'est ça ?

– Non, je n'ai aucune envie de voir Mary. Je n'ai pas le temps aujourd'hui de toute façon ! Je préfère que tu le fasses. Ça me rendrait bien service… une dernière fois.

– Tu ne veux pas voir ta sœur !??

– Pas la peine de hurler ! Oui, c'est exactement ce que je viens de te dire…

Léonie bondit du lit pour se planter en face de moi.

– Je ne pensais pas que M. Jesse Franklin était aussi lâche !

Ça recommence ! Quand elle est comme ça, elle est à baffer, et atrocement désirable.

– Léonie, je n'ai pas l'envie, ni le temps de discuter sur

le courage et la lâcheté. Je t'envoie les infos sur Mary. Tu la trouveras certainement en fin d'après-midi vers chez elle. Je te fais confiance.

– Non, mais tu crois que ça va se passer comme ça ?!?

– Ça va se passer comme ça parce que tu n'as pas le choix et moi non plus. Personne n'a le choix, voilà ! C'est la vie !

– Eh bien, ce n'est pas ma conception de la vie ! Et puis c'est un peu facile, non ? Hier soir, j'ai eu le droit à deux ou trois infos du bout des lèvres ! Monsieur passe la soirée à organiser le débarquement des Marines sur la baie des Cochons, et ce matin, il n'y a plus à discuter ! Mary, on s'en fout ! Zoé, on s'en fout ! Et Léonie doit obéir sans comprendre !

Je sors de la chambre, mais Léonie me poursuit dans le salon.

– Jesse Franklin ! J'ai le droit à plus d'égards ! Je ne suis pas un objet qui exécute quand on appuie sur un bouton ! Je suis une personne, Jesse Franklin !

Je n'ai pas envie de parler, pas envie de discuter, pas envie de réfléchir. Je voudrais juste que les choses se passent. Je m'assieds sur le canapé, mais Léonie ne bouge pas. Debout, bras croisés, elle attend une réponse.

– Alors ?

Elle ne me lâchera pas.

– C'est trop…

Douloureux ?

– … compliqué, Léonie. Je ne veux pas revoir Mary. S'il te plaît…

Je n'ai jamais été aussi sincère. Léonie a l'air d'encaisser.

Moi aussi. On se regarde. Elle semble rester fermée, mais son œil est un peu moins furieux. Un silence assourdissant s'installe. C'est elle qui le brise, glaciale.

– Bien, on va faire comme ça. Je vais chercher Zoé. Tu peux quand même dire au revoir à ta nièce, non ?

Elle disparaît et revient avec Zoé sans que j'aie vraiment eu le temps de réfléchir à ce qu'il s'était passé.

– Voilà ! Zoé, embrasse ton oncle. Tu ne le reverras plus.

Elle me colle la petite dans les bras, qui me sourit et commence à me faire des papouilles. Son petit corps pèse dans mes bras et s'abandonne avec confiance. Je me souviens quand je l'ai changée, quand je lui ai donné son biberon... Je ne vais plus la revoir...

– Au revoir Zoé... Tu vas retrouver ta mère.

– Gla... Gla...

Léonie me regarde, ironique, un sourire crispé au coin des lèvres. Elle me reprend Zoé.

– Allez, au travail M. Franklin ! Ça suffit, hein ? Je sais qu'on s'habitue aux animaux, mais bon, quand il faut les abandonner, faut pas trop traîner ! Après, on s'attache et on n'y arrive plus.

Elle frappe toujours juste.

– Très drôle ! Essaye plutôt de remplir cette dernière mission sans faire n'importe quoi. Tu me tiens au courant ?

– *YES SIR* !

Je tourne les talons et m'en vais de la suite en claquant la porte derrière moi. Je reste quelques instants dans le couloir, la porte fermée dans mon dos. Je n'abandonne personne. Personne ne m'abandonne. Il n'y a d'ailleurs personne à abandonner. Je le sais, c'est comme ça depuis des années. Ce n'est pas Léonie ou Zoé qui va y changer quelque chose, et encore moins Mary. Pas maintenant, j'ai du travail ! Ce soir, tout sera redevenu normal : oubliée, Mary ! Oubliée, Zoé ! Oubliée, Léonie !

Léonie...

9
VÉRIFIEZ LA PRESSION RÉGULIÈREMENT

Léonie

Eh bien voilà, c'est tout ! Fini ! Ce type est juste un CONNARD !

– CONNARD !

Il n'y a plus personne, mais ça soulage. Et puis Zoé est encore trop jeune pour répéter des gros mots.

– Hein Zoé ?

– O… O… Arrr…

– Oui, bon, OK, tu es douée. Tant que ça reste incompréhensible hors contexte…

Je vais finir ce boulot et *ciao bello* ! Je suis vraiment vernie ! C'est pas possible de tomber sur une histoire comme ça, avec un crétin pareil ! Elle me fait marrer Jenny avec ses théories à deux balles ! J'aurais mieux fait de lui demander l'adresse de son maître-chien. Ceci dit, il n'est pas trop tard… J'avais dit que je l'appellerais… C'est le moment !

Je retrouve mon téléphone et appuie sur l'écran pour

appeler Jenny comme si je voulais écraser tout le boîtier.

Allez... Réponds ! Réponds !

– Léonie ?

– Jenny, file-moi le numéro de ton maître-chien, là. Ou celui du facteur, je m'en fous !

– Mais qu'est-ce que... attends, attends... mais Léonie, il est 7 h 30 du matin ! DU MATIN ! Tu veux que je décède ou quoi ?!!

Mince ! J'ai peut-être un peu abusé. Pas fait gaffe à l'heure...

– Non, Jenny... Excuse-moi... C'est juste parce que...

– Tu me réveilles pour me demander le numéro du maître-chien ? Léonie... Tu vas bien ?

– Oh ! Jenny...

Tout mon énervement retombe d'un coup. Ma voix se brise. Cette fois, je suis abattue. J'aurais presque envie de pleurer, et je crois que ça s'est entendu.

– Ouh là ! Léonie, calme ! Tu as bien fait d'appeler.

– Mais non, je vois bien, je t'empêche de baver comme tu veux...

Je renifle en évitant le pire.

– T'inquiète, j'ai toute la vie pour baver, et puis j'ai déjà pris de l'avance. J'ai l'impression que tu vas un peu craquer toi... Que se passe-t-il ? C'est Jesse ?

– Oui.

Je suis sur le canapé où Jesse a passé la nuit, Zoé à côté de moi, et je raconte tout à Jenny : hier soir, ce matin, les fringues, Mary, le connard. Jenny m'écoute jusqu'au bout. Sans m'interrompre pour une fois !

– Mmoui... Je ne sais pas si c'est un connard ton milliardaire.

Je pense surtout qu'il est ultra-verrouillé.

Encore une théorie de Miss Jenny. D'où me sort-elle ça encore ?

– Ultra-verrouillé ? Je t'ai dit que c'était un connard, pas un cadenas…

– Oui, bah, connard ou cadenas, j'ai l'impression que tu n'en as pas encore trouvé la clef.

– Écoute, je n'ai rien contre tes métaphores de serrurerie, mais si tu pouvais être plus claire…

Jenny soupire mais poursuit :

– Avec ce que tu m'as raconté : la mort de ses parents, la sœur qui disparaît, ses réactions aujourd'hui… Je crois que ton gars s'est construit une forteresse et que Zoé et toi vous êtes rentrées par effraction dans ce qu'il croyait inattaquable. J'ai l'impression que, du coup, pour lui, c'est un peu la porte ouverte à toutes les fenêtres, comme on dit. Tu n'es pas vraiment de tout repos en plus ! Quand on te connaît un peu…

– Et c'est ma faute si monsieur n'arrive plus à maîtriser l'ennemi depuis ses mâchicoulis, c'est ça ?

– On peut le dire comme ça… Tu fais partie du problème, c'est sûr. Il ne te reste plus qu'à devenir la solution !

– Bien. On est passé de la serrurerie au siège du château fort. Je m'y perds un peu, là. On peut se retrouver en fin de matinée ? J'aimerais bien qu'on se voie avant que je ne rende Zoé à sa mère.

– OK, comme tu veux, mais pas avant 11 h 30-midi, hein ? Je voudrais bien essayer de baver à nouveau quelques heures avant, histoire d'écouler mon trop-plein de salive. Tu vas finir par me dérégler tous les flux avec tes coups de fil à chaque fois que je m'endors.

Jenny arrive toujours à me faire rire et à me soulager. Elle a le don pour rendre la vie plus simple, au moins en paroles !

– Pas de problème ! Apparemment, je fais déjà des dégâts sur la solidité des forteresses, je ne voudrais pas avoir en plus une influence néfaste sur l'écoulement des fluides ! Dors ! On se retrouve à midi à l'entrée du zoo de Central Park. Au moins, Zoé découvrira qu'il existe d'autres animaux que son oncle !

– Parfait. À tout'.

Zoé. Je l'ai un peu délaissée, et elle a été super gentille pendant tout ce temps.

– Zoé, voici le programme de la journée : zoo et retour dans les bras de maman, mais avant, on va déjeuner, enfin toi, on va se prendre un bain et puis j'appellerai le « chonze » Akira pour qu'il me commande de quoi manger à moi aussi et qu'il nous fasse sortir d'ici, OK ?

– Roooo… Kay… Kay…

– Décidément, tu as vraiment de l'oreille… Et un certain talent d'imitation… C'est troublant ! Je vais te réciter du T. S. Eliot dans ton bain, si tu arrives à tout répéter, on ne va plus au zoo, mais à Broadway et je deviens ton agent ! Fortune assurée ! C'est parti ma chérie !

***

Ah ! Il n'y a pas à dire, propre et dans un tailleur à 6 000 dollars, on est une autre femme ! Je rigole, je ne sais pas le prix de cet ensemble, mais quoi qu'il en soit il me fait une silhouette… que je ne me connaissais pas. Il a quand même du goût ce Jesse Franklin… Dommage !

Zoé est propre aussi, repue et elle a l'air de s'amuser toute seule avec le coussin du canapé. Il est temps que je fasse appel à toute la sagesse de l'Orient.

– M. Akira ?

– Mlle Caravaggio, votre voix enchante les ondes.

– Tant mieux, je vais pouvoir me reconvertir dans les centres d'appels, étant donné mon avenir de chauffeur...

– Je suis certain que vous y excellerez. Je suis à votre service, mais appelez-moi simplement Akira ; mon nom est Ozu.

Akira Ozu est incroyable. Et charmant. Je n'ai pas de raison de lui parler avec autant de désinvolture. Soyons polie.

– Eh bien, M. Ozu, je vous remercie. M. Franklin m'a dit de vous appeler si...

– « Le voyage peut commencer lorsque le corps ne pèse plus. »

– Certainement... Certainement... Mais je voulais juste...

– ... me dire que vous avez faim et que vous souhaiteriez ensuite quitter l'hôtel.

– ... C'est ça !

– Tout est prêt. J'arrive immédiatement avec tout ce qu'il faut.

– Ah ! Bien... Merci alors.

Tout est prêt ? Il va finir par me faire vraiment flipper, lui. Il a mis des micros dans la chambre ? Ou alors ils m'ont greffé une puce dans le cerveau pendant que je dormais... Ces malades...

Je n'ai pas le temps de creuser la réponse. On frappe à la porte et Akira Ozu arrive avec un plateau de petit déjeuner grand comme un lit deux-places. Il n'y manque que le baldaquin !

– Vous êtes… incroyable, M. Ozu ! Je voulais simplement prendre mon petit déjeuner, pas entamer des bacchanales !

– « Le plaisir n'a de sens que par les limites qu'on lui impose. » Je ne fais qu'apporter le repas ! Vous serez libre d'inviter des consœurs amatrices de la tradition dionysiaque dès mon départ ; cela ne relèvera plus de ma compétence.

Il a de l'humour en plus, cet Akira !

– Je verrai. Il y a bien mon amie Jenny… mais, la connaissant, ça risquerait vraiment de mal tourner. Et je dois m'occuper d'une enfant… Trêve de plaisanteries, encore mille mercis… Akira. Comment fais-je pour m'en aller ensuite ?

– À quelle heure souhaitez-vous partir ?

– Vers 11 h 45. Je dois retrouver Jenny à midi dans Central Park et on est juste à côté.

– Votre départ sera possible dès 11 h 35 et jusqu'à 12 h 20.

– C'est… précis.

Akira me regarde, toujours hyper sérieux.

– « Les portes s'ouvrent et se ferment quand le passage devient nécessaire. »

Ou comment appliquer au reste du monde une sorte de théorie générale du transit intestinal… Mais ça, je vais le garder pour moi…

– Eh bien, ce sera parfait !

– Encore deux dernières choses, Mlle Caravaggio.

Akira sort une forme compacte qui était sur la desserte en dessous de la table, puis me tend une carte bancaire.

– Vous pouvez utiliser la carte comme vous le voulez. Il n'y a pas de limite de retrait, ni d'achat. Le code va vous arriver sur votre portable dans quelques secondes.

La vache ! Cadeau de Jesse ? Pourquoi ne pas l'avoir

donnée lui-même ? Pfff... Il m'énerve.

– Et cette... chose ?

– C'est une poussette ! Vous appuyez là et elle se déplie.

En quelques secondes, une poussette de compétition apparaît devant mes yeux ébahis !

– Waouh ! C'est génial, ça ! Ça doit être la femme de l'inventeur du cosy qui a trouvé ce truc pour se venger ! C'est pas possible, il y a forcément un piège ! Vous allez me dire qu'il faut cinq personnes et six heures pour la replier, c'est ça ?

– Non, il suffit d'appuyer sur ce bouton-là.

Et *Transformers 3* redevient un simple paquet.

Akira, je t'aime !

– Vous éclairez ma journée, Akira !

– Ce n'est qu'un pauvre reflet de l'immense lumière que vous offrez au monde par votre présence.

– Mmm... C'est gentil ça...

– Je vous laisse, Mlle Caravaggio. Je reste à votre service à tout moment, bien entendu.

– Merci Akira. Merci pour tout.

Une fois de plus, il a disparu avant la fin de ma phrase.

***

Akira a tenu parole. Personne ne m'a vue sortir, même avec la poussette de *Robocop*. Jenny m'attend devant l'entrée du zoo. Ça me fait un bien fou de la voir. On se tombe dans les bras l'une de l'autre.

– Merci d'être là, Jenny. Toujours là.

– Où veux-tu que je sois ? Dis donc, c'est de la poussette,

ça ! On pourrait presque se mettre dedans aussi. Elle fait combien de chevaux ?

– Je ne sais pas, je n'ai pas encore soulevé le capot, mais quand on en aura retiré Zoé, je te montrerai un truc qui te laissera sans voix.

– J'ai hâte ! Je suis déjà à deux doigts de me commander la même pour moi !

L'après-midi est chaud. C'est l'été et on pourrait presque se croire en vacances. Zoé a l'air d'apprécier les animaux, surtout les singes ! Elle pousse des cris dès qu'on s'en éloigne. Du coup, on s'est installées devant, sur un banc. J'ai pris Zoé dans mes bras et Jenny me raconte ses dernières aventures en jouant avec la poussette. J'ai eu la mauvaise idée de lui montrer le mécanisme pour la déplier...

– Ouvert... Fermé... Ouvert... Fermé... Ouvert... C'est génial ! Fermé... Ouvert...

– Jenny, tu peux arrêter ça, s'il te plaît ? Tu vas finir par me la péter. Si tu veux, on trouve l'usine qui la fabrique et tu te fais embaucher comme testeuse, mais là, j'aimerais autant qu'elle ne se referme pas toute seule sur Zoé quand je la reposerai dedans parce que tu m'auras bousillé le mécanisme...

– Ah ! Pardon ! Pour une fois que tu m'apportes quelque chose d'intéressant... C'est vraiment trop fort ce truc !

Jenny a l'enthousiasme des enfants ; tout est une première fois. Pour tout !

– Bon, avant que je te montre les boutons magiques, tu me parlais de tes trois conquêtes...

– Oui, c'est un peu compliqué en ce moment... surtout qu'ils sont sur des domaines... disons... antinomiques...

– Ça, c'est sûr ! Sortir en même temps avec un flic, un voyou et un avocat !

– J'ai laissé faire le hasard, en le provoquant un peu, c'est vrai, mais je m'amuse. Et je les aime bien…

Sa décontraction me fascine.

– Tu n'en aimes pas un plus que les autres ?

– Bah, quand je suis avec un, si… mais c'est valable pour les trois !

– Comment se fait-il que tu n'arrives jamais à choisir ?

– On a déjà eu cette discussion des centaines de fois… Dès que je me dis que ça pourrait durer, je vois tout ce qui va me passer à côté… et voilà !

– C'est certainement parce que tu n'as pas rencontré quelqu'un de vraiment important pour toi…

– C'est peut-être parce que je ne veux pas que ce soit si important que ça ! C'est important pour toi avec Jesse ?

Vaste question.

– Oui… Je crois. Sinon, ça ne m'énerverait pas autant que ça…

– Eh bien, tu vois, c'est important mais on ne peut pas dire que tu t'amuses depuis cette rencontre « importante », non ?

– Mais… Je ne sais pas… On n'est pas forcé de « s'amuser » avec les gens. Il peut y avoir des… des rencontres… difficiles… mais pour lesquelles tu sais que…

– Oui, oui, bah, c'est pas mon truc, c'est tout ! Mais bon, peut-être que j'ai peur de ça aussi ? Un peu.

Zoé gigote de plus en plus et semble enfin vouloir quitter les singes.

– Allez Jenny, il faut que je ramène Zoé à sa mère et c'est à l'autre bout de la ville.

– OK, on s'en va. C'est bête, je l'aimais bien cette petite ! Je n'ai pas passé beaucoup de temps avec elle, mais…

– Oui, ça fait bizarre de se dire qu'elle va disparaître d'un coup.

– Tu crois qu'on peut garder la poussette quand même ?

– T'es vraiment nulle parfois.

On quitte Central Park en riant comme des bossues.

***

Jenny m'a quittée quand j'ai pris le taxi, qui vient de me déposer devant l'immeuble de Mary, si j'en crois l'adresse laissée par Jesse. La poussette est pleine de peluches achetées au zoo et de ballons accrochés aux poignées. Vaine tentative de rendre joyeux ce moment qui me fend le cœur ! Je fais quelques pas sur le trottoir pour atteindre la porte quand la femme de l'autre fois apparaît au détour de la rue.

La gouvernante ! Mary !

Je lui souris et me dirige vers elle. Elle me voit, hésite un moment… puis traverse, comme si elle ne m'avait pas vue.

Qu'est-ce que c'est que… Elle m'a vue, c'est certain ! Elle m'a reconnue…

– Attendez ! Mary ! Mary ! Je suis avec Zoé !

Elle continue et accélère le pas. Elle m'a forcément entendue.

Elle s'enfuit, c'est pas vrai ! Il faut que je la rattrape.

Je traverse aussi et pousse Zoé aussi vite que je peux à la poursuite de sa mère. On est presque en train de courir. Mary est grande et a une bonne foulée. Sur le trottoir d'en face, elle tourne sur la droite. Je débarque au carrefour, presque essoufflée… Il n'y a personne sur le trottoir. Pas de Mary.

C'est pas possible ! Elle n'a pas pu disparaître…

Je continue d'avancer, la cherchant du regard quand je suis tirée par le bras droit derrière un bosquet, au pied d'un immeuble. Mary m'agrippe et tire la poussette dans le recoin avec nous. Elle m'a collée contre le mur d'une main et tient la poussette de l'autre. Elle a fait ça avec une force et une vitesse incroyables. Mon cœur bat plus vite à cause de la surprise et s'accélère encore quand mon regard rencontre ses yeux : ils transpirent l'angoisse. Ce n'est plus la femme pleine de sang-froid de l'autre jour.

– Vous n'auriez pas dû venir. Je suis en danger. S'ils vous ont vue, vous êtes en danger aussi. Retournez auprès de Jesse avec Zoé. Il faut qu'il la garde. Je ne peux faire confiance qu'à lui… et à vous aussi. Il ne faut pas qu'ils trouvent la petite.

– Mais Jesse m'a… Qu'est-ce que c'est que cette histoire ? Qui sont-ils ?

– Ne discutez pas ! Partez ! Je saurai comment vous trouver si besoin.

Elle me lâche et file quasiment au pas de course. Elle n'a même pas regardé sa fille ! J'entends de nouveau les bruits de la rue. Je ne m'étais pas rendu compte que toute ma tension était fixée sur les lèvres et le regard terrifié de Mary et que je n'entendais plus rien. Une légère brise me fait soudain frissonner. Il fait chaud comme un après-midi d'été à New York, mais je suis trempée d'une sueur glacée. Je reprends ma respiration et sors du recoin. J'ai l'impression que la rue entière me surveille. Je repars dans l'autre sens. Je veux partir d'ici, et vite. Je hèle le premier taxi qui passe. Je prends

Zoé contre moi, je plie la poussette et la laisse au chauffeur pour qu'il la mette dans le coffre. Je suis dans un état second et je ne pense qu'à quitter cette rue de malheur. Je me précipite dans le taxi. Vite ! Vite !

Magne-toi où je prends le volant.

– Où allons-nous ?

– Hôtel *Plaza*. Vite !

– Ça va, mademoiselle ?

– Oui, oui. Vite, je vous dis. Démarrez.

– C'est vous la patronne.

On s'en va et je recommence à respirer. Je me retourne pour voir si on n'est pas suivis. Zoé me repousse avec ses petites mains…

Désolée Zoé, je ne m'étais pas rendu compte que je te serrais si fort.

Je commence à me détendre un peu.

Il faut que j'appelle Jesse.

Je fais son numéro et parle le plus bas possible. Je ne veux pas que le chauffeur entende.

– Jesse ?

– Léonie, je t'entends à peine. Ça y est, c'est réglé ?

– Non, Jesse, c'est grave. Zoé est avec moi.

– QUOI ! Mais qu'est-ce que tu as fait ? Et Mary, tu l'as vue ?

– Je l'ai vue. Elle est en danger, je te jure, et Zoé aussi, et moi. Et toi peut-être…

– Qu'est-ce que c'est encore que ces conn… Bon, je dois retourner en réunion… Appelle Akira et attends-moi à l'hôtel.

Il ne me croit pas et il est furieux.

– J'ai eu peur, Jesse. Il se passe quelque chose de grave.

Je sens qu'il doute un moment.

– Hum… Bon, écoute, on verra tout à l'heure. Je ne peux rien faire pour le moment. Calme-toi ! Mary est une comédienne. Tu me raconteras ça en détail plus tard. Il va falloir trouver une autre solution. Je te laisse.

– Mais Jesse…

Il a raccroché.

Mary, une comédienne ? Elle n'avait pas l'air de jouer…

Je ne sais plus où j'en suis. Ils sont encore plus dingues que les Caravaggio dans cette famille ! La tension retombe un peu lorsqu'on s'approche du *Plaza*. Personne n'a l'air de nous avoir suivis. J'ai peut-être paniqué pour rien…

Une comédienne… Sacrément bonne, alors !

Ce n'était pas une raison pour que Jesse me parle comme ça une nouvelle fois. Une chose est sûre : ce n'est pas encore terminé. En dehors de l'histoire de sa sœur, on a encore deux ou trois choses à régler, lui et moi !

Il est quand même gonflé ! Monseigneur a eu l'air tellement heureux d'apprendre qu'il allait nous revoir ! Tiens, il mérite bien une petite surprise. En plus, ça va me détendre…

– Taxi, vous connaissez un magasin où l'on peut acheter des animaux disons… originaux ?

– Je crois qu'il y a ça sur Lexington, mademoiselle.

– Alors, on y va !

– C'est parti !

Il ne me reste plus qu'à appeler Akira.

– Akira ?

– Mlle Caravaggio, ravi de vous entendre de nouveau.

– Je vais avoir besoin de regagner la suite… entre 16 h 38

et 17h23…

– « Le temps se plie à qui sait le tordre. »

– Merci Akira ! Je suis avec Zoé et j'aurais aussi besoin de quelqu'un pour… porter une surprise.

– Je serai là.

– Je n'en demandais pas tant, mais ça me fera plaisir de vous revoir Akira. Sincèrement.

– Je serai pour ma part honoré d'être de nouveau illuminé par votre présence.

– Merci Akira. En attendant, j'éteins. J'essaie de passer au développement durable !

Je raccroche et fais une grosse bise à Zoé. Je me sens un peu mieux.

– Zoé, on va aller t'acheter une peluche… vivante.

Bientôt de retour au *Plaza*. Rien n'est réglé et je vais revoir Jesse. Je croyais que tout ça était fini, mais ça ne fait que commencer, on dirait. *Alea jacta est*, comme dirait l'autre avec son laurier sur la tête ! Ridicule… Une chose est sûre, je suis convaincue que Mary ne bluffait pas.

10
PENSEZ À FAIRE DES PAUSES

Jesse

Je n'y crois pas ! Dès que Léonie s'occupe de quelque chose, ça part en sucette ! Ce n'était tout de même pas compliqué de rendre Zoé à Mary. « Bonjour Madame, voici votre enfant. Votre frère n'en veut pas. Merci. Je vous laisse maintenant. Jesse vous salue ainsi que les punks à chiens qui vous entourent certainement ! » Point barre. Ça prend deux minutes. Eh bien non ! Là, on a encore la môme sur les bras et Léonie qui me fait le Henry bis avec la litanie : « Ta sœur est en danger. » Qu'est-ce que j'ai fait pour mériter ça, hein ? Honnêtement ! Honnêtement ? J'ai été lâche, si je veux me regarder en face… C'est vrai que, dans l'absolu, c'est moi qui aurais dû ramener la petite à Mary et être un peu… moins… dur avec Léonie. Elle est folle, mais elle a été très… présente, et ça me plaisait. Ça me plaît. Je vais la revoir, et Zoé aussi ! Ce matin, ça a été quand même difficile de me dire… que c'était fini… Dans le fond, avais-je vraiment envie que ça se termine aussi vite ? Je vais le savoir rapidement, je suis rentré. Je n'ai qu'à pousser la porte de ma suite pour savoir ce que ça me fait de voir…

UN PUTOIS !

– Mais qu'est-ce que ce putois fait dans mon appartement, nom de Dieu ?

La bestiole se met à sauter partout en hurlant. Si elle a eu peur, ça va puer jusqu'à la fin des temps ici et il faudra condamner la suite ! Mais qui… ? Léonie ! C'est un coup de Léonie !

Je tourne la tête et je vois la Caravaggio radieuse, assise par terre, avec Zoé entre ses jambes, hilare, qui tape des mains en suivant des yeux cette sale bestiole qui se sert de mon salon comme d'un terrain de jeu. C'est de la provocation !

– Tu n'y connais rien, Jesse. Ce n'est pas un putois, c'est une moufette ! C'est mignon, hein ? Zoé avait un penchant pour les chimpanzés, mais je me suis dit que ce serait trop difficile à son âge de faire la différence avec toi. Alors, j'ai préféré prendre un animal qu'elle ne pourrait pas confondre, même à l'odeur… Oui, ne t'inquiète pas, on lui a enlevé les glandes qui puent, contrairement à toi !

Je vais la tuer.

– Ah ! Mais je vois que ta petite sortie du jour t'a redonné le moral ! Par contre, ça ne t'a pas rajouté une once d'intelligence. Il va falloir sérieusement penser à une greffe de cervelle si on doit continuer à se voir pendant un moment.

– On verra. Je ne compte pas sur toi pour me donner la meilleure adresse en tout cas, vu ce qu'ils t'ont installé !

Je lui jette un regard noir, mais en même temps je la retrouve et j'ai envie de me marrer. Elle a son sourire des grands moments, impossible de résister longtemps !

– Parfait ! Je vois que tu t'es payé quelques cours à l'école du rire avec ma carte bleue. Tu as bien fait ! Mais moi, je vais plutôt me prendre un verre.

Je jette ma veste sur le canapé et la reprends immédiatement. Pas la peine que la moufette s'en serve comme test final pour que je vérifie si ses glandes sont effectivement inexistantes !

Je me tourne vers Léonie.

OK. Je suis content de te voir, ça te va ? Mais tu peux toujours t'accrocher pour que je te le dise. Il n'empêche, on peut quand même changer de mode ? Je suis exténué…

– Je te sers aussi quelque chose ? Le cocktail de l'autre fois ?

– Si tu me prends par les sentiments…

– Faudrait encore que tu sois capable d'en avoir… Je vais plutôt te prendre par l'alcoolisme, et tu vas m'expliquer ce qu'il s'est passé avec Mary.

– J'attends ça depuis des heures.

***

Ça fait un quart d'heure qu'on essaie de boire un cocktail en parlant de Mary, moi assis sur le canapé et Léonie toujours dans la même position avec Zoé, mais entre la moufette qui pique des sprints toutes les cinq secondes en me passant au-dessus de la tête et Zoé qui pousse un hurlement à chaque fois que ça arrive – et je ne parle même pas de Léonie qui éclate de rire dès que la petite tape des mains ou que mes cheveux sont repeignés par la bestiole –, il est impossible d'avoir une discussion sérieuse, ni même d'avoir une discussion tout court. J'envoie discrètement un SMS à Akira, qui rapplique dans la minute.

– Ah ! Akira, vous tombez bien ! Il faut qu'on aille dîner. Pouvez-vous gérer les bestioles pendant ce temps ?

– Bien entendu, M. Franklin.

Je me lève et Léonie aussi, en même temps que moi. Elle est resplendissante.

– Très bonne idée ! J'ai faim. Tu me laisses quelques minutes pour me préparer ?

– Te préparer à quoi ? Akira a très bien compris que les bestioles désignaient Zoé et toi, n'est-ce pas, Akira ? Moi, je vais dîner avec la moufette. J'aime son fumet, et puis elle est doouuuuce, elle.

Léonie me regarde une seconde avec une pointe de doute dans l'œil. L'effet cocktail ! Puis elle éclate de rire et me passe devant en me mettant un petit coup de poing dans le ventre.

Ouch ! Heureusement que j'ai des abdos ceci dit, parce qu'elle a un coup de poing… percutant.

– Je me prépare quand même. Tu perdrais au change avec la moufette. Elle n'a pas de conversation.

– Bon, si tu veux, j'attends de voir. Prends tout ton temps et fais un effort d'élégance, hein ? Je ne t'emmène pas prendre un hot dog au chariot du coin de l'avenue !

– J'espère ! Mets des lunettes de soleil et tremble ! Tu risques de cramer d'éblouissement quand je vais revenir !

C'est ça, on va attendre le retour de l'astre solaire, alors.

– Je vous ramène vos lunettes de glacier triple protection,

M. Franklin ?

Non, mais de quoi je me mêle, là... Il vanne aussi lui maintenant ?

– Merci. Ça ira Akira. Occupez-vous de Zoé et du putois plutôt.

– C'est une moufette. Je vous aurai prévenu pour vos yeux, M. Franklin... « Ni le soleil ni la mort ne peut se regarder en face. »

– Mais... Vous savez que c'est une citation qui existe vraiment, Akira ?

– Bonne soirée, M. Franklin.

Il est de quel côté Akira, là ? Elle lui a retourné la tête ? Je suis cerné ou quoi ? Ils vont finir par avoir ma peau !

***

J'aurais dû écouter Akira. Léonie est revenue dans la pièce et je me suis liquéfié sous ses rayons. La robe est simple, mais semble avoir été cousue sur elle. Chaque partie de son corps resplendit comme si le tissu n'avait été créé que pour se mettre au service de ses formes idéales. Elle avance vers moi, émue et souriante. J'ai l'impression que je la vois pour la première fois. La suite n'existe plus, les murs sont tombés, et j'ai l'impression que le monde entier s'est arrêté pour la regarder. Même Dieu a écarté les nuages pour jeter un œil ! Il doit se demander comment il a fait pour créer une telle perfection.

– Alors, comment tu me trouves ?

– ...

– Jesse ? Elle ne me va pas ?

Léonie a pris un air inquiet.

– Tu plaisantes… Je n'ai simplement pas le vocabulaire pour décrire… une beauté jamais vue…

– Arrête… On dirait du Akira…

Je m'approche d'elle pour l'embrasser. Elle est tellement belle que j'en ai presque le cœur à l'étroit dans la poitrine. Elle est cette femme splendide, et aussi celle qui me fait rire, celle qui s'énerve et m'énerve pour un rien… Je pose mes mains sur sa taille et un baiser sur le coin de ses lèvres, simplement pour toucher sa peau et sentir la douceur de ce petit espace fragile. Je me recule et la regarde. Je pourrais rester des heures comme ça. Elle me regarde aussi. Nous sommes de nouveau là, ensemble. Le reste n'a pas d'importance.

– On y va ? J'ai faim.

– Tu n'es qu'un ventre, Léonie Caravaggio.

– Si on ne part pas tout de suite, je descends au chariot à hot dogs.

– Alors, on est partis ; tu serais capable de le faire…

J'emmène Léonie. Pour un premier dîner. À deux. En public. Et c'est bien comme ça.

***

Nous voilà installés dans le restaurant le plus chic de New York. Tout brille, mais l'éclat de Léonie efface le reste. Les hommes se retournent sur son passage, et les femmes aussi, mais pas pour la même raison. Les serveurs sont aux petits soins… Mais nous, nous ne voyons que nous deux. On pourrait rester à se regarder sans rien dire, mais il faut quand même parler de la rencontre avec Mary. Léonie est inquiète.

– Je te jure, Jesse… Je sais que je ne la connais pas, mais tu ne l'as pas vue depuis dix ans et, franchement, elle était terrifiée et elle m'a passé sa peur. Physiquement. C'était palpable.

– Je ne dis pas, mais elle peut se faire croire des trucs, tu sais… Je ne t'ai pas raconté la dernière fois où je l'ai vue… Elle était… tranchante comme une lame et elle s'est servie de ça pour couper ce qui restait de lien entre nous.

Et Léonie entend ce que personne, en dehors de moi et Mary, ne sait, à savoir ce qu'il s'est passé cette nuit-là, dans la cuisine de tante Martha. Je revis la scène une nouvelle fois, la même douleur, mais je ne sais pas… Étrangement, c'est bon de pouvoir la partager enfin. Comme si c'était moins lourd…

– C'est terrible, Jesse ! Je comprends mieux, mais c'est tout de même ta sœur, et elle a un enfant aujourd'hui… Ça change les choses.

– Tu as peut-être raison, mais elle n'a plus jamais donné signe de vie depuis… À part maintenant, pour me confier Zoé. De cette manière en plus…

– Et ta tante, elle est au courant de quoi ?

Je réfléchis. En fait, je n'en sais trop rien.

– Tu sais, elles s'entendaient moyennement. Martha est du genre à parler aux arbres en les enserrant toute une nuit et après elle vient te réveiller à l'aube pour te faire un compte rendu de leur discussion… Soit ça te passe au-dessus, soit tu as envie que des infirmiers viennent la chercher en ambulance dans la seconde. Mary, ça la mettait hors d'elle ! Et on n'avait plus que Martha comme famille… Ça a été difficile aussi pour ma tante ; elle avait perdu son frère et elle se retrouvait avec deux ados. En plus, elle a dû abandonner ses voyages à travers le monde pour nous.

– Elle voyageait ?

– Elle voyage toujours. Partout. Elle passe son temps à aller chercher des plantes qui disent l'avenir et des pierres qui chantent. Elle connaît des tas de langues et à peu près tous les recoins les plus inaccessibles du monde.

– Un sacré numéro ! Ça me donne envie de la connaître.

– Il faudra qu'on aille la voir de toute façon.

– On ?

Oui, « on ». Il faut que tu restes, Léonie. Cette fois, c'est certain, même si je ne sais pas ce que ça va donner.

– Je crois… enfin… Zoé s'est habituée à toi, et puis tu connais Mary maintenant. Il faut vraiment que tu restes pour qu'on règle cette histoire. Il n'y a que toi qui peux le faire. Et puis… Je voudrais savoir… ce qu'on fait, ce qu'on est.

– C'est épuisant, Jesse, tes… retournements…

– Je sais. S'il te plaît, j'ai envie que tu sois là.

Plus rien ne bouge. Tout le restaurant s'est figé dans l'attente de la réponse de Léonie. Les fourchettes n'atteignent plus les bouches, les vins ne s'écoulent plus dans les verres, leur flot suspendu dans l'air, les serveurs sont des mannequins de cire arrêtés dans des poses improbables.

Si elle ne me croit pas… Si elle dit non…

– D'accord.

Tout se remet en marche.

– Merci.

– Mais Simon ? Il ne va plus faire son mollusque longtemps.

– Il faut trouver quelque chose. Je préférerais qu'il n'en

sache pas trop pour l'instant.

– Moi non plus ! Simon est un gentil garçon, quoiqu'un peu soupe au lait. Il voudrait être un macho, mais il n'y arrive pas et, en plus, il n'est pas né à la bonne époque. Du coup, il détonne !

– Et ton père ?

– Par contre, mon père, c'en est un vrai, de macho. De la vieille école ! Il tient à garder la main sur tout, mais c'est pareil, les choses ont changé et, dans la réalité, il est lourdingue, mais j'ai toujours fait ce que je voulais… et ma mère aussi. Tant qu'il ne perd pas la face…

On est bien, complices. J'aurais envie que ça dure. Je n'ai jamais vraiment vécu un repas comme ça… Avec personne, et surtout pas avec une femme comme Léonie ! Nous avons parlé et le restaurant s'est vidé sans qu'on s'en rende compte. Il ne reste plus que nous et une armada de serveurs au garde-à-vous.

– Jesse, je crois que les serveurs attendent qu'on parte, non ?

– Oui, je crois aussi. On les libère ?

– Banco !

On sort du restaurant. La nuit est douce. Léonie me prend le bras.

– On rentre à pied à l'hôtel ? C'est à côté et il fait tellement bon.

Elle s'appuie sur mon épaule. Le chemin du retour se déroule lentement, nos pieds à un mètre du sol. La bulle qui nous entoure ne fait résonner que nos cœurs, nous empêchant d'entendre le reste de New York qui n'arrête jamais son propre battement.

***

– Léonie ?

Nous sommes devant la porte de la suite.

– Jesse ?

– Avant de retrouver le zoo…

Je la prends dans mes bras et je l'embrasse. Longuement. Nos bouches attendaient ça depuis des heures. Nous les laissons faire.

– Allons-y maintenant. Je me sens prête. À tout'.

Nous entrons dans la suite. Le silence est total. Akira a laissé un mot dans l'entrée.

« J'ai gardé Zoé et la moufette dans ma suite. Zoé a son lit. La moufette aussi. « L'horizon est plus clair quand chacun a sa couche. » Ozu Akira »

– Eh bien… Je crois que nous sommes seuls tous les deux. Il est un peu tard pour aller chercher Zoé chez Akira, non ?

Je passe le mot à Léonie.

– Je rentre alors ? J'ai coupé mon portable depuis qu'on est partis dîner. Je suppose que mon père est en train de prévenir le FBI.

– Le temps qu'ils te trouvent… Mais effectivement… C'est peut-être mieux que tu rentres puisque Zoé est entre de bonnes mains.

– Elle peut peut-être y rester demain aussi, non ? Akira, c'est pas mal comme baby-sitter.

Nous sommes debout, au milieu du salon, plantés là, tournant autour de la décision à prendre, aucun de nous deux ne semblant vouloir forcer l'autre à l'évidence.

– En même temps… Je me disais…

– Oui, Jesse ?

– Je ne vais pas confier Zoé à Akira en continu. Il est sur d'autres projets. Ce serait mieux que tu sois là tôt demain matin…

– Et ?

– C'est peut-être mieux que tu restes, du coup.

– Mmm… Tu n'aurais pas manigancé ce petit piège avec ton ninja par hasard ? M. Franklin garderait bien la baby-sitter dans sa suite…

Léonie s'amuse avec moi comme une charmeuse avec ses serpents.

– Désolé, mais mon ninja a agi de sa propre initiative…

– Si c'est le cas, il faudra penser à remercier le « chonze » de cette nuit d'été pour son sens de l'organisation.

– Hein ?

– Laisse tomber, c'est une blague entre moi et moi. Viens là.

Elle approche son visage du mien, me respire. On se respire sans se toucher. Pas encore ! Elle me goûte juste la lèvre inférieure avec sa langue. Une pointe légère. Je me laisse faire. Nous ne sommes plus que murmures.

– Puisque nous avons la nuit, autant la commencer maintenant. Vous ne m'aviez pas parlé de votre dextérité à arracher les vêtements féminins, M. Franklin ? Je demande à voir !

Elle a glissé sa phrase au creux de mon oreille.

– C'est une de mes spécialités en effet, mais je la réserve pour les grandes occasions. Je n'arrache pas n'importe quoi, n'importe quand et sur n'importe qui. Vous le comprendrez aisément, Mlle Caravaggio, j'ai un rang à tenir.

J'ai répondu, perdu dans ses cheveux. Elle effleure ma

tempe de sa joue.

– C'est bien naturel, mais à quoi reconnaissez-vous l'occasion qui convient, M. Franklin ?

Mes lèvres passent sur ses sourcils.

– Je fais ça uniquement avec des femmes qui me hurlent dessus en ouvrant des penderies remplies de vêtements qui ne demandent qu'à être déchirés.

Elle recule et pose sa main sur mon torse.

– Vous n'allez pas me croire, M. Franklin, mais je suis justement ce genre de femmes.

J'attrape sa main et la porte à mes lèvres.

– Mais… Je vous crois bien volontiers.

Elle se détache.

– Dans ce cas… Si nous passions voir cette penderie ?

– Je vous suis.

Je regarde Léonie s'éloigner vers la chambre. Je la désire comme je n'ai jamais désiré personne. Il n'est plus temps de chercher à comprendre. Je m'engouffre dans le sillage de son parfum. Dans quelques secondes, je serai de nouveau entièrement moi. Avec elle.

Elle m'a guidé jusqu'à la chambre et se retourne vers moi quand j'y entre. Ce matin, je pensais qu'elle disparaîtrait de ma vie et, ce soir, je souhaite que cet instant avec elle se prolonge à l'infini. Elle est désirable, joueuse, provocante et terriblement belle.

Nous restons face à face au pied du lit, faisant durer l'instant. Nos corps se souviennent de la première fois où nous avons fait l'amour, mais ils ont vécu d'autres moments ensemble depuis. Ils prennent le temps de mesurer toutes ces nouveautés avant de se redécouvrir.

Léonie brise le silence, enjôleuse :

– Tout bien réfléchi, je préférerais éviter de déchirer cette robe magnifique et de hurler comme une moufette. Par contre, je déshabillerais bien un milliardaire.

– J'approuve. Sans réserve.

Léonie s'approche de moi avec des gestes lents. Elle ouvre ma veste et la laisse glisser par terre. Je la regarde prendre possession de moi. Au contact de ses mains sur mon torse, mon sexe durcit jusqu'à en devenir douloureux. Elle prend son temps et elle aime ça. Moi aussi. Je suis immobile comme un mannequin mais qui serait capable de comprendre qu'on va le mettre nu. Si je bouge, c'est à peine, simplement pour aider les mouvements de Léonie qui me déshabille petit à petit. Elle enlève ma chemise comme elle l'a fait avec ma veste, s'attarde sur mes bras, les caressant une fois découverts, puis vient se poser sur ma poitrine. Elle approche sa bouche de mes tétons et donne à chacun le même petit coup de langue qu'elle m'a prodigué tout à l'heure sur la lèvre. Je sens ses dents en mordiller la pointe. Mon sexe répond immédiatement à chaque morsure, obéissant par un soubresaut à ses appels. Je baisse la tête et me perds dans l'odeur de ses cheveux. Elle continue de découvrir ma poitrine avec sa langue, provoquant en moi des sensations que je ne connaissais pas, pendant que ses mains descendent pour défaire la boucle de ma ceinture. Puis elle glisse le long de mon buste en ne détachant pas sa bouche de ma peau, mêlant baisers et caresses. Mon sexe est tendu à un point insoutenable et ne semble attendre que le signal de Léonie pour se libérer. Elle s'est agenouillée pour placer son visage à la hauteur de mon bassin et enlève mon pantalon, mes chaussures et mes chaussettes dans un même mouvement. Elle caresse doucement mon sexe à travers le tissu du caleçon et relève la tête pour que nos yeux se croisent. Ses lèvres brillent des baisers qu'elle m'a donnés.

– Je crois qu'il est temps que je m'occupe de vous, M. Franklin.

– Je crois aussi.

Pendant notre échange, elle a enlevé le dernier morceau de tissu qui me couvrait et mon sexe s'est dressé d'un coup devant son visage toujours levé vers moi. Après avoir passé le caleçon par mes pieds, Léonie a remonté ses mains le long de mes jambes, caressant l'arrière de mes cuisses, prenant mes fesses à pleines mains, puis revenant sur mes hanches pour enfin saisir mon sexe. Le contact attendu m'a envoyé une décharge au creux des reins. Le pouce de sa main droite glisse le long de ma verge, de bas en haut, puis de haut en bas, pendant que sa main gauche saisit mes testicules et les caresse doucement. Elle fait durer le plaisir pour finir par approcher mon sexe de sa bouche et en poser l'extrémité sur sa langue. Elle la bouge doucement et m'explore. Je sens mon gland se gonfler davantage. Léonie réagit à son renflement en le faisant glisser le long de ses lèvres, passer sur sa joue, puis revenir sur sa langue. Le plaisir qu'elle me donne est à la limite du supportable. Elle recommence à plusieurs reprises, puis, sans prévenir, glisse presque intégralement mon sexe dans sa bouche. Sa chaleur m'envahit, et je ne peux empêcher un râle de plaisir. Elle entame alors un va-et-vient lent, s'arrêtant un moment, sortant mon sexe pour le reprendre aussitôt et l'enserrer dans sa douceur. Je la regarde. Nos yeux se croisent. Je la laisse continuer jusqu'à sentir que je suis au bord de la jouissance.

– Attends ! Attends ! Viens.

Elle retire mon sexe de sa bouche et se relève. Nous nous embrassons sur les lèvres, les joues, le front, le cou, en nous tenant le visage dans les mains. J'ai la sensation que je ne serai jamais rassasié de son odeur, de sa peau, mais le désir de la toucher à mon tour se fait plus pressant. Je l'allonge alors sur le lit, soulève sa robe en caressant sa cuisse pour arriver au morceau de tissu qui couvre encore son intimité. Je m'installe à genoux, à son côté, lui offrant de nouveau mon sexe. Pendant ce temps, j'écarte l'étoffe qui me séparait encore de ses lèvres. Elle gémit au moment où mon pouce trouve son clitoris et que deux de mes doigts s'introduisent en elle. Elle accompagne mes gestes par des mouvements de bassin quasi imperceptibles, m'indiquant le rythme qu'elle désire et l'endroit où elle veut que je maintienne la pression de mes doigts tout en faisant pénétrer chaque fois un peu plus loin ma verge dans sa bouche. Elle tourne soudain la tête tout en gardant mon sexe serré dans sa main.

– Oui, là ! Oui ! Appuie plus fort !

Je m'exécute, à l'écoute de ses sensations. J'ai touché un point qui la fait trembler. Ma main ne semble faire qu'une avec elle. Nous gardons ensemble en suspens la secousse qui pourrait l'emporter à tout moment, mais elle vient bloquer d'un coup mon bras avec une force que je ne lui connaissais pas, le serrant comme un étau.

– Arrête… Arrête… Attends…

Elle me regarde, les yeux encore embués par la jouissance imminente qu'elle a réussi à retenir.

– J'ai envie que tu viennes.

Ma main se retire à son ordre. Je l'embrasse, prenant le temps de venir sentir son désir à la source de son souffle.

– Je vais chercher des préservatifs.

Je me relève et me dirige vers la salle de bains. Quand je reviens, Léonie n'a pas bougé. Je la découvre dans le désordre amoureux que nous avons provoqué, abandonnée. J'enfile le préservatif sur mon sexe resté dressé. Léonie me regarde et fait glisser sa culotte jusqu'à ses pieds pour que je lui retire. Je m'approche d'elle en écartant lentement ses jambes, faisant arriver mes mains jusqu'à sa partie la plus tendre. Je ne peux m'empêcher de la goûter à mon tour en passant ma langue sur sa beauté inondée, mais ce n'est pas ce qu'elle veut à cet instant.

– Non, viens ! Viens en moi.

J'obéis et viens caresser son sexe avec le mien, attendant encore pour la pénétrer. Elle prend ma main, comme pour m'accompagner dans le voyage qu'elle me propose. Son souffle s'est fait plus saccadé. Je n'ai plus envie d'attendre. Je m'introduis doucement en elle, mais pas complètement. J'ai envie de revivre le plaisir qu'elle m'a donné avec sa bouche, mais cette fois, en le partageant à travers nos sexes. Je pose ma main sur son ventre – nous nous regardons – et je m'introduis entièrement en commençant à la caresser. Mon regard va de son visage à son sexe. Je vois ses chairs m'engloutir, puis me libérer au rythme de mon va-et-vient. Nous restons ainsi un long moment, tendus l'un vers l'autre, puis elle bascule sur le côté et je peux me perdre encore plus profondément en elle, retrouvant avec ma verge l'endroit sensible que mes doigts avaient découvert tout à l'heure et la menant tout au bord de l'orgasme.

Ma main s'est de nouveau aventurée sur son clitoris et je caresse cette petite bille dressée au milieu des chairs tendres et humides. Je sens ma jouissance monter. J'arrive à la retenir plusieurs fois, provoquant de soudaines tensions en Léonie, qu'elle accompagne chaque fois d'un soupir rauque. Puis, sans que je me retire d'elle, elle pivote de nouveau pour se retrouver à genoux. Je dégage encore davantage le bas de sa robe, découvrant ses fesses. Je les prends dans mes mains et les caresse pendant que mon sexe trouve la place idéale pour cette position. Léonie m'y aide en se cambrant. J'ai envie de me fondre en elle, de la sentir contre moi, de replonger mon visage au creux de son cou.

Je me penche et libère le haut de sa robe pour découvrir ses seins. Son vêtement ne couvre plus qu'une partie de son ventre et de son dos. Je viens embrasser le bas de sa nuque. Elle tourne la tête et prend ma bouche. Mon sexe n'est plus qu'une corde tendue à l'extrême dont les ramifications nerveuses envoient des signaux à tout mon corps. Je n'ai plus envie de me retenir, je veux jouir maintenant en elle. Léonie l'a senti et semble vouloir la même chose. Sans nous concerter, nous avons trouvé ensemble ce que nous voulions. Nos bouches ne se quittent plus, ma main a enveloppé un de ses seins pendant que l'autre est restée sur son clitoris. Léonie a libéré l'une des siennes pour venir caresser le bas de ma verge et mes testicules. Nous sommes prêts. Je m'enfouis entièrement en elle, puis ne bouge plus. Nous restons ainsi quelques secondes, ventre contre dos, joue contre joue, nos souffles se mêlant et nos langues jouant à se chercher. Elle pose sa main derrière ma tête, entourant ma nuque. En même temps, nous entamons la montée. Nous sommes tellement soudés, en osmose, que nos gestes sont réduits à l'essentiel. Tout est à sa place, en harmonie, comme un orchestre dont chaque instrumentiste connaît parfaitement sa partition, maîtrise son instrument et n'a plus besoin de réfléchir pour produire la beauté de ce qu'il a à jouer. Je sens Léonie sous moi, avec moi, comme si elle était moi. Nous sommes fondus dans la musique que nous jouons. Nos respirations se calent sur la même cadence et je sens monter un flux qui part d'un point flou, insituable, mais qui irise tout le bas de mon ventre. Les mouvements lents et précis de Léonie l'appellent et je ne peux que me laisser aspirer vers l'irrémédiable. Mon bassin se presse contre elle de plus en plus vite, plus profondément à chaque fois. Elle m'enserre encore davantage, me tient, scande par un halètement chacun de ses petits déplacements sur mon sexe qui semble fait uniquement pour attirer vers elle la jouissance qui est prête à surgir. Et soudain, c'est là. J'atteins le point limite. Je ne peux plus rien contrôler. Mon corps poursuit seul le mouvement. Mon cerveau est saturé de sensations qui convergent en un unique endroit, directement relié à la pointe de mon sexe. Je sens Léonie accompagner cette dernière tension pour atteindre le sommet en même temps que moi. Puis, c'est le noir. Je ne respire plus. Je suis. Au bord. Du volcan. Une pointe invisible et brûlante trace un sillon le long de ma verge, accompagnant l'onde de choc qui m'attend. Je vais. Exploser. En l'air.

Un même cri sort de nous quand le flot jaillit hors de moi, me libérant en plusieurs secousses qui brisent tout ce qui me restait de volonté. Je m'écroule, me laisse rouler sur le côté, toujours inséparable de Léonie, l'entraînant avec moi, comme reliés par tous les pores de nos peaux.

Nos corps se détendent et reprennent conscience du reste. Nos mains se cherchent, se trouvent et se lâchent pour caresser chaque partie de notre être encore tremblant. Nos respirations s'apaisent. Léonie libère un long soupir.

– Il faudrait tout de même que je finisse d'enlever cette robe ! On ne l'a pas déchirée, mais il n'en reste pas grand-chose…

Je ris tout bas dans son cou, serein.

– Bonne idée ! Enlève-la, ça sera quand même plus pratique pour recommencer !

– Mmm… Tu n'es qu'un animal, Jesse Franklin !

– Tant que ce n'est pas une moufette…

Nous rions. Notre nuit d'amour peut commencer.

11
GARDEZ VOS DISTANCES DE SÉCURITÉ

Léonie

Le ruissellement de la douche me vide de la moiteur de la nuit mais laisse entière l'empreinte de Jesse. Il a visité chaque parcelle de mon corps, et chacune porte encore la trace de ses caresses. Il a tissé comme une seconde peau par-dessus la mienne, entièrement créée par lui, pour exacerber les sensations de la première. Je ne suis plus la même. Il y a le corps dans lequel j'ai toujours vécu et celui révélé par Jesse. Les deux donnent la nouvelle Léonie qui, elle, est bien obligée d'admettre qu'être avec Jesse dépasse tout ce qu'elle a connu. Faire l'amour avec lui ressemble à la découverte d'une contrée merveilleuse et inattendue. Un pays dont le sol n'avait pas encore été foulé. Mais ce pays est grand. Il s'étend aussi sur les territoires du quotidien. Parler, dîner, marcher avec Jesse, simplement être à ses côtés sont aussi des expériences nouvelles qui me remplissent de bonheur.

Qu'est-ce que cela va donner ?

Essayer de ne pas y penser et profiter, comme dirait Jenny ? Elle a peut-être raison. Soyons « jennyesque » encore un moment ! Le plus longtemps possible, j'espère.

***

Je suis sortie de la douche pour trouver Jesse attablé devant un petit déjeuner pantagruélique que nous avons partagé avec Zoé sur les genoux, nous la passant pour pouvoir beurrer nos tartines à tour de rôle. Une matinée de couple heureux avec son bébé, sauf qu'on n'est pas vraiment un couple (enfin, on ne se l'est pas dit, alors…) et que le bébé en question n'est pas le nôtre. Mais, pour le moment, une chose est sûre : on est heureux.

– Que font les milliardaires le samedi ?

J'ai Zoé avec moi. Elle a attrapé un bout de pain et le mâchouille. Elle en profite pour me faire dégouliner quelques morceaux de mie enrobés de bave sur le T-shirt de Jesse que j'ai enfilé en sortant de la douche.

– Bah, ils font comme tout le monde : rien.

Je passe Zoé à Jesse par-dessus la table pour me servir une tasse de thé et elle prend le temps de lui mettre ses pieds dans la figure, l'empêchant momentanément de l'asseoir sur ses genoux. Une fois qu'il a réussi la manœuvre, je reprends :

– Ça m'étonnerait, te concernant ! Ceci dit, si c'était le programme, j'irais bien me promener à Coney Island. Il fait beau et on a la poussette de compétition. Que demande le peuple ?

– Le peuple demande certainement Coney Island, mais moi, franchement… C'est un peu…

– Beauf ? Bah, justement, ça nous changera ! Et puis l'air

marin, c'est bon pour les enfants. On y allait avec mes parents quand j'étais petite… J'adorais.

Jesse me lance un regard attendri qui l'empêche de voir que Zoé a étalé une bonne partie du beurre et de la confiture sur sa chemise.

– Bon… OK. On va faire la sortie du samedi. Au moins, on est sûrs de ne croiser personne que je connais !

– Merci ! Peur d'être vu avec ta nièce et la femme avec qui tu couches ? Tu étais moins flippé hier soir au restaurant…

– Non, mais tu vois ce que je veux dire… Ce serait quand même un peu… étrange.

– OK, OK. Allez, si la certitude de ne croiser personne peut te convaincre de m'emmener à la plage, c'est parti ! Change de chemise et on y va.

– Pourquoi, elle ne va pas cel… Oh non ! Zoé !

Zoé regarde Jesse comme pour lui dire que sa chemise est beaucoup mieux comme ça et qu'il est bien stupide de ne pas l'avoir compris. Je pars préparer tout ce qu'il faut pendant que Jesse fait semblant de sermonner la petite, qui ne le prend pas du tout, mais pas du tout au sérieux. Finalement, il s'y est fait à cette enfant… et elle, à lui.

***

Coney Island en Rolls, ça aurait été un peu *too much*. Jesse a décidé de piocher une voiture un peu plus discrète dans son cheptel. On a transvasé le cosy de la Rolls vers une Tesla, qui ne passe tout de même pas inaperçue. Enfin « on »… « il » ! J'ai toujours un problème avec ce siège. Par contre, j'adoooore la poussette automatique et je ne suis pas fâchée non plus de conduire une Tesla… automatique aussi. Je reste un peu chauffeur finalement…

– C'est marrant que tu te trimbales en Rolls Phantom pour le travail. Ça fait plus « reine d'Angleterre » que Tycoon aux dents longues.

Jesse se marre.

– Pour tout t'avouer, c'est ton frère qui s'est présenté avec cette voiture la première fois que j'ai demandé un chauffeur, et je ne sais pas… il a réussi à me convaincre que ce serait parfait pour mon image. Tu vois… un truc genre « l'avenir dans la tradition ». Je ne sais plus comment il m'a vendu ça.

– « L'avenir dans la tradition » ? C'est toi l'avenir ? Il devait être sous ecstasy, Simon ! Bon, on est arrivés. Pendant qu'on y est, est-ce que « l'avenir » pourrait lire en lui-même et me trouver la place libre où on sera garés dans quelques minutes ?

– Je vais me concentrer… Mais tu sais, quand je ne roule pas dans la tradition, je perds beaucoup en potentiel divinatoire…

– Je vois ! La prochaine fois, on viendra en calèche pour que le grand mage Franklin puisse développer sa pleine puissance. Allez, laisse tomber, c'est bon, je me gare là.

Il y a un soleil resplendissant. On entend le bruit de l'océan. Il y a toujours un son un peu spécial au bord de la mer, comme si le vent et les vagues donnaient un relief particulier à tous les bruits. On a mis Zoé dans la poussette magique. Elle regarde partout. Jesse a pris l'engin en main naturellement, sans hésitation, et le voilà qui pousse Zoé sur la promenade comme un bon tonton gâteau.

Ou un papa ?

Finalement, il n'a pas l'air mécontent d'être là.

– Ça va ? Ce n'est pas trop beauf comme environnement ? Tu tiendras le choc ?

– Oh ! C'est bon… Et puis je t'ai dit, en fin de compte, ce n'est pas si mal de venir ici, on est sûrs de ne pas rencontrer… HENRY ??!

Jesse s'est figé au milieu des planches en bois qui longent la plage. Je tourne la tête pour voir s'avancer vers nous Henry… effectivement, accompagné d'une brune splendide qui n'aurait pas eu l'air plus surpris en découvrant Barack Obama au même endroit, en string et tenant la main d'un transsexuel vêtu seulement avec des oreilles de lapin !

– Henry ? Eva ? Qu'est-ce que vous faites là ?

– Eh bien, la même chose que toi on dirait, l'enfant en moins…

Henry dissimule mal une envie irrépressible de rire. La Eva en question, quant à elle, n'a pas encore réussi à « désexorbiter » ses yeux, ni à trouver le moyen de refermer sa bouche restée figée dans un A, certes magnifique, mais qui pourrait lui apporter des ennuis en cas de passage subit et intense de mouches. En ce qui me concerne, j'oscille entre l'amusement et la gêne pour Jesse. Lui qui pensait ne croiser personne ici ! Après tout… il y en a marre de ses cachotteries.

Henry se tourne vers moi.

– Finalement, tout s'est arrangé depuis l'autre fois. Jesse a accepté de faire le baby-sitting lui-même, alors ? dit-il, puis en s'adressant à Eva : c'est Léonie, une amie de Jesse. Elle est venue au bureau l'autre jour pour qu'il s'occupe de la petite. J'avais oublié de te raconter.

Eva se tourne vers moi, puis vers Jesse. Ses yeux commencent à reprendre une taille normale et sa bouche entame un mouvement qui lui permet de transformer le A bloqué en :

– Enchantée. Je suis Eva, la femme de Henry.

Elle me tend la main et me lance un sourire éblouissant, aussi chaleureux que le soleil de ce début d'après-midi. Je lui rends l'équivalent avec ma sympathie immédiate.

– Et si nous allions déjeuner ensemble ? On allait justement s'installer à la terrasse de ce petit restaurant, lance Eva, ravie.

Henry a l'air de s'amuser follement, ne serait-ce qu'en voyant la tête de Jesse. Le pauvre n'a pas décroché la mâchoire depuis le début de la discussion, et son visage s'est figé dans la reproduction parfaite du sourire du Joker qui viendrait de s'asseoir sur une punaise. Il arrive quand même à articuler quelque chose :

– Mff… mais… non… enfin… on… parce que…

– Idée géniale ! On y va ! Allez, venez Léonie, on va s'installer, réplique Henry qui a fait comme s'il ne voyait pas les regards assassins que lui lance Jesse en essayant de faire en sorte qu'ils n'atterrissent pas par hasard sur Eva.

Je regarde Jesse en tentant de prendre un air compatissant. Il me jette un œil qui voudrait dire trop de choses en même temps pour que j'essaie de traduire. De mon côté, je tente un silencieux : « Tant pis, on y va, Jesse. Laisse aller ! Prenons ça à la rigolade. » Pas sûre qu'il ait traduit non plus ce que je voulais dire, mais on n'a plus le choix, Henry est déjà à une table !

***

À ma grande surprise, le déjeuner est un vrai plaisir. Jesse a fini par se détendre. Henry et Eva sont ses vieux amis et ils sont tellement charmants qu'on ne peut que les aimer immédiatement. Jenny a raison, il faut savoir s'amuser parfois et être un peu décontractée. Zoé commence à chouiner, il va falloir la nourrir. Même Eva l'a remarqué !

– On dirait que la petite… – Zoé, c'est ça ? – a faim, non ? Tu lui donnes le sein, Léonie ?

Le sein ? Je ne m'y attendais pas à celle-ci !

– Heu… Non, en fait, non… Je n'avais pas assez de sein… enfin, assez de lait… Enfin, tu vois, quoi, c'était pas faisable…

– Ah ! Excuse-moi. J'espère que tu n'étais pas trop déçue… pour la première…

– Oh ! Bah, si… Enfin non… Je ne sais pas… C'est comme tout, on s'y fait… Le lait, les seins, ça va, ça vient… Un jour, tu en as et, le lendemain, c'est fini… Enfin, je veux dire, du lait, hein, parce qu'évidemment, normalement, les seins, on les garde…

Le déjeuner « était » un vrai plaisir, mais là, je viens de grimper dans une barque naviguant sur un fleuve de boue et je rame à contre-courant sans avancer d'un millimètre. Je vois dans le regard effaré d'Eva qu'elle se demande si la maternité ne m'a pas causé un pète au casque. Heureusement, sans le vouloir, Jesse me sauve la mise car il s'est lancé tout seul dans la préparation du biberon de Zoé. Du coup, il détourne l'attention d'Eva sur lui car il a commencé à donner son biberon à la petite sans enlever le capuchon de la tétine, puis enchaîne en se rendant compte qu'il ne lui a pas mis de bavoir et manque de l'étrangler en lui attachant autour du cou… Il doit être quand même un peu tendu…

Eva lance des regards en biais à Henry, qui semble se mordre l'intérieur de la joue pour ne pas exploser de rire. Il en a même des larmes au bord des yeux ! Mais Jesse reste magistral et finit par installer Zoé dans ses bras, dans la plus parfaite des positions pour téter un biberon idéal. C'est alors qu'il se rend compte que tous les regards sont braqués sur lui.

– Qu'est-ce que vous avez ? Vous n'avez jamais vu un enfant prendre un biberon ?

Henry a retrouvé un état normal.

– C'est plutôt qu'on n'avait jamais vu un biberon réussir à trouver un enfant de cette manière.

– Très drôle !

Tout le monde éclate de rire, même Jesse. Je me sens de nouveau détendue. Henry et Eva se regardent et ont l'air de se mettre d'accord en silence.

– Bon, assez ri ! Jesse, il faut qu'on y aille. On vous laisse. Tu n'oublies pas la soirée demain, c'est hyper important ! Il y aura tout le monde.

– Évidemment.

– Léonie, à bientôt peut-être ! C'était sympa de se croiser. Amusant hasard !

– Oui, d'autant que c'est moi qui ai insisté pour venir ici. J'y venais avec mes parents quand j'étais petite. Pour tout dire, on allait même juste à côté, dans le petit coin sous les arbres, là.

Je me tourne pour montrer le coin de mon enfance à toute la troupe, qui pivote dans un même mouvement avec moi, et nous découvrons ensemble…

– Papa ? Maman ?

Dans la vie, il y a deux notions à bien différencier : l'une s'appelle la fiction et l'autre, la réalité. Dans la fiction, un personnage accumule les rencontres improbables dans des lieux improbables et vous trouvez ça super marrant, même si vous vous dites que le scénariste ne s'est pas foulé. Dans la réalité, Léonie Caravaggio doit cacher sa relation avec un milliardaire et l'enfant de la sœur de celui-ci, et elle propose d'aller se promener à l'endroit où tous les gens qui ne devraient rien savoir de cette histoire ont décidé de se pointer, le même jour, à la même heure ! Et là, vous vous demandez : puisque l'histoire est réelle, qui est l'auteur de cette daube ?

Je me tourne vers Jesse, qui, à en croire l'expression de son visage, doit se poser à peu près la même question, et je me lève pour accueillir mes parents qui arrivent à la table où je vais devoir leur présenter des gens qu'ils n'auraient jamais dû rencontrer.

– Léonie ?

Mon père a sa tête d'empereur romain qui fait durer le suspense au Colisée quand tout le monde attend de voir s'il va tourner son pouce en l'air ou vers le bas, décidant par ce seul geste de gracier tout le monde ou d'ordonner le massacre généralisé.

– Papa… Maman… Vous vous promeniez ? Quelle coïncidence, hein ?

– Tu nous présentes à tes amis ?

– Ah ! Bah oui… Forcément… Alors, les « amis », voici papa et maman… Papa, maman… Voici les amis… Voilà ! Bon, c'est pas tout ça, mais il va falloir qu'on y aille, là, hein ?

Heureusement, Henry est encore le plus vif de nous tous.

– Vous êtes M. et Mme Caravaggio ? Enchanté, je suis Henry, le bras droit de Jesse ici présent, et voici Eva, ma femme. Je suis désolé, nous devons vous laisser ; nous partions juste avant que vous n'arriviez. J'espère avoir le plaisir de vous revoir.

Et Eva enchaîne, pourtant déjà emportée à toute vitesse par Henry :

– Vous avez une très jolie petite-fille en tout cas !

Là, Jules César vient de comprendre que Léonie-Brutus fait partie du complot et a déjà préparé le coup fatal. *Tu quoque mi filia ?* Je vois mon père au bord de l'apoplexie, mais ma mère doit avoir les mêmes gènes que Henry car elle le prend par le bras sans lui laisser le temps de réagir et le tire fermement, mais avec douceur, vers les arbres d'où ils venaient, tout en lançant à Eva :

– Merci ! On en est très fiers.

Tout le monde a disparu. L'ouragan est passé. Restent les deux faux parents lessivés par le tourbillon. Jesse retrouve la parole le premier :

– C'était vraiment une bonne idée, Coney Island. Un samedi comme j'aimerais en vivre plus souvent !

– Bah, tu m'as dit que tu ne faisais rien d'habitude. J'ai pensé que tu devais t'ennuyer.

– Non, vraiment, c'était super ! Juste un truc : tu ne t'occupes plus de mes samedis pour les cinquante prochaines années, si ça ne te fait trop rien.

– Aucune gratitude… Mais puisque tu me le demandes si gentiment… c'est d'accord ! Bon, je te ramène à l'hôtel avec Zoé et je file chez mes parents pour voir si mon père a choisi les lions, le bûcher ou l'ébouillantage pour mon avenir proche.

– OK. Tu me préviendras ? Ça me ferait plaisir d'assister au spectacle, et ça me donnera quelques idées pour m'occuper de ce sale traître de Henry.

– Oui, bah, je serais toi, je serais moins serein. Avec mon père, tu aurais de fortes chances de te retrouver en guest-star dans l'arène, et pas du côté du bourreau !

Nous retournons à la voiture, tout de même un peu sonnés, marchant comme des zombies qui viendraient de sortir de terre. Chacun de nous semble réfugié dans ses pensées. Les miennes ne sont pas si noires. Étrangement, l'accumulation de catastrophes n'a pas entamé le plaisir que j'ai d'être avec Jesse. Nous arrivons à la voiture, j'ouvre les portes et me rends compte que je viens en fait de les fermer.

C'est bizarre, ça ! Je suis persuadée d'avoir fermé cette voiture. Je vérifie toujours les poignées après le clac.

Je m'installe sur le siège du conducteur, laissant Jesse s'occuper de Zoé. Tout a l'air normal, mais j'ai le sentiment étrange que la voiture a été visitée. Le siège ne me semble pas réglé de la même manière et j'ai l'impression de voir une trace sur le tableau de bord qui n'y était pas tout à l'heure. Je délire ou quoi ? Je n'arrive pas à contrôler une angoisse qui monte. La scène avec Mary me revient en mémoire. Je suis certaine d'avoir fermé cette voiture. Aucun doute.

– Ça y est, Zoé est installée. On peut rentrer… Léonie, ça va ?

Jesse est venu s'asseoir côté passager.

– Oui, oui.

– Allez, ne t'inquiète pas, ton père n'est pas si terrible d'après ce que tu m'as dit !

– Hein ? Ah oui ! En fait, je pensais à Mary…

Je ne dis rien à Jesse de mes soupçons ; il prendrait ça à la légère. Et puis ce n'est qu'un ressenti, même s'il est très fort…

On démarre.

– Mary…

– Je crois que ce serait bien que tu la contactes et que tu découvres ce qu'il se passe vraiment.

– Mmmoui…

– Jesse, je veux bien rester et continuer à t'aider, mais fais-le, s'il te plaît. Sinon, je m'en vais…

C'est un peu fort, mais je ne suis pas rassurée.

– …

– Tu m'as entendue ?

– Mmm… D'accord, on fait comme ça. Promis ! Il faut dire que les samedis avec toi sont tellement surprenants… Je ne voudrais pas me priver si vite de la possibilité que tu me donnes de me taper des sueurs froides par des journées de 40 °C. Ça me rafraîchit. Tu seras un peu ma clim' sur patte, quoi !

On se sourit. L'atmosphère se détend un peu, mais pour combien de temps ?

***

J'ai déposé Jesse et Zoé au *Plaza* et j'ai gardé la Tesla pour me rendre chez mes parents. Il va falloir mener le combat, mais je suis prête ! Je sonne à la porte de cet appartement que je connais par cœur et qui risque de devenir un champ de bataille, mais c'est Simon qui m'ouvre.

– Ah ! C'est toi ? Les parents ne sont pas là ; ils sont partis se promener. Papa sera content de te voir. Il essaye de te joindre depuis hier et il se demandait ce que tu faisais.

– Oui… Bah… Tu sais… Il y a finalement beaucoup de travail avec Jesse Franklin…

– On dirait ! Rassure-toi, comme tu le vois, je suis de nouveau au top. Je te remplace demain. Tu es libre !

J'avais beau savoir que ça allait arriver, l'annonce me cueille comme une gifle que je n'ai pas vue venir. Décidément, ces jeux du cirque risquent d'être mouvementés.

– Super nouvelle ! Je vais pouvoir me reposer.

En fait de repos, il va falloir plutôt que je m'active pour trouver le moyen de te remettre au lit, Simon, et vite ! Désolée, mais un devoir supérieur m'appelle et tu vas en subir le dommage collatéral, comme on dit en haut lieu.

III

AMOUR IMMINENT

12
CHAUSSÉE GLISSANTE

Léonie

Réfléchissons peu mais réfléchissons bien et surtout vite. Simon est de nouveau sur pied et mes parents vont rentrer chez eux d'une minute à l'autre en attendant de moi des explications sur notre petite rencontre à Coney Island. Ma mission, si je l'accepte (c'est bon, c'est bon, je l'accepte, je n'ai pas le choix de toute façon) : empêcher Simon de redevenir le chauffeur de Jesse et préparer une explication plausible pour mon père sur le fait que je me promène un samedi avec un milliardaire et son bébé que ses amis imaginent, de surcroît, être le mien. Je ne sais pas pourquoi, mais la vie de Jenny avec ses trois mecs me semble d'un seul coup d'une simplicité sans nom !

– Léonie, tu prépares le thé et on installe la table ? Papa et maman ne vont pas tarder et tu sais que papa aime que tout soit prêt pour son « goûter ».

Oui, je sais, Simon, mais si je t'ai dans les pattes, je

ne vais pas pouvoir réfléchir vite et bien.

– Je fais une pause pipi et je m'y mets.

Les toilettes, mon refuge ! J'ai dû passer plus de temps ici que sur les bancs de l'école, et je dois dire que j'y ai aussi appris davantage. C'est là que mes parents entassent leurs classiques. Des autodidactes, mes parents ! Garagistes dans la vie, mais lettrés en cabinets ! Ils ne m'ont jamais ni conseillée, ni même obligée de lire le moindre livre, mais dès que j'ai su déchiffrer trois phrases correctement, les toilettes de l'appartement ont commencé à se remplir de bouquins, et pas n'importe lesquels ! Homère, Dante, Shakespeare, Dickens, Melville, Mark Twain, Flaubert, Dostoïevski... Sans compter les mythes et légendes du monde entier et les textes fondateurs. J'ai lu l'*Épopée* de Gilgamesh avant même de savoir que la Mésopotamie existait et j'ai compris assez tard que les livres que je trouvais là n'y étaient pas mis par hasard. Ils apparaissaient ou disparaissaient selon une sélection pointue qui accompagnait mes lectures, sur place ou à emporter. Mes parents se sont en quelque sorte servis de ma vessie pour éclairer ma lanterne. Le plus drôle, c'est que nous n'en avons jamais parlé directement ! Juste par allusions, des références soudain communes. J'ai moi-même fini par y laisser des livres, histoire de glisser un peu de mes découvertes contemporaines dans leur bibliothèque idéale. Étrangement, ça a moins bien marché avec Simon. Peut-être parce qu'il pisse debout ? Du coup, il a souvent plus de livres dans le dos que devant lui, et comme il s'assied en moyenne moins souvent qu'une fille pour faire ses besoins naturels, ça a dû réduire ses possibilités de rencontres avec la haute culture. Enfin, je suppose. Quand on pense que c'est son petit asticot qui l'a empêché de devenir un grand lecteur… Bonjour papa Freud !

En attendant, il s'impatiente de l'autre côté de la porte.

– Bon, Léonie, tu te bouges un peu !

– Oui, oui, j'arrive.

Il va me chercher jusque dans les toilettes ! On se croirait retournés vingt ans en arrière quand on était gosses !

Simon a tout de même bien fait de se rappeler à mon souvenir. Après tout, je suis assise ici pour trouver comment l'empêcher de reprendre le travail. Il y aurait bien la bonne vieille méthode américano-napolitaine : je demande à deux ou trois gros bras de lui péter les jambes à coups de batte de baseball. Avantage : c'est rapide, simple, hyper efficace. Problème : c'est quand même mon frère, et le but n'est pas qu'il finisse en chaise roulante. Et puis, je ne suis pas napolitaine et je n'ai pas de gros bras sous la main, même pas de batte. La misère, quoi ! Conclusion : je vais sortir de ces toilettes sans avoir trouvé de solution…

Simon frappe de nouveau à la porte.

– Léonie, mais c'est pas vrai ! T'as commencé un bouquin ou quoi ?

Hum… Sortir des toilettes ou y rester… Mais la voilà la solution ! Pourquoi chercher plus loin ?

– J'arrive. Je termine juste le deuxième volume de *Guerre et Paix*.

– Très drôle !

– C'est bon, t'es pénible… Je sors. Je vais me laver les mains et je te prépare le thé. Je sais que je suis la seule capable ici de faire bouillir de l'eau à la bonne température, mais je t'apprendrai un jour si tu veux.

– C'est malin ! Magne-toi au lieu de faire du sarcasme.

Mon pauvre Simon, je vais me magner, mais je pense que tu vas le regretter assez vite. Voyons ce qu'il y a dans la pharmacie de cette salle de bains... Non, pas ça... Ça non plus... Ah ! Voilà ! Purjabid, c'est élégant comme nom... Mais au moins on en comprend tout de suite l'usage.

« Ne pas utiliser plus d'un sachet par jour. »

Parfait ! Eh bien, on va verser les six qui restent dans ton thé, mon cher frère. Tu as toujours rêvé de voyager dans les pays exotiques ? Je t'offre une initiation à la turista sans frais de déplacement. C'est pas gentil, ça ? Et en plus, tu vas pouvoir rattraper ton retard de lecture ! Un esprit plein dans un corps vide.

Allez, ma main ne tremblera pas, foi de Léonie Borgia !

***

La porte de l'appartement s'ouvre, puis claque après avoir laissé entrer mes parents au moment où je pose le thé sur la table et que j'offre à Simon la tasse remplie de son breuvage préféré et de la substance magique qui l'amènera à découvrir, enfin je l'espère, les richesses de la littérature mondiale. Mon père s'approche de moi, le visage noble et fermé, comme Napoléon qu'on viendrait de débarquer à Sainte-Hélène.

– Bonjour ma fille.

Il m'a dit ça avec la voix la plus glaciale et caverneuse qu'il a pu trouver. Je pense que la résonance a dû faire trembler les fondations de l'immeuble et j'ai presque vu les stalactites pendre au bout de chaque mot de sa phrase. Il poursuit en m'embrassant avec la chaleur d'un vague parent obligé de toucher le cadavre d'une vieille tante détestée sur son lit de mort. Ambiance !

Je jette un coup d'œil à ma mère pour connaître l'étendue réelle des dégâts. Elle esquisse un léger mouvement des lèvres en avant, associé à un imperceptible hochement de tête, suivi d'un subtil glissement des paupières vers le bas. Traduction : « Ne t'inquiète pas, j'ai arrangé le coup. Ton père va nous jouer le *Roi Lear* avec l'option « vous êtes toutes des traîtresses à la couronne » pendant quelques jours, mais ça va vite lui passer. En attendant, laisse-toi appeler Cordélia et il finira par admettre tout seul que tu es une bonne fille. » Je réponds à maman par un petit sourire discret qui veut dire : « Mille mercis maman, tu as encore assuré ! »

En attendant, il va tout de même falloir participer à ce goûter avec, en plus, un Simon qui a commencé à engloutir sa boisson et une partie des gâteaux apportés par mes parents. Je ne me sens tout de même pas très à l'aise, vaguement inquiète. J'ai l'impression d'être dans un film d'Hitchcock, que tout le monde va se mettre à fixer la tasse de Simon sur fond d'une musique à glacer le sang et découvrir que j'ai empoisonné mon propre frère. J'espère ne pas avoir eu la main trop lourde tout de même ! Normalement, un sachet suffit, mais six… Il va vivre l'enfer, ou du moins le purgatoire. C'est le cas de le dire !

Papa s'est installé en bout de table. Il affiche un air digne et crispé comme pour nous dire : « Ne faites pas attention au glaive que vous avez planté entre mes omoplates et qui fait jaillir mon sang à gros bouillons. Je souffre, mais vous n'entendrez pas un seul gémissement de douleur sortir de ma bouche jusqu'à ce que je meure, totalement exsangue et trahi par les miens. Ensuite, vous me jetterez à la fosse avec les gueux. Je ne veux aucun des honneurs dus à mon rang. »

Heureusement, pour l'instant, Simon ne se rend compte de rien, absorbé par ses gâteaux et son thé… qui ne semble pas agir. Étrange, avec une dose pareille de laxatif !

Papa brise le silence. Je guette la réaction de Simon.

– Eh bien, ma fille, mais dois-je encore t'appeler ma fille ? Je crois avoir enfin compris pourquoi ton emploi te demande autant de temps, beaucoup de temps, même le samedi !

Les gâteaux retiennent encore trop Simon pour qu'il réagisse. Et toujours pas d'effet Purjabid ! Mon père ne s'arrête pas là :

– Visiblement, la chair de ma chair trouve plus important de s'occuper de la fille d'un milliardaire que de donner de ses nouvelles à son propre père.

Là, même les gâteaux gobés par Simon ne peuvent plus faire leur office de « bouche-oreilles ».

– La fille de qu… Oh… Oh ! Excusez-moi.

Sauvée !

Simon part vers les toilettes à la vitesse d'Apollo 13 en priant de ne pas avoir le même problème d'explosion de réservoir avant d'arriver sur la Lune. Le décollage a tellement surpris tout le monde que mon père en a oublié qu'on était en train de le jeter à la fosse commune avec son glaive dans le dos et regarde ma mère en se demandant quelle mouche a bien pu piquer mon frère.

– Mais que lui arrive-t-il encore ? Ce sont tes gâteaux ?

– Mes gâteaux sont aussi les tiens ! Je te rappelle que nous les avons achetés ensemble, dit ma mère, et s'ils y étaient pour quelque chose, je ne vois pas pourquoi seul Simon en souffrirait. Nous en avons tous mangé !

– Ceci dit, pas à cette vitesse et en cette quantité… J'en venais à me demander s'il avait plusieurs bouches, moi, ajouté-je.

Je me permets cette fourberie pour continuer à détourner l'attention de mon thé fatal et des questions sur mon emploi du temps.

– Oui, mais il a toujours mangé comme ça… Ah ! Le revoilà. Que t'arrive-t-il ? demande ma mère en se tournant vers Simon.

– Aucune idée, mais c'était moins une ! Peut-être un reste de grippe ? Au fait, vous parliez de… Oh… Nom de Dieu ! Excusez-moi.

Deuxième passage en orbite pour Apollo.

« Houston, on a un problème. »

En attendant, le mien est en train de se régler.

– Mais c'est pas possible. Il est malade, là !

Mon père a un flair incroyable ; il aurait dû être médecin ! Après quelques échanges entre techniciens de la NASA, Apollo réapparaît sur les écrans.

– La vache ! J'ai le bide complètement retourné. J'ai peut-être bu trop vite ? Il n'était pourtant pas fort ce thé. Et donc, c'est quoi cette histoire de béb… Oh nooon… c'est pas vrai ! Faut que j'y retourne…

« Houston, Houston, on a perdu Apollo. »

Bon, désolée, j'adore les voyages dans l'espace, mais je ne peux pas rester pour le retour final sur terre.

– C'est pas tout ça, mais je vais vous laisser. Normalement, la conversation de Simon est passionnante, mais là, on dirait les dialogues d'une mauvaise série qui seraient coupés toutes les trente secondes par une pub sur les problèmes intestinaux. Ça devient un peu décousu. Je vais lui dire au revoir et j'y vais.

Je plante là mon père voyant que, la première surprise passée, il essaie de se souvenir du rôle qu'il jouait avant que le voyage intersidéral de mon frère ne commence, et je cogne en passant sur la porte des toilettes où mon frère risque de passer une bonne partie de la journée, voire de la nuit.

– Bon, Simon, il faut que j'y aille ! Tu ferais mieux de rester à l'intérieur. En plus, j'y ai laissé tout Tolstoï.

– Si tu crois que j'ai la tête à ça…

Dommage… Frère et sœur, deux destins (ou deux intestins ?) parallèles. Moi, je n'ai jamais pu avouer à mes profs étonnés de mes connaissances que j'avais lu les œuvres complètes de Victor Hugo sur une cuvette de W.-C. Mon frère, lui, n'osera pas se vanter d'être resté enfermé dans l'annexe de la bibliothèque d'Alexandrie sans jamais y ouvrir un livre. *Fatalitas !*

Je pars de chez mes parents et, à peine arrivée dans la rue, je reçois un SMS de Simon.

[Je ne pourrai pas bosser demain, je crois. Tu peux continuer à conduire Jesse Franklin ?]

[Pas de problème. Préviens-moi quand ça ira mieux.]

Affaire classée. Sans batte, sans drame familial, sans explications à donner. Certaines fois, je m'admire !

J'envoie dans la foulée un SMS à Jesse pour lui dire que tout est réglé avec Simon. Sa réponse arrive en une fraction de seconde.

[Viens vite. Gros problème. Je ne peux pas en dire plus.]

Mon sang se glace aussitôt. Fini l'autosatisfaction.

Zoé ? Mary ? Les types dangereux ?

Je prends la voiture et fonce à l'hôtel.

***

J'ai roulé avec une boule à l'estomac et dans une tension indescriptible. Toute la scène avec Mary m'est revenue d'un coup… tout comme l'impression étrange dans la voiture ce midi…

Je monte dans la suite. Personne, nulle part. J'arrive à l'étage. La porte est entrouverte. Je la pousse avec angoisse. À l'intérieur, le bazar est indescriptible. Il y a des habits tachés un peu partout, des couches, des biberons renversés. Cambriolage ? Où est Jesse ? Zoé ? Je prends mon courage à deux mains, je rentre davantage dans la pièce et appelle.

– Jesse ? Jesse ?

J'entends sa voix, essoufflée et inquiète.

– Ah ! C'est toi ! Ouf ! Entre vite.

Jesse arrive avec Zoé dans les bras. Enfin, si ma vue ne me trahit pas car le tableau qu'ils composent ne ressemble à rien de connu. Le visage de Zoé est radieux et totalement recouvert d'une compote composée d'un mélange de chocolat et de banane. Elle en a étalé jusque dans ses cheveux. Elle n'est vêtue que d'une couche-culotte enfilée de travers et d'une chaussette bleue. Le reste de son corps est parsemé de diverses taches provenant de la même compote, enfin il me semble. Quant à Jesse, s'il est plus habillé, il n'est pas en meilleur état. Sa chemise sort de son pantalon et a l'air boutonné d'une manière totalement improbable. Elle est également maculée de compote, les morceaux plus ou moins séchés formant un sentier sinueux qui arrive jusqu'à sa tête, ébouriffée comme jamais. On dirait qu'il a confondu le pot de compote avec celui de son gel. Il est pieds nus et son pantalon a l'air d'avoir passé un sale quart d'heure, un peu comme s'il avait fait un entraînement de Marines en milieu hostile et boueux. Jesse se tient en face de moi, et je ne peux constater qu'une chose : il s'est fait un peu dépasser par les événements, mais lesquels ? Mystère…

– Mais Jesse, comment est-ce… possible ?

Jesse me regarde, arrêté dans un mouvement qui a tout de celui du poisson rouge découvrant pour la première fois la tête de son propriétaire à travers le verre du bocal ; ce qui fait qu'avec le tableau complet, le poisson et la chute subite de mon stress, je me prends un fou rire inextinguible, à me rouler par terre. C'est d'ailleurs ce qu'il se produit sur-le-champ. Je me laisse tomber sur la moquette de soulagement en me tenant les côtes tellement j'ai mal aux abdos. Je distingue vaguement, à travers les larmes de rire qui me coulent des yeux, que Jesse apprécie moyennement.

– Bon, Léonie… Ça va, là ! On a compris. Respire.

– Ex… peux pas … cuse… parler… moi… tellement… Jesse… je ris.

– OK, OK ! Tiens, prends Zoé. Moi, je vais me doucher et me changer.

Il me tend la petite et disparaît pendant que toutes les deux on se roule par terre de rigolade.

***

Une fois un peu calmée et Jesse enfin propre, j'ai pu laver également Zoé, et nous voilà tous les trois dans le salon. Jesse est sorti de son tableau de maître encore plus beau et sexy que d'habitude. Toujours pieds nus, mais avec un pantalon propre, un T-shirt qui lui va comme une deuxième peau et les cheveux encore un peu humides, il n'a jamais été aussi décontracté et… naturel. On en croquerait presque ! En donnant son biberon à Zoé, j'essaie d'en savoir plus sur l'ouragan qui a dévasté la suite à coups de pot pour bébé.

– Mais tu as fait quoi au juste ? Tu essayais de l'habiller ou de la nourrir ?

– Non, mais en fait, elle était habillée. Je l'avais changée et puis je voulais lui donner à manger. À son âge, on peut commencer à diversifier. J'ai préparé deux compotes et après… je ne sais pas ce qu'il s'est passé, mais tout a dégénéré ! C'est comme un grand trou noir, un peu comme si les choses avaient pris une vie autonome.

– Tu sais que quand on dit « diversifier », on parle de la nourriture, pas de l'endroit où on la met. Normalement, elle continue à passer exclusivement par la bouche de l'enfant.

Je retiens difficilement un nouveau fou rire.

– C'est ça, fais la maligne !

Jesse prend ça à la rigolade, mais on sent tout de même que la perte totale de contrôle de la situation l'a perturbé. Pas l'habitude de se faire déborder, mon tycoon ! Le pauvre, il est servi depuis quelque temps !

– Et où as-tu trouvé qu'il fallait diversifier son alimentation en plus ? Sur l'appli ?

– Non, c'est Akira qui m'a conseillé les compotes.

– Akira est aussi spécialiste en compotes ?

Jesse retrouve un instant son air sérieux de grand manitou de la finance.

– Akira est spécialiste en tout.

– Bah, tu aurais peut-être mieux fait de lui demander de te montrer comment nourrir un enfant avec de la compote sans repeindre les murs, alors !

– Je ne m'attendais pas à ce que Zoé ne réagisse pas du tout de la même manière face à une cuillère que face à une tétine.

Sans commentaire.

– En attendant, c'est dommage que tu te sois précipité aussi vite sous la douche. J'aurais bien léché de la compote sur un milliardaire, moi !

Jesse prend un air outré.

– Enfin, Léonie, tout de même ! Et tu dis ça devant la petite, en plus. Allez, donne-la-moi, je vais la coucher.

Il prend Zoé dans ses bras et se dirige vers le lit apporté par Akira en ajoutant :

– Je vais quand même aller vérifier s'il reste quelques pots.

– Super ! Surtout ne bloque pas sur la compote, j'aime aussi la crème au chocolat.

– Tu finiras obèse.

Si c'est en léchant un corps pareil, je suis prête à accepter mon sort !

13
DESCENTE DANGEREUSE

Jesse

– Bon, désolé, il n'y a plus de compote.

Je viens de coucher Zoé pour une petite sieste et Léonie accueille ma remarque en haussant les épaules et en mimant un faux air dépité. Le jeu se poursuit.

– Même pas un vieux yaourt ? De la chantilly ? N'importe quoi ?

– Non. Il y avait bien un reste de tarama dont la provenance m'échappe, mais là, franchement, je ne le sentais pas… ou plutôt un peu trop. Et puis, je pense à ta ligne, moi.

– Tu ne préfères pas penser à ma bouche ?

Si je préfère penser à ta bouche ? Je ne pense qu'à elle.

– Penser, c'est bien… Agir, c'est mieux !

Je me rapproche tendrement de Léonie qui ne semblait attendre que ça depuis que je suis sorti de la douche. Moi aussi, je dois bien l'avouer. Je ne me reconnais plus. J'ai toujours tout contrôlé, même mes histoires d'amour. C'est moi qui menais le jeu. Une manière de tenir l'autre à distance, de garder le pouvoir en quelque sorte, de ne pas me laisser envahir et de faire comme si les choses ne pouvaient pas m'atteindre, mais avec Léonie, c'est différent. Elle est tellement… imprévisible. J'ai l'impression que je ne peux pas tricher, qu'elle va pointer tout de suite la note qui sonne faux. Ça m'effraie… En même temps, avec elle, j'ai aussi l'impression d'entrevoir la possibilité d'un bien-être inconnu jusqu'alors… comme un lien qui, étrangement, me libérerait. Mais surtout, ce qu'elle est m'attire irrésistiblement !

Je m'assieds à ses côtés sur le canapé. Elle a ramené ses jambes contre son corps en les enserrant et me regarde, la tête posée avec grâce sur ses genoux. Elle me sourit. Je ne sais pas s'il y a des postures exclusivement féminines, mais je n'ai jamais vu aucun homme s'asseoir comme ça. Je pose ma main sur les siennes et l'attire à moi avec l'autre. Elle bascule légèrement pendant que je m'avance, et nos bouches se rencontrent.

C'est à chaque fois le même plaisir et la même redécouverte. La fraîcheur de ses lèvres, la douceur de sa peau m'emportent vers un état suspendu où plus rien n'a d'importance, à part ce contact désormais connu et dont je ne me lasse pas. Je le recherche même. J'aime savoir que la furie sait se faire tendre, qu'elle peut aussi faire tomber ses barrières, jusqu'à sa voix qui change de tonalité, moins tendue, plus limpide, plus souple. Une arabesque. Nos lèvres se détachent un instant. Léonie susurre :

– Dites donc, M. Franklin, vos baisers s'intensifient à chaque fois. Vous vous entraînez quand je ne suis pas là ou quoi ?

– Oui, j'ai une réserve de bouches au bureau !

– Je m'en doutais.

Nous nous sourions et reprenons nos baisers, de plus en plus intenses. Léonie se laisse glisser sous moi et nous nous retrouvons allongés sur le canapé. Mes mains commencent à redécouvrir son corps.

– Hum... Votre entraînement donne des résultats étonnants.

– En fait, je crois que c'est vous qui m'inspirez.

J'ai de plus en plus envie d'elle et je commence à la caresser. Nos langues ne se quittent plus. Mon désir augmente et mon sexe se met à vibrer. À vibrer ? De plus en plus fort même !

– Mon portable !

– Je me disais aussi que je te faisais un drôle d'effet, un peu... inhabituel.

Je me lève et sors le téléphone de ma poche pendant que Léonie se rassied, un sourire résigné au coin des lèvres. C'est Eva qui m'appelle.

– Oui Eva, que se passe-t-il ?

– Vous êtes de sacrés enfoirés, Henry et toi ! Il m'a expliqué la « véritable » histoire de Zoé et de Léonie ! Merci ! Vous m'avez pris pour une cruche !

– Mais non, c'est...

Eva ne décolère pas.

– Mais si ! Et moi qui dis aux parents de Léonie qu'ils ont une belle petite-fille ! Ils ont dû me prendre pour une dingue ! Et ça a mis Léonie dans un bel embarras, non ?!!

– Ne t'inquiète pas, c'est arrangé. Je suis une victime comme toi dans cette affaire. Henry s'est payé nos têtes et je me suis fait surprendre. Une fois que le mouvement était lancé...

– Pff… Oui, un peu facile et lâche. Excuse de mec.

– Bah, désolé, je suis un mec. Je n'ai donc pas d'excuses de femme à te donner. Ceci dit, tu ferais bien de t'en prendre à Henry plutôt.

Eva se calme un peu.

– Rassure-toi, il a eu son compte.

– Si ça peut te rassurer, il entendra aussi parler de moi.

Elle éclate de rire. Elle n'est jamais bien longtemps en colère. C'est une crème.

– J'y compte bien ! En attendant, présente mes excuses à Léonie. J'espère que ma sortie ne lui a pas causé trop d'ennuis auprès de ses parents. Qu'elle n'hésite pas à m'appeler si elle veut un coup de main pour la petite. Solidarité féminine.

– Oui, je vois. Je te remercie de me proposer ton aide. Je ne suis décidément pas une femme à tes yeux…

– Non, ça me ferait mal. Au-delà de ça, elle a l'air d'être une chouette fille. Tu ferais bien de ne pas la perdre, cher Jesse Franklin, tu n'en trouveras pas deux comme elle.

– Heureusement !

– Allez ! T'es vraiment un mec. Tu n'avoueras jamais que tu en es dingue. À plus, crétin !

– Merci ! À bientôt, chère amie.

Je raccroche et vais me rasseoir auprès de Léonie qui m'interroge du regard.

– C'était Eva. Elle vient d'être mise au courant pour Zoé et… notre relation.

– Qui est ?

– Eh bien… tu es mon chauffeur et ma baby-sitter. C'est ça, non ?

– Sale type.

Léonie me frappe gentiment avec un coussin. J'arrête son geste et l'embrasse. C'est toujours aussi bon, mais les vibrations de mon téléphone ont stoppé net l'élan de tout à l'heure en nous ramenant brusquement à la réalité. Il ne nous reste plus qu'à revenir aux questions laissées en suspens.

– Trêve de plaisanteries, elle te salue, s'excuse pour sa phrase malheureuse et te propose son aide pour s'occuper de Zoé. Dans la foulée, elle m'a passé un savon pour ne lui avoir rien dit sur le moment.

– Je l'aime bien cette femme ! Je l'ai tout de suite trouvée sympathique. On pourrait être amies, je pense.

– Eh bien ! Vous semblez être tombées d'accord sur la question sans vous consulter.

Léonie sourit, pensive, et s'enfonce davantage dans le canapé, soudain sérieuse.

– Et Mary ?

– Quoi Mary ?

– Tu m'as promis, Jesse…

J'ai promis. Qu'ai-je promis ? De m'occuper d'une sœur qui m'a abandonné il y a des années et qui m'a filé sa môme à garder sans même venir me voir directement ?

– Oui, je sais, mais que veux-tu que je fasse de plus ?

– Ce que je t'ai dit : trouver ce qui lui arrive vraiment. On n'abandonne pas son enfant pour rien. Personne ne fait ça. Et je te jure que lorsque je l'ai vue…

– Oui, oui, je te crois. Je sais que tu es sincère, mais Mary… j'en suis moins sûr. Si ça se trouve, elle va débarquer comme une fleur dans deux ou trois jours en nous disant que tout va bien. Elle s'est toujours comportée en égoïste après tout !

Je vois bien que Léonie n'adhère pas à ma vision des choses. Il faut dire que moi-même, je commence à avoir des doutes. J'ai confiance en Léonie, mais pas en Mary. Je n'ai plus confiance depuis des années, depuis une certaine nuit dans la cuisine de tante Martha.

– Écoute, déjà, je vais appeler Jenny. Elle sort avec un flic assez haut placé si je me souviens bien. Elle pourrait peut-être trouver quelque chose. Tu veux bien ?

Quand Léonie a une idée en tête… Mais elle a certainement raison, il faut en avoir le cœur net. Après tout, qu'est-ce que ça coûte ?

– OK, OK, appelle ta copine.

– Super ! C'est parti.

Léonie prend son portable et c'est à mon tour de la regarder téléphoner.

– Oui, salut Jenny, peux-tu me rendre un service ? Non, ce n'est pas de garder la poussette de Zoé, laisse tomber.

Léonie secoue la tête, mi-amusée, mi-excédée.

– Non… Il y a eu quelques petits problèmes. Je ne peux pas te raconter maintenant… Oui… Tu pourras revoir la poussette, mais ce n'est pas la question, là !

Léonie me regarde et tourne son index sur la tempe en levant les yeux au ciel. Je lui souris. Cette Jenny est vraiment un phénomène !

– J'aurais besoin… hum… hum… Oui, Jenny, mais je n'ai pas le temps, je te l'ai dit… J'aurais besoin que ton pote de la police fasse quelques recherches sur Mary, qu'on en sache plus. Tu penses que tu peux lui faire trouver des infos sans trop te faire griller ?

Elle écoute la réponse de Jenny et me fait un signe positif.

– Oui, c'est ça, tu seras une sorte de Mata Hari, si tu veux, mais évite la danse du ventre devant lui, hein ! Je te rappelle que quand tu te trémousses, tu ressembles moins à Greta Garbo qu'à la créature de Frankenstein qui vient de se prendre un coup de jus. Ça risque d'être contre-productif ! À moins que tu ne veuilles faire diversion…

Visiblement, Jenny défend sa manière de danser auprès de Jenny et trouve certainement qu'elle aurait plutôt le charme de Salomé.

– Mais oui… Je plaisante… Tu n'as rien de Boris Karloff…

« Sauf quand elle danse », me murmure Léonie en cachant le combiné.

– OK ! Merci Jenny, tu es géniale. Je t'envoie les coordonnées de Mary. Appelle-moi dès que tu as quelque chose. Bises.

Elle raccroche et soupire.

– Voilà, j'ai envoyé ma version très personnelle de Philip Marlowe sur la piste de ta sœur. Tu as une autre idée ?

– Pas vraiment. Je peux relancer Henry et les gars de l'équipe…

– Et ta tante ?

– …

– Ta tante, Jesse, tu vois qui c'est ta tante ? Non ? On pourrait aller la voir ? L'interroger ?

Interroger tante Martha ? Ça va être une torture… pour nous !

– Tu sais, tante Martha… est vraiment étrange. Je ne l'ai pas vue depuis longtemps… Et puis, si ça se trouve, elle est sur les hauts plateaux du Tibet en train de tresser des tapis magiques en poils de yack…

– Mais, tu l'as eue au téléphone l'autre jour…

– Ça ne veut rien dire !

– Jesse… Tu es en train de chercher des excuses à la noix. Appelle-la s'il te plaît.

Elle a raison, mais il y a une éternité que je n'ai pas vu tante Martha, ni que je suis retourné chez elle. Trop de mauvais souvenirs… Mais je sais que Léonie ne me lâchera pas.

– Bon, d'accord, je l'appelle. On verra bien.

Je reprends mon téléphone sous le regard bienveillant de Léonie. Bienveillant mais un peu « surveillant » aussi.

– Bonjour tante Martha, c'est encore Jesse.

– Eh bien ! Tu ne donnes pas de nouvelles pendant des années et puis tu m'appelles presque tous les jours maintenant. Mais ça ne m'étonne pas, l'écorce du pommier ne réagit pas comme d'habitude, signe que de grands bouleversements sont à l'œuvre.

Je regarde Léonie, l'œil inquiet, mais elle est inflexible et me fait signe de continuer.

– Il s'agit de Mary, n'est-ce pas ? Tu demandais de ses nouvelles l'autre jour.

– Oui, tante Martha, elle a peut-être de gros problèmes. Vous pourriez m'aider ?

– Passe me voir. Ce sera mieux d'en discuter de vive voix. On interrogera le grand bol.

Je le savais ! Pour le coup, c'est moi qui n'en ai pas de bol !

– Ce ne sera peut-être pas nécessaire, tante Martha, et puis… Je ne suis pas seul… Ça va être difficile de me déplacer…

Léonie me fusille du regard.

– Viens avec ton amie ! Ce sera parfait.

– M… mon amie ? Mais comment… ?

Léonie a entendu ma réponse gênée et se marre en levant le pouce vers le haut.

– Allez, Jesse ! Je ne suis pas née de la dernière pluie. Je vous attends.

Comme d'habitude, tante Martha a raccroché avant que je ne trouve quoi lui répondre. Il va falloir y aller…

– Elle nous attend.

– Allez, ne fais pas cette tête. On va chez ta tante, pas à un enterrement !

Oui, je sais, Léonie, ce n'est pas un enterrement, mais tout de même, beaucoup de choses en moi sont mortes là-bas. Et puis… Tante Martha et son « grand bol » !!? Je ne sais vraiment pas si je suis prêt à supporter ça… Si elle m'oblige à parler au pommier, je me tire.

***

Léonie gare la voiture devant chez tante Martha. C'est étrange, elle continue à conduire dès qu'on se déplace, même si on ne peut plus vraiment dire qu'elle est mon chauffeur…

La maison de tante Martha n'a pas changé. Les souvenirs me percutent dès que je sors de la voiture et encore plus violemment quand je vois ma tante sortir devant la porte pour nous regarder arriver. Sa maison ressemble à celle de mes parents. Ça m'a toujours troublé, même si dans mon souvenir l'intérieur correspond davantage à la caravane de Mme Irma qu'à un pavillon de banlieue. Je porte Zoé dans son cosy et Léonie marche à mes côtés. J'ai l'impression que chaque pas me rapproche d'un passé que j'ai tout fait pour effacer.

– Souris un peu Jesse ! Tu as la tête de Scooby-Doo quand il annonce à Sammy qu'il vient de voir un fantôme.

– Tu n'es pas loin de la vérité.

Léonie pose sa main sur mon bras et m'aide ainsi à franchir plus calmement les derniers mètres qui nous séparent de tante Martha.

– Bonjour tante Martha, je vous présente Léonie et Zoé, la fille de Mary.

– Bonjour Léonie, bonjour Zoé et bonjour à toi, Jesse. Il y a bien longtemps ! Entrez, entrez.

J'embrasse tante Martha en passant, et un éclair vient soudain me traverser le cerveau et me renvoie sur un autre perron plusieurs années auparavant, mais l'image disparaît et j'entre dans la maison à la suite de Léonie, Martha derrière nous. Nous arrivons dans le salon. Tante Martha a bien fait les choses. Il y a quelques boissons, des mets connus d'elle seule ou de quelques tribus ancestrales aujourd'hui disparues. Même Léonie semble se demander ce que peuvent bien contenir ces assiettes ! Il y a aussi un parc pour Zoé. Nous l'installons dedans et nous nous mettons autour de la table, un peu maladroits.

– Servez-vous ! Il y a quelques sauterelles de Madagascar et des fruits confits d'Afghanistan.

Je ne sais pas comment Martha s'y est prise pour présenter tout ça, mais le fait est qu'il nous est impossible de distinguer les sauterelles des fruits. Nous déclinons donc poliment son offre.

– On va attendre un peu, tante Martha.

– Oui, merci madame, c'est trop ! On a déjà un peu goûté…

On ne savait pas qu'on viendrait... Sinon, vous pensez bien... Ce n'est pas tous les jours qu'il y a des sauterelles à table...

Martha sourit. On ne saura jamais si elle n'est pas dupe du mensonge de Léonie et de sa légère ironie ou si ça lui passe totalement au-dessus de la tête. Je parierais pour la seconde option. Léonie semble tout de même un peu décontenancée. Elle me regarde. En temps normal, ce serait à moi de relancer la conversation, mais je m'en sens totalement incapable. Léonie le comprend à mon air certainement un peu désemparé. Trop de choses circulent dans ma tête pour que je tienne un échange un tant soit peu cohérent avec tante Martha. Elle choisit de reprendre le fil.

Merci.

– C'est gentil de nous recevoir. Jesse s'inquiète pour Mary. Vous l'avez revue ? Vous saviez qu'elle avait un bébé ?

Tante Martha se tourne vers moi pour répondre :

– Oui. Je suis vos vies à tous les deux, tu sais ! De loin, mais je me tiens au courant. Mary est venue me voir à la naissance de la petite, quand le père, un gentil garçon mais pas très sérieux, n'a pas assumé. Et puis elle est repassée de temps en temps pour donner des nouvelles, mais je ne l'ai pas vue depuis quelque temps.

Mary a gardé le contact avec tante Martha ??? Je ne sais plus quoi penser. Elle voulait déjà renouer ? Pourquoi ma tante ne m'a-t-elle rien dit ? C'est Mary qui lui a demandé ? Je ne comprends plus rien...

– Mais quelle raison a-t-elle pu avoir de confier Zoé à Jesse ?

Martha se tourne de nouveau vers Léonie.

– Je ne sais pas. Mary a toujours été étrange.

Venant de tante Martha, ça pourrait passer pour un

compliment !

– Jesse a dû vous dire qu'elle a fugué un jour et qu'elle s'est débrouillée seule. Je ne l'ai revue qu'à la naissance de sa fille. J'ai bien essayé de l'emmener à une séance pour faire danser ses organes à l'époque, mais elle n'a pas voulu. C'est dommage. On y voit plus clair après. Tu devrais essayer, Jesse.

– Non merci, tante Martha. Mes organes préfèrent bouger le moins possible, pour tout te dire.

Mary a donc réapparu il y a quelques mois seulement. Ça n'explique pas la suite.

Léonie étouffe un rire.

– Oui, c'est vrai, ça n'a jamais été ta tasse de thé. Mais tu sais, je suis quand même inquiète. Mary adore sa fille, pour ce que j'ai vu quand elle est venue. Elle doit avoir de sérieux problèmes pour te la confier. D'autant que depuis que… Enfin, tu n'as jamais vraiment eu la fibre familiale.

Léonie m'a jeté un regard de victoire. Visiblement, à part moi, tout le monde est persuadé que Mary court un véritable danger.

– Il va falloir qu'on rentre, tante Martha. Tenez-moi au courant si vous apprenez quelque chose.

– Mais vous n'avez rien mangé et je n'ai pas encore interrogé le grand bol !

– Merci, mais on doit partir. Vraiment. On reviendra.

– Comme tu veux.

Nous disons au revoir à tante Martha et reprenons Zoé pour l'installer dans la voiture. Nous restons silencieux pendant une partie du trajet, chacun ruminant ses pensées. C'est Léonie qui brise le silence :

– Jesse ?
– Hum ?
– Depuis tout à l'heure, je me demande…
– Oui ?
– C'est quoi le grand bol ?
Le fou rire qui nous emporte en même temps ne nous lâche plus jusqu'à l'hôtel, comme un vent bienfaisant balayant toute la tension accumulée.

***

– Je peux comprendre que ta sœur n'ait pas confié Zoé à ta tante. La crainte du biberon de sauterelle, je suppose ! Mais il y a tout de même un truc étrange dans tout ça.
Léonie continue la conversation en donnant son dernier biberon à Zoé avant qu'on ne la couche.
– Si tu trouves quelque chose de normal dans cette histoire et en particulier chez tante Martha, je suis preneur…
– Je ne parle pas de ses amuse-gueules. Sans compter qu'on n'a même pas ouvert les boissons ! Ça devait être au minimum du jus de crotale ou un smoothie aux testicules de sanglier ! Pour l'énergie, j'imagine.
J'éclate de rire.
– Je vois que tu viens de comprendre ce qu'on a vécu à chaque repas quand tante Martha s'est occupée de nous. À sa décharge, elle avait aussi de la nourriture « normale », dont Mary a emporté une bonne partie en s'en allant d'ailleurs. Une raison de plus pour que je lui en veuille, tiens !
– Non, ce que je voulais dire… La chose étrange et sur laquelle je n'ai pas tilté tout de suite, c'est qu'elle avait un

parc avec des jouets pour Zoé, et je ne me souviens pas que tu lui aies dit qu'on venait avec elle. Et puis, elle était aussi plus ou moins au courant pour moi, souviens-toi, quand tu l'as appelée… Je pense que la Pythie qui te tient lieu de tante ne nous a pas tout dit.

La remarque de Léonie me trouble.

– Tu as raison. Tu penses qu'il faudrait retourner la voir pour en savoir plus ? Pas aux heures des repas en tout cas, trop dangereux !

– C'est dommage parce que la Pythie vient en mangeant, comme chacun sait, mais on évitera tout de même, je suis d'accord.

– Oh, mais c'est drôle, ça ! Elle vient de loin, celle-ci. Allez, donne-moi cette enfant que je la couche avant que tu ne la contamines avec tes jeux de mots antiques.

Je prends Zoé dans mes bras et la porte jusqu'à son petit lit. Ma nièce. Elle me regarde fixement dans les yeux. Je revois ceux de sa mère, et l'émotion me gagne de nouveau. Tant d'années à mettre tout ça de côté pour que ça vienne m'exploser de nouveau à la figure par le biais de ce petit corps si léger, si fragile et déjà pourtant si solide. Je la papouille un peu en faisant tout de même attention à ce que personne ne m'entende et je retourne dans le salon où Léonie m'attend dans la même position que tout à l'heure. Prête à recommencer là où nous nous étions arrêtés avant le coup de fil d'Eva ?

– Et si M. Franklin venait retester mes lèvres ? Après avoir jeté son portable à l'autre bout de la suite si possible…

Prête, donc.

– Aucun portable ne vibrera plus ce soir. Promis.

– Eh bien, faisons donc vibrer tout le reste.

Je replonge enfin dans les bras de Léonie. Plus besoin de réfléchir, je suis simplement là où je dois être, pour être ce que je suis. Je suis traversé par des émotions de plus en plus fortes. J'ai envie de me perdre dans son odeur, dans sa chaleur, tout oublier. Nous sommes assez vite presque entièrement nus. Mes caresses se font de plus en plus précises, appuyées. Léonie soupire, m'embrasse, me touche.

– J'ai envie de toi.

– Moi aussi.

– Va chercher un préservatif.

– Oh ! Non… J'avais oublié. J'ai utilisé le dernier hier…

Nous restons un moment comme stupides, encore dans l'aura de ce que nous attendions tous les deux et qui ne pourra pas aboutir. Nos corps et nos esprits prennent le temps de revenir un peu en arrière de ce qu'ils avaient déjà projeté. La tendresse et l'envie sont pourtant toujours là.

– On pourrait… s'en passer… la prochaine fois… si tu veux.

Léonie me regarde, un peu étonnée que la proposition vienne de moi, mais l'étonnement fait immédiatement place à un regard amoureux.

– Oui… J'en ai envie aussi. On pourrait tenter maintenant ? Je prends la pilule et j'ai confiance, mais…

– … il vaut mieux…

– … être sûrs…

– … oui…

Léonie me caresse doucement le visage, me donne de petits baisers. Je suis bien. Elle me lâche une de ses répliques dont elle a le secret :

– Bon, pas de compote, pas de capote, ça limite un peu les possibles pour ce soir.

– Au contraire, les contraintes attisent l'imagination et il nous reste encore beaucoup de choses à découvrir !

– Eh bien, Livingstone, je pense qu'il est alors temps de commencer l'exploration de mon continent avec les moyens du bord…

Je l'embrasse, recommençant nos préliminaires.

– Vous allez être surprise par les ressources qu'un explorateur inventif peut receler.

– Foin de vantardise, mais des actes ! Explorez, mon cher, explorez. Le monde s'offre à vous.

14
AIRE DE REPOS

Léonie

– Passe-moi donc cette merveilleuse confiture certifiée sans sauterelles, s'il te plaît, Jesse. J'ai une faim de loup !

– Tu sais Léonie, on n'est pas obligés de finir le plateau à chaque fois ! Sans compter qu'ensuite tu te plains qu'il ne reste pas de compote, ou je ne sais quoi d'autre, pour assouvir tes désirs les plus salaces…

– Mes désirs salaces dans lesquels tu es prêt à te rouler sans aucune retenue, je te le rappelle !

Nous sommes à la table du petit déjeuner depuis presque une heure, les yeux pétillants, engloutissant des tonnes de nourriture et nous amusant avec Zoé qui alterne son biberon avec des tests gustatifs issus des merveilles posées sur la table. Jesse l'a gardée sur ses genoux et semble ne pas se lasser de lui faire découvrir de nouvelles saveurs. Il s'est drôlement amélioré depuis son premier crash-test à la compote ! Quant à moi… je plane, je nage, je vole.

Quand tu passes la nuit plusieurs fois avec quelqu'un, que tu es encore heureuse de le découvrir au réveil, que tu le trouves aussi attirant que la veille et qu'en plus tu es attendrie de le voir simplement beurrer des tartines, je pense que tu as vraiment basculé dans ce qui pourrait devenir une histoire sérieuse. Il faut se rendre à l'évidence, c'est ce qui m'arrive avec Jesse ! Évidemment, si le petit déjeuner se fait systématiquement dans un palace, on peut se dire que ça aide à voir la vie en rose et à parer le bonhomme de toutes les qualités, mais, honnêtement, je ne crois pas que ça suffise. Par exemple, j'aime bien Akira, mais je ne suis pas sûre qu'il m'émoustillerait avec une biscotte à la main, alors que Jesse…

– Je pense que tu as une mauvaise influence sur moi, Léonie. Je n'avais jamais vu la compote sous cet angle avant de te connaître.

– Mais moi non plus… C'est ton corps de bête de sexe qui me fait venir des idées comme ça.

Jesse manque de s'étouffer avec son bout de croissant. On se regarde, complices, cherchant le jeu, l'étonnement, et savourant le bonheur d'être ensemble. Amoureux, quoi ! Si ce n'est pas ça, ça y ressemble drôlement en tout cas. Ça pourrait durer encore des heures, mais quelqu'un frappe à la porte de la suite, brisant le tableau idyllique et quasi familial de ce petit déjeuner.

– Tu attends quelqu'un ?

– Oui, je ne t'ai pas dit… À propos d'hier… notre discussion… J'ai pensé que ce serait plus pratique de faire venir une infirmière… plutôt que de se déplacer. Pour le test, quoi ! Comme ça…

– Comme ça, on aura uniquement à se préoccuper de la saveur de la compote. Eh bien, tu es rapide ! Je vais faire attention à ce que je dis du coup. Je ne voudrais pas me réveiller un matin sur une table d'opération parce que j'aurais annoncé la veille que je trouve mon nez pas très droit !

– Non, t'inquiète ! Ton nez, ça va. Je ne ferai venir quelqu'un que pour les gros chantiers.

Jesse se lève en riant, me passe Zoé et va ouvrir à l'infirmière venue nous faire le test HIV. J'ai pris l'annonce du test en plaisantant, mais j'ai tout de même eu un petit coup au cœur. Jesse semble vouloir qu'on avance ensemble. Il change. Il a l'air d'avoir vraiment envie qu'on continue, comme moi. Je parlais d'une histoire sérieuse ? On dirait, non ?

***

L'infirmière est partie avec un peu de notre sang. Elle aurait pu faire un diagnostic rapide avec une simple goutte, mais Jesse a tenu à faire les choses dans les formes. À la Jesse ! Notre sang va être analysé à fond ! Je n'ai aucun doute sur le résultat, mais je ne sais pas pourquoi, c'est certainement idiot, je pense que ça nous « libérera » de quelque chose. C'est un peu comme un passage, une étape initiatique. Ensuite, on peut entamer une autre partie du voyage.

Je suis en train de penser à tout ça en jouant à « Attrape ton doudou » avec Zoé quand Jesse me donne des informations sur l'organisation de sa soirée. Certainement celle dont Henry a parlé à Coney Island.

– Je vais être pris ce soir et je ne sais pas à quelle heure ça va se terminer. Il y a une énorme soirée, hyper importante avec des entrepreneurs indiens. Si je fais des affaires avec eux, c'est le jackpot !

– Ils sont dans les casinos ?

– Toujours aussi vive ! Non, ils ont des entreprises de textile et de matériel informatique dans tout le sous-continent, et leurs boîtes sous-traitent pour des consortiums dans lesquels j'ai déjà des actions. Si je peux leur faire encore baisser les coûts de la main-d'œuvre là-bas, je gagne sur les deux tableaux.

Je devrais me taire, mais le petit goût amer qui commence à me venir à l'idée de rester seule ce soir et la désinvolture de Jesse par rapport à des ouvriers certainement pauvres qu'il ne rencontrera jamais et dont il ne va pas arranger le sort m'incitent à lui répondre.

– Tu veux dire sur le tableau des Indiens qui crèvent la dalle et sur celui des ouvriers d'ici qui vont se faire virer ?

Jesse accuse le coup, un peu surpris.

– Eh bien ! Je constate qu'il a suffi que tu approches Mary une fois pour être contaminée. Je ne pensais pas qu'un simple contact puisse transmettre le virus. Ceci dit, tout cela est plus compliqué que tu ne le dis, et puis mes jeux sur les tableaux ne te gênent pas quand ils te permettent de prendre ton petit déjeuner dans le plus grand palace de New York !

Touchée !

– OK ! Un point partout, la balle au centre. Ce n'est certainement pas le moment, mais j'aimerais bien qu'on en parle à l'occasion. Je te signale que même si mes petits déjeuners se sont largement améliorés, et je t'en remercie, je reste encore chauffeur de métier, et donc plus proche de tous ces gens qu'on ballotte au gré de décisions sur lesquelles ils n'ont aucune prise. Si tu réfléchis et que tu les vois comme des milliers de Léonie ou de Simon, ça change un peu la donne, non ?

Touché !

– Hum… Je ne sais pas. Je fais des affaires, des gros trucs, et j'ai travaillé pour obtenir tout ça. J'ai sacrifié des choses, beaucoup, et je travaille toujours. Je ne peux pas penser à tous les individus qui peuplent la planète, non ? J'avance.

– Tu avances et puis un jour tu tombes sur ta nièce, une femme chauffeur qui te plaît et tu es tout de même obligé de t'arrêter un peu pour regarder dans le rétroviseur voir s'il n'y a pas quelque chose qui cloche à l'arrière.

Jesse s'approche de moi, un peu remué tout de même.

– Léonie, une chose est sûre dans ce que tu dis, c'est que tu me plais. Pour le reste…

Il m'embrasse, et je suis assaillie par des sentiments contradictoires. Je sens qu'il est sincère, mais ce que l'on vient d'évoquer est une vraie question. Je ne voudrais pas que ça détruise tout. Et je sais aussi que je l'ai attaqué là-dessus parce que je vais me retrouver sans lui ce soir, avec Zoé, que ça remue en moi des images de femme au foyer et que j'ai toujours voulu être libre… Voilà que je me mets à être déçue de ne pas passer la soirée avec « mon homme » et que, en plus, je garde la petite.

Léonie, pilote de course indépendante, laisse-moi rire !

Nos bouches se séparent.

– Pour le reste… on verra, mais ne crois pas que tu vas t'en sortir comme ça, parce que tu embrasses comme un dieu !

– Je n'en attends pas moins de toi ! Tu comptes faire quoi

ce soir ?

C'est ça, remue la tronçonneuse dans la plaie !

– Je devais passer voir Simon de toute façon. Je verrai. Je laisserai peut-être Zoé à Jenny un moment…

Et je prendrai le temps de racheter quelques boîtes de Purjabid !

– Parfait ! On fait comme ça.

Zoé s'est endormie, gavée de nourriture, quand mon portable sonne en affichant le nom de Jenny. Ça me paraît encore bien tôt pour elle ! Ça doit être important. Elle a peut-être des infos sur Mary.

– Oui, Jenny, déjà debout ?

– Mata Hari n'a pas d'heure !

Je me doutais que c'était lié…

– Tu as l'air ravi ! Tu as trouvé quelque chose ?

Jesse s'assied à côté de moi en attendant les nouvelles.

– Oui, avec John ! J'ai fait mine de m'intéresser à la manière dont la police fait ses recherches et puis j'ai glissé le nom de Mary l'air de rien pour faire un test dans leurs machines…

– John, c'est ton flic ?

– Oui.

– Et alors ?

– Bah… C'est du lourd, ta Mary. Elle est fichée à la CIA et au FBI comme hacker, et c'est une candidate sacrément balèze visiblement. Ils n'ont jamais pu la coincer, mais ils savent qu'elle a trouvé des accès à des fichiers classés top secret et qu'elle serait capable d'y mettre un beau merdier.

– Nooon… La vache !

Jesse me regarde, vaguement inquiet et impatient.

– Attends, ce n'est pas fini ! Elle a traîné avec un type qui s'appelle Handerson… Bouge pas, je retrouve, il a un nom à coucher dehors… Thaddeus… C'est ça, Thaddeus Handerson. Par contre, lui, il s'est fait serrer et n'a pas l'air très fréquentable. Il était plutôt sur des magouilles autour de fichiers de banque.

– Mais dis donc, tu t'es mise à parler comme dans les séries ! On dirait Mike Hammer !

– Ouais, c'est cool, hein ? Je trouve que ça me donne un air plus pro tout de suite. Peut-être que je devrais ouvrir une agence de détectives. Qu'en penses-tu ?

– Je pense que t'es dingue, mais tu as fait du super-boulot !

– C'est mon job, *baby*. À vot' service !

– Bon, je vois, je te laisse redescendre ; tu m'as l'air un peu grimpée, là ! Je vais informer Jesse. Je te rappelle plus tard. J'aurai peut-être encore besoin de toi.

– Agence Jenny, le renseignement sans ennuis ! C'est pas mal comme slogan, non ?

– Et pourquoi pas « Jenny's Angels » pendant que tu y es ! Tu as assez de types sous la main pour créer les « drôles de mecs ».

– Mais c'est génial !

– OK ! Je te laisse. Bises.

– Bises. Gé-nial !

Je raccroche en me disant que Jenny n'est décidément pas banale et peut-être tout de même véritablement frappée. Je fais un rapide compte rendu à Jesse, qui appelle Henry sur-le-champ.

– Salut Henry, pourrais-tu pister un type qui s'appelle Thaddeus Handerson ? Il a l'air lié à Mary et a fait de la prison comme hacker… OK ! Super !

Jesse hoche la tête, puis prend un air gêné et me jette un œil en biais.

– Non, non, laisse tomber, je vais me débrouiller… Non, je te dis ! À ce compte-là, je préfère venir seul… Bah, si ça ne se fait pas, ça se fera pour cette fois…

Jesse s'est assis et se tortille en répondant à Henry :

– Oui… Bon… N'insiste pas ! Je vais trouver une solution… C'est ça, fais le malin ! Allez, à ce soir !

Il raccroche et me regarde intensément, visiblement en pleine réflexion.

– Qu'y a-t-il ? Tu penses à l'opération de mon nez ou tu as trouvé un chantier plus gros pour demain ?

Il revient à lui.

– Non, non ! Est-ce que… tu voudrais venir à la soirée avec moi ?

– Bah… c'est… que…

– Bon, ce n'est pas grave ! Tu devais voir ton frère, je comprends…

– Mais non, non, je peux venir… C'est juste que… Je ne m'y attendais pas… Mais oui, avec plaisir ! Je te suivrai partout, tu le sais bien, même à une réunion d'affreux exploiteurs capitalistes.

– Mais… Léonie, tu sais que JE suis un de ces affreux exploiteurs capitalistes.

Jesse me lance un sourire ironique.

– Je sais et je compte bien pouvoir commencer mon travail de sape de l'intérieur.

– Hum… Je ne suis plus sûr que ce soit une si bonne idée que ça de t'emmener…

– Il faut savoir vivre dangereusement, M. Jesse Franklin !

Il m'enlace tendrement.

– Je te tiendrai à l'œil alors. Mais que fait-on de Zoé ?

– Jenny ? Peut-être ta tante ? Elle est aussi flinguée que Jenny dans un autre genre, mais elle a l'air mieux équipé en matériel pour bébé.

– Va pour tante Martha. Je vais l'appeler, mais Simon… Tu ne devais pas le voir ?

– Mmm… Je le verrai une autre fois.

Je crois que j'ai piqué un fard en bottant en touche. J'espère que ça ne s'est pas vu.

– Oh ! Oh ! Réponse en mode écarlate ! Tu me caches quelque chose ?

Vue !

– Non, non…

– Pas crédible !

– Mais non, rien, je t'assure…

– Pas crédible non plus !

– …

– Allez, lâche le truc. Tu devais voir Simon pourquoi ? À moins que ce ne soit pas Simon que tu devais voir mais un autre homme ? Je vais finir par être jaloux.

– OK, mais je te le dis si tu me dis avec qui tu devais aller à la soirée. J'ai cru comprendre que je n'étais pas le premier choix.

– Mais… Non… Que vas-tu imaginer ?

– Pas crédible !

– Mais je t'assure…

– Pas crédible non plus !

On éclate de rire en même temps.

– OK ! OK ! Henry avait fait appel à une escort pour m'accompagner. On ne peut pas arriver seul dans ce genre de soirées.

– Une escort ??! Tu couches avec des escorts ??!

– Bah voyons ! Généralement Henry m'en envoie deux ou trois, je les culbute dans le couloir pour voir celle qui tient le mieux et après, je garde la plus solide qui finira la soirée épuisée sous mes assauts sexuels.

Il est sérieux ?

– Tu plaisantes ?

– Évidemment, je plaisante ! Elles sont payées pour sourire et tenir une conversation intelligente avec les invités. C'est à peine si je les vois.

– Mmm… Je ne sais pas si c'est beaucoup plus valorisant…

– Ça m'aurait étonné d'obtenir un bon point dans tous les cas ! Mais passons… Et ton petit secret ?

– À peine plus reluisant ! Je voulais voir Simon pour m'assurer qu'il ne pourrait pas reprendre le travail et, si besoin, l'aider de nouveau à rester scotché chez lui.

– L'aider ? C'est-à-dire ?

– Disons que je n'avais pas de virus de la grippe à lui inoculer, alors…

– Alors ?

– Alors j'ai mis une boîte de laxatifs dans son thé…

J'ai un peu honte de l'avouer, mais Jesse éclate de rire après avoir eu une seconde de surprise.

– C'est pas vrai, mais tu es un danger public en fait ! Pauvre Simon ! Je te propose qu'on trouve une meilleure solution pour la suite.

– Oui, oui. De toute façon, il avait pris un peu de poids.

– C'est ça… Allez, l'empoisonneuse, réfléchis à la robe que tu veux mettre et prépare-toi. On passera chez un bijoutier avant d'aller à la soirée…

– Ah bon… Je… OK ! J'y vais.

Un bijoutier ?

Je suis prise dans un tourbillon. Je ne sais plus trop quoi penser, mais j'ai tout de même hâte.

– Ah non, Léonie, attends !

– Quoi ?

Il a changé d'avis ? Une escort fera l'affaire ?

– Je vais quand même aller vider la pharmacie de la salle de bains avant que tu n'y ailles. On ne sait jamais ! Je ne voudrais pas que mes futurs associés passent la soirée dans les toilettes ou s'endorment tous en même temps, voire pire…

– Mais… Je vois que la confiance règne… Ceci dit, tu fais bien, mais ça ne te servira à rien. J'ai des capsules de poison cachées un peu partout sur le corps.

– Dans ce cas… Je n'ai pas d'autre solution que de les découvrir. Maintenant !

Je me sauve et il me poursuit dans la suite. Je pense que je vais le laisser me rattraper. J'ai bien envie qu'il me cherche quelques capsules. Et comme elles n'existent pas, ça risque de lui prendre un bon moment ! On a encore pas mal de temps avant la soirée des exploiteurs, autant en profiter !

15
VENT LATÉRAL

Léonie

Jesse a effectivement fini par me rattraper. Il n'a trouvé aucun poison sur moi. Il a pourtant cherché les capsules avec soin, c'est le moins qu'on puisse dire ! Je ne pensais pas cela possible, mais ce court laps de temps où nous n'avons plus de préservatifs et où les résultats des tests ne sont pas encore arrivés nous permet des découvertes… fascinantes. Je me demande presque si je ne vais pas le regretter quand l'attente sera terminée. Pour l'instant, le problème est tout autre. Je fais face à la penderie dans laquelle me défient les plus belles robes du monde et, évidemment, je n'arrive pas à choisir. Un tas de Chanel parsème déjà le lit, quelques Dior le rejoignent. J'ai l'air malin avec mes critiques sur les capitalistes. J'en suis là de mes réflexions quand Jesse déboule dans la pièce, déjà prêt.

– Léonie ? Nooon… J'ai appelé tante Martha, on doit déposer Zoé chez elle, passer te prendre des bijoux et tu es encore à moitié nue ! Qu'est-ce que tu fais ?

– Bah, justement, j'essaie de m'habiller, mais comme c'est la première fois que je vais à une soirée de milliardaires, la seule chose que je sais c'est que je ne peux pas y aller en culotte avec les seins à l'air, ni en costume de chauffeur. Pour le reste… La robe rouge, ça va faire communiste, la blanche, communiante, la jaune, Titi chez les gros minets…

– OK ! OK ! N'en jette plus ! Mets la noire, la Saint Laurent, là. C'est classique et elle tombe bien.

– Tu crois ?

– J'en suis sûr ! *Move* ! Tu vas être superbe. Allez, je vais préparer Zoé. Dépêche-toi ! On part dans dix minutes.

– Dix minutes !!?

– Douze, mais c'est ma dernière offre.

Parfois, la contrainte oblige. J'enfile la robe qui me va comme un gant et me glisse dans des escarpins aux talons pas trop « escarpés » qui feront l'affaire. Je me regarde dans le miroir de l'armoire.

Est-ce bien moi ? Léonie Caravaggio, passionnée de courses de voitures, pilote, prête à arracher les yeux au moindre macho qui me cantonnerait dans un rôle de « femme » ?

Je me retrouve dans une robe de soirée digne de la remise des Oscars avec l'impression de regarder une autre que moi dans le miroir. L'habit ferait la nonne ? Non, je suis toujours la même.

Je retrouve Jesse dans le salon onze minutes et trente secondes après son passage éclair. Heureusement que je m'étais déjà maquillée ! Il est accroupi devant Zoé, installée dans son cosy. Tout le monde est prêt. Il se tourne vers moi.

– Décidément… Tu m'étonneras toujours !

– Quoi ? Tu ne pensais pas que j'arriverais à enfiler une robe en dix minutes, en la mettant à l'endroit, en plus ? Tu sais, une fois qu'on a repéré où passer la tête et les bras, le reste suit.

Il se lève et me rejoint. Il a les yeux qui brillent. Ses yeux sans fond qui m'ont tant frappée lors de notre première rencontre et que je ne me lasse pas de redécouvrir à chacun de ses regards. Il pose ses mains sur mes hanches, admiratif.

– Tu es tout simplement merveilleuse. On dirait que chaque robe que tu mets a été cousue sur toi.

– Il faut croire que je suis née avec un corps pour robes de luxe sans le savoir ! Moi qui pensais passer ma vie en salopette dans un garage…

– Je regarderai tout de même s'il n'y a pas de salopettes chez Chanel.

– S'il te plaît, je rêverais de démonter un moteur en salopette Chanel !

Nous nous embrassons tendrement. C'est à chaque fois aussi doux et aussi fort.

– Allez, en route ! On passe chez tante Martha, puis chez Van Cleef and Arpels et ensuite on file au *Waldorf*.

– En toute simplicité, quôaaa ! C'est parti.

Jesse s'arrête net, comme foudroyé.

– Mince !

– Quoi ? Tu préfères finalement que j'enfile une salopette ?

– Non, je n'ai pas pensé à demander un chauffeur… Tant pis… Je vais conduire jusque chez tante Martha et je vais en demander un pour après.

– Je peux conduire.

– Non, mais tu ne vas pas…

– Quoi ? La longueur de mes jambes ne change pas suivant les vêtements que je porte, et je ne pense pas qu'une robe Saint Laurent m'empêche d'atteindre les pédales !

J'ai l'impression qu'une grande lassitude tombe soudain sur les épaules de Jesse. Il me regarde comme s'il venait de découvrir que je pense que la terre est plate et qu'il va devoir m'expliquer rapidement qu'elle est ronde.

– Mais… On va à une soirée…

– Je sais.

– Léonie… Ça ne se passe pas comme ça…

– Avec moi, si. Pas question que je me fasse conduire par un chauffeur !

Je vois le monde de Jesse qui s'écroule devant ses yeux, mais il ne va pas le laisser partir comme ça.

– On ne vient pas à ce genre de soirées en conduisant sa voiture, c'est tout !

– Un chauffeur ne se fait pas conduire par un autre chauffeur, même en robe de soirée, c'est tout !

– Ce soir tu n'es pas chauffeur, compris ?

– Chauffeur un jour, chauffeur toujours, compris ?

Jesse est à bout d'arguments.

– Et mon image de marque ? Qu'est-ce que je vais dire à mes invités s'ils nous voient arriver avec toi au volant ?

– Tu es milliardaire, tu es forcément excentrique ! Et c'est la dernière mode à New York ! Qui osera te contredire ?

Jesse prend un temps d'arrêt.

– Mais, dis-moi… Personne n'a jamais pensé à t'étrangler ou un truc comme ça, pour être tranquille, une fois pour toutes ?

– Si, tout le temps, mais comme à chaque fois que ça devrait se concrétiser, c'est à un moment où on est super en retard, je m'en tire.

– Jusque-là ! J'essaierai donc de me souvenir de ces merveilleux instants que tu me fais vivre à un « moment » où j'aurai le temps de te tuer.

Jesse attrape le cosy de Zoé à toute vitesse et se précipite vers la porte. J'en conclus qu'on est en route pour aller chez Martha.

***

L'arrivée chez sa tante a été un peu moins difficile que la première fois. Jesse est plus détendu, mis à part la digestion un peu difficile concernant ma place au volant, mais Martha est tellement contente de nous revoir et de s'occuper de Zoé !

– C'est merveilleux ! Je suis ravie de la garder. On va bien s'amuser, hein, Zoé ?

Zoé gazouille. Elle a l'air de bien apprécier Martha. Elle est vraiment facile cette enfant ! Elle donnerait envie d'en avoir cinq ou six d'un coup, pourvu qu'ils soient comme elle !

– Merci de nous rendre service, tante Martha. Par contre, vous ne lui faites danser aucun organe et vous évitez les sauterelles ! Elle est encore petite.

– Ne t'inquiète pas Jesse, je ne suis pas folle ! À cet âge-là, elle n'a droit qu'à la mousse de fourmis.

– Quoi ?!?

Martha éclate de rire. Je me dis que le personnage est peut-être moins barré et plus complexe qu'il en a l'air.

– Je te fais marcher, Jesse. Partez sans crainte ! Zoé est

entre de bonnes mains.

Jesse retrouve quelques couleurs mais semble tout de même un peu dubitatif. J'accélère le départ.

– Merci Martha. Je reviendrai la chercher demain. Allez ! On est partis, Jesse.

– Au revoir les enfants. Amusez-vous bien. Tu es magnifique Léonie !

– Merci !

On retourne dans la voiture, direction Van Cleef.

– Elle commence à me plaire, ta tante.

– Je me doute. Dès que quelqu'un est susceptible de me rendre dingue, j'ai l'impression que tu vas le trouver forcément sympathique.

– Rooo... C'est bon, Calimero !

– Démarre, si tu ne veux pas que je t'écrase sur le crâne ce qu'il me reste de coquille.

Je tourne le contact au moment où mon téléphone vibre. Un SMS.

[Soyez prudents. Vous êtes surveillés.]

Mon sang se glace. Je relève la tête pour voir si quelqu'un est dehors, mais la rue est vide. Forcément. Réflexe idiot. Je me doute bien que l'auteur du SMS n'allait pas se retrouver sur le trottoir d'à-côté, ni qu'un type allait nous épier avec des jumelles en face du pare-brise, mais je n'ai pas pu m'en empêcher. C'est la voix de Jesse qui fait retomber ma peur d'un cran. Un tout petit cran.

– Qu'est-ce que c'est ? Ça va ? Tu es toute blanche. Une mauvaise nouvelle ?

– Regarde.

Je lui tends mon téléphone avec le SMS anonyme, en

essayant de ne pas trop trembler.

– Mmm… c'est une pub, un teasing. Tu vas recevoir la suite demain ou même avant. Tout le monde fait ça maintenant…

– Jesse… Je ne suis pas tranquille. Ce n'est pas de la pub. Il se passe trop de choses étranges autour de ta sœur… Je ne t'ai pas dit, l'autre jour, à Coney Island… Je suis certaine que quelqu'un a fouillé la voiture et…

– Léonie…

Il me pose la main sur la joue, rassurant.

– Tu te fais des idées. Qui pourrait t'envoyer ça ? Sérieusement ? Et pourquoi ? Arrête et ne t'inquiète pas. Au pire, c'est une mauvaise blague…

– Une blague ? Tu ne penses pas que Mary essaie de nous prévenir d'un danger, plutôt ?

– Mais non ! Quel danger ? Et pourquoi ne pas le décrire dans ce cas ? C'est un truc bidon, je te dis. Allez, démarre.

Jesse s'est fait tout tendre. Croit-il vraiment ce qu'il dit ou raconte-t-il ça pour me rassurer ? Si c'est le cas, ça n'a pas vraiment marché ! Je n'arrive pas à prendre ce message à la légère, mais j'y ai tout de même gagné quelque chose : il a complètement oublié que je conduisais et que ça ne lui paraissait pas normal il y a à peine une heure. C'est déjà ça !

En route ! Projets à court terme : bijoux, soirée et tentative de fin d'angoisse.

***

– Dépêchez-vous de prendre la voiture. J'ai connu le service du *Waldorf* plus rapide !

– Bien monsieur. Tout de suite monsieur.

Le type s'exécute sans demander son reste. J'ai fait la fière jusque-là, mais quand le voiturier a vu sortir le chauffeur de la Rolls en la personne de ma pomme, en robe Saint Laurent avec des boucles d'oreilles en diamant, je l'ai vu tiquer tout de même et je me suis sentie stupide. J'ai soudain ressenti combien tout cela n'était pas mon monde, mais celui de Jesse, qui retrouve immédiatement ses repères quand il y est projeté. Il était contre le fait que je conduise, mais, à l'arrivée, c'est lui qui a assuré. Sa petite phrase lancée en public avec son autorité indiscutable a rendu bien réelle ma réponse têtue de tout à l'heure. En quelques mots et une intonation, Jesse a rappelé qui était le patron. Sous-texte : « Ça vous étonne qu'elle conduise ? Mais vous êtes débile mon vieux, tout le monde fait ça ! Vous êtes en retard de plusieurs siècles. Allez me ranger la bagnole vite fait, vous avez déjà perdu du temps. » Impressionnant ! Et il m'a prise par la taille le plus naturellement du monde pour rentrer au *Waldorf Astoria*.

– Détends-toi et profite de la soirée ! Tu es superbe.

– Merci.

Je suis superbe ? Je ne sais pas. Tout est gi-gan-tesque. Il y a une foule de gens, tous plus élégants les uns que les autres. Je ne sais plus si ma robe me va. J'ai l'impression que tout le monde regarde les boucles d'oreilles que Jesse m'a offertes en se demandant pourquoi de telles beautés sont accrochées à quelqu'un comme moi. Il y a des petits démons qui me tournent autour de la tête en hurlant : « Imposteur ! Imposteur ! » J'espère que personne ne les voit.

Nous sommes à peine rentrés que quelqu'un se précipite sur Jesse.

– Ah ! Bonsoir M. Franklin, je vous attendais. Il faut absolument que je vous présente le directeur d'ITD Incorporation !

– Bonsoir M. Jameson. Je vous présente Léonie Caravaggio, mon amie.

– Enchanté mademoiselle, vous êtes magnifique.

– Merci.

– Je te laisse, Léonie. On se retrouve plus tard.

Jesse s'éloigne après m'avoir embrassée dans le cou.

« Mon amie », un baiser en public... Je crois que je vais aller me saouler au champagne !

Je me suis collée à une table remplie de coupes en essayant de prendre l'air le plus naturel possible, et c'est une parfaite réussite ! J'ai l'impression d'avoir la grâce et la prestance d'un poulpe qui serait venu s'échouer au milieu de la galerie des Glaces de Versailles. Encore heureux que je n'en dégage pas aussi l'odeur ! Mais je suis stupide, Jesse m'a dit d'en profiter. Tout ici est fantastique. Je reprends un verre et mon courage à deux mains et je me lance dans la traversée de la salle. Et j'ai bien fait ! J'aperçois enfin quelqu'un de connu. Henry se dirige vers moi, toujours classe, même dans un smoking identique à tous les autres, enfin, à mes yeux. Il ne m'a pas encore vue. J'avance vers lui en préparant mon plus beau sourire avec un soulagement certain quand un homme s'approche d'Henry et le fait dévier de son chemin en le prenant par la taille après... l'avoir embrassé furtivement sur la bouche !

Avec seulement deux verres ingurgités, même un poulpe n'est pas assez bourré pour avoir des hallucinations ! J'ai VU Henry smacker le clone de Johnny Depp, et quelqu'un en a profité pour souder mes escarpins au sol. Je suis scotchée !

Il fait ce qu'il veut… Mais Eva, elle sait ? Comment lui dire ? Et Jesse ? C'est son meilleur ami après tout…

– Oh ! Léonie ! Je suis très heureuse de te revoir !

Le poulpe tourne sa grosse tête trop lourde vers la voix qui vient de résonner. C'est Eva, souriante. Je tente un décollage partiel de mes tentacules pour me placer en face d'elle et jette un dernier regard à Henry et Johnny, mais ils ont déjà disparu. Eva n'a rien vu.

– Ah ! Eva ! Ça me fait très plaisir aussi.

Le poulpe a réussi à parler. Ça devrait pouvoir encore s'améliorer pour la suite de la conversation.

– Jesse t'a dit ? Je suis vraiment désolée pour l'autre jour. Henry ne m'avait informée de rien.

Il est possible qu'il y ait d'autres choses dont il ne t'informe pas.

– Il avait promis à Jesse de rester discret, mais là, je pense qu'il a voulu s'amuser à nos dépens. Enfin… C'est Henry !

– Oui, c'est Henry. À ce propos…

– … Quand on parle du loup !

Henry débarque au moment où je me demandais si je devais parler à Eva. Il l'embrasse tendrement sur la joue et se tourne vers moi.

– Tu es vraiment resplendissante, Léonie. La soirée te plaît ?

– Merci. Oui, elle est très… gaie, non ?

– Heu… Oui, on peut dire ça.

– Toutes les femmes ont des robes magnifiques, et les hommes sont très élégants aussi, un peu comme JOHNNY DEPP en smoking.

Henry fait semblant de ne pas saisir et Eva, elle, ne saisit pas, évidemment.

– Oh ! Tu sais, tout le monde paraît élégant en smoking, Johnny Depp compris, je suppose.

– C'est sûr ! Il doit même plaire aux hommes, Johnny Depp, en smoking, non ?

Henry continue à faire le malin et me regarde avec un air parfaitement innocent... Balèze !

– Oui... Certainement... Je ne me suis jamais posé la question à dire vrai...

Tiens donc ! Tu m'en diras tant...

– Je vois que vous vous êtes retrouvés !

Jesse nous a rejoints, empêchant mon enquête et la révélation du pot aux roses, mais je n'ai pas dit mon dernier mot. La conversation s'envole vers d'autres cieux, et la soirée continue.

Je crois que je vais VRAIMENT me saouler au champagne !

***

Finalement, je n'ai pas bu tant que ça. Il fallait que je conduise, et puis je voulais avoir les idées claires pour suivre les frasques d'Henry. J'ai passé la soirée à l'apercevoir, ici avec Johnny, là avec Eva, toujours décontracté, à l'aise, hyper tranquille quand on se retrouvait tous ensemble (Johnny Depp en moins, évidemment !). Gonflé le gars ! Et en public, en plus !

De retour dans la voiture, j'essaie d'en parler à Jesse.

– Ils sont ensemble depuis longtemps Henry et Eva ?

– Trois ou quatre ans, je crois.

– Tu as connu Henry avec… quelqu'un d'autre ?

– Mmm… Quand on était plus jeunes…

Mais le téléphone que Jesse vient de rallumer vibre, l'empêchant de poursuivre sa réponse. Il lit le SMS en souriant.

– On est négatifs.

– Je ne trouve pas. Je me suis trouvée très positive ce soir, au contraire ! Parce que franchement…

– Mais non, tu es bête… On est négatifs, HIV négatif ! Je viens de recevoir les résultats.

On se regarde. Pas besoin de parler pour comprendre le mélange d'émotions et de désir qui nous envahit en même temps. J'oublie Henry, le poulpe…

– J'accélère ?

– J'allais te le demander.

Nos esprits ne sont plus tournés que vers le retour à l'hôtel. Nous savons tous les deux que nos corps nous y attendent déjà. Ils n'ont plus besoin de protection. Désormais, nous sommes vraiment à nu.

La route qui nous reste à faire pour arriver à l'hôtel se déroule sous la tension de tous nos sens. J'ai l'impression que chaque pore de notre peau est relié par un réseau électrique, des milliers de signaux invisibles qui excitent notre désir sans même avoir besoin de nous toucher, simplement par la présence de l'autre à quelques centimètres. Savoir que, dans quelques minutes, nous allons nous enlacer et que plus rien n'empêchera le contact direct entre nos sexes provoque en moi des sensations décuplées. Je suis un animal en chasse. J'entends tous les bruits comme si on avait monté le volume. Je reconnais la moindre fragrance et je suis capable d'en donner l'origine ; je pourrais presque lui attribuer un goût. Je peux visualiser l'aura de Jesse qui vient se frotter à la mienne.

Je pousse la Rolls à la dernière limite de la vitesse autorisée. Si je m'écoutais, j'écraserais la pédale de l'accélérateur et j'arriverais en mode rallye à l'hôtel, arrêt au frein à main, mais j'ai l'impression que Jesse trouve que je vais déjà trop vite.

– Tu peux accélérer, mais j'aimerais bien pouvoir te faire l'amour encore en vie…

– T'inquiète, je ne vais pas te rejouer *Crash*. D'ailleurs, on est arrivés !

Au parking, nous apercevons la créature de Frankenstein qui a pris l'habitude de nous laisser passer sans nous arrêter. Pour un peu, je le trouverais presque beau, c'est dire si les phéromones me mettent en transe ! Nous entrons dans les sous-sols et la semi-obscurité entraîne Jesse vers le début des caresses. Il pose sa main sur mon bras et commence à l'enserrer par petites touches.

– Jesse… Attends un peu que je sois à l'arrêt. Sinon, je risque de me garer dans le coffre d'une autre voiture…

Il laisse sa main sur moi, mais arrête son mouvement et rit doucement. J'arrive à retrouver la place de la Rolls et me gare dans une brume de désir. Nous sommes à peine à l'arrêt, contact coupé, que nous nous précipitons l'un sur l'autre. Nous nous dévorons plus que nous nous embrassons. Nos dents s'entrechoquent, nos lèvres sont mordues, nos bouches se frottent comme si elles voulaient s'aspirer mutuellement. Nos mains viennent chercher le corps de l'autre avec frénésie, mais dans un désordre qui ne nous est pas habituel. Jesse m'avale. Il plonge son visage dans mon cou, me lèche, glisse sa langue dans mon oreille, me mordille, provoquant à chaque fois un frisson incontrôlable. Mes mains le cherchent. Je veux tout toucher en même temps. Je passe de sa cuisse à son torse, glisse sur son sexe déjà dur, entoure son visage… Jesse m'a saisi un sein et le palpe avec une force et une douceur incroyables. Il le lâche presque aussitôt pour se glisser immédiatement entre mes cuisses, écartant le tissu de la robe que j'ai mis tant de temps à choisir. J'essaie de reprendre mon souffle entre deux baisers.

– Jesse… Jesse… On est dans le garage…

Jesse semble soudain s'en rendre compte. Nous restons quelques secondes, haletants, nous fixant comme deux bêtes qui n'attendent que l'instant où elles pourront se lancer de nouveau l'une sur l'autre. Il n'y a pas un bruit dans le parking. À part nos souffles rauques, pas âme qui vive ! Jesse se tend encore davantage, aux aguets.

– Oui… Je… Il n'y a personne…

Je suis moi aussi à l'écoute du moindre frémissement extérieur qui signalerait un intrus. Je respire par saccades. La main de Jesse est restée posée à l'orée de mon sexe.

– Quelqu'un pourrait arriver…

Sa main se fait plus pressante ; il semble vouloir reprendre le combat. J'accuse la pression de ses doigts par un gémissement.

– Je ne sais pas… Peut-être… Je n'arrive pas à penser… J'ai envie de toi… maintenant ! On n'y voit rien là-dedans. Si quelqu'un vient, on aura le temps de s'en rendre compte. Je ne peux pas attendre.

Jesse semble à peine réaliser ce que nous faisons. Il est guidé par notre envie commune, qui a pris une intensité incroyable. Un peu comme si l'étroitesse de la voiture resserrait notre désir, nous écrasait sous sa pression en l'empêchant de se disperser. Jesse écarte soudain le tissu de ma culotte pour s'introduire dans mon intimité déjà ouverte, trempée par l'attente. C'est le signal pour la partie encore raisonnable de mon cerveau de rentrer dans sa niche et de ne plus en sortir. J'attrape le sexe de Jesse à travers son pantalon et me mets à le caresser pendant que ses doigts s'enfoncent en moi. Nos bouches se sont retrouvées.

– Viens… On va se mettre à l'arrière.

Avant que je n'aie le temps de comprendre le mouvement, Jesse s'est glissé de biais entre les deux fauteuils et m'attend sur la banquette arrière. Je prends le même chemin, de face, pendant qu'il sort son sexe. L'arrière de la Rolls nous laisse largement la possibilité de nous installer pour le voyage immobile que nous avons entrepris. Si la Rolls ne bouge pas, Jesse, lui, a l'air en transe, et je suis dans le même état. Le parking est éclairé par quelques lampes de secours, et l'arrière de la voiture est sombre. Le membre de Jesse se dresse dans l'obscurité, sortant du milieu de son corps de manière presque incongrue, blanc, tendu. Je l'ai pris dans ma bouche, et il apparaît et disparaît comme si c'était moi qui décidais de son existence à la lumière. Donner du plaisir à Jesse de cette manière m'excite. J'aime sentir ce mélange de dureté et de douceur dont je fais varier la taille au gré des caresses prodiguées par ma langue. Son sexe répond à chacune de mes sollicitations. Je ressens la moindre de ses pulsions dans la bouche et je l'imagine déjà entrer en moi.

– Embrasse-moi.

Jesse a chuchoté sa demande, moitié phrase, moitié soupir de plaisir. Je me redresse et prends sa bouche tout en gardant son sexe dans ma main. Il a sorti entièrement hors de ma robe le sein qu'il tenait tout à l'heure et semble vouloir en caresser le bout avec son membre. C'est moi qui exécute le mouvement. Je pose son gland encore humide sur mon téton et le titille jusqu'à ce qu'il soit aussi dur que la partie la plus sensible de Jesse. Je me penche de temps en temps pour le reprendre dans ma bouche. J'ai envie qu'il me pénètre tout de suite, de le sentir enfin en moi totalement, sans l'enveloppe de latex qui nous avait encore séparés jusque-là. Jesse semble avoir lu dans mes pensées, et sans que je lui dise quoi que ce soit, il se redresse et nous basculons ensemble. Je me retrouve assise face à lui pendant qu'il soulève et écarte mes jambes. Je m'enfonce au maximum dans le siège et vais coller mes escarpins sur le plafond de la Rolls. J'ai les jambes entièrement découvertes, deux longues taches blanches dans la lueur blafarde du parking. Le second éclair n'est autre que le sexe de Jesse, dressé lui aussi au milieu du noir de son costume. Un dernier point de clarté est apparu entre nous : ma culotte, glissée sur le côté pour laisser apparaître le triangle plus sombre qui attend de recevoir l'homme que j'aime.

– Viens. Doucement.

Jesse s'appuie d'une main sur le pilier formé par ma jambe, puis, de l'autre, écarte encore davantage ma culotte sans l'enlever. Je sens le tissu qui enserre une partie de mes fesses et de mon bassin pendant que l'essentiel de ce qu'il devrait couvrir est maintenant totalement offert. Jesse m'explore quelques secondes avec ses doigts, puis attrape son sexe et le pose délicatement sur mes lèvres entrouvertes. Nos regards se croisent. Son contact produit encore davantage de liquide en moi. J'ai presque la sensation que mon désir s'écoule et que seul le sexe de Jesse pourra le contenir et le satisfaire. Il ne me pénètre pas tout de suite et semble vouloir me redécouvrir entièrement, morceau par morceau, avant de se glisser en moi, comme si nous recommencions tout depuis le début, comme s'il fallait réajuster nos sensations pour en profiter encore davantage. Il caresse avec le bout de sa verge mon clitoris qui se dresse de plus en plus au fil du mouvement de va-et-vient imprimé par Jesse, parfois excité différemment par un mouvement latéral, appuyé et rapide. Puis il reprend le rythme régulier, descend au bord de mon vagin, sans y pénétrer, passant sur les parois de mes lèvres qui devinent la taille du membre qui les écartera bientôt. Jesse se penche pour m'embrasser, sans lâcher son sexe ni arrêter ses caresses. Il a l'odeur du cuir de la voiture, de nos parfums mélangés, du tissu de nos vêtements, et la légère amertume de la transpiration. Il a l'odeur du désir et du plaisir. Du sexe. Ce mélange vient agir comme un stimulus irrésistible, et ma main se précipite sur son membre pour commencer à l'introduire en moi. Jesse se laisse faire, me passe le relais. Ses deux mains sont venues s'arc-bouter de chaque côté de ma tête et c'est moi qui le guide désormais. Je passe une dernière fois son sexe sur les parois extérieures du mien et introduis son extrémité en moi. Nous prenons le temps, au milieu de la frénésie qui nous emporte. Comme si le risque de nous faire prendre dans cette situation n'avait aucune importance. Mais l'idée m'apparaît de nouveau, soudain.

– Jesse… Ce n'est peut-être pas…

– Chut ! Laisse, laisse faire.

Il m'emporte dans sa folie, et nous poussons le même râle

au moment où il me pénètre un peu plus. Même si la membrane des préservatifs est fine, la sensation du sexe à nu n'a pas d'équivalent. C'est la vie qui vient de rentrer en moi, la chair contre la chair, l'intimité poussée jusqu'à l'abandon. Plus rien ne nous sépare. J'ai entouré la tête de Jesse de mes bras. Nous sommes front contre front, alternant régulièrement baisers sur la bouche et sur le visage, pour l'instant reliés par le sexe de Jesse à peine entré. Le temps est suspendu. Puis, mon envie ne peut plus se contenir. Je donne un léger coup de bassin pour supplier Jesse de s'introduire davantage, entièrement, et de nous emmener vers la jouissance. Il me regarde et m'embrasse.

– Viens. Entièrement.

J'ai à peine prononcé la phrase dans un spasme qu'il se glisse intégralement en moi. C'est lui et c'est un autre ; je le redécouvre. Au moment où il entame son mouvement régulier, mon corps s'abandonne et m'abandonne. Je ne suis plus qu'une suite d'images, de sons, d'odeurs et de sensations. Chaque morceau qui me compose a une vie propre et m'envoie des flashs dont l'origine se tient dans celle du monde. J'ai le bout des seins à vif, les jambes tremblantes, le bassin électrisé par les décharges de plaisir à chaque impact de Jesse. Il va de plus en plus vite, de plus en plus loin. Je sais qu'il va jouir en moi, que je vais le laisser jouir en moi et que sa jouissance sera aussi la mienne.

Le rythme s'accélère. Jesse a une nouvelle fois trouvé la cadence juste, la nôtre, celle aussi de cet instant que nous n'avons pas réfléchi et qui nous a emportés à toute vitesse. Le désir était trop fort ; il traînait dans nos têtes depuis le SMS. Il va exploser dans quelques secondes. Je serre son sexe en moi, je sens toutes ses aspérités et j'en joue comme avec une seconde bouche qui serait reliée à tous les points nerveux de mon plaisir.

– J'ai envie de jouir en toi.

– Oui ! Viens.

– Tu es encore loin ?

– Non, c'est là, tout près.

La question de Jesse a encore rapproché mon orgasme. Il sait, je sais qu'il s'approche et que le gouffre nous engloutira dans quelques secondes à peine. Je le sens venir distinctement. Soudain, c'est le point de bascule. Nous sommes au bord. Le sexe de Jesse se gonfle en moi comme dans un effort ultime ; mon vagin l'enserre encore comme si je voulais arrêter l'inéluctable tout en le précipitant. Nous ne sommes plus qu'un. Nous sommes collés, indétachables. Jesse semble avoir arrêté de respirer et je n'entends plus mon souffle non plus. Nos bassins se frottent avec un minimum de mouvements, mais dans une intensité inégalée. Et soudain, c'est là, le vide. Nous sautons tous les deux dans un cri libérateur. Je me sens tomber. La chute me broie l'intérieur du corps et j'éclate. La déflagration redouble quand je sens Jesse exploser aussi en moi. Nous atterrissons au pied de la falaise, brisés, tous les membres fracassés, mais en vie, comme nous ne l'avons jamais été.

Petit à petit, nous reprenons conscience de l'extérieur, retrouvons nos membres, vérifions qu'il n'y a personne alentour. Nous sommes restés habillés, comme si pour cette première fois sans préservatif, il nous avait fallu concentrer toutes nos sensations en un seul endroit. Il fait toujours sombre, mais j'ai l'impression que nous sommes radioactifs et phosphorescents et que le monde entier pourrait nous voir à travers les murs du parking. Nous nous réajustons un peu et sortons de la voiture. Jesse m'enlace.

– Finalement, il avait raison ton frère. C'est vraiment idéal la Rolls !

– Pour être sûrs, il faudrait comparer. Tu ne m'as pas dit que tu avais sept ou huit voitures ici ?

– Sans compter que je peux en racheter…

– … et que mon père a un garage…

– L'avenir me semble radieux. En attendant, il y a l'ascenseur, le couloir, toutes les pièces de la suite…

– Tu n'es qu'une bête !

Nous nous dirigeons vers la suite avec une idée en tête : recommencer ce que nous venons de vivre et en profiter encore plus longtemps. Prendre le temps jusqu'à demain. Toujours.

16
STOP !

Léonie

Je suis confortablement installée sur un nuage moelleux réservé aux hôtes du Seigneur. Des angelots jouent de la lyre et chantent des *Gloriae* en me versant les meilleurs nectars. Mon corps est libéré de toute pesanteur et je suis éternelle, condamnée volontaire à la félicité. L'Amour m'enveloppe de son aura bénéfique, le bonheur n'a aucune limite et…

– Léonie, tu planes ou quoi ? Tu as mangé trop de pain au pavot ?

La remarque de Jesse ne me détrône pas, bien au contraire, même si je retrouve soudain la table réelle du petit déjeuner. Il est là à mes côtés. Le monde est parfait, idéal. Rien à demander de plus.

– Je suis heureuse, Jesse. Je suis bien. C'est tout.

Il me regarde, amoureux et attendri. Il est déjà prêt à partir à ses rendez-vous d'affaires, mais nous restons encore tous les deux entourés des effluves de la nuit.

– Moi aussi je suis heureux.

Le baiser que nous échangeons est passionné et tendre, chargé de tout ce que nous sommes déjà et de ce que nous allons devenir ensemble.

– J'y vais. À tout à l'heure.

– À tout à l'heure.

Jesse s'en va, me laissant pensive, envahie par des images de tout ce qu'il s'est passé depuis notre rencontre pour arriver à cette matinée. Je plane, c'est vrai, mais il va tout de même falloir que je m'active un peu.

Bon, allez, il faut que j'aille chercher Zoé ! Les angelots, vous rangez les lyres et les trompettes et puis vous me nettoyez tout ça, hein ? Moi, il faut que je redescende du nuage pour aller prendre la bagnole. Allez, zou !

***

Je frappe chez Martha qui m'ouvre dans une robe qui a dû être tricotée par le dalaï-lama lui-même. Le vêtement entier est un mandala susceptible de t'exploser les chakras direct si tu le regardes trop fixement plus de deux minutes et que tu n'as pas deux cents ans de méditation derrière toi. Je ne m'y risque donc pas, détourne les yeux et embrasse Martha qui m'accueille à bras ouverts.

– Bonjour Léonie. Entre, entre, Zoé est dans son parc.

– Bonjour Martha.

Le salon est toujours rempli d'objets aussi improbables qu'inconnus, mais Zoé semble s'y sentir bien, et il correspond tellement à Martha ! Nous nous installons sur le canapé (mais est-ce vraiment un canapé ou la réplique d'un temple hindou avec des coussins dessus ?), quand je remarque, à côté du parc où se trouve Zoé, la moufette dans sa cage. La moufette qu'on avait laissée chez Akira et qui se trouve désormais ici. Par quel prodige ? Mon regard soudain devenu fixe oblige Martha à découvrir ce qui me fascine autant. Elle se retourne ensuite vers moi, un sourire léger et malicieux sur les lèvres. Une Joconde à la mode tibétaine en quelque sorte !

– La moufette… était chez Akira. Vous connaissez M. Ozu, Martha ?

Le sourire reste en place. S'y ajoute un petit pétillement de l'œil.

– Akira est un grand ami à moi depuis longtemps, très longtemps !

Elle dit « longtemps » sur un ton qui me donne l'impression qu'ils étaient tous les deux présents à l'origine de la création. Ceci dit, aucun d'eux ne fait son âge. Ledit âge que je serais toujours bien en peine de leur donner d'ailleurs…

– Je comprends mieux… C'est grâce à lui que vous êtes au courant de la vie de Jesse et des quelques nouveautés des derniers jours.

– Exactement ! Akira était au service de mon frère. Quand les parents de Jesse et Mary sont morts dans un accident de voiture, Akira est resté et s'est naturellement mis au service de Jesse quand il est devenu… ce qu'il est aujourd'hui.

L'intonation de Martha, bien que presque imperceptible, ne laisse aucun doute sur sa pensée.

– Vous appréciez moyennement « ce qu'il est aujourd'hui », non ?

– Jesse est dur à la tâche, opiniâtre et brillant, mais disons que les souffrances de la vie ne font pas réagir tout le monde de la même façon. Et puis c'est un garçon. La mort de ses parents et la fuite de sa sœur l'ont forcé à trouver une solution pour se protéger et continuer, parfois en oubliant un peu de regarder autour de lui, mais j'ai l'impression que vous êtes en train de l'obliger à soulever le heaume de son armure de temps en temps. Je me trompe ?

Je ne peux pas m'empêcher de rougir ; ce qui n'échappe évidemment pas à Martha.

– Je ne sais pas… C'est… On est… Il y a…

– C'est bien ce que je pense.

Martha se lève et va chercher Zoé. Décidément, cette femme est pleine de surprises, et d'une grande finesse derrière ses excentricités parsemées de sauterelles et de grand bol.

Zoé a l'air contente de me retrouver. La conversation se poursuit avec la petite sur mes genoux et Martha qui la papouille de temps en temps.

– Est-ce que Jesse sait… qu'Akira vous informe ?

– Mmm… Disons que Jesse sait évidemment que je connais Akira, mais… il est trop occupé pour se poser la question d'éventuelles informations que je pourrais avoir par ce biais. Je te l'ai dit, Léonie, Jesse ne voit que ce qui le préoccupe : le combat qu'il mène, au moment où il le mène. Autant il a un instinct infaillible pour les affaires, autant ce qui appartient à l'intime est… occulté, enfoui, effacé de son champ de vision. Mais tu es arrivée… et Zoé…

Je rougis de nouveau. Martha continue :

– Les arbres m'ont parlé, tu sais ! Je suis sûre que des choses sont en train de bouger. Tu ne veux pas que l'on consulte le grand bol pour toi ?

Ça y est ! Elle est redescendue au pays des Lutins ! Je vais partir avant qu'elle ne me fasse sucer des racines hallucinogènes et que je voie apparaître le Gollum au milieu du salon.

– C'est gentil Martha, mais je vais devoir y aller. Je dois retrouver Jesse dans pas longtemps et…

– Je vois, je vois. C'est dommage. Je suis certaine que… mais je comprends. J'interrogerai le bol sans toi, mais c'est plus compliqué d'y voir quelque chose quand la personne concernée n'est pas là.

Je ne suis pas certaine de vouloir voir quoi que ce soit dans un bol, Martha, aussi grand soit-il ! Et puis… Je n'ai pas envie non plus de vérifier si toute ma vie est déjà écrite dans un récipient à café ! Je préfère la surprise et les choix que je dois faire.

Je me lève et quitte Martha. J'aime décidément bien cette femme.

Elle m'aide à installer Zoé dans la voiture. Je lui ai laissé la moufette ; pas la peine de troubler Jesse en revenant avec ! J'aurai le temps de lui expliquer tout ça à tête reposée. Je me mets au volant et démarre. Martha continue d'agiter la main pour nous dire au revoir et disparaît de mon rétroviseur quand je tourne au coin de la rue… pour tomber sur une camionnette en panne qui bloque le passage. Je vais perdre du temps ! J'ouvre la fenêtre pour demander ce qui arrive au type qui s'approche.

– Bonjour, vous avez un problème ?

– Non, c'est toi qui as un problème.

– Comm… ?

Je n'ai pas le temps de réagir qu'il ouvre la porte et me

tient par les cheveux avec une poigne de fer. Deux autres types surgissent de la camionnette. Le premier vient s'asseoir à côté de moi et l'autre à l'arrière, à côté de Zoé. J'essaie de me débattre par réflexe, mais celui qui me tient resserre sa prise et les deux autres sortent des couteaux à cran d'arrêt qu'ils ouvrent en jouant avec d'un air pervers.

– Vous me faites mal !

– Tu la fermes, tu te calmes et tout ira bien. On n'a pas envie d'être obligés de se servir de ça.

– Que me voulez-vous ?

– La ferme, on t'a dit ! Détache ta ceinture et sors. On t'expliquera en lieu sûr. Pablo va conduire. Donne ton portable.

Je fais ce qu'il me dit. Il jette le portable sur le trottoir. Personne ne pourra plus me localiser. Le ballet recommence. Celui qui s'était glissé à côté de moi prend le volant et l'autre sort pour me mettre un bandeau sur les yeux et me jeter à sa place, à côté de Zoé qui commence à pleurnicher.

– Prends la môme sur tes genoux et qu'elle la ferme aussi.

– Elle est petite… Comment voulez-vous… Et je ne vois plus rien en plus…

– Débrouille-toi et ferme-la, on t'a dit !

Cette fois, il a hurlé, effrayant Zoé. Des portes claquent, et on démarre à toute vitesse. Tout ça n'a pas duré une minute. Je détache la petite tant bien que mal, dans le noir, et la serre contre moi. L'adrénaline, qui était montée au début, redescend d'un coup. Il ne me reste que la peur, une peur incontrôlable, et la douleur qui commence à se répandre dans mon crâne à partir de l'endroit où la brute me tenait. J'embrasse Zoé et tente de la rassurer, mais c'est moi que j'essaie de tranquilliser. Ces gens sont dangereux, ils viennent de nous enlever et je ne sais pas ce qu'ils veulent.

***

Ils m'ont assise avec Zoé sur une chaise dans une cave, que je découvre quand ils m'enlèvent le bandeau. Il y fait sombre. Une lucarne très en hauteur éclaire faiblement la pièce, quasiment vide, un simple matelas nu posé par terre et une table dans un coin. Ils sont toujours tous les trois, énervés, agressifs. Celui qui m'a attrapée par les cheveux dans la voiture s'approche.

– Où sont les codes ?

– Je ne sais pas de quoi vous parlez.

Il me prend Zoé des bras. Son visage se tord, et elle commence à gémir. Elle ne veut pas que ce type la touche. Je me lève en hurlant pour la reprendre :

– Laissez-la !

Les deux autres me rasseyent sans ménagement.

– Dis-nous où sont les codes ou elle risque d'avoir très mal.

Je sens que les larmes vont couler et ma voix se briser. Je ne veux pas leur faire ce plaisir. Je pense à Jesse et je me reprends.

– Je vous l'ai dit, je ne sais pas de quoi vous parlez et je vous interdis de lui faire du mal, ou vous le paierez très cher.

Je leur ai balancé tout ce que je pouvais donner comme bluff. Il ne faudrait pas qu'ils poursuivent trop longtemps ou je risque de craquer. Ils me regardent, toujours aussi sévères, mais ils semblent réfléchir et s'écartent un peu pour se concerter, Zoé toujours avec eux qui se met à pleurer pour de bon.

Ils parlent bas et les sanglots de Zoé couvrent leurs voix, mais la pièce est petite et ils s'énervent, visiblement pas d'accord entre eux. J'entends des bribes de phrases.

– Les codes… sur la môme…

– … sais pas… ou l'autre… Jesse…

– …va dealer… Mary…

Jesse ? Mary ? J'avais raison, elle était en danger. Nous sommes en danger !

Celui que j'ai repéré comme étant Pablo pose Zoé sur la table et commence à la déshabiller. La petite gigote comme si elle se débattait, et le Pablo n'est pas très doué. Je ne veux pas qu'il la brutalise. Je me lève, sans réfléchir.

– Que faites-vous ? Ne la touchez pas !

Les deux autres se jettent sur moi et m'obligent à retourner à ma place.

– Tu te calmes ! On la fouille, c'est tout. Arrête, ou il va vraiment vous arriver des ennuis.

Je les hais. Je vous hais. Je vous tuerai pour ce que vous êtes en train de faire.

Pablo a déshabillé Zoé sans rien trouver et en est à regarder dans sa couche. Elle se met à pleurer davantage, de vrais hurlements, et mon cœur se brise. Jusqu'au moment où elle projette d'un coup un long jet d'urine au visage de cet abruti qui lui regarde les fesses d'un peu trop près. Il pousse un cri de dégoût, et les deux autres se retournent pendant que j'éclate d'un rire nerveux. Ils me jettent tous les trois un regard noir, surtout le pitoyable Pablo qui s'essuie le visage comme il peut, et quittent la pièce en fermant la porte à double tour. Je rejoins Zoé et la rhabille en la félicitant.

– Bien visé ma puce !

Je suis exténuée. Je m'écroule sur le matelas, Zoé dans les bras, que je berce doucement pour la calmer, le regard braqué sur la fenêtre trop haute.

J'aurais peut-être dû regarder dans le bol de Martha, finalement.

Cette pensée idiote me fait sourire au milieu des larmes qui commencent à couler malgré moi. Mes nerfs lâchent. J'ai mal partout. Je serre Zoé fort. J'ai peur, mais je ne les laisserai pas lui faire du mal.

Jesse, sors-nous de là, je t'en supplie ! Je ne tiendrai pas longtemps.

IV

COURSE-POURSUITE

17
FEU ROUGE

Jesse

C'est la première fois que je sors d'une réunion de travail en pensant à autre chose qu'à la prochaine réunion de travail. J'ai même envie de penser à autre chose : appeler Léonie, la retrouver ! C'est comme si mon cerveau avait directement basculé vers elle au moment où je suis sorti de la salle. Prendre des nouvelles, entendre sa voix, savoir ce qu'elle a fait avec Zoé… Je n'aurais jamais cru cela possible. J'ai ENVIE de l'appeler. Je ne le fais pas seulement parce que j'avais dit que je le ferais.

« Bonjour. C'est Léonie. Je ne suis pas joignable pour l'instant, mais laissez-moi un message et je vous rappellerai. »

– C'est Jesse. Je suis sorti de la réunion, je rentre à l'hôtel. Rappelle-moi.

Je me sens un peu frustré du coup. Elle doit être en train de s'occuper de Zoé. Ma nièce ! J'ai perdu de vue une sœur à peine sortie de l'adolescence et elle resurgit comme un fantôme par le biais de sa fille, sans apparaître elle-même… Et me voici « oncle ». Je n'imaginais pas qu'on puisse prendre plaisir à s'occuper d'un enfant, oncle ou pas. On communique vraiment avec un bébé. Ça me paraît totalement dingue de penser ça, mais je l'ai vécu. Jusque-là, je pensais qu'avant de pouvoir tenir une conversation sur les cours de la bourse, les enfants n'avaient aucun intérêt, mais cette petite « discute », elle me reconnaît, me dit quand elle veut son biberon ou si quelque chose ne lui plaît pas. À sa façon, mais… On comprend toujours au bout d'un moment. Si ça se trouve, c'est peut-être seulement elle qui a ce genre de compétences. Elle doit être géniale et aucun autre enfant de 4 mois ne communique comme ça. Je regarderai sur l'appli s'il y a quelque chose là-dessus. En attendant, il faut que je rentre.

– Taxi !

Je m'engouffre dans le taxi qui vient de s'arrêter devant moi et donne ma destination au chauffeur.

– Au *Plaza*.

– Bien, monsieur.

Léonie est certainement dans la suite en train de jouer avec Zoé. Elle n'a peut-être pas eu mon message ou pas entendu la première sonnerie. Je la rappelle.

« Bonjour. C'est Léonie. Je ne suis… »

« Pas joignable pour l'instant ». OK, ça va, j'ai entendu ! Que peut-elle bien faire ? Elle sait que je finissais ma réunion vers cette heure-ci. C'est bizarre qu'elle ne réponde pas. Même pas un SMS ! Ce n'est pas son genre. Normalement, comme elle a au moins quatre ou cinq bras, elle est capable de téléphoner en donnant son biberon à Zoé tout en essayant une robe et en tournant les pages d'un magazine sur lequel

elle prend des notes. Et il n'y a pas de raisons qu'elle ait perdu un bras dans la journée… Ça commence à m'énerver. Le taxi se rapproche de l'arrivée, mais je ne peux pas m'empêcher de rappeler une nouvelle fois.

« Bonjour. C'est Léonie. Je ne suis pas joignable pour l'instant, mais laissez-moi un message et je vous rappellerai. »

– Oui, c'est Jesse. Tu n'as peut-être pas eu mon premier message. Je repasse à l'hôtel. Rappelle-moi si tu n'y es pas et que tu veux que je te retrouve quelque part.

Je raccroche, un peu excédé, vaguement inquiet.

Elle est peut-être allée faire un tour au parc ou chez Jenny.

Le taxi me dépose devant le *Plaza*. Je règle la course et monte dans la suite plus rapidement que je ne l'ai jamais fait. Je me retiens de demander au groom de faire accélérer l'ascenseur, ce dont il serait bien incapable, le pauvre. À l'intérieur, pas de trace de Léonie. L'appartement a été rangé, mais personne d'autre que le service de nettoyage ne semble y être entré depuis ce matin. Elle n'est pas revenue ici, c'est évident.

Léonie est peut-être encore chez tante Martha, mais pourquoi ne pas m'avoir laissé de message, alors ?

Tante Martha pourra certainement m'en dire plus.

– Bonjour tante Martha.

– Jesse ! Comment vas-tu ?

– Bien, bien. Est-ce que Léonie est là ? Je n'arrive pas à la joindre.

– Ah non ! Elle est venue rechercher Zoé mais elles sont parties il y a plus de deux heures maintenant. Il se passe quelque chose ?

Plus de deux heures ?

– Non… Je ne sais pas, tante Martha. Léonie ne vous a rien dit de particulier ? Ce qu'elle allait faire et où elle allait ensuite ?

– Non… Elle a repris la route normalement. Je leur ai fait des signes jusqu'à ce qu'elles tournent au coin de la rue et puis je suis rentrée.

– Bon, bon, elle doit faire du shopping. Elle va certainement me rappeler.

– Tiens-moi au courant, Jesse. Tu m'inquiètes. J'ai un drôle de pressentiment. Je n'ai pas voulu interroger le grand bol sans Léonie, mais je vais peut-être interroger les forces.

C'est le moment, tiens ! Rien de plus essentiel !

– Comme vous voulez, tante Martha. Je vous laisse. À bientôt.

– À bientôt, Jesse.

Du shopping. Pourquoi pas ? Mais pourquoi ne pourrait-elle pas répondre au téléphone en faisant du shopping ?

Il faut que j'en aie le cœur net. Je consulte les transactions de la carte de crédit que je lui ai laissée. Je peux connaître les débits à la seconde. Rien. Rien depuis plusieurs jours. Mais ça ne prouve pas grand-chose… Elle peut avoir utilisé sa propre carte. Il ne faut pas que je m'emballe ; je dois procéder méthodiquement. Je suis en train de gamberger dans le vide. Peut-être qu'elle aura prévenu Akira de quelque chose ? Voyons avec lui. Je me précipite de nouveau sur mon téléphone avec l'espoir qu'Akira pourra me donner des nouvelles.

– Bonjour Akira, Léonie vous a-t-elle appelé pour vous

informer de quelque chose ?

– Non, M. Franklin. Le silence est autant signe de béatitude que d'impossibilité.

– OK, OK, donc, ça veut dire que vous n'avez pas de nouvelles.

– Aucune. Il y a un problème ?

– Je ne sais pas encore, Akira. Je devais retrouver Léonie après ma réunion et elle n'est nulle part et ne répond pas.

– Étrange, en effet. Vous voulez que je fasse quelque chose ?

– Pas pour l'instant. Je vous préviendrai. Merci Akira.

– C'est entendu, M. Franklin.

Ce n'est pas normal. Cette fois, ce n'est pas normal ! Elle devrait être là. Elle ne répond pas, ne me rappelle pas et personne n'est au courant de quoi que ce soit…

Je recompose son numéro.

« Bonjour. C'est Léo… »

Suffit ! Mon cœur se met à battre plus vite. Il se passe quelque chose. Je dois garder la tête froide. Après tout, elle a le droit de ne pas répondre, de ne pas rappeler, de ne pas avoir prévenu qu'elle ne serait pas au rendez-vous.

NON ! Non, j'essaie de me rassurer, mais le raisonnement n'est pas correct. Elle aurait laissé un message.

Dernières possibilités : Simon et Jenny. Elle est peut-être passée voir ses parents ou son frère.

Mince, je n'ai pas le numéro de Jenny.

Je tente le tout pour le tout.

– Simon, c'est Jesse Franklin.

– Ah ! M. Franklin, je suis content de vous entendre. Je suis désolé pour l'embarras. J'ai eu cette grippe et puis des… dysfonctionnements et…

– Pas de problème, Simon! Léonie fait très bien l'affaire. Je vous appelle car j'ai besoin de la joindre et j'ai bêtement dû effacer son numéro par inadvertance. Je l'ai envoyée me faire une course qui doit lui prendre un peu de temps, mais j'ai finalement besoin d'elle tout de suite. Au départ, ce n'était pas pressé, et elle m'a dit qu'elle en profiterait pour passer chez vous et chez Jenny. Vous l'avez vue?

– Non. Elle n'est pas passée ici.

Rien non plus du côté de la famille…

– Ah! Très bien. Vous pouvez me redonner son numéro et celui de Jenny, dans ce cas?

– Bien entendu, M. Franklin. Je vous envoie ça tout de suite.

– Merci Simon. Bon rétablissement.

– Merci M. Franklin.

J'espère que Simon ne se doutera de rien. Je commence à ressentir un malaise. Les explications possibles s'annulent progressivement. Elle n'appelle toujours pas et personne ne l'a vue depuis presque trois heures maintenant. Il ne me reste que Jenny.

– Jenny Winterland?

– Oui.

– Bonjour, c'est Jesse Franklin.

– Aaaaah! Mais… Vous m'appelez pour une nouvelle enquête?

Elle est vraiment fumée, elle! Elle pourrait devenir amie avec tante Martha.

– En quelque sorte. Léonie est-elle avec vous?

– … Pas terrible cette enquête, mais je peux la résoudre tout de suite! Non, Léonie n'est pas avec moi.

Elle a l'air sincère.

– Vous ne savez pas où elle pourrait se trouver ?

– Non. Vous l'avez perdue ?

– Non, non. J'ai besoin d'elle tout de suite et je n'arrive pas à la joindre.

– Hum... Étrange ! Léonie n'est pas le genre à ne pas répondre quand elle travaille.

– Ce n'est pas grave, elle a dû avoir un contretemps. Je vais me débrouiller autrement. Merci Mlle Winterland.

– À votre service !

Stop !

Je sens une boule d'angoisse m'enserrer la gorge. Léonie et Zoé ont disparu, ce n'est pas possible. Je suis certain qu'il s'est passé quelque chose quand elles sont parties de chez tante Martha. Pas de nouvelles depuis. Un grand vide m'envahit : la peur de la perte. Je ne veux pas. Plus. Pas encore une fois. Je vais les retrouver. Je vais les chercher et je vais les retrouver.

***

J'ai pris une des voitures au hasard et roulé mécaniquement jusqu'à chez tante Martha, l'esprit traversé par des images de Léonie, de Zoé, de nos bons moments passés ensemble mais aussi des visions d'horreur générées par la peur qu'il leur soit arrivé quelque chose. Un accident ? Une agression ? Si c'était le cas, la police m'aurait averti. Moi ou Simon. Je passe devant la maison de tante Martha sans aller la voir. Je n'ai ni le courage ni le temps d'affronter les bols. Je poursuis ma route sur le chemin qu'a dû emprunter Léonie en sortant de chez elle. Je roule presque au pas désormais. Je continue tout droit, puis tourne à gauche dans la rue suivante, regardant partout si je peux découvrir le moindre signe qui me permettrait de retrouver la piste de Zoé et Léonie, mais tout est calme, presque désert. Je ne peux tout de même pas sonner à chaque porte pour demander si quelqu'un aurait vu quelque chose. Ce n'est pas l'envie qui m'en manque, mais l'idée est stupide ! Je suis découragé. Ce que j'essaie de faire est inepte. Je ne vais pas arpenter toutes les routes des États-Unis pour regarder la chaussée et ses traces de pneus.

Ses traces de pneus ?

Je freine brusquement. Heureusement qu'il n'y a personne derrière moi ! Je viens de passer devant des traces de pneus, au bord du trottoir, dans une position étrange. Comme si quelqu'un avait démarré trop brusquement, ou freiné, mais il n'y a pas de raison d'agir comme ça à cet endroit. Je fais demi-tour pour aller y voir de plus près. Je me gare devant, descends de voiture. Les traces sont bien là. Je m'accroupis pour mieux les étudier. Quelqu'un a effectivement démarré brutalement, dans une position presque perpendiculaire à la rue.

Est-ce que c'est lié à Léonie ? De quand datent ces traces ? Comment savoir ?

Je me sens de nouveau abattu. L'excitation d'avoir cru découvrir quelque chose est retombée. Je me suis emballé pour rien. Il n'y a aucun moyen de savoir à quoi correspondent ces traces. Elles peuvent être là depuis des années. Je ne vais pas commencer à penser comme tante Martha et à voir des signes dans tout et n'importe quoi. Ce n'est pas logique, pas scientifique.

Je me relève pour partir quand mon œil est attiré par des morceaux de plastique éparpillés sur le trottoir. Je m'approche. Un objet a explosé en tombant. Il y a des bouts un peu partout. Mon cerveau n'a pas encore analysé la scène, mais mon instinct sait ce que c'est. J'ai peur de vérifier, mais je sais déjà ce que c'est. Ma boule d'angoisse est venue s'écraser dans le bas de mon ventre. Elle est aussi fracassée que cette pauvre chose sur le bitume. Cette pauvre chose que j'essaie d'appeler depuis des heures.

Le portable de Léonie !

Je ramasse les morceaux comme si c'était des reliques de la Sainte-Croix. Je suis vide. Il est arrivé quelque chose à Zoé et à Léonie. Ici. Quelqu'un a jeté son portable. J'ai l'impression que le monde s'écroule une nouvelle fois. Il faut que je me reprenne, que je réfléchisse. J'ai une piste maintenant. Je peux agir. Que s'est-il passé ? Les gens qui les ont agressées, emmenées ne sont pas des voleurs. Ils n'auraient pas détruit son portable. Pourquoi l'ont-ils fait ? Pour ne pas qu'on l'appelle ? C'est idiot ! Pour ne pas… quoi ?

Être localisés. Mais quel imbécile ! Mary, les hackers ! J'ai été un crétin inconséquent. Mary est vraiment en danger. J'ai mis Léonie et Zoé en danger en prenant tout ça à la légère. Il n'y a plus de temps à perdre.

Je retourne à la voiture et appelle Henry.

– Henry, on a un gros problème. Je suis sûr que Léonie a été enlevée avec Zoé.

– Quoi ? Mais qu'est-ce que tu racontes ? Tu es où ? Tu as appelé la police ?

– Non, c'est lié à Mary. Je voudrais que tu me localises

quelqu'un.

– Mais tu es malade, Jesse ?!! On ne s'amuse plus, là ! S'il s'agit d'un enlèvement, on appelle la police.

Pas de police, c'est trop personnel. Je ne peux pas. Je ne veux pas. J'ai fait une erreur, je la répare.

– Henry, je ne veux pas de flics dans cette histoire. Mary doit être mouillée jusqu'au cou, Léonie et Zoé sont sous ma responsabilité et je ne veux pas de publicité.

– Mais tu délires…

– Non, je ne délire pas. Je n'ai pas voulu croire qu'il y avait du danger, mais je me suis trompé. Je dois essayer de régler ça sans la police pour l'instant.

– Mais Jesse… Un enlèvement… Et qu'est-ce que Mary… C'est pour ça que…

– Écoute, tu avais raison ! Léonie avait raison ! Tout le monde avait raison…

– Eh bien, RAISON de plus pour m'écouter cette fois et appeler la police…

Je sens qu'Henry est à deux doigts de ne pas me suivre cette fois.

– Henry, je te promets qu'on appellera la police si on n'arrive pas à régler ça nous-mêmes, mais tant que je ne sais pas ce qu'il y a derrière toute cette histoire, je ne veux pas que la police le découvre à ma place. Je veux m'en occuper et retrouver Léonie et la petite.

– Mais Jesse…

– S'il te plaît, Henry. S'il te plaît, fais-le pour moi.

Je crois que je n'ai jamais dit ça à Henry, en tout cas pas avec ce ton… aussi impliqué. Je ne suis plus le patron, juste Jesse. Un Jesse qu'il ne connaît pas vraiment. Je sens que ça l'a troublé et moi aussi.

– Bon... OK... Tu veux que je localise qui ?

– Un certain Thaddeus Handerson. Je t'envoie ce que j'ai sur lui.

– Je mets l'équipe dessus, mais Jesse... C'est n'importe quoi, là ! On fait n'importe quoi. C'est dangereux.

– Fais-moi confiance.

– Pas le choix ! Je t'appelle quand j'ai quelque chose.

– Dépêche-toi ! Je ne bouge pas.

– T'inquiète, on va remuer la planète, mais on va le dégotter ce Thaddeus.

Je raccroche et j'attends. J'espère que j'ai raison d'agir ainsi. S'il arrive quelque chose à Léonie et Zoé, je ne le supporterai pas.

***

– Jesse, c'est Henry.

Je n'ai pas bougé de la voiture depuis notre dernier échange, quasiment prostré, imaginant le pire, attendant simplement, ne faisant rien, immobile comme je ne l'avais plus été depuis une éternité, depuis l'annonce de la mort de mes parents... L'appel d'Henry me ramène à la réalité.

– Alors, tu as quelque chose ?

– Évidemment !

– Parfait. Où est-il ?

– Pour la dernière fois, Jesse : j'ai retrouvé ce Thaddeus, on peut donner ses coordonnées à la police et...

– Henry...

Le silence s'installe quelques secondes. Je sais qu'Henry

n'est vraiment pas d'accord avec moi cette fois. Il hésite, mais finit par me donner l'information.

– Ton bonhomme est dans une maison du Queens.

– Parfait ! Envoie-moi tout ce qu'il faut et demande à Akira de me rejoindre là-bas. Tu restes où tu es, en arrière. Si on ne peut rien faire ou si ça tourne mal…

– Oui…

– Tu pourras appeler la police et tout expliquer.

– En espérant que ce ne sera pas trop tard.

En espérant… oui…

– J'y vais. Préviens Akira. On reste en contact.

– C'est parti.

***

Akira est déjà sur place quand j'arrive à l'adresse envoyée par Henry. Je me gare et il monte dans ma voiture.

– Vous êtes là depuis longtemps, Akira ?

– Le temps s'écoule autrement dans l'attente.

– Mais plus précisément ?

Je le tuerais des fois !

– Une bonne demi-heure.

– Vous avez pu voir quelque chose ? Et sans passer par une sentence, s'il vous plaît. Faites court !

– La maison a l'air calme. Impossible de savoir si Léonie et Zoé sont dedans, ni combien il y a de personnes avec elles. Seule chose certaine, c'est que Thaddeus Handerson y est puisqu'Henry l'a géolocalisé. Ensuite…

On est bien avancés !

– Il faut trouver un moyen de savoir qui est là-dedans.

– Même le renard sort la tête quand il y a du bruit hors du terrier.

– Je suppose que ça veut dire quelque chose, mais je préférerais que vous me l'expliquiez avant que je ne puisse plus me retenir et que je vous étrangle.

– Je vois. Eh bien, comme j'étais là avant vous, j'ai pris sur moi de réfléchir et d'appeler un ami qui pourra peut-être nous aider à faire sortir les renards de leur tanière. J'espère que ça ne vous dérange pas ?

– Vous avez prévu quoi ?

– Ça.

Akira me montre une voiture auto-école avec au volant un Asiatique qui doit avoir à peu près deux cents ans et qui vient de se garer juste devant nous.

– Je ne suis pas certain de comprendre, Akira.

– C'est un ami, qui fait plus que son âge, qui ne parle que le japonais et qui conduit très mal.

– Je dois être diminué intellectuellement, mais je ne vois toujours pas.

Akira me regarde avec son air impénétrable, mais je décèle tout de même dans son œil quelque chose qui ressemble à : « Quelle déception, il faut tout lui expliquer ! »

– Bien. Nous avons une voiture auto-école. Je vais faire le moniteur et mon ami l'apprenti conducteur. Nous allons rentrer « par mégarde » dans le portail de la maison. Il y a de fortes chances que les occupants du lieu sortent tous et ne souhaitent pas appeler la police si ce sont bien les gens que nous croyons. Comme mon vieil ami ne parle « que » le japonais, que ça va l'avoir mis dans tous ses états et que je vais devoir le calmer et traduire, ça devrait vous laisser un peu de temps pour passer par-derrière et voir si Léonie et Zoé sont dans les parages.

– Mais c'est une idée de génie, Akira !

– Je crois que c'est plutôt ce qu'on appelle une diversion, mais je vous remercie M. Franklin.

Je suis sûr qu'il se paie ma tête parfois !

– Eh bien ! Voyons ce que donne cette diversion.

Je suis prêt à sortir de la voiture quand Akira me retient par le bras, chose qu'il n'avait jamais faite avant.

– Oui, Akira ?

– Si ces gens ont osé enlever Mlle Léonie et Mlle Zoé, c'est qu'ils sont décidés et dangereux.

– Je sais, Akira.

– Alors soyez prudent !

Nous nous regardons un instant sans bouger. Je comprends soudain. Je comprends qu'Akira, Henry… tous sont prêts à se sacrifier pour moi, pour nous. Je comprends que je les mets en danger. Je comprends qu'ils s'inquiètent. Je comprends que nous sommes davantage qu'un patron et ses employés.

– Vous aussi, Akira.

– Le samouraï part équipé au combat et toujours pour vaincre.

Que veut-il dire ? Il est armé ?!!

Je n'ai pas l'occasion de lui demander. Akira sort aussitôt de la voiture pour rejoindre son ami. Je n'ai plus le temps de réfléchir. Je sors à mon tour pour aller me poster dans un angle qui me permet de tout voir et d'accéder rapidement à l'arrière de la maison. Les deux hommes font démarrer la voiture et se dirigent vers leur objectif. Je sens l'adrénaline envahir mes veines. On ne peut plus reculer.

Je vais te retrouver, Léonie. Ne t'inquiète pas. Je vais te sortir de là.

Soudain, tout s'accélère. La voiture fait une embardée, comme si son conducteur perdait le contrôle, et vient percuter une partie du portail dans un fracas épouvantable. Aussitôt, trois hommes sortent de la maison comme trois diables de leur boîte et se précipitent vers Akira qui hurle en japonais et en agitant les bras pendant que le vieillard, l'air complètement paniqué, parle sans s'arrêter en se prosternant presque devant les trois types totalement hallucinés qui essaient de comprendre ce qu'il s'est passé, ce que racontent ces deux Japonais sortis de nulle part et de juger de l'étendue des dégâts. Quelques voisins commencent à regarder, à s'approcher, ce qui ne fait qu'énerver tout le monde davantage. Akira parlait de diversion, ce serait presque divertissant, mais je n'ai pas le temps de suivre le feuilleton et je me précipite dans le jardin de la maison sans être vu. J'en fais le tour pour voir si je ne peux pas entrer par une porte à l'arrière. Il y a bien une porte, mais aussi une fenêtre, quasiment au ras du sol, qui donne certainement sur une cave. Je me penche pour regarder au travers du carreau sale. La pièce a l'air vide, mais il me semble déceler une ombre étrange dans un angle. Une ombre qui bouge. Mon cœur bat tellement fort que j'ai l'impression que tout le monde l'entend et qu'il va sortir de ma poitrine.

Léonie, c'est toi ? Je vous ai retrouvées ?

18
ATTENTION, DANGER !

Léonie

Perdue dans mes pensées, je me sens abattue, serrant Zoé endormie dans mes bras, quand un bruit me fait sursauter. On court au-dessus de ma tête.

Il se passe quelque chose à l'étage ou dehors !

La peur me reprend. Je ne sais rien, ne peux rien voir. Je me concentre sur ces bruits, dans la pénombre, mais je n'entends qu'un vague brouhaha et quelqu'un qui donne des coups de marteau, sourds. Je comprends soudain que les coups sont ceux de mon cœur qui bat et qui résonnent dans mes tympans, mes tempes, envahissant ainsi presque tout mon crâne. J'ai peur de réveiller Zoé. Pourtant, je meurs d'envie d'aller me coller à la porte, d'écouter, d'en savoir plus, mais je reste assise, soudée au matelas, formant une boule avec la petite contre moi.

Que va-t-il encore arriver ?

Ces brutes peuvent surgir d'un moment à l'autre et m'arracher Zoé. Je ferme les yeux pour essayer de concentrer toute ma force dans l'écoute, mais je n'entends rien de plus. Quand je les ouvre de nouveau, la pièce est encore plus sombre, comme traversée par une ombre. Une ombre qui bouge et bouche une partie de la lumière qui vient de la fenêtre.

Il y a quelqu'un à la fenêtre. Quelqu'un qui essaie de voir à l'intérieur, quelqu'un qui ressemble à...

– JESSE !

Je bondis d'un coup, comme si la vue de Jesse m'avait nettoyée de ma peur et de ma torpeur et insufflé de nouveau l'énergie qui me manquait. Zoé ronchonne dans son sommeil, mais ne se réveille pas quand je me précipite avec elle à un endroit où Jesse peut nous voir. Il nous voit. Nous nous regardons. Mon cœur bat de plus en plus fort, mais cette fois d'espoir et de joie.

Jesse est là ! Il est venu ! Il est venu nous chercher !

– Jesse ! Jesse !

Il me fait signe de reculer dans un coin de la pièce. Il va essayer d'ouvrir la fenêtre. Je le vois enlever sa veste dont il entoure son poing, puis donner un coup sec dans le carreau qui éclate dans un bruit de cristal, quelques morceaux venant s'écraser sur le sol de la cave. Nous restons immobiles un instant, craignant que le bruit ait pu être entendu par quelqu'un, mais il doit être trop léger car rien ne se passe et le brouhaha extérieur n'a pas cessé. Il passe la main à l'intérieur pour tourner la poignée et nous nous retrouvons à quelques mètres l'un de l'autre. On peut enfin se parler, à voix basse.

– Jesse !

– Ça va ? Vous n'avez rien ?

– Non, non… Juste une grosse frayeur…

– Il faut se dépêcher, sortir d'ici. Akira occupe ces ordures, mais ça ne durera pas longtemps.

– Mais, comment ? La fenêtre est trop haute…

Jesse regarde autour de lui, puis dans la pièce.

– Il y a une table, là. Monte dessus et passe-moi Zoé. Ensuite, je te tirerai. Ça devrait aller. Vite !

Je pose sur le matelas Zoé qui dodeline de la tête, mais ne se réveille pas complètement, et vais chercher la table pour la caler contre le mur sous la fenêtre. Ça va être juste, mais c'est possible de sortir comme ça. Je vais chercher Zoé, monte sur la table et la tends à Jesse qui la récupère comme si c'était un sac de plumes, puis je lui donne mes bras qu'il attrape pour me tirer. Je me sens aspirée vers le haut par sa puissance et je me retrouve auprès de lui, dehors, libre. Il me serre contre lui presque violemment – j'ai l'impression qu'il va m'étouffer –, puis il me relâche d'un coup en me regardant partout comme pour vérifier que je suis entière. Nous nous retrouverons plus tard, le temps presse.

– Vite ! Il ne faut pas traîner ici.

Je reprends Zoé dans les bras et je suis Jesse qui court pour sortir par l'arrière de la maison.

– La voiture est en face. Viens ! Vite !

On traverse la rue en diagonale à toute vitesse. Je tourne la tête et je vois mes trois agresseurs en pleine discussion avec Akira et un autre type qui a dû participer aux premières chasses de mammouths tellement il a l'air âgé ! J'ai du mal à comprendre ce qu'il se passe, mais tout ce beau monde a l'air bien occupé autour d'une voiture auto-école à moitié enfoncée dans le portail. Je n'arrive pas à détacher mon regard de la scène. Tout est absurde… J'ai été enlevée par trois inconnus, qui sont là à discuter dans la rue avec deux ninjas qui sont à l'origine de la création des dinosaures pendant que j'essaie de filer en douce avec un milliardaire qui m'a arrachée de leurs griffes et une enfant à moitié endormie dans les bras.

On arrive à la voiture. Jesse ouvre la porte arrière pour allonger Zoé sur la banquette. Je jette un dernier regard au sketch surréaliste organisé par Akira et mené par des acteurs improbables. Je voudrais pouvoir abattre ces hommes par la seule force de mes yeux. Ça ne fonctionne pas, mais ma volonté est si intense que ça produit un autre effet. L'un des types tourne la tête et me voit. Le temps se fige, et je hurle.

– Jesse, ils nous ont vus ! On fonce ! Je conduis !

Jesse se jette à l'arrière avec Zoé pendant que je prends le volant et démarre en trombe vers les trois hommes qui se précipitent en direction de notre voiture. Je vois Akira et le vieux qui font en sorte de les empêcher de passer, mais ils arrivent tout de même sur la chaussée. J'accélère. Tant pis si je les fauche ! Ça ne me gênerait pas de leur laisser un petit tatouage de caoutchouc sur la face. Ils s'écartent au dernier moment et courent vers leur voiture pour nous suivre. La fête commence ! Ils ne savent pas à qui ils ont affaire.

– Ils nous suivent, Jesse ! Tiens bien Zoé et tiens-toi bien ! Je vais leur jouer *Course-poursuite à Manhattan*, et sans les sous-titres. Va falloir suivre ! Ils vont comprendre de quoi est capable une femme au volant !

Le sauvetage m'a redonné un coup de fouet. Je serais prête à entamer un rallye sur une piste de ski. Noire de préférence !

J'ai pris de l'avance, mais leur voiture se rapproche quand je m'engage sur la voie principale qui mène à Manhattan. Je les vois dans mon rétroviseur et j'y aperçois aussi Jesse dans un coin de la banquette, Zoé sur les genoux, complètement réveillée et qui a l'air de s'amuser follement. En tout cas plus que Jesse ! Je n'ai pas le temps de m'attendrir, la circulation est plus dense et les types me collent. Je dois les semer. Allons-y !

C'est une route à trois voies avec pas mal de voitures. J'accélère d'un coup. Les gars suivent. Je dépasse deux mémères à chien en déboîtant à toute blinde. Les conducteurs de la file du milieu apprécient moyennement, d'autant que mes poursuivants enchaînent sur le même ton. Ça klaxonne comme pour un mariage ! OK, j'ai des candidats sérieux aux trousses ; ils ne m'ont pas lâchée d'un centimètre. Il va falloir la jouer serré. Je réfléchis à la vitesse d'un ordinateur de la NASA. Si je ne trouve pas quelque chose vite fait, ils vont me coller jusqu'à ce qu'on s'arrête et ce sera terminé.

Je ne sais pas... Mais oui ! Un camion sur la file du milieu... Une sortie dans 300 mètres. Je tente le tout pour le tout !

Petit coup d'accélérateur pour aller sur la file de gauche. Je suis à la limite de la queue de poisson pour les voitures qui arrivent comme des balles derrière moi, mais la manœuvre laisse les trois crétins sur place. Ils réagissent, mais une seconde trop tard. Je me suis déjà rabattue devant le camion sur la file du milieu. Le chauffeur doit aussi faire partie du mariage parce que j'ai droit à une corne de brume digne de l'arrivée du *Queen Mary* dans le port de New York.

Désolé ami routier, tu as beau être sympa, je n'ai pas le choix !

Les gars m'ont perdue de vue pendant un instant. Je me faufile sur la file de droite avant qu'ils ne doublent aussi le camion. Petit coup de frein. Le camion me dépasse… et les abrutis aussi… qui se retrouvent donc devant moi sans le savoir. J'imagine leur surprise ! Le temps qu'ils comprennent, je prends la sortie à fond la caisse.

– YEEEEESSSS ! JESSE, J'AI SEMÉ CES BOUFFONS ! T'AS VU ? T'AS VU ?

Je suis surexcitée ! Je m'arrête dans une rue calme à quelques centaines de mètres de la sortie et je me retourne pour partager ma joie avec Jesse. Je le découvre, raide comme un piquet et blanc comme un linge, avec Zoé complètement réveillée qui lui donne des petites tapes sur la joue sans qu'il semble sans rendre compte. J'ai peut-être un peu abusé.

– Jesse, ça va ? Hum… On les a semés…

– J'ai vu.

Je sors de la voiture et vais les rejoindre à l'arrière.

– C'est vrai qu'il n'y avait pas la pancarte « Bébé à bord » sur la voiture.

Jesse s'est repris et a retrouvé son humour. On se serre dans les bras. On s'embrasse doucement. On peut enfin se retrouver.

– Jesse… Tu nous as sauvées.

– Et toi, tu as essayé de nous tuer. Sans succès !

On rit de bonheur et de libération. La tension redescend. On se touche, on câline Zoé, comme si on n'en revenait pas d'être là, entiers, vivants et libres.

– Je n'ai pas réfléchi… C'est vrai que ma conduite est un

peu… dangereuse, mais tu n'as pas réfléchi non plus en venant nous chercher.

– Non, j'avoue que je crains moins les voyous que les voitures. Je ne peux pas m'empêcher de penser… à mes parents, d'imaginer… l'accident.

– Pardon…

Je caresse son visage, attendrie et émue. Nous restons enlacés un long moment en silence. Plus besoin de parler, juste être là, ensemble. Jesse revient le premier à la réalité.

– Allez, il faut rentrer maintenant.

– Oui.

Je reprends le volant et Jesse reste à l'arrière avec Zoé, lui servant de cosy.

– Ces types ne vont pas nous lâcher, Jesse. Ils sont dangereux. Ta sœur est aussi en danger.

– Oui. Tu avais raison.

– Il faut prévenir la police et retrouver Mary.

– Non.

Je suis tellement surprise que je manque de me retourner. Je regarde Jesse dans le rétroviseur.

– Non ? Mais ça ne va pas ? On a pris des risques insensés ! Avec Zoé en plus ! C'est un enlèvement, Jesse ! Ces gars cherchent quelque chose et ils sont prêts à tout pour le retrouver !

– Ils cherchent quoi ?

– Ce n'est pas le problème ! Il faut prévenir la police !

Jesse se rapproche du siège avant pour répondre. Il maintient Zoé d'une main sur la banquette arrière et a passé l'autre bras par-dessus le siège avant, à peine assis.

– Les choses n'ont pas fondamentalement changé. Je ne veux pas que la police vienne se mêler de mes affaires et encore moins au moment où je suis sur un gros contrat…

– Mais Jesse…

Je ne le comprends pas.

– Attends, je n'ai pas fini ! Il y a encore trop de choses floues dans cette histoire. Et puis nous avons pu leur échapper. Ils savent qu'on va être sur nos gardes et j'ai une grosse équipe qui peut gérer. On va essayer de régler ça nous-mêmes et on verra si et quand il faut prévenir la police.

– Mais… C'est dangereux.

– À part ta conduite, je ne pense pas qu'il y ait un si grand danger.

– Ce n'est pas drôle, Jesse. Ils n'ont pas hésité à s'en prendre à moi et à Zoé.

Je sens qu'il hésite, réfléchit à ma remarque.

– Je sais. Pardon ! Ils ne l'emporteront pas au paradis, crois-moi, mais je veux essayer de régler ça moi-même tant que j'en ai les moyens. Pour l'instant, je n'en ai pas fini avec eux. Tu sais ce qu'ils cherchent ?

Jesse semble inflexible. Je l'admire, mais il m'effraie aussi un peu.

– Des codes, je crois.

Pourquoi vouloir tout régler lui-même ? Un délire de toute puissance ?

Je suis sur le point de lui demander quand son téléphone sonne. Il répond.

– Henry ! Oui, tout va bien… Oui… et Akira ? Parfait ! Quoi ?

Jesse reste silencieux un moment, puis éclate de rire.

– Je vois ce que c'est. Je pense que Léonie pourra régler ça.

Il raccroche.

– Qu'est-ce que je dois régler ?

– Oh ! Presque rien… Tout va bien. Akira et son ami sont rentrés sains et saufs, mais Henry a un petit problème avec une nana qui est scotchée à la réception de l'hôtel, qui l'a dragué comme une malade et qui ne bougera pas tant que tu ne seras pas là parce qu'elle dit être ta meilleure amie !

– Jenny !

On a hurlé son nom en même temps et éclaté de rire. Même à distance, Jenny arrive toujours à détendre l'atmosphère.

– Passe-moi ton téléphone, je vais l'appeler.

Jesse me tend son portable géant et je fais le numéro de Jenny… qui est déjà enregistré dedans !

– Tu as le numéro de Jenny ?

– Je t'expliquerai… C'est quand je t'ai cherchée…

– Mouais… Tu m'expliqueras, effectivement.

On se sourit, de nouveau complices, avant que Jenny ne décroche.

– Jenny, c'est Léonie.

– Ah ! Génial ! Mais… Tu m'appelles du portable de Jesse Franklin ?

– Bien joué Sherlock ! Dis donc, comment tu sais que c'est le portable de Jesse ?

Clin d'œil à Jesse.

– Bah, il m'a appelée. Il t'avait perdue. C'est pourtant pas facile de se débarrasser de toi…

– Hum… Je suppose que tu ne squattes pas la réception de l'hôtel pour me dire ça.

– Ouah, mais tu sais tout ! Je te le dis, il faut qu'on monte notre agence de…

– OK, OK, embraie… Que t'arrive-t-il ?

– Ah ! Ça, tu ne le sais pas !

Jennyyyy…

– Mais tu vas me le dire, s'il te plaît.

– Écoute, c'est un peu tendu avec John, le flic. J'ai voulu te rendre service… discrètement, mais il est quand même flic et donc… il se pose des questions. Ce que j'ai trouvé… est un peu sensible…

– … et ?

– … et du coup, je crois qu'il se demande quels sont mes liens avec les hackers, tout ça… Bref, ce serait pas mal que je me mette un peu au vert. Tu vois ?

– Pas de problème ! Après tout, c'est de ma faute. Retrouve-moi dans une heure chez moi. On verra ce qu'on fait.

– Super ! À tout à l'heure. On parlera de notre agence, hein ?

– Mais oui, mais oui…

– Tu seras avec la grosse poussette, là ? Qui s'ouvre et…

– À tout à l'heure, Jenny.

Je raccroche. Parfois, elle m'épuise.

– On va aller chez moi. Jenny va nous y retrouver. Elle pense que son copain flic se doute de quelque chose à propos des recherches qu'elle a faites pour nous.

– Il se douterait de quoi ?

– Justement ! Elle ne sait pas et voudrait mettre un peu de distance entre eux deux.

– Alors, en route pour chez toi !

Jesse me caresse l'épaule et va se réinstaller à l'arrière avec Zoé.

Nous allons chez moi ! Jesse Franklin est dans une

voiture que je conduis pour aller chez moi ! Si j'avais pu imaginer ça...

***

Nous sommes garés devant mon immeuble depuis quelques minutes. C'est la première fois que Jesse va rentrer dans mon appartement. Après tout ce qui nous est arrivé, nous hésitons à sortir de la voiture, timides comme le seraient deux jeunes tourtereaux à l'orée de leur nuit de noces, comme si le fait que Jesse vienne chez moi et sorte de son monde marquait une autre étape dans notre relation. Nous prenons le temps de le mesurer avant de franchir cette nouvelle étape.

Je suis restée à l'avant et Jesse est appuyé sur le siège passager.

– Tu habites ici alors ?

– Oui, au-dessus de chez mes parents.

– Tu voudras qu'on aille les voir ?

C'est lui qui propose...

– Je ne sais pas. On a le temps !

– Oui, on a le temps.

– Je me sens en sécurité ici. C'est... chez moi.

Zoé gazouille comme pour approuver. Nous nous tournons tous les deux vers elle en souriant. Tout ce qu'il y a entre nous trois et ce qui s'est créé depuis notre rencontre remplit la voiture d'une densité presque palpable.

– J'ai vraiment eu peur pour toi, tu sais. Pour vous.

Nous nous faisons face de nouveau. Il continue :

– Peur de te perdre. Je ne l'aurais pas supporté...

– Je n'ai pensé qu'à toi. C'est toi qui m'as aidée à tenir.

Il prend mon cou. Je mets ma main dans ses cheveux.

– Je t'aime.

– Je t'aime.

Nous nous embrassons. Ce n'est pas la première fois, mais c'est comme notre premier baiser, celui qui scelle. Il est aussi beau et fort que tous les précédents, mais il n'a rien à voir. Nous nous aimons. Nous avons osé nous l'avouer à nous-mêmes et à l'autre. C'est un baiser qui dure. Un baiser qui a le goût du chemin que nous avons envie de faire ensemble. C'est sûr maintenant ! Nous nous détachons tendrement, les yeux presque embués par l'émotion.

– On va chez toi ?

– Chez moi.

Je me tourne vers le volant pour descendre. Jesse accompagne mon mouvement. Nous regardons un instant tous les deux la rue à travers le pare-brise avant de rentrer dans notre nouvelle ère. Nous nous figeons d'un coup. De l'autre côté de la vitre, sur le trottoir, se tient Simon. Il nous a vus. Je vois sur son visage qu'il a vu, que son esprit n'a pas encore enregistré tout ce que ça signifie, mais il nous a vus. Il a le visage tendu, partagé entre la colère et le doute.

Il va falloir sortir de cette voiture, et cette fois, le Purjabid n'y pourra rien ! Une nouvelle ère commence vraiment, celle de la révélation. Je ne sais pas quel Nouveau Testament ça va produire mais, pour l'instant, ça sent surtout la crucifixion. J'ai connu des journées plus reposantes, moi…

19
ACCIDENT SUR LA VOIE

Léonie

Simon est tendu comme un string trop juste. Jesse n'a pas non plus l'air très heureux de s'être fait surprendre par son (ex-)chauffeur en train de bécoter le nouveau. En ce qui me concerne, je me serais bien passée d'une explication à l'improviste avec mon frère après un enlèvement, une poursuite en voiture et le baiser le plus romantique de ma vie. J'hésite sur la tonalité à donner à la scène : tragédie ? Comédie ? Théâtre de l'absurde ?

Je laisse Jesse prendre Zoé ; ça évitera peut-être que ça dégénère tout de suite, et je me dis que ce sera moins facile de se lancer dans un combat de catch avec un enfant dans les bras si ça doit partir en vrille. Nous nous retrouvons tous, face à face, sur le trottoir devant l'immeuble de mes parents.

– Bonjour Simon.

Mon frère ne répond pas, les bras croisés sur la poitrine, la fumée sortant de ses oreilles et de ses narines, l'écume aux lèvres, le regard noir auscultant alternativement Jesse, Zoé et moi comme pour essayer de comprendre ce qu'il voit, sa tête produisant un petit mouvement sec comme le tic-tac d'une horlogerie de bombe avant une explosion en pleine rue. J'ai l'impression d'être dans une vieille série télé dans laquelle il ne reste au héros que quelques secondes pour désamorcer le détonateur alors qu'il ne sait pas s'il doit tirer sur le fil rouge ou sur le fil bleu. Normalement, dans les séries, il choisit toujours le bon fil. Le problème ici, c'est que je ne suis pas une héroïne, qu'on n'est pas dans une série et que je ne sais même pas où sont les fils. Ça complique un peu l'histoire.

– Simon… On peut peut-être…

Je n'ai pas le temps de finir ma phrase que je vois Jenny, un sourire éclatant collé sur le visage, tourner au coin de la rue et arriver à toute allure derrière Simon qui ne l'a évidemment pas encore aperçue.

Je l'avais oubliée, elle !

Je suis en train de réfléchir au désamorçage d'une bombe et voilà plusieurs dizaines de kilos de dynamite sur pattes qui débarquent toutes mèches dehors, l'allumette au bord des lèvres ! J'ai peut-être encore le temps de partir en courant dans l'autre sens, d'aller me marier à Las Vegas sous un faux nom et de couler une vie paisible de danseuse de saloon au fin fond du Nevada ?

De l'Alaska plutôt ? Plus sûr ? Il y a des saloons en Alaska ?

J'hésite encore sur la destination quand Jenny atteint Simon et lui fait part de sa présence en lui balançant une bonne claque sur l'omoplate.

– Alors, ça va vieux poto ! Je vois que toute la petite famille est réunie ! C'est miiiignoooon !

Simon manque de s'étouffer en découvrant Jenny. L'arrivée impromptue de l'engin l'a un peu désarçonné. Il faut dire qu'ils ont flirté il y a bien longtemps. Jenny est adepte du tout-terrain expérimental, mais les séquelles ont laissé des traces un peu paradoxales sur Simon, entre un reste d'admiration et l'exaspération manifeste doublée d'une blessure narcissique difficile à refermer après un largage en règle au bout de quelques jours, l'expérience de Jenny s'étant conclue assez rapidement par une envie (déjà) irrésistible d'aller voir ailleurs.

J'en profite pour jeter un œil à Jesse qui a pris l'air fermé de l'huître ayant repéré le pêcheur et qui tente de ne pas trop lâcher de bulles pour ne pas se faire remarquer, mais on sent que ça doit remuer autour de la perle. Il n'y a vraiment que Zoé (et Jenny) qui a l'air de se marrer dans ce feuilleton ! Simon, lui, a viré au violet et ne semble pas savoir s'il explose maintenant, égorge d'abord Jenny ou s'assied en pleurant sur le bord du trottoir ; ce qui ne démonte pas ma vieille amie.

– Eh bien, Simon, lâche la pression ! Tu es tout rouge ! Des problèmes de constipation ?

La remarque n'est pas des plus judicieuses après l'épisode « Purjabid », mais Jenny ne peut pas le savoir. Paradoxalement, ça redonne la faculté de parole à Simon.

– C'est une honte ! Une honte !

Jenny ne voit pas de quoi il parle et démarre un peu à côté :

– Bah… Non… Tu sais, le transit… Ça dépend vraiment de ce que tu manges… Il n'y a pas à avoir honte… Ça peut arriver…

Je me mords la joue pour ne pas éclater de rire et je vois Jesse qui baisse la tête pour qu'on ne remarque pas qu'il retient péniblement un fou rire nerveux. Zoé a l'air de s'amuser énormément et tape des mains dès qu'elle peut. Nous sommes tous les trois passés d'acteurs à spectateurs avec l'arrivée de Jenny, et je dois dire que la pièce commence à me plaire. Finalement, c'est une farce, grâce à elle !

– Mais tu ne respectes vraiment rien !

Simon commence à expulser la vapeur, et, finalement, c'est Jenny qui prend. Elle l'a un peu cherché, ceci dit.

– Tu penserais quoi si tu découvrais que ta sœur a un enfant caché avec ton patron, hein ?!! Je comprends mieux maintenant le « bébé » de l'autre fois !

Le temps suspend son vol, pendant quelques secondes. Le temps nécessaire pour que Jenny se tourne vers nous l'air complètement ahuri et que l'on explose de rire en même temps, sauf Simon qui n'a pas saisi la profondeur humoristique de sa réplique. C'est encore Jenny qui se charge d'éclairer sa lanterne en l'attrapant tendrement par les épaules.

– Viens Simon, on va t'expliquer le principe de la gestation chez la femelle humaine, les modifications que ça apporte à son corps, le temps que ça dure, comment ça se voit un peu, etc. Si tu es gentil, on t'expliquera même la reproduction, la contraception et le coït.

Simon lui jette un regard de biais, mais prend un air tout penaud, malgré l'ironie de Jenny, et commence à mesurer la dimension de l'ineptie qu'il nous a lâchée. La tension est retombée, mais il n'a toujours pas les bonnes explications. J'en profite pour l'occuper avant qu'il ne reparte sur ses grands chevaux. Comme Zoé gigote et semble attirée par

Simon, je l'arrache des bras de Jesse et la colle dans ceux de mon frère. Les deux se regardent dans les yeux, et l'« effet Zoé » fonctionne immédiatement. Simon est calmé et semble prêt à nous suivre plus tranquillement.

– Tiens, occupe-toi de ta « nièce », alors ! Allez ! Cette enfant va avoir faim. On a assez rigolé, tout le monde chez moi !

La troupe pénètre dans l'immeuble et se serre dans l'ascenseur dont l'espace est tout juste suffisant pour contenir tout le monde. La proximité crée une atmosphère un peu étrange. Simon, le regard dans le vide, s'est mis à vaguement bercer Zoé qui ne demandait rien mais qui semble apprécier. Jenny observe tout ça avec un petit sourire en coin, contenant certainement une remarque piquante, et Jesse reste silencieux, un peu désorienté dans cet univers qui n'est pas le sien. Il n'a toutefois pas l'air particulièrement stressé de se retrouver entouré de ce qui compose mon quotidien. On se jette des regards tendres, tous les deux pas encore assez assurés en public pour se permettre des signes de tendresse devant tout le monde, mais nos yeux trahissent la complicité. Nos corps collés l'un contre l'autre dans l'ascenseur se touchent sans gêne. Ils n'ont pas besoin de gestes ostentatoires pour être liés. N'importe quel observateur comprendrait qu'ils se connaissent, sont intimes. Ça n'a d'ailleurs pas échappé à Jenny, qui était déjà au courant, et Simon fait comme s'il ne voyait rien. Nous arrivons à mon étage et pénétrons dans l'appartement.

– Je vous laisse vous installer, je vais préparer le biberon de la petite.

Je suis chez moi. J'invite. Je me sens à l'aise, même si je

me demande ce que pense Jesse de cet appartement qui est grand comme sa salle de bains.

Ridicule ?

Je n'ai pas envie qu'il se sente à l'étroit, gêné, peut-être honteux de se rendre compte d'un coup qu'il a une histoire avec son chauffeur et que l'endroit où elle habite n'arriverait pas à contenir sa Rolls. Je pars dans la cuisine avec toutes ces pensées et pourtant le sentiment agréable que les horreurs de la journée sont loin. Il va tout de même falloir en parler un peu, sans forcément tout dévoiler à Simon.

***

Je reviens avec le biberon de Zoé. Jenny a déclenché sa machine à paroles dès que je suis sortie, détendant l'atmosphère, et ne l'a toujours pas arrêtée quand je pénètre dans le salon. Simon tient Zoé sur ses genoux. Ils ont l'air de s'entendre. Tout le monde sourit. Jesse observe mon chez-moi en écoutant Jenny. J'ai soudain envie de me retrouver seule avec lui, juste tous les deux, que je puisse lui faire découvrir mon antre, qu'il connaisse davantage là où je vis, l'histoire de tous mes objets, qu'il partage l'existence que je mène ici. Il me regarde avec douceur quand j'arrive. Je lui rends son regard. Nous savons tous les deux que nous n'avons pas besoin de nous parler ; nous sommes « vraiment » liés désormais. Je me dirige vers Simon et lui tends le biberon.

– Tiens ! Tu as l'air d'avoir compris le bercement, tente l'allaitement maintenant.

Il prend le biberon sans discuter. J'ai l'impression que le choc de la découverte l'a tellement abasourdi qu'il en a perdu une partie de ses moyens. Par contre, Jenny est en pleine possession des siens.

– … et donc il me dit qu'il n'a jamais rencontré une femme comme moi, qu'il veut m'emmener visiter le monde, alors que, soit dit en passant, il n'est jamais allé plus loin que chez sa mère qui est dans le New Jersey, mais il faut un début à tout ! Alors, forcément, moi, le lendemain, je passe devant une agence de voyages et je me dis que je pourrais voir ce qu'ils proposent, et là ! Vous auriez vu le type qui s'occupe de l'agence ! Un Italo au regard de braise qui me vend du rêve sans avoir ouvert un catalogue, un sourire avec des dents rangées comme un clavier de Steinway, enfin sans les touches noires évidemment, hein ! Et donc…

– Bon, Jenny, tu peux peut-être faire une pause parce que si je me souviens bien, ton Italo, il date de quelques années, et si tu nous racontes toutes tes rencontres jusqu'à aujourd'hui, on est bon pour rester enfermés ici deux ou trois semaines…

Jenny s'arrête en plein vol pendant que Jesse et Simon se mettent à rire, plutôt soulagés de mon interruption.

– Bon… Comme tu veux… C'est vrai que si je les fais tous…

Simon, qui se débrouille plutôt bien avec Zoé, en profite pour tenter une petite vengeance personnelle.

– Il faudrait encore que tu puisses te souvenir de toutes tes conquêtes… Sans base de données surpuissante, ça me paraît peu probable…

Jenny prend un air outré, mais attaque :

– C'est sûr que toi, tu ne dois pas avoir ce problème pour compter les tiennes. Le pouce de ta main droite devrait suffire.

– Pff…

Simon aurait mieux fait de se taire, mais l'ambiance est détendue. Ils se chamaillent toujours tous les deux. Il n'empêche, Jenny a été piquée au vif.

– … Et puis oui, je me souviens de tous. À chaque fois, c'est une vraie histoire qui commence, même si certaines ne durent que… hum… dix minutes vite fait dans un couloir de métro.

Tout le monde hurle en même temps :

– On ne veut pas savoir !

– Bon, bon ! C'est vrai que parfois, ça me met un peu dans l'embarras de ne pas arriver à choisir… et de vouloir tout goûter pour être certaine…

Jesse sort une carte de sa poche en souriant, joueur.

– Tiens ! C'est un psy, un ami. Il pourra peut-être t'aider si un jour tu veux sortir du « cercle infernal » ! En plus, il n'y aura pas de danger ni pour lui, ni pour toi : il est homo !

– Ah ! Bah ça, ça ne veut rien dire parce qu'un jour j'ai connu un type…

– On ne veut rien savoir !

Ça va devenir un gimmick, mais Jenny poursuit :

– Vous avez peut-être raison cette fois… Je peux rester un peu chez toi, Léonie ?

Elle s'est tournée vers moi, sincèrement inquiète pour une fois.

– Évidemment ! Autant que tu veux, mais tu crois que c'est la solution ?

– Eh bien… Je ne sais pas, mais je voudrais attendre un peu. Je te l'ai dit, je pense que John a senti qu'il y avait un truc louche après les recherches que tu m'as demandées, et…

Simon semble se réveiller d'un coup.

– Bon ! C'est bien gentil tout ça, le bébé, les recherches, John, etc., mais je dois être le seul à n'être au courant de rien ici. Il serait peut-être temps que vous m'expliquiez deux ou trois choses… et que quelqu'un change la couche de cette enfant. Ce sera sans moi, là, par contre !

– Tu as raison. On va t'expliquer.

Je lui reprends Zoé pour la changer et on commence à tout raconter à Simon : Zoé dans la voiture, Mary, les hackers, John. Un petit regard entre Jesse et moi nous met immédiatement d'accord pour ne pas parler de l'enlèvement, ni du sauvetage. Pour l'instant, ça restera entre nous. Pas la peine d'inquiéter tout le monde, et Jesse ne veut pas de la police. Un frisson me parcourt la moelle épinière : ce secret nous rapproche encore davantage et je me rends compte que je me suis rangée sans hésiter dans le camp de mon amour au détriment de la vérité pour mon amie et ma famille. En plus, je ne regrette rien.

Une autre pas de franchi ?

***

– La vache ! Quelle histoire de dingue ! Il faut retrouver Mary ! Si je peux faire quelque chose…

Je retrouve mon frère, toujours prêt à aider, même s'il est soupe au lait, mais j'aimerais tout de même ne pas le mettre en danger.

– Merci Simon. Pour l'instant, je vais essayer de gérer ça avec mon équipe.

Jesse a repris son rôle de *big boss*. C'est étonnant de voir comment il change presque physiquement quand il redevient le patron ! Personne n'a envie de discuter ce qu'il dit.

– OK, M. Franklin.

– Jesse ! Et tutoyons-nous à partir de maintenant.

– Ah… Oui… Jesse… Ça me fait drôle tout de même…

Je me suis rapprochée de Jesse, assis, qui m'enlace par la taille, comme si on avait le « droit » désormais.

– Tu t'habitueras.

– Oui… Oui…

La situation est tout de même un peu étrange, mais le flottement est interrompu par la sonnerie du portable de Simon.

– Ah ! Maman ! Oui… J'arrive… Je sais…

Simon écoute notre mère et nous regarde tous soudain avec un petit air malin comme s'il venait de découvrir quelque chose ou qu'il avait eu une idée subite.

Une idée à la Simon comme quand on était gosses ? Une de ses farces à la noix ? Simoooonnn…

– Oui, maman, je suis au-dessus… Chez Léonie… Pas de problème… mais j'espère que tu as fait assez à manger parce qu'il y a aussi Jenny, un bébé et le nouveau copain de Léonie. Préviens papa, on arrive dans deux minutes !

Ah, le crevard ! Je le savais !

Simon raccroche, aux anges, savourant sa vengeance en nous dévisageant avec un air faussement naïf.

– Bah quoi ? Vous n'avez pas faim ? C'est papa qui va être content ! Dépêchez-vous, il n'aime pas attendre pour dîner.

Simon a à peine terminé sa phrase qu'il a deux femelles déterminées qui se jettent sur lui en le rouant de coups avec tout ce que l'appartement contient de coussins, Jesse en arbitre.

– Tu me le paieras, traître !

En attendant, j'imagine que maman Shéhérazade est en train d'inventer une histoire au roi de Perse qui me sert de père pour éviter que je me fasse décapiter en passant la porte de leur appartement.

20
ITINÉRAIRE BIS

Léonie

Je ne sais pas si la lame du bourreau m'attend, mais je descends chez mes parents comme on part à l'échafaud, accompagnée de Jesse, Jenny, Simon et Zoé. Mon frère sifflote, heureux de son bon coup. Jenny rayonne, Zoé dans les bras, car elle est toujours ravie de manger ce que prépare ma mère qui l'a gavée depuis des lustres sans qu'elle ne prenne le moindre gramme. C'est un exploit étant donné les tonnes de spaghettis et de polenta qu'elle a avalées ! Sans parler des fromages italiens, des antipasti et des desserts tous repris au moins trois fois à chaque visite, comme il se doit « par politesse », comme dit Jenny qui a donc toujours été TRÈS polie avec mes parents, particulièrement à table ! Quant à moi, je ne sais pas trop ce qui nous attend. Jesse a posé sa main sur mon épaule. Je me sens plus forte à ses côtés, mais sa présence en ces lieux est un mélange de plaisir et d'étrangeté. Comme si son corps fait pour les palaces semblait prêt à déborder la limite des murs, à l'étroit dans mon petit appartement, dans les escaliers de cet immeuble sans luxe. Ce doit seulement être mon impression ou la crainte idiote qu'il considère tout cela avec mépris, car Jesse, lui, a l'air détendu, à l'aise, curieux de ce qu'il voit et heureux d'être avec moi. C'est en tout cas ce que ses regards me disent.

Simon arrive le premier devant la porte de l'appartement de mes parents. Il frappe pour se signaler et entre aussitôt, comme à son habitude, en hurlant un « C'est nous ! » joyeux. Jenny le suit de près, certainement déjà alléchée par les odeurs qui proviennent de la cuisine. Jesse et moi nous arrêtons un moment devant la porte.

– Un peu stressée ?

Il m'embrasse tendrement. Non, je ne suis pas vraiment stressée, juste un peu secouée par cette journée de dingue, et étonnée de la manière dont les choses ont tourné à toute vitesse.

– Ça fait un peu « présentations officielles » organisées en mode bordélique, non ?

– Si ce n'est que ça, je peux essayer de rattraper le coup en allant me chercher un autre costume et en demandant ta main à ton père entre la poire et le fromage, un genou à terre.

Il sourit, mi-ironique, mi-sérieux. Impossible de savoir ce qu'il pense vraiment.

– C'est malin ! En arrivant, baise l'anneau qu'il porte à la main droite pour le saluer, en signe de respect, pendant que tu y es. De toute façon, ne te projette pas trop, mon père a horreur des poires. Ça m'étonnerait qu'il y en ait à table. Et ton costume est très bien. En plus, on n'a plus le temps d'aller en acheter un.

– Alors rentrons dans l'arène !

Jesse me sourit, dépose un baiser sur mes cheveux et entre avec moi, sa main caressant mon dos et me poussant légèrement pour découvrir enfin les joies d'un repas chez les Caravaggio.

La scène qui s'offre à nous quand on arrive est un modèle du genre. On dirait un peu les Noces de Cana, mais en moins chargée. De fait, il y a beaucoup moins de monde dans le salon que pour la noce, mais mon père trône tout de même en Jésus au bout de la table. Je remarque en passant qu'il a enfilé une chemise blanche, preuve que maman a eu le temps de le prévenir du débarquement.

Mais jusqu'à quel point ?

Je jette un coup d'œil à la maîtresse de maison, qui, comme à son habitude, me fait un état des lieux complet grâce à un signe rapide et furtif. Cette fois, c'est une légère ouverture des paupières doublée d'un haussement imperceptible des sourcils, les yeux tournés vers mon père, le tout agrémenté d'un mouvement de bouche en Z (spécialité maternelle impossible à reproduire). Traduction : « J'ai eu le temps d'annoncer un débarquement ennemi à ton père, mais pas la composition complète des troupes. » D'où la chemise visiblement enfilée à la va-vite, au cas où, mais aussi le visage quelque peu renfrogné de mon père qui doit, avec la seule face à sa disponibilité, celle que lui a donnée la nature, nous faire part de son exaspération due au léger retard qu'a pris le dîner, la surprise plus ou moins agréable de voir débarquer Jesse, *the big boss*, dans un salon de prolos pas prévu pour, l'énervement de ne pas avoir été prévenu plus tôt et l'étonnement complet de deviner que sa fille a certainement une relation assez poussée avec le milliardaire en question si on en croit la main que ce dernier a laissée posée sur le dos de sa progéniture. Il est vrai que ça fait beaucoup pour un seul homme ! En bref, on dirait qu'Aldo Caravaggio s'est assis par mégarde sur une plaque chauffante et qu'il ne peut ni bouger ni hurler parce que le président des États-Unis vient lui serrer la main en personne, filmé par les caméras du monde entier. En direct.

En attendant, Jenny s'est déjà assise à table après avoir embrassé mes parents et calé Zoé sur le canapé entre deux coussins. Mon frère lui fait face, nous jetant des regards amusés et inquiets tout de même après la vision du visage paternel. Ma mère va et vient entre le salon et la cuisine pour poser les plats qui semblent avoir été préparés pour la centaine d'invités qui resteraient à venir. La composition de la scène n'a duré qu'une fraction de seconde avant que Jesse ne prenne les choses en main, façon Franklin, c'est-à-dire : « Je suis aussi à l'aise au *Waldorf Astoria* que dans le salon de mon chauffeur », en se dirigeant vers ma mère et mon père pour leur serrer la main.

– Bonsoir Mme Caravaggio… bonsoir M. Caravaggio, c'est un plaisir de vous rencontrer de nouveau ! Je suis désolé de surgir ainsi à l'improviste, mais les circonstances ont fait que nous nous trouvions tous chez Léonie… J'espère que je ne vous dérange pas…

Je suis le mouvement en embrassant ma mère, puis mon père, qui, du coup, s'est fait surprendre et cherche la nouvelle tête qu'il pourrait nous livrer en rapport avec le sourire éclatant que lui adresse Jesse, exprimant de tout son être à quel point il ne pourrait pas se trouver plus heureux ailleurs.

J'admire la prouesse. Mieux, il arrive à me faire croire qu'il est effectivement mieux ici que dans sa suite, et à mon père également, on dirait !

– Mais non, mais non… Au contraire, asseyez-vous… C'est un honneur de vous avoir à notre table. Vous excuserez le service « à la bonne franquette », nous ne vous attendions pas…

– Tout l'honneur est pour moi. C'est très aimable à vous de m'accepter à dîner. La « bonne franquette » me convient très bien, surtout que tout cela a l'air délicieux.

Alors là, chapeau ! Une cuillère pour papa, une cuillère pour maman. Le tout sans forcer et avec une certaine élégance. Même Simon et Jenny semblent admiratifs. Un point pour Jesse, la balle au centre.

Du coup, mon père, un peu soufflé par l'aisance et la prestance de Jesse, tente de reprendre la première place, mi-patelin, mi-inquisiteur. On ne sait pas encore comment tout cela va tourner.

– Vous étiez donc tous chez Léonie… Les circonstances… Mais dites-moi, il se passe de drôles de choses depuis quelque temps. Vous allez peut-être pouvoir m'éclairer, M. Franklin, puisque ma « fille » ne semble pas prête à le faire ? Alors, peut-on enfin me dire ce que Léonie a encore inventé et surtout à qui est cette enfant ?

– À moi !

Toutes les têtes se tournent vers Jenny, qui vient de lancer sa réplique entre deux fourchettes de spaghettis englouties par sa bouche maculée de sauce tomate. Silence général.

– Mais naaaan, je plaisante ! Ceci dit, si j'en crois les

connaissances de Simon sur la maternité, ce serait possible sans même que je m'en sois rendu compte !

Jenny a encore réussi son coup. Tout le monde éclate de rire, même Simon qui dodeline de la tête, beau joueur malgré tout, pendant qu'elle s'enfourne au fond du gosier une nouvelle fourchette remplie de pâtes dont la taille dépasse l'entendement, proportionnellement à sa bouche. Le tout y disparaît pourtant à toute vitesse. Notre « repas familial » peut enfin commencer !

***

Je ne sais pas si c'est pareil dans toutes les familles, à toutes les époques et dans le monde entier, mais dès que vous présentez quelqu'un à vos parents, que ça pourrait être un peu sérieux et qu'ils le trouvent sympathique, ils se croient obligés de raconter tous les traits saillants et passionnants de votre enfance flamboyante : le jour où vous avez fait caca sur le pot pour la première fois, comment vous avez fait pipi dans votre culotte un jour où vous riiez tellement pour un truc débile, la fois où, à 4 ans, vous avez dit à Tata Cathy que vous ne lui feriez pas la bise parce qu'« elle avait des poils qui piquent et qu'elle ne sentait pas bon dans sa bouche », la beauté de votre visage couvert de pustules à l'adolescence… Bref, le festival des trucs les plus humiliants que tout le monde rêve d'oublier soi-même et surtout de ne pas dévoiler à son amoureux, surtout quand l'histoire commence ! On dirait que les parents ne retiennent que les anecdotes où vous n'êtes pas à votre avantage ! Ça doit être un gène de mémoire sélective qui se développe uniquement quand on a eu des enfants… Heureusement, j'ai réussi à stopper la sortie de l'album de photos de famille pour cette fois, mais il était moins une ! Pour le reste, rien n'a été épargné à Jess, ni à moi. Mon père est intarissable sur le sujet Léonie, toute époque, tout thème. Et quand la partie « anecdotes pourries » est épuisée, un deuxième gène prend la relève pour développer un axe tout aussi délirant : « Ma fille est une championne. »

– Vous savez, Jesse…

Oui, ça y est ! Ils s'appellent Jesse et Aldo.

– … le plus étonnant, c'est que cette petite conduit depuis qu'elle a 7 ans, et à 3 ans, elle se mettait déjà debout sur le siège du conducteur pour tourner le volant ! Une passion, je vous dis. Et pas qu'en conduite, elle est la meilleure en mécanique, diplômée et tout !

– Papaaaa… Ça n'intéresse pas Jesse…

– Mais si, mais si… Continuez, Aldo.

Ça, tu me le paieras, Jesse Franklin !

– Elle fait même des rallyes, qu'elle gagne ! D'ailleurs, je crois qu'il y en a un dans quelque temps, hein Léonie ?

– Oui, oui…

– C'est tout de même incroyable, n'est-ce pas ? Simon malade, Léonie disponible parce qu'elle a terminé ses études et qu'elle attend le rallye… Et hop, vous pouvez vous rencontrer ! Le hasard ! C'est un peu grâce à moi… J'ai tout de suite pensé à elle pour remplacer Simon ; c'était tellement évident…

Simon manque de s'étouffer avec sa cuillère de tiramisu, et comme il ne peut pas répondre tout de suite s'il veut s'en sortir pour gérer le passage sans s'étrangler et rester en vie, je me permets une petite remarque :

– Oui… Évident… Ça dépend quel sens « réel » tu donnes à ce mot, papa ! Dans mon souvenir, l'évidence n'était pas aussi… évidente.

– Bon, bon, peut-être… Il faut bien s'assurer de deux ou trois compétences avant de… C'est tout de même une entreprise sérieuse… Hum… Et puis c'était pour Jesse… hein ! Et vous, Jesse, vos passions, vos parents ?

Je me tourne vers Jesse en posant ma main sur son bras, manière de lui dire qu'il n'est pas obligé de répondre, mais Jesse semble serein.

– Mes parents sont morts dans un accident de voiture il y a dix ans.

– Ah ! Pardon, je ne savais pas…

– Ce n'est rien. Quant à ma passion… Jusque-là, ce n'était que mon travail…

Il se tourne vers moi.

– … et aujourd'hui, il se pourrait bien que ce soit Léonie…

Mon père apprécie. Moi, j'en reste coite et Jenny, repue, déjà à moitié en train de faire la sieste mais toujours romantique malgré son cœur d'artichaut, ne peut pas s'empêcher un :

– Haaannn, c'est beauuuu !

Le pire, c'est qu'elle a l'air sincère ; ce qui génère un sourire béat sur le visage de tous les membres de ma famille. J'en aurais presque froid dans le dos. Ils ont tous basculé dans le mélo ou quoi ?

Le repas se termine doucement sur ce bonheur généralisé quand Jesse reçoit un SMS.

– Ah ! Excusez-moi, je suis désolé mais il va falloir que je vous laisse… J'ai encore quelques heures de travail. Je dois terminer la préparation d'une réunion.

– Bien sûr, bien sûr.

Jesse se lève, salue mes parents, Simon et Jenny, embrasse Zoé, puis se tourne vers moi :

– Les clefs de la voiture sont restées dans ton appartement, Léonie.

– Je t'accompagne. Maman, tu peux t'occuper de Zoé ? Je redescends dès que Jesse a récupéré ses clefs.

– Bien entendu.

Nous sortons tous les deux. J'entends mon père dire d'une manière discrète mais suffisamment audible pour que tout le monde entende, nous deux compris : « Il est vraiment bien ce garçon ! » ; ce qui fait sourire Jesse pendant que nous passons la porte et que nous nous retrouvons dans le couloir, puis montons les escaliers, enlacés.

– Dis donc, Jesse Franklin, tu as sorti le grand jeu pour le *pater familias* ! Bien joué ! Normalement, Sa Majesté n'est pas aussi facile à séduire ! Tu es dangereux comme type, en fait. Alors comme ça, je suis ta nouvelle passion ?

– J'ai dit : « Ça se pourrait », ne t'emballe pas !

– Rentre, on va régler ça !

Je le pousse des deux mains pour le faire rentrer dans mon appartement et claque la porte derrière moi. Jesse se retourne, goguenard.

– « Ça se pourrait. » Il y a des choses qu'il ne faut pas dire à la légère, cher M. Franklin. Vous avez peut-être une réunion urgente, mais vous allez devoir prendre le temps de mesurer la portée de vos paroles.

– Comment ?

– Par des actes.

Et je retire la culotte dans laquelle je ne fais plus pipi depuis des années, même en cas de fou rire, pour lui lancer à la figure.

– Je vous propose de transformer votre passion « au conditionnel » par un impératif. Immédiatement !

– À vos ordres, maîtresse ! J'ai toujours été le premier en conjugaison.

On va voir ça ! Ça m'étonnerait que tu sois à l'heure à ta réunion. J'ai deux ou trois verbes un peu complexes à te proposer. À tous les modes et tous les temps !

Jesse a attrapé ma culotte au vol et l'a glissée dans la poche de sa veste. Il arbore un léger sourire de défi, vaguement coquin.

– Souvenir !

– Fais attention que personne ne te fasse les poches…

– Personne ne met ses mains dans mes poches si je ne l'ai pas autorisé à le faire.

– Tu as l'air bien sûr de toi…

– Toujours… Surtout quand une femme vient de me lancer sa culotte. J'attends beaucoup de la suite par contre !

– Ça ne se fait pas comme ça. Il faut aussi payer de sa personne.

– Dans ce cas…

Jesse retire sa veste sans bouger de sa place. Nous sommes toujours à quelques mètres l'un de l'autre.

– Mmm… Veste contre culotte, pas sûre que ça fasse le poids, mais je veux bien passer pour cette fois.

Je retire une de mes boucles d'oreilles, délicatement.

– Je vois, il faut que j'en fasse plus…

Jesse déboutonne alors sa chemise et l'enlève. J'admire ses muscles qui se tendent à chaque mouvement, son buste hâlé. Je me souviens de la texture de sa peau ; je la sens, même à distance. J'attends le moment où je pourrai la toucher.

– C'est mieux…

J'enlève alors ma deuxième boucle d'oreille. Il me sourit, comprenant qu'il n'est pas encore allé assez loin et retire ses chaussures et ses chaussettes. Je le trouve affreusement sexy et attirant, pieds et torse nus, juste en pantalon. Je commence à imaginer le moment où nous nous toucherons.

– Bien ! Je peux donc passer à la vitesse supérieure puisque tu as daigné faire un effort.

Je défais l'attache de ma robe et la laisse tomber à mes pieds. Je ne porte plus que mon soutien-gorge. Jesse prend le temps de me regarder en détail. Son regard est déjà comme une caresse qui glisse sur les parties les plus sensibles de mon corps. Je sens mon excitation monter.

– Cette fois, ça devient intéressant !

Il défait sa ceinture et enlève son pantalon. Son caleçon laisse deviner son sexe qui a commencé à se tendre à la vue de ma nudité.

– Finissons-en, non ?

Je retire mon soutien-gorge dans un mouvement rapide. Mes seins se dressent vers Jesse, les tétons déjà durs.

– Oui, je suis d'accord. Terminons cette partie.

Jesse fait glisser son caleçon sur ses jambes musclées. Son sexe, déjà gonflé, n'attend plus que mes attentions pour se dresser totalement.

Nous sommes face à face, complètement nus, dans mon

petit appartement. Pour l'instant, seuls nos yeux profitent de nos corps en attente, mais nos mains et nos bouches n'en peuvent plus et rêvent de rentrer dans la danse. Chacun de nous fait un pas vers l'autre jusqu'à ce que nous ne soyons plus qu'à quelques centimètres l'un de l'autre. Le sexe de Jesse vient se coller sur le mien. Les bouts de mes seins effleurent son torse. Nous restons ainsi un moment. Je sens Jesse se durcir davantage, envoyant des petits coups de son membre sur le bas de mon ventre.

– Il est pressé ?

– On dirait…

– Je vais voir ce que je peux faire pour lui…

Nos yeux ne se quittent plus, rivés l'un sur l'autre. Nous devinons nos sensations par nos regards. Je prends le sexe de Jesse dans ma main et le colle sur son ventre. Je commence à le caresser, faisant glisser la peau sur le membre désormais complètement raide. Nous mourons d'envie de nous embrasser, mais nous faisons durer le plaisir. Jesse ne m'a pas encore touchée et se laisse tenir, sans bouger. Je continue mon mouvement en caressant le dessous de son gland avec mon pouce à chaque passage, alors que mon index vient buter de l'autre côté. Son sexe enfle à chacun de mes gestes, comme pour m'inviter à poursuivre. Je décide alors de le coller sur mon propre ventre pour lui faire sentir la douceur de ma peau, puis je le dirige vers le bas et viens le poser sur mon clitoris, presque coincé dans le haut de mes cuisses. Les deux endroits les plus sensibles de nos êtres sont en contact. Le sexe de Jesse, tendu, tente de se redresser et frotte le mien au rythme du léger va-et-vient qu'il imprime à son bassin. Je pourrais presque jouir comme ça, debout, le point nodal frotté jusqu'à l'orgasme. J'ai envie de le toucher, de m'approcher de son corps. Je ne peux plus me retenir et je me plonge dans le cou de Jesse, que je mords pour prendre possession de son goût, de son odeur. Il se laisse faire, puis pose ses mains sur mon bassin, comme pour guider encore mieux le glissement qui s'opère plus bas. J'ai l'impression d'être à vif. Je redresse la tête, et nos bouches se retrouvent enfin. Elles ont la douceur du métal, l'avidité de l'attente. Elles rejouent en altitude ce que nos sexes se donnent. J'ai envie qu'il me pénètre. Je pousse Jesse d'un coup. Il atterrit sur le canapé juste derrière lui, affalé plus qu'assis. Son membre, qui semble près d'éclater, n'attend plus que l'engloutissement.

– Reste comme ça.

Jesse ne bouge plus et je le chevauche, guidant son sexe et le glissant en moi d'un seul coup qui m'arrache un cri. Nous nous attrapons par les épaules et mon amant m'accompagne. Il a compris que je voulais jouir tout de suite, que je ne voulais plus attendre, que j'étais prête. Mon orgasme arrive presque aussitôt, vif, violent et puissant. Jesse me sourit et me récupère en se calant sur ma respiration. Il est toujours aussi dur en moi. Il n'a pas encore joui. Il veut poursuivre et je n'attends que ça.

Il se redresse un peu sur le canapé, et je le sens bouger au fond de moi. Puis il tend tous ses muscles et me soulève, à peine essoufflé, plus par mon plaisir passé que par l'effort. Il est debout et me porte, toujours empalée sur lui.

– On a visité le salon… Tu me montres la cuisine ?

– Par là.

Jesse se rapproche du bar qui sépare le salon de la cuisine

et me pose sur un des tabourets en hauteur, collé contre le muret. Il m'embrasse comme s'il voulait m'avaler, descend vers mes seins et les prend tour à tour dans sa bouche. Il recommence à bouger en moi. Doucement, puis de plus en plus vite. Il a pris mes fesses dans ses mains et semble dominer ainsi tout le bas de mon ventre. Il continue son mouvement, puis s'arrête soudain et se retire. La sensation du vide, si brusque, me prend par surprise et tend tous mes sens, mais je n'ai pas longtemps à attendre la suite du plaisir. Jesse se baisse brusquement et glisse sa langue, là où était son sexe quelques secondes auparavant. Une sensation de chaleur m'envahit. C'est comme un sexe plus petit, plus vif et plus mobile qui s'est soudain décidé à visiter mon intimité. Le changement est violent, intense. Je sens la vague revenir de loin, s'approcher. Jesse caresse chaque repli de ma chair, s'enfonce, revient sur le clitoris qu'il excite par petits coups réguliers et rapides. Je vais jouir de nouveau. Pas besoin de lui dire, il cherche à m'emmener au bout, encore une fois. J'y suis presque, je sens l'autre orgasme, différent du premier, prêt à tout emporter, arriver à toute allure, quand Jesse introduit un doigt qui vient appuyer à l'opposé de mon clitoris qu'il continue de titiller de sa langue. Son nouveau mouvement suspend le flux en cours en augmentant sa puissance. Je tente de prendre quelques secondes pour ressentir ce que m'apportent ces nouvelles caresses, mais je n'ai pas le temps d'y penser. La jouissance déferle d'un coup, comme si Jesse avait appuyé sur un point capable de déclencher un orgasme quasi automatique. Je me sens comme secouée. Mon bassin vient cogner le visage de Jesse plusieurs fois dans un mouvement que je ne contrôle pas. Quand les coups se calment,

Jesse remonte le long de mon ventre avec des baisers pour arriver jusqu'à ma bouche. Il me transmet le goût de mon sexe, le goût de mon plaisir qu'il a eu lui aussi en bouche. Je tiens à peine en équilibre sur le tabouret. Jesse m'aide à poser les pieds par terre. Il m'embrasse le visage par petites touches.

– Il nous reste la chambre, je crois. On termine la visite ?

Son sexe vient buter contre mon corps. Je l'attrape et m'en sers pour le guider vers la chambre.

– C'est par là ! Classique, mais de loin le plus confortable.

Jesse me suit, son sexe dans ma main. Je sens sa chaleur et sa douceur, la force que contient cette partie de lui que je veux voir jouir à son tour. Je le pousse à s'allonger, sans lâcher son membre, et je viens m'allonger sur lui. Nous prenons le temps d'être simplement ensemble, tendres, l'envie de sexe toujours présente mais un instant suspendue. Nous redécouvrons tous les endroits de nous deux que nous n'avons pas visités cette fois. Bras, jambes, torses se collent et se frottent. Nos mains s'assemblent, nos doigts se croisent. J'embrasse son buste puissant. Il respire mes cheveux. Je soulève ses bras pour en lécher la partie tendre. Nous jouons ainsi pendant de longues minutes, moi, toujours couchée sur lui, serpentant le long de son corps, lui, sous moi, répondant à chacune de mes vibrations.

– Retourne-toi.

Je reste sur lui, mais pivote à sa demande. Je me retrouve sur le ventre. Son sexe pointe entre mes jambes ; nos têtes sont côte à côte.

– Viens. Comme ça.

Je prends le sexe de Jesse, soulève légèrement mon bassin, puis me glisse doucement contre son ventre pour enfoncer son membre en moi en prenant appui sur mes jambes. Je lève mes bras pour entourer la tête de Jesse pendant qu'il commence à caresser mes seins avec une de ses mains et que l'autre navigue sur mon ventre, ma cuisse, mon clitoris. Nous partons ensemble vers le voyage qui nous verra accoster dans quelques minutes. Ensemble cette fois.

J'aime sentir Jesse contre mon dos. J'aime le sentir en moi. J'aime ses mains qui explorent mon corps et donnent à chaque parcelle qu'il touche la sensation de redoubler de vie, d'une vie autonome et plus complète. J'aime quand il commence à bouger en moi, que je le sens aller du bord jusqu'au plus profond. J'aime le moment où nous ne faisons plus qu'un, son sexe dur et comme infatigable, totalement en osmose avec le mien, parfaitement adapté.

– J'ai envie qu'on jouisse ensemble. Tu veux ?

– Oui. Tu peux ? Une troisième fois ?

– Plus !

– Vantarde.

– Tu veux que je te le prouve ?

– On a toute la vie pour vérifier.

Sa dernière phrase relance mon désir, un picotement qui commence à sourdre dans mon bassin. Jesse semble l'avoir ressenti car il donne plus de force à ses gestes. Sa main se fait plus pressante sur mes seins. L'autre s'est définitivement arrêtée sur mon sexe et le caresse, puis le tapote à la même cadence que son membre qui va et vient. À ce rythme-là, je ne vais pas me retenir longtemps, et lui non plus. J'entends son souffle qui s'accélère dans le creux de mon oreille. Il se tend, m'enserre plus fort et semble avoir du mal à respirer sans à-coups. J'appuie aussi un peu plus sur son bassin, le forçant à enfoncer son sexe encore plus loin en moi, à buter sur tous les replis sensibles qui m'envoient des stries de plaisir jusqu'à la racine des cheveux. C'est une troisième forme de plaisir qui s'offre à moi. Un mélange des deux premières, mais sur une autre tonalité. Quelque chose de plus lent, de plus profond qui part de tous mes membres, de tous mes sens pour arriver au point de jonction entre Jesse et moi. Jesse que je sens prêt à la jouissance. La sensation de sa venue accélère le propre rythme de la mienne alors que je me croyais encore loin de l'atteindre. La synchronie commence doucement, puis de plus en plus précise. Je sens que je perds mes repères. Il n'y a plus que des pics soudains : le contact d'une jambe, ressenti comme une brûlure, une main qui serre trop fort mais qui ne blesse pas, un râle, un abandon, quelques mouvements. Les derniers maintenant.

Jesse explose en moi avec une violence incroyable. C'est tellement fort que je crains un moment de m'évanouir. Je n'avais encore jamais vécu cette sensation proche de l'engourdissement. Je m'en éloigne petit à petit quand je commence à sentir les bras de Jesse, puissants, qui me serrent jusqu'à presque m'étouffer. Morceau par morceau, mon corps prend conscience de ce qu'il vient de vivre. Comme si nous étions tous les deux passés ailleurs, dans l'inconnu, et que nous en revenions sans pouvoir encore nommer ce que nous y avons découvert.

– Oh la vache !

Jesse revient aussi à lui.

– Qu'est-ce que c'était ?

– Je ne sais pas, mais je veux qu'on recommence…

– Pas possible ! Pas tout de suite ! Peux pas…

Jesse a l'air épuisé. J'ai fanfaronné, mais moi non plus, je ne pourrais pas revivre ça dans la seconde. Le fait de parler a réussi à nous détendre un peu. Je suis échouée sur lui, mon rocher, qui m'embrasse sur l'épaule, prenant un peu de ma sueur salée sur ses lèvres.

– Léonie.

– Oui ?

– Tu peux appeler le service de réanimation. Il faudrait quand même que je puisse aller à cette réunion…

– Ai pas le numéro. Je vais tenter le bouche-à-bouche.

Je me retourne sur lui, parcourue par un frisson. Le baiser que l'on se donne nous prouve que nous sommes encore en vie, peut-être dans un autre monde, mais en vie et tous les deux.

– C'est gentil ta tentative, mais je pense qu'elle va plutôt me renvoyer dans le coma…

– C'est le but !

– Tu parles d'une infirmière…

– Plains-toi !

– Ceci dit, le mythe est vérifié.

– C'est-à-dire ?

– Les infirmières n'ont effectivement pas de culotte.

– C'est étrange comme un homme qui a joui devient immédiatement un crétin…

– Ça, c'est un mythe par contre !

– Tu ne veux pas qu'on revérifie ?

– T'es pas humaine…

Nous rions doucement pour retenir encore un peu l'instant. Jesse va devoir me laisser. Je le sais. Il le sait. Autant jouer encore un peu. Jusqu'à la prochaine fois…

21
ATTENTION ! TRAVAUX

Jesse

– Cette fois, il faut vraiment que j'y aille.

Léonie s'est accrochée à ma jambe, allongée sur le lit où nous avons terminé notre étreinte. Je suis déjà habillé, debout, prêt à partir. Je me penche pour l'embrasser une dernière fois.

– Tu es sûr que tu ne peux pas rester encore un peu ?

Encore une phrase comme celle-ci et ça risque de devenir difficile de quitter l'endroit. Il serait doux d'y rester et il va me falloir toute ma volonté pour m'en arracher, mais même si on en a souvent l'impression, et qu'on le voudrait, le monde ne s'arrête pas de tourner pendant qu'on s'aime. Je dois retourner dans son tourbillon.

– Non, Henry et Akira m'attendent. J'ai déjà plusieurs SMS de leur part auxquels je n'ai pas répondu. Ça va devenir compliqué d'expliquer mon retard, et on a un gros boulot.

– OK… Il faudra que je te parle d'Henry à l'occasion…

J'aime beaucoup Eva, tu sais.

– Oui… D'accord.

Je ne suis pas certain d'avoir saisi l'association d'idées, mais bon… Il y en a certainement une.

– Pendant que j'y pense, je te ferai porter un nouveau téléphone dans la journée.

– Tu es un amour… Je pourrai t'appeler comme ça !

– Je n'attends que ça.

Nous nous embrassons longuement, tous les deux prêts à recommencer à faire l'amour dans l'instant. Le baiser annonce le départ mais nous promet aussi des retrouvailles passionnées.

– Je vais redescendre voir Zoé et mes parents. Ils vont commencer à trouver que tu mets un peu trop de temps à récupérer tes clefs de voiture. Allez, file !

– On s'appelle.

Je quitte l'appartement de Léonie pour retrouver le travail. Akira et Henry doivent aussi se demander ce que je fais. Je vais au moins les prévenir que j'arrive. Pour le reste… pas besoin de trop d'explications.

***

Ça m'est toujours étrange désormais de me retrouver au volant d'une voiture. J'ai l'impression de ne plus être à ma place tant Léonie semble y être naturellement à la sienne. Je la revois, tellement à l'aise, juste, souple, comme si elle ne faisait qu'une avec la voiture. Elle lui fait faire ce qu'elle veut comme à un membre de plus qu'elle commanderait sans avoir besoin de réfléchir. Impressionnant ! Si on en croit son père, elle a commencé à s'intéresser aux voitures à 3 ans. C'est certainement un peu exagéré, mais on serait prêt à le croire. Son père, Aldo Caravaggio, un sacré numéro ! Si je m'attendais à me retrouver d'un coup au milieu d'un repas de famille, et de m'y trouver bien ! Des années… des siècles que je n'avais pas vécu ce genre de moment et que je n'imaginais pas le revivre.

En avais-je même envie ? Serai-je capable d'avoir de nouveau une famille, la mienne ? Est-ce que ça vaut la peine si les gens peuvent disparaître d'un coup, comme ça ? Mourir bêtement, comme mes parents, en laissant les autres seuls avec leur douleur ? Ou même simplement s'en aller, vous abandonner comme Mary ? Mary…

Je me gare dans le parking du *Plaza*. Je suis arrivé à l'hôtel mais mes réflexions pendant le trajet m'ont donné soudain une envie furieuse d'appeler Mary, de lui parler, de comprendre. De renouer ? Je l'appelle. Elle ne me répondra certainement pas, mais je l'appelle.

– Oui, Jesse.

Elle répond.

– Mary ! Je ne m'attendais pas à… mais c'est bien que tu répondes. J'ai des choses à te dire.

– Je me doute, mais tu ne devrais pas m'appeler. C'est dangereux.

– Ça, j'ai compris maintenant ! Dans quel pétrin tu t'es fourrée et tu nous as fourrés ?

– Je vais t'expliquer, mais je n'ai pas beaucoup de temps. Je crypte ma ligne, mais ils peuvent la trouver et la *cracker* rapidement. Surtout que tu peux aussi être surveillé.

– ILS ! ILS ! Mais qui sont ces ILS ?

J'entends Mary soupirer à l'autre bout du fil et commencer son histoire.

– Des amis… enfin… qui ne le sont plus. On était un petit groupe de hackers… idéalistes. On essayait de rentrer dans le système de sécurité des banques pour montrer que tout ça n'est pas fiable, et je suis tombée sur des comptes… disons… pas nets, de mafieux certainement, de blanchiment d'argent avec de très grosses sommes…

– Et certains d'entre vous se sont découverts d'un coup moins « idéalistes » et ont pensé pouvoir récupérer de l'argent, c'est ça ?

– Exactement ! Comme c'est moi qui avais les codes d'accès, il y a eu d'abord de simples disputes et puis… des menaces…

Mary a l'air de revivre la scène. Douloureusement.

– … et j'ai compris qu'ils étaient prêts à tout.

– Thaddeus Handerson ?

– Ah ! Tu l'as repéré. Oui, et d'autres. C'est comme ça que… j'ai pris peur et que j'ai décidé de te confier Zoé. Je suis désolée. Je n'avais pas d'autres choix.

– Ça se discute, surtout sur la manière !

– Et quoi ? Après toutes ces années, j'imagine que si j'avais sonné à ta porte en te disant tout ça et en te demandant de garder ma fille…

– OK ! Mais maintenant, il faut qu'on se voie, qu'on parle.

– Non, Jesse, ce n'est pas possible.

Mary a peur, mais j'ai besoin de tout savoir, de la voir.

– Si, c'est possible et c'est même obligatoire ! Ils ont enlevé Zoé et Léonie et…

– Quoi ?!?

– Ne t'inquiète pas, elles vont bien. Je les ai délivrées, mais ils pourraient recommencer et…

– Tu m'as fait peur ! Mais oui… Tu as raison. Moi aussi, tu vois, j'ai eu raison de te faire confiance. Zoé est entre de bonnes mains et Léonie est une fille bien. J'ai pu me renseigner un peu sur elle par le biais de son téléphone…

– Bravo ! Belle mentalité ! Et c'était toi les SMS ?

– Oui, mais rassure-toi, je n'ai rien fouillé de personnel. Il fallait que je sache si je pouvais lui faire confiance.

– Et ça ne t'a pas dérangée de la mettre en danger aussi ? Une fille tellement bien !

Je suis furieux.

– Je vais raccrocher, Jesse. Tu ne pourras plus me joindre ; il faut que je me mette à l'abri. C'est mieux pour vous aussi, mais je continuerai à vous suivre. De loin. En sécurité.

– Mais Mary ! Tu ne peux pas…

Elle coupe la communication. Je tente de la rappeler immédiatement. Son numéro a disparu de mon téléphone. Elle s'est échappée, une fois de plus.

Mary… Je te déteste… Et en même temps, non… Je n'y arrive pas vraiment. Arrêteras-tu un jour de me faire revivre le même sentiment d'abandon ? Arrivera-t-on à se retrouver ?

Je sors de la voiture et monte dans la suite retrouver Henry et Akira. Il va falloir que je me calme avant de pouvoir commencer le travail.

Zen ! Pensons à la méthode Akira.

***

– Sortir une fois des griffes de l'ours n'empêche pas d'y retomber.

On débriefe depuis des heures sur le sauvetage et ses conséquences, et Akira semble en pleine forme.

– Je suppose que tu veux nous dire que le danger reste présent, Akira ?

Henry se sent toujours obligé de traduire. Quand il le peut. Moi aussi, à dire vrai !

– C'est bien cela.

On avait bien compris. Je reprends la conversation :

– Vous en savez autant que moi désormais, mais Mary s'est arrangée pour être de nouveau injoignable.

Henry en profite pour revenir sur une intervention éventuelle de la police.

– Jesse… Franchement… On en sait effectivement assez maintenant, non ? Il serait peut-être temps de mettre la police sur le coup.

– Non, on peut gérer. La preuve ! Je suis sûr qu'on peut les coincer sans que ça fasse de vague pour personne.

– Tu as envie de remettre Zoé en danger ? Et Léonie ? Ça a l'air de devenir sérieux cette histoire avec elle, non ?

Henry vient de viser juste.

– Oui… C'est… sérieux et je ne veux pas l'exposer plus. C'est pour ça qu'il faut qu'on règle ça, et vite.

– Jesse Franklin ! C'est « sérieux » ! Quel aveu ! Je ne t'avais jamais entendu dire une chose pareille !

– Eh bien, oui ! Il se passe quelque chose. Je ne sais pas encore si j'en suis vraiment capable, mais…

– Capable ? De t'engager ?

– Oui…

– La question de l'amoureux est déjà la réponse.

Akira nous a lâché cette sentence sans prévenir. Nous le regardons en hochant la tête, sérieux, l'air pénétré. Aucun de nous deux n'a compris ce qu'il voulait dire, mais, cette fois, je n'ai pas l'intention de lui en faire préciser le sens. Henry se reprend :

– Et tu es tout de même prêt à la mettre en danger ?

– Je ne vais pas la mettre en danger.

– Bon... Mais ?

– Réfléchissons au moyen de se sortir de cette histoire. Je vais appeler Léonie pour la tenir au courant de mon coup de fil à Mary. En attendant, commencez à réfléchir. Il faut qu'on trouve la solution avant demain matin.

– Bah voyons...

– Je reviens.

Je m'éloigne dans la chambre pour appeler Léonie. Elle a dû recevoir son nouveau téléphone. Il est déjà tard. J'espère qu'elle ne dort pas.

– Jesse... J'allais t'appeler. Je ne vais pas tarder à me coucher. Tu me manques. Ça va être difficile de m'endormir sans toi.

– Pour moi aussi. Je sens encore tes bras m'entourer.

– Pareil !

– Ça va sinon ? Et Zoé ?

– Oui, tout va bien. Merci pour le téléphone. Je n'ai pas encore trouvé la fonction micro-ondes, mais il est bien quand même.

Nous rions un peu bêtement.

– Il va sortir dans le commerce dans deux jours, mais j'ai pu l'avoir et y remettre ta carte.

– Tu es génial ! J'ai aussi adoré ton petit mot.

– Je t'aime, tu sais…

– Moi aussi…

Nous restons silencieux un moment, émus.

– Bon.

– Bon.

– Il faut que j'y retourne. On va essayer de régler l'affaire « Mary ». Au fait, je l'ai eue au téléphone…

– Je sais, elle m'a envoyé un SMS pour me dire que c'était bien elle qui me laissait des messages et qu'elle pouvait regarder mon téléphone. C'est charmant, mais elle s'est excusée…

– Je suis désolé. J'étais furieux quand…

– Ne t'inquiète pas. C'est aussi le seul moyen qu'on a pour l'instant de rester en contact avec elle, visiblement…

C'est vrai, mais tout de même…

– Elle est vraiment en danger, Léonie. Et nous aussi. Henry voudrait qu'on prévienne la police.

– Il a raison, mais je sais que tu préfères aller jusqu'au bout avant de la mettre dans l'histoire. Je te fais confiance et je suis avec toi. Retrouve-les.

– Merci ! On va les retrouver.

– Bonne nuit Jesse. Je t'aime.

– Bonne nuit, ma douce.

Tu es vraiment extraordinaire. Meilleure que moi !

Je retourne auprès d'Henry et d'Akira, confiant, serein.

Léonie est avec moi !

– Bon, les gars, on a jusqu'à demain matin pour trouver le moyen de coincer ces types. Vous avez réfléchi à quelque chose ?

– Quand le crocodile pense que le singe a une banane, le crocodile ne peut pas se tromper ni le singe le détromper.

Signé Akira.

Henry reste perplexe.

– Non, mais... Qui a une banane, là ? Je ne vois pas...

– Il m'est d'avis que le sens véritable de cette pensée fulgurante ne nous est pas immédiatement accessible, dissimulée derrière la peau de banane. N'est-ce pas, Akira ?

– C'est pourtant limpide.

Il ne faudrait pas qu'il exagère, sinon on ne va pas tenir la nuit. En tout cas pas Henry ! Et moi non plus, en fait...

– Pourriez-vous nous le « limpidifier » encore davantage ?

Oui, Henry est déjà plus mûr que la banane, et Akira un peu désabusé par notre manque de perspicacité !

– Eh bien ! Messieurs, si j'ai bien retenu les dernières informations, les hackers cherchent quelque chose que Mary possède et ils la cherchent désormais auprès de nous. C'est donc que nous devons l'avoir, n'est-ce pas ? Obligeons-les donc à venir la chercher et à leur donner... ce que nous voudrons bien.

– La banane ?

– Si vous voulez... Quoi qu'il en soit, nous sommes les singes. Plus malins, donc ! Enfin...

Akira regarde Henry fixement.

– ... normalement. Au travail !

Akira se lève pour aller chercher quelques boissons qui nous aideront à réfléchir. Henry se penche vers moi.

– Marrant, mais je ne me ferai jamais à ses métaphores. Il

vanne un peu, non ?

– On dirait, oui, mais… il n'a pas tort. Il va falloir s'y mettre. Au travail, donc, « Cheeta ».

– Mouais… Je ne sais pas pourquoi, mais je trouve qu'il a une mauvaise influence sur toi parfois.

On est en train de rire quand Akira revient avec les verres.

– Je crois que vous avez raison, Akira ; on va installer un filet à crocodiles et faire en sorte que les singes gagnent. Sans banane…

– Vous voulez dire qu'on va tendre un piège aux hackers en leur faisant croire qu'on a les codes ?

Henry se tourne vers moi.

– Je crois qu'il se paye définitivement nos têtes !

Tu as raison Henry, mais ça peut marcher. Ça doit marcher ! Pour Zoé, pour Mary et pour toi, Léonie. Tu es là, avec moi, à mes côtés, posée sur mon épaule. Je t'aime. Je le sais et ça me rend encore plus fort, prêt à tout affronter.

V

POUR TOI, LÉONIE

22
VISIBILITÉ NULLE

Léonie

« Wiiiit », « wiiiit », « wiwiiiit ».

Il n'y a rien à faire. J'ai sifflé comme un pinson une bonne partie de la nuit, mais il n'y a rien à faire. En plus de baver comme une vieille limace, Jenny ronfle comme une poivrote enrhumée. Encore heureux que je l'aie installée sur le canapé du salon ! J'ai tout de même pu dormir entre deux coups de tonnerre. Quand on était ados, chez mes parents ou les siens, on couchait dans la même chambre, mais comme on passait la nuit à se raconter des trucs, j'avais moins l'occasion de subir sa mélodie du marteau-piqueur. Je n'ai jamais compris comment un si petit visage pouvait produire un bruit pareil ! On a dû lui installer un ampli dans les narines à la naissance, et son crâne fait caisse de résonance. Mais ça supposerait qu'il soit vide ; ce qui ne serait pas très gentil pour Jenny. Ceci dit… Ça expliquerait pas mal de choses. Passons ! Il est temps d'arrêter les travaux ! Je vais réveiller la bête. La journée commence. Debout les morts !

Je sors de ma chambre et m'approche de la source de la nuisance. La bouche ouverte, la bave séchée sur la joue, Jenny, visage d'ange, fait trembler les murs et me brise les tympans.

– Jenny ! Jenny ! C'est l'heure de couper le moteur !

Je la secoue un peu. Son œil s'entrouvre, sa bouche s'anime pour vérifier qu'il lui reste un peu de salive et qu'elle n'a pas tout déversé sur mes oreillers.

– Hum… Ah !

Elle arrête définitivement le marteau-piqueur et vérifie par une mastication à vide la présence de sa langue et autres glandes buccales.

– C'est l'heure ?

Le son produit est pâteux mais compréhensible.

– C'est ça, c'est l'heure. Émerge ! Je vais préparer le petit déjeuner.

Jenny abandonne petit à petit son chantier nocturne pour reprendre la maîtrise du corps qui lui sert la journée. Pendant ce temps-là, je m'agite dans la cuisine. Elle n'a jamais été une flèche du matin, mais j'ai toujours eu une certaine tendresse pour ses réveils embrumés. On a beau être devenues des adultes, le lever nous renvoie à chaque fois à notre enfance commune. Comme si le sommeil allait chercher dans la nuit l'enfant qu'on était pour venir le déposer au matin par un dernier petit signe sur le visage, avant de disparaître dans la comédie de notre vie de grandes personnes.

– Oh là là ! Il est encore tôt, non ?

– Il est juste ce qu'il faut, et puis je te rappelle que je dois aller voir Zoé. Je l'ai laissée chez mes parents hier soir pour qu'on dorme tranquille, mais j'avais oublié que tu produisais des bruits de terrassier en dormant.

– C'est-à-dire ? Je ronfle ? Je n'ai rien entendu.

Jenny se redresse sur le canapé pour expérimenter la position assise. Je sens qu'elle est presque prête à tester la solidité de ses jambes pour voir si elle peut marcher. Je tente une question plus complexe, histoire de jauger à quelle étape de l'évolution elle en est arrivée. Le stade de l'Homo sapiens me conviendrait bien et nous ferait gagner du temps.

– Tu les veux comment tes œufs ?

– Cuits.

Bon, c'est encore la version néandertalienne, mais on est sur la bonne voie. Une autre réponse (« crus » ou « c'est quoi des œufs ? », elle me l'a déjà fait après une soirée un peu trop arrosée) m'aurait inquiétée, mais il n'empêche que sa réplique me fait tout de même rire.

– Ça, je me doute ! Je vais te les faire brouillés, tiens ! Ça correspondra à ton état actuel.

– Bonne idée ! En attendant, je vais me débrouiller… euh… débarbouiller un peu. Ça va me réveiller.

– OK, mais active-toi alors ; c'est presque prêt.

***

Jenny me retrouve autour du petit déjeuner. Sa toilette a commencé à lui redonner du pimpant, mais je sais qu'elle sera au top uniquement après avoir avalé tout ce que je lui ai préparé. Heureusement qu'elle ne connaît pas les petits déjeuners du *Plaza* ; on ne la décollerait plus de la chambre !

J'entame la conversation entre deux gorgées de café :

– Je crois que c'est vraiment sérieux avec Jesse. On a passé un cap.

– De Bonne Espérance ?

– Pas mal ! Je vois que tu te réveilles… Mais ce n'est pas totalement faux. Il a changé et moi aussi. Et puis cette histoire avec Zoé, sa sœur, ça nous lie… d'une certaine manière…

Est-ce que je dis tout à Jenny ? L'enlèvement ? C'est la première fois que je lui cache quelque chose d'aussi… important. Seulement, Jesse veut régler ça discrètement, sans la police… et je ne dois pas inquiéter Jenny. Il faut choisir, encore une fois, et c'est Jesse qui l'emporte.

Je continue :

– … d'une manière… très forte, intense.

– Oui, on dirait ! Ça en est où tout ça au fait ? Depuis mon petit coup de main en espionne… qui me vaut de me planquer chez toi.

– Oui… Je suis désolée. J'espère que ça va s'arranger. Ce sera de toute façon le cas quand Jesse aura tout réglé. Je pense que ça va aller vite maintenant. Il est décidé et il a une équipe genre *Mission impossible* : un ninja aux pouvoirs mystérieux, un ami, Henry, qui gère tout et n'importe quoi… Tu sais, celui que tu as vu à la réception du *Plaza*.

– Ah ! Oui, le grand brun, là… Pas mal ! Je l'aurais bien coincé derrière la réception de l'hôtel celui-là, mais il n'a pas eu trop de répondant quand je l'ai entrepris…

Parfait ! On embraie sur Henry ; ça va m'éviter de parler de ce que je ne dois pas dire…

– La chasse n'est jamais fermée avec toi ! Henry est ultra-maqué avec une femme super, Eva. Mais… En fait… Je crois qu'il la trompe.

– Eh bien, pas avec moi en tout cas ! Que dalle ! Échec total ! Ça en serait presque humiliant. Il y a longtemps que je ne m'étais pas pris un vent comme ça. Décoiffant ! Ça m'a rappelé mes premières tentatives…

– Les premières !!? Tu veux dire à quel âge ? À 6 ans ?

– Pff… C'est malin… N'importe quoi !

Jenny réfléchit un instant :

– Non, j'avais 4 ans et demi et j'ai attaqué cash mon voisin de classe à la rentrée…

Je lève les yeux au ciel.

– C'est pire que ce que je croyais ! Et tu t'es pris une veste ?

– Oui, mais j'ai récupéré l'oiseau dix ans plus tard. Il était encore mieux… et plus curieux des filles…

On éclate de rire en même temps.

– Incroyable ! Ne t'inquiète pas pour Henry, je ne pense pas que tu aies perdu la main. Il trompe Eva avec un homme !

– Lui ? Homo ?

Jenny a l'air parfaitement abasourdi par la nouvelle.

– Ton annonce rassurerait mon ego, mais je ne crois pas une seconde que ce type est gay, ni même bi ! Ou alors tous mes radars sont déréglés, et là, ce serait la dèche ! Je détecte un homo à cent kilomètres à la ronde normalement ! C'est impossible !

– Tout le monde a droit à l'erreur.

– Hum…

Jenny est de plus en plus dubitative. Je reprends :

– Quoi qu'il en soit, il la trompe. Je l'ai vu embrasser un homme.

– Mouais… Je demande à voir, alors. Et puis, est-ce vraiment « tromper » quand c'est avec quelqu'un du même sexe ?

Je manque de m'étrangler en avalant mon café de travers.

– Mais qu'est-ce que c'est que cette logique à deux balles ? Si tu es avec quelqu'un et que tu couches avec quelqu'un d'autre… c'est une trahison, non ? C'est toujours ton corps ! Peu importe à quel sexe tu l'offres, il me semble !

– Oui… Si tu veux… En même temps, tu l'as vu embrasser un type, pas l'…

– Oui, bah stop ! OK ! Encore heureux !

– En plus, c'est vrai quoi… Si tu es bi… Tu peux être fidèle avec chaque sexe sans tromper l'autre… C'est mieux même…

Je regarde Jenny. Elle a l'air de croire ce qu'elle dit.

– Tu vas finir par me faire douter de ma santé mentale.

Elle n'a pas le temps de me répondre que son téléphone sonne. Elle regarde qui l'appelle et se décompose.

– Tu ne réponds pas ?

– C'est John, « mon flic ».

Jenny lui laisse le temps de délivrer son message. On se regarde, tendues, en attendant. La réalité vient de nous rappeler qu'on n'a plus 15 ans et que la période est un peu compliquée. Quand son portable vibre enfin, Jenny m'interroge, angoissée.

– On écoute ?

– Tu veux que j'écoute aussi ? C'est privé, non ?

Je m'en veux un peu de ne pas pouvoir tout lui dire alors qu'elle est prête à tout me livrer.

Comme avant. Comme toujours !

– S'il te plaît… Ça me stresse. J'aurai plus de courage si tu écoutes avec moi.

Jenny…

– OK ! On écoute ensemble.

Jenny pose le téléphone sur la table et lance le répondeur en mode haut-parleur. La voix du John en question remplit la pièce. Une voix douce, mais ferme.

– Jenny, c'est John. J'espère que ça va. Je m'inquiète un peu parce que ta recherche de l'autre jour concerne des gens pas vraiment fréquentables et potentiellement dangereux. J'aimerais bien savoir dans quoi tu es allée te fourrer, et aussi si tu n'es pas en danger. Rappelle-moi, même si tu traînes déjà avec quelqu'un d'autre… Salut !

Jenny a perdu toute trace d'enfance. Moi aussi. Elle est complètement réveillée cette fois.

– On dirait qu'on ne joue plus, là.

– Non.

– Je ne sais plus trop où j'en suis, Léonie. Il faut peut-être que je le rappelle. Il a l'air sincèrement inquiet et je l'aime bien, je crois…

– OK ! Rappelle-le. Vois avec lui, mais… Je… Il ne faut absolument pas qu'il remonte jusqu'à moi… ni jusqu'à Jesse…

Une boule d'angoisse m'enserre la gorge. Je ne veux pas être responsable de l'arrivée de la police tant que Jesse ne l'a pas décidé lui-même. J'ai donné ma parole. Jenny se lève pour partir.

– Je comprends. Il vaut mieux que je m'en aille.

– Mais ce n'est pas…

– Je sais, ne te fais pas de souci. C'est à la vie à la mort toutes les deux !

Jenny m'embrasse en me serrant dans ses bras et se dirige vers la porte. J'ai tout de même un petit pincement au cœur.

– Appelle Jesse. Il faut que vous fassiez attention. Je te

bipe dès que j'ai des nouvelles.

– Fais attention aussi...

– Oh ! Tu sais... Tant que ce sont simplement des hommes !

Elle me lance son plus beau sourire avant de fermer la porte derrière elle. Je ne veux pas qu'on se perde. Je ne veux pas qu'il lui arrive quelque chose. Je l'aime.

Allez ! Je vais prendre une douche. J'ai besoin de me laver de tout ça. Ensuite, j'appellerai Jesse.

***

– Jesse ?

– Léonie, ça fait du bien de t'entendre.

– À moi aussi.

– Ça s'est bien passé avec Zoé et Jenny ?

Et à lui, je dis tout ?

– Zoé est encore chez mes parents. J'y vais dès que je raccroche. Quant à Jenny... Elle a reçu un coup de fil de son flic. Du coup, elle est partie pour ne pas qu'il la localise chez moi.

– C'est un phénomène ta copine, mais elle est vive et fiable ! J'espère qu'on ne l'a pas mise dans le pétrin.

– Moi aussi, mais elle a plus d'un tour dans son sac.

J'entends le sourire de Jesse avant qu'il ne reprenne :

– J'ai une grosse journée, mais je t'attends dans la soirée. Il y a une première à Broadway suivie d'une grande fête, et j'aimerais que tu viennes avec moi.

– Ne me dis pas que tu ne peux plus te passer de moi !

– Non, tu sais bien, c'est juste que toutes mes escorts sont prises.

– C'est ça ! Dis plutôt qu'il n'y en a plus une seule qui te supporte, même pour tout l'or du monde.

C'est de nouveau le bonheur de pouvoir jouer un peu.

– Alors, tu viens ?

– On verra, on verra. J'ai peut-être moyen de te trouver une autre fille dans les pages jaunes. Une catcheuse ou une haltérophile, je ne sais pas encore.

– J'ai hâte ! Une haltérophile à Broadway, ça sonne bien, mais si tu ne viens pas, je ne pourrai pas te raconter ce qu'on a prévu pour en finir avec l'affaire Mary Franklin…

– C'est pas un peu minable ça comme argument ?

– Complètement !

– Alors je serai là.

– À ce soir ma douce !

– À ce soir mon tendre !

La conversation se termine, et je descends chez mes parents avec un visage qui illumine tout l'immeuble.

***

– C'est un gentil garçon ce Jesse Franklin, mais pas vraiment de notre milieu.

Maman tâte le terrain en changeant la couche de Zoé avant qu'on ne parte pour la promenade.

– On peut changer de milieu, non ? Ou même rester sur les bords, parfois ! Ce n'est pas forcément un problème.

– Oui, c'est ça, ne joue pas sur les mots. Je te connais. Je sais que tu y penses et que ça pourrait devenir un problème entre vous, même si tu es très amoureuse.

– Amoureuse, amoureuse… On se plaît, c'est sûr… Et…

– … et tu es amoureuse. Pas à moi, s'il te plaît ! Ça crève les yeux. Et lui aussi.

– Tu… Tu crois ?

– Tu me fais rire…

Maman me regarde avec son air rusé et amusé. Impossible de tricher.

– Allez ma fille, il ne faut pas passer à côté du grand Amour.

– C'est toi qui me fais rire ! Comment tu sais que c'est le grand amour ? C'est écrit dessus ?

– Non, c'est écrit là…

Maman me pointe son index en plein cœur.

– … et ça te fait devenir ce que tu es. En mieux.

Je ne trouve rien à répondre. On se regarde. Nos yeux brillent d'une complicité encore inédite. Je comprends que maman me dit que c'est possible, qu'un jour tu peux croiser quelqu'un à côté de qui tu ne te lasseras jamais de te réveiller le matin, chaque jour étant le recommencement dans la continuité. La basse continue d'une mélodie qui s'invente au fur et à mesure.

– Allez, va promener cette enfant ! Vous avez besoin de prendre l'air. Je te la garde ce soir comme prévu pour que *lady* Léonie puisse aller à Broadway !

– Merci maman ! À tout à l'heure.

– À tout à l'heure, ma chérie.

***

J'arrive le soir au *Plaza*, remplie de ma journée avec Zoé, de ma conversation avec Jenny, des échanges avec ma mère. Tout cela tourbillonne dans ma tête comme un feu d'artifice qui m'obligerait à tourner mon regard vers chaque nouvelle explosion de lumière. J'ai l'impression d'avoir vécu plusieurs vies à cent à l'heure en quelques jours et d'avoir à peine eu le temps de me demander laquelle me convenait le mieux.

Toutes ?

J'en suis là de mes réflexions quand Henry sort de l'hôtel avec le type de l'autre fois, main dans la main. Il n'est qu'à quelques dizaines de mètres. Je le fixe, presque stupide. Il tourne la tête vers moi et fait semblant de ne pas me voir alors que je lui lance un de mes regards assassins qui devrait le foudroyer sur place, mais ça glisse sur lui comme un pet de lapin sur Voldemort, et je le vois tourner au coin de la rue comme si de rien n'était.

Ne t'inquiète pas, tu ne perds rien pour attendre, mon coco !

Je monte dans la suite de Jesse, à moitié furibarde, mais quand il ouvre la porte, me prend dans ses bras et m'embrasse, j'oublie d'un coup Henry et le reste du monde et profite de nos retrouvailles.

***

Nous sommes enlacés sur le canapé depuis un temps que je me refuse de compter. Je suis bien. On est bien. Tout simplement. La douceur est propice aux discussions et je me décide à parler d'Henry maintenant que je suis un peu calmée.

– Jesse… Je voulais te dire… Henry…

– Oui, il a été génial pour te retrouver… Il voulait prévenir la police, mais il m'a tout de même fait confiance.

– Ah… Oui… Je…
– Il ne va pas tarder. Tu pourras le remercier.
– C'est sûr… C'est grâce à lui… et à Akira que…
Je commence à sentir les grains de semoule qui m'invitent à patauger dans leur multitude. Je ne sais pas comment je vais pouvoir revenir sur le sujet qui m'occupe alors que je m'enfonce dans un couscous de plus en plus dense. Henry semble l'ami intouchable, inatteignable par le moindre reproche.
– Et Eva, tu…
– Elle sera aussi là ce soir.
Comme par enchantement, on frappe à la porte, et le couple des discussions maudites apparaît en majesté. Eva est rayonnante. Henry aussi. Il me lance un sourire ravageur.
Il n'est pas gonflé celui-là, le menteur ! Mon sauveur !
– Vous n'êtes pas encore prêts ? On part dans dix minutes ! Broadway n'attend pas !
On dirait qu'Henry a le chic pour se tirer d'affaire. Finalement, ça m'arrange ; je ne me voyais pas lancer un psychodrame à ce moment-là. Je file me préparer pour la soirée.

***

En sortant de la chambre, j'ai repensé à ce que m'a dit maman cet après-midi… Et ça ne me quitte pas depuis tout à l'heure… Le milieu…
Je défile dans une robe digne de la remise des Oscars. Jesse l'a agrémentée d'une rivière de diamants qui prend

désormais ses aises autour de mon cou. Je suis entourée de stars, d'hommes et de femmes tous plus magnifiques et riches les uns que les autres.

Quelqu'un sait-il que j'étais chauffeur il y a quelques jours à peine ?

Quand bien même ! Je suis autant à ma place que tous ces gens. On s'habitue à tout ça, au spectacle magnifique que l'on vient de voir, au luxe, au calme, à la volupté. Une forme d'ordre de la beauté qui vous intime de lui obéir.

– Ça va Léonie ? Tu as l'air étrange depuis tout à l'heure. Le spectacle ne t'a pas plu ?

Jesse s'inquiète, prévenant. Je n'ai pas envie de jouer les rabat-joie ; il faudrait être bien ingrate !

– Non, c'était superbe, et la soirée aussi. Je suis un peu étourdie, je crois. Je n'ai pas l'habitude de croiser autant de gens célèbres en vrai. Regarde ! Il y a même Michael Jackson !

– Euh… Comment dire… Ça me paraît peu probable. Il est toujours mort à ma connaissance !

– Ah oui ! Remarque, il n'a pas l'air très en vie ce type qui lui ressemble comme deux gouttes d'eau… délavées.

On éclate de rire, et je me détends un peu quand l'homme qui passe son temps à se bécoter avec Henry s'approche de nous. Henry et Eva nous rejoignent au même moment. Ma détente s'arrête d'un coup.

– Alors la soirée vous plaît ?

Le type embrasse tout le monde, même Henry, mais pas sur la bouche cette fois ! Il a l'air d'être une vieille connaissance. Jesse nous présente, lui comme le producteur du spectacle, moi comme son amie. Henry enchaîne :

– Maxwell n'est pas avec toi ?

– Il arrive. Il devait régler quelque chose juste après le spectacle, avec une cliente, je crois… Mais il revient.

Je ne peux plus supporter cette discussion de faux jetons, surtout devant Eva, mais comme je me vois mal taper un scandale, je m'éloigne lâchement vers le champagne et les petits-fours.

– À tout de suite ! Je vais me sustenter quelque peu, chers amis.

Jesse me regarde m'éloigner, un peu inquiet.

– À tout de suite.

Je déambule dans la soirée, mon verre à la main. J'essaie de penser à autre chose qu'à l'ignoble double jeu d'Henry. Je défile en souriant à tout le monde. Je joue la Grace Kelly qui attendrait le prince de Monaco, m'imagine en Marilyn chantant « *Happy birthday to you, mister President* »… n'importe quoi pourvu que ça m'évite de penser à la manière de m'y prendre pour parler d'Henry à Jesse sans le blesser, ni lui, ni Eva. Quant à blesser Henry, je m'en moque. Henry… qui est en train d'embrasser l'autre gars à pleine bouche à deux pas de George Clooney ! Mon sang ne fait qu'un tour et je me précipite comme une folle vers les traîtres. Plus de Grace Kelly, plus de Marilyn, c'est le retour de Chucky !

– Vous arrêtez ça tout de suite ou je dévoile tout !

Ils me regardent, ahuris. Je dois effectivement ressembler à la fiancée de Chucky en mode projection de salive. Le pauvre George, à côté, n'a pas non plus l'air super open pour m'offrir un Nespresso.

M'en tape ! Qu'il retourne faire ses pubs de bouffon.

J'ai dit ce que j'avais à dire et je tourne les talons, la tête haute. Cette fois, c'est assez, je retrouve Jesse et je lui lâche tout ce que je sais.

Il y a un monde de dingue. Je cours presque en cherchant Jesse. J'ai l'impression que ma rivière de diamants pèse une tonne et m'aspire dans les profondeurs de son lit. J'ai chaud. Si tous ces gens n'étaient pas occupés à défiler et à se regarder eux-mêmes, ils découvriraient Cendrillon en train de redevenir la souillon qu'elle n'a jamais cessé d'être. Je tourne la tête dans tous les sens. Où peut-il bien être ? Il y a trop de monde, mais pas lui. Pas lui, mais… eux.

Soudain je les vois. Ce n'est pas possible ! Ils sont là, tous les trois, qui me regardent. Ici. Tous mes muscles se raidissent. Mon crâne me fait souffrir subitement à l'endroit exact où l'une de ces brutes m'a attrapée par les cheveux pour me sortir de la voiture. Le monde s'est arrêté. Je suis au milieu d'un musée de cire. Moi, seule personne vivante mais tétanisée, et trois paires d'yeux qui me fixent. Puis les corps qui les portent se mettent soudain en branle, lentement, sûrement, et ils viennent vers moi. La peur m'envoie son vieux signal, celui enfoui dans le cerveau reptilien, celui que les hommes et les bêtes suivent depuis la nuit des temps en cas de danger.

FUIR !

23
CARREFOUR DANGEREUX

Léonie

Je ne réfléchis pas. Je suis un animal traqué et je connais déjà mes chasseurs. Ils m'ont attrapée une fois, et la seule chose qui m'importe à l'instant, c'est qu'ils ne recommencent pas. Alors, non, je ne réfléchis pas. Je fuis, comme une folle, bousculant stars, midinettes et serveurs. J'ai l'impression que la foule de tous ces divertis ultra-riches ne peut rien pour moi. Personne ne me connaît et je ne connais personne. Ils me regardent à peine passer, leur verre à la main, leur sourire de magazine sur les lèvres, figé, glacé, mais leurs yeux ne me sourient pas, ne me voient pas. Je suis seule et j'ai peur. Oui, j'ai peur. Mon corps a peur. Il se souvient de l'agression dans la voiture, de la violence, de l'enfermement, de Zoé auscultée par les mains de ces trois salauds et de l'envie de les tuer. Ils m'ont salie, sortie du monde normal, du monde « logique » en utilisant leur force, en m'obligeant à subir leur laideur, en me rendant laide par mon envie de vengeance et en considérant que Zoé et moi pouvions être traitées comme des objets que l'on prend, déplace et fouille. J'en ai presque la nausée. Je me rends compte que leurs sales pattes ont laissé des traces indélébiles sur ma peau et leur apparition les a ravivées. Je n'avais pas eu le temps de repenser au choc, ni aux ondes qu'il a produites, ni à la trace qu'il a déposée au fond de moi et qui vient de resurgir. Il n'y a que Jesse qui peut me sauver. Encore. Toujours. Je le cherche. Les autres ne me lâchent pas. Ils sont à quelques mètres de moi, sûrs d'eux, de leur force et de la douleur qu'ils peuvent m'infliger quand ils le voudront. Jesse les tuera, mais Jesse n'est nulle part. Ni lui, ni personne. Il faut que j'essaie de m'en sortir seule. Il faut déjà que j'essaie de m'échapper de cette salle immense pour retrouver de l'espace et me sauver. Je me rue sur une porte-fenêtre entrebâillée. Je l'ouvre complètement et me précipite de l'autre côté. Je suis dehors. Il fait nuit. Il fait doux et il n'y a personne. Je m'avance dans le noir. Il y a des arbres pas loin, mais le « dehors » a une fin. Je bute contre la rambarde en béton de la terrasse dans laquelle je viens de me piéger toute seule. Je me retourne. Les trois ordures m'ont suivie, ont tiré la porte et s'approchent, à contre-jour.

– Laissez-moi ou je hurle.

– Il fallait y penser avant. Ici, il n'y a personne pour vous entendre, et avec le bruit qu'il y a à l'intérieur…

Ils m'entourent presque à me toucher. J'ai le bas du dos collé sur la pierre. Ma haine et ma peur se transforment en envie de combattre. J'attaque :

– Que me voulez-vous ? À trois contre une femme… Bravo ! Désolée pour votre trophée, mais cette fois, je n'ai pas d'enfant avec moi ; ce sera moins glorieux.

Le deuxième, celui qui s'était fait arroser par Zoé, me répond :

– Vous aimez bien faire la maligne… Mais on n'a pas de temps à perdre. On ne vous fera rien si vous nous dites où est la clef, celle sur laquelle Mary a enregistré tous les codes avant de nettoyer son ordinateur. Sinon, femme ou pas…

J'encaisse sa menace. Je sais qu'il est capable de la mettre à exécution, mais le danger m'a soudain redonné l'énergie du désespoir. Ce sont des minables. Ils ne verront pas ma peur.

– Femme ou pas, je ne sais pas de quelle clef vous parlez. Si c'est de celles de mon appartement, je ne les confie qu'aux intimes. Autant dire que vous n'avez aucune chance…

Il m'attrape le bras. J'essaie de me dégager, mais il a une poigne de fer, et les deux autres semblent prêts à s'y mettre aussi.

– Vous me faites mal…

– C'est le but ! Vous commencez à m'énerver avec votre petit air et vos blagues pourries… Ça suffit maintenant, vous allez nous dire où…

– Il y a un problème, Léonie ?

La voix d'Henry vient de surgir dans leur dos. Je l'aperçois qui arrive à grands pas. Les trois se retournent comme un seul homme. L'abruti me lâche, et ils se jettent ensemble par-dessus la rambarde pour s'enfuir dans les jardins. Je m'écroule. Mes jambes n'ont plus besoin de soutenir mon corps qui luttait. Repos. Henry se précipite vers moi.

– Ça va ?

– Oui.

– Léonie ! Henry ! Que se passe-t-il ?

Jesse vient d'arriver à toute vitesse. Henry se retourne pour lui expliquer :

– Trois types, ceux de l'autre fois, je suppose. Ils sont partis par les jardins.

– Les salauds !

Jesse se penche vers moi, inquiet.

– Tu vas bien ?

Il m'embrasse sur les cheveux.

– Oui, ça va, ça va…

Il se redresse, furieux.

– Je vais les tuer.

Et il saute par-dessus la rambarde, aspiré par la nuit.

– Jesse !

Henry s'est redressé, mais il sait que Jesse est décidé et qu'il ne pourra pas l'arrêter. Il se baisse de nouveau vers moi, attentionné.

– Ils t'ont fait mal, Léonie ? Que voulaient-ils ? Ce sont les mêmes que l'autre fois ?

– Ce sont eux, mais je n'ai rien. Juste la tension qui retombe… Tu fais encore partie de mes sauveurs… Une fois de plus…

– Tu avais l'air étrange ce soir. Quand je t'ai vu passer à toute vitesse, de loin… avec ces types qui semblaient te suivre… je suis venu voir… et j'ai fait signe à Jesse de…

– Je te dois encore une vie. Je ne l'oublierai pas, mais je n'oublie pas le reste non plus, Henry… J'attends pour… pour cette fois, mais… Il faudra tout avouer à Eva. Sinon, c'est moi qui lui dirai…

– Heu… Oui, d'accord… Mais… Tu es sûre qu'ils ne t'ont

pas frappée ? La tête ? Rien ?

Il me regarde comme si je venais de lui annoncer que je sortais d'un entretien avec George Washington pour préparer la guerre d'Indépendance.

Il est vraiment tordu. Il arriverait presque à me faire croire qu'il ne sait pas de quoi je parle. Je sens même qu'il est à deux doigts d'appeler des infirmiers psy pour m'emmener à l'asile.

Il n'a pas le temps de le faire car Jesse réapparaît, sortant des jardins quasiment au-dessus de moi par le muret qui donne sur la terrasse. Il retombe à mes côtés, souple comme un félin, et me prend dans ses bras un long moment, puis se recule pour vérifier que je suis entière.

– J'ai perdu leur trace dans la nuit. Le parc est grand. Ils ont pu partir dans n'importe quelle direction et franchir la grille.

– Ce n'est pas grave, Jesse, tout va bien.

Il m'aide à me relever et me prend par la taille. Henry nous regarde. Jesse a la tête baissée. Je vois ses mâchoires se serrer. Je jette un œil à Henry, qui a l'air inquiet. Jesse redresse la tête, le regard noir, perdu dans le vide.

– Non, tout ne va pas bien. Ils arrivent à surgir n'importe où. Ça veut dire qu'ils nous traquent aussi. Il faut en finir maintenant.

– On prévient la police ?

– Non, Henry, arrête ! On fait ce qu'on avait prévu, dès que possible, et Mary passera aussi un mauvais quart d'heure quand je remettrai la main dessus.

Henry soupire et se détourne. Je ne peux pas laisser Jesse se laisser aller à la colère.

– Jesse… Mary est un peu coupable mais aussi victime, ne l'oublie pas ! Elle a dû abandonner Zoé et te l'a confiée. C'est peut-être l'occasion de…

Jesse se tourne vers moi, la fureur brille encore au fond de ses yeux. Je soutiens son regard et je vois le sien se détendre peu à peu, revenir à nous, s'adoucir. Il se termine en tendresse avec un sourire au coin des lèvres.

– Tu as certainement raison, mais je ne veux pas qu'il t'arrive quelque chose par ma faute ou par la sienne.

– Si on est tous ensemble, il ne nous arrivera rien.

Jesse m'embrasse tendrement. C'est bon d'être de nouveau en sécurité. Je pourrais affronter n'importe qui à cet instant.

– Bon, vous êtes mignons, là, au clair de lune, version mélo de Hollywood, mais je vous rappelle que ces types courent toujours et qu'on ne sait pas quel sera leur prochain coup !

Henry nous a rappelés à la dure réalité, mais nous nous retournons vers lui, le sourire aux lèvres, encore pris dans l'aura de notre baiser, collés l'un contre l'autre. Jesse lui répond :

– Eh bien, c'est parti, Vengeur masqué ! On va essayer de les coincer.

Je complète :

– Ce serait bien qu'on puisse avoir Mary avec nous.

– Mais comment ?

– Tu m'as dit qu'elle était capable de « regarder » mon téléphone… Je vais lui laisser une note avec son nom sur mon portable en lui expliquant ce qu'il s'est passé et en lui disant de nous joindre.

– Hum… Pourquoi pas.

– Je ne vois pas d'autre moyen pour l'instant, en espérant que ça fonctionne.

– On verra bien. Sinon, on fera sans elle. Allez ! Il est temps de rentrer à l'hôtel et de préparer la guerre. La bataille approche.

La guerre ! Oui, c'en est une ! Finalement, je vais peut-être appeler Washington. Après tout, il l'a gagnée son indépendance !

***

– Eh bien, messieurs, au moins, maintenant, nous savons exactement ce que veulent ces gens. Ça va faciliter notre piège.

Akira le « chonze » vient de résumer la situation d'une manière magistrale, après le débriefing de cette soirée flamboyante qui a bien failli se terminer en drame. En attendant, elle s'est bien améliorée : nous sommes dans la suite avec un « en-cas » digne du palais du grand calife aux plus belles heures de l'Empire ottoman. Encore une organisation « akiresque » !

– Donc, si j'ai bien compris, vous voulez leur faire croire que vous avez finalement la clef et que vous êtes prêts à leur refiler s'ils laissent tout le monde tranquille…

– C'est ça.

Jesse et Henry ont répondu d'une seule voix, comme à la parade, et Akira a opiné du chef, l'air impénétrable, comme toujours.

– Mmm… Ça peut fonctionner… dis-je, un peu dubitative. Mais il va falloir être convaincants pour leur faire avaler notre retournement soudain. Jusque-là, on n'était pas vraiment sur un mode coopératif !

– …

J'ai l'impression de me trouver face à deux ados auxquels on viendrait d'arracher la Play Station des mains en leur disant qu'ils ne la verraient plus jamais. Akira a plutôt l'air du samouraï qui aurait ébréché son sabre.

– Non, mais je dis ça… On va y arriver… Du coup, ce serait vraiment bien que Mary réapparaisse… Ça rendrait la chose un peu plus crédible.

– Pourquoi ?

Non seulement Henry est un peu tordu, mais il a aussi du retard à l'allumage, parfois !

– Eh bien, c'est à ma connaissance la seule qui sait « vraiment » où est cette clef qui contient les codes, non ?

Là, on dirait que je viens de sortir une phrase d'une profondeur définitive, digne du dalaï-lama. Je retiens un sourire ironique – je pense qu'ils le prendraient mal et que le lama perdrait des points –, quand mon portable se met à vibrer. SMS. Inconnu. Je regarde.

– Quand on parle du loup… C'est un message anonyme. Ça ne m'étonnerait pas qu'il soit de Mary !

Jesse se rapproche.

– Qu'est-ce que ça dit ?

[Je vous retrouverai demain là où vous avez laissé la vie.]

Jesse et Henry me regardent, interloqués.

– Qu'est-ce que ça veut dire ?

– Aucune idée… Ça doit être un message « crypté ».

– Ça, pour être crypté ! *« Où on a laissé la vie ? »*… Tu es sûre que ce n'est pas un message d'Akira, plutôt ? Personne n'est mort à ma connaissance.

Coup d'œil à Akira qui finit par parler après quelques secondes d'un silence au suspense soigneusement pesé.

– Jeunes gens, Mary vous donne rendez-vous dans un lieu très clair pourtant, bien que codé, c'est certain.

Jesse rentre dans l'échange, un sourire subtilement excédé sur les lèvres :

– Dans ce cas, Akira, vous pourriez peut-être nous faire l'honneur de livrer la réponse aux simples d'esprit qui vous entourent...

Même sourire d'Akira, mais en mode « toute la sagesse de l'Orient ».

– Il semblerait donc que la jeunesse actuelle ait, sinon perdu son latin, du moins oublié son grec.

– Il m'énerve, là.

Henry a visiblement abandonné l'enquête et se sert un whisky. Jesse persévère :

– Je ne suis pas loin de penser la même chose qu'Henry, Akira. Devrons-nous en arriver à la torture, en toute amitié bien entendu, ou pensez-vous faire cesser la vôtre à notre égard ?

– Bien, bien ! La patience ne vient qu'à l'âge où le temps n'a plus d'importance.

Henry se lève, un peu éméché.

– Jesse, je vais chercher les instruments. Allume un feu qu'on commence le travail...

Jesse et moi éclatons de rire, Akira le regarde en biais. Jesse rattrape Henry au vol.

– Assieds-toi ! Akira va nous livrer le secret, n'est-ce pas, Akira ?

Il soupire une dernière fois en se demandant s'il arrivera un jour à faire comprendre quelque chose à ces moinillons que nous sommes. La route sera longue !

– Mary vous retrouvera chez les parents de Léonie.

– QUOI !!? crions-nous en chœur, moi compris cette fois.

– *« Là où vous avez laissé la vie »… c'est limpide ! En grec, la vie se dit… « Zoé » !*

Et le dictionnaire de grec sur pattes se lève, magistral, quittant la pièce, auréolé d'une gloire bien méritée, laissant derrière lui les trois élèves, bouche bée.

– Depuis quand parle-t-il grec, lui ?

Depuis son apprentissage avec Socrate, Henry ! Je ne vois que ça, vu son âge…

En attendant, Mary réapparaîtra demain. Je regarde Jesse dans les yeux. Il vient de penser la même chose que moi ; il va revoir sa sœur… Il attend ce moment sans l'admettre depuis des années. Il l'attend et il le craint. Nous sommes en guerre, mais c'est là qu'il va mener son plus grand combat. Je le sais. Il le sait.

Je lui prends la main. Nous serons demain au rendez-vous du passé ensemble. Pour l'avenir ?

24
TRAVERSÉE OBLIGATOIRE

Jesse

Je vais revoir Mary chez les parents de Léonie. Je n'arrive pas à savoir si c'est génial, absurde ou cruel. Les Caravaggio m'ont déjà fait revivre un repas de famille chez eux, voilà que je vais m'y retrouver de nouveau, et avec celle qui aurait dû toujours être là et qui m'a abandonné. Ma famille, à moi. Ma sœur. Mary. Ironie du sort, c'est finalement elle qui décide des tournants que prend ma vie. J'ai emprunté un chemin quand elle a disparu et je suis en train d'en suivre un autre maintenant qu'elle revient. Ma relation avec Léonie n'aurait certainement pas été la même sans Zoé. Et donc sans Mary qui me l'a déposée un jour sans crier gare, ni sans cette histoire de dingue qui met tout le monde en danger, et surtout la femme que j'aime. Celle que je ne veux pas perdre et qui me tient la main pour rentrer dans l'immeuble de ses parents en ce petit matin, qui me tient comme personne ne m'avait jamais tenu. Et je me dis que c'est bon de la sentir là. Je ne sais plus qui a dit qu'il y a des liens qui libèrent.

Est-ce que sa main dans la mienne me libère de moi-même ?

Nous arrivons devant la porte de l'ascenseur.

– Tu es bien silencieux, Jesse.

Elle s'inquiète, mais sans insistance. Juste pour me dire qu'elle est là.

– Je réfléchis.

– Je comprends, mais… Peut-être qu'il faut simplement que tu te laisses aller, que tu lâches prise pour une fois, que tu n'essaies pas de contrôler les choses sur lesquelles tu n'as pas de pouvoir.

– Comme quoi ?

– Le passé, ta sœur, ce qu'il reste de vous.

Facile à dire !

– Et il me restera quoi à contrôler, alors ?

J'essaie de plaisanter, mais la mélodie est un peu fausse. Léonie me pose une main sur la joue au moment où l'ascenseur s'arrête à l'étage de ses parents.

– Pas forcément contrôler, mais agir, oui. Et décider. Si tu veux que ta sœur revienne dans ta vie, par exemple, et que j'y reste.

Elle pose ses lèvres sur les miennes avec une intensité et une douceur qui me remplissent.

– Et il faut faire quoi pour ça ?

– Le vouloir et le dire.

– …

Je n'ai pas su répondre, mais elle m'a énoncé cette vérité sans avoir l'air de rien en attendre, sans ultimatum, comme un don qu'elle me ferait. Le don de ma liberté de dire oui ou non, même si je sais ce qu'elle voudrait, elle, et même si je sais moi aussi ce que je veux, au moins en ce qui la concerne. Nous restons là, immobiles, à nous parler sans mots.

– Jesse ?

– Oui ?

– J'adore cet ascenseur, mais je le connais bien, tu sais, et il n'y a pas grand-chose à y voir. Je pense que tu le maîtrises assez aussi maintenant. Que dirais-tu de visiter une autre partie de l'immeuble, par exemple le couloir puis l'appart de mes parents, avant que quelqu'un ne rappelle cet engin et qu'on se tape les étages dans un sens ou dans l'autre ?

Je la prends dans mes bras en riant.

– Tu es quand même un numéro !

– Et un bon ! Allez, bouge !

Nous nous retrouvons une nouvelle fois devant la porte des Caravaggio. Léonie me lance un sourire et reprend ma main dans la sienne.

– En piste !

Elle sonne et entre sans attendre, à la manière de la famille.

– C'est nous !

Oui, « nous » !

***

Les Caravaggio m'ont accueilli avec chaleur, comme l'un des leurs que je suis un peu désormais. Simplement, « à la bonne franquette », comme aime à le dire Aldo. Il y a évidemment de l'observation entre nous, un peu de jeu, de mise en scène du rôle que chacun pense avoir à tenir, mais ça reste franc, honnête, bon enfant. Rien qui ne servirait une volonté de prendre le pouvoir, de séduire à mauvais escient. C'est leur cœur qui parle et fait résonner le mien, qui bat de plus en plus vite à mesure que l'heure tourne et que l'arrivée de Mary approche forcément. Nous avons annoncé que ma sœur passerait et que Zoé était sa fille. J'ai vu dans les yeux d'Aldo le désir d'en savoir un peu plus, de comprendre, mais il a senti que ce n'était pas le moment pour moi, qu'il faudrait attendre. Il l'a senti ou est-ce un signe discret de Léonie ou de sa mère qui l'a empêché de m'interroger davantage ? Je ne décrypte pas encore tout de leurs codes familiaux, même si je me sens à l'aise ici. Nous sommes arrivés après leur petit déjeuner, mais Clara a tenu à nous refaire du café, et tout le monde est resté autour de la table. Elle m'a de surcroît posé d'autorité Zoé sur les genoux et j'essaie de distraire mon attention de ce qui m'obsède en regardant ma nièce tenter d'attraper une cuillère. Nous jouons.

– Ah ! Presque ! Attrape…

Elle la tient fort, et j'arrive à peine à lui retirer de la main. Zoé rigole à chaque fois que je lui enlève la cuillère puisqu'elle arrive à la reprendre. Clara et Aldo prennent l'air très affairé pour aller chercher qui un journal, qui un morceau de sucre ou un petit gâteau, mais ils ne perdent en fait pas une miette de la scène. Simon et Léonie sont moins discrets et me regardent, tout sourire, en sirotant leur café. Léonie attaque tout de même :

– Oui, ça doit être la fille de Superman en fait. Je vais aller chercher un morceau de kryptonite dans la cuisine pour voir si ça lui fait perdre un peu de sa puissance.

– Très drôle ! Si tes parents n'étaient pas là, je pourrais croire que tu es la fille de Woody Allen. Vous êtes sûr que vous ne l'avez pas adoptée, Aldo ?

– Moi non, mais sa mère peut en témoigner, c'est la première à l'avoir vue !

Clara décide de s'y mettre aussi :

– Oui, j'ai bien essayé de la donner après mais personne n'en a jamais voulu.

Nous rions un peu bêtement tous ensemble quand la sonnette de l'entrée résonne et que le spectacle s'arrête. Je lève la tête vers Léonie, qui prend quelques secondes avant de parler.

– Je vais ouvrir.

Elle se lève et se dirige vers la porte d'entrée. Tous les regards sont fixés sur le vide qu'elle a laissé en sortant de la pièce. Je ne sais pas si ma nièce est la fille de Superman, mais moi j'aimerais avoir à l'instant le pouvoir d'entendre ce qui se dit à quelques mètres de moi. Mon cerveau mouline à toute vitesse et mes yeux se préparent à entrer en action pour voir enfin ma sœur, après dix ans. Zoé s'agite et ne comprend pas pourquoi je ne joue plus, mais je ne peux plus bouger. J'attends. Le son se rapproche. Cette fois, j'entends, mais je suis trop ému pour comprendre ce qu'elles se disent. Et Mary entre dans la pièce, suivie de Léonie qui la guide. Elle se fige un instant, me voit avec Zoé sur les genoux, et dix ans d'absence volent en milliers d'éclats de souvenirs qui démarrent avec le dernier regard que nous nous sommes lancé il y a une éternité, dans la cuisine de ma tante, jusqu'à celui-ci qui vient raccrocher nos vies l'une à l'autre. Ça n'a pris qu'une seconde, mais nous avons parcouru une distance intersidérale. Mary se ressaisit avant moi :

– Bonjour Jesse.

– Bonjour Mary.

Elle entre enfin dans la pièce. Je me lève, Zoé dans les bras, et m'approche de ma sœur, qui tend les mains vers sa fille.

– Zoé, ma chérie ! Viens voir maman.

Je la laisse la prendre. Zoé chouine et se dandine un peu sous les baisers de Mary, comme pour lui faire payer son abandon de ces derniers jours, puis retrouve petit à petit le plaisir d'être avec sa mère. Personne ne parle. À part Léonie, aucun membre de la famille ne connaît vraiment le poids de tout ce qui se déroule à ce moment-là. Enfin, je pense. Mary et moi nous regardons fixement. Elle n'a pas changé, peut-être le visage un peu plus marqué par les soucis. En un instant, nous nous mettons d'accord silencieusement sur la marche à suivre : on attend plus tard, ailleurs, seul à seul. Pour l'instant, ce sont les mondanités et le temps reprend son cours ; Léonie l'a compris aussi et elle brise le silence :

– Mary, je te présente ma petite famille au complet.

– Enchantée.

Tenant Zoé posée sur un bras, Mary va saluer chacun avec la main qui lui reste de libre. Je la regarde bouger, sourire et je la retrouve. Là, à 5 ans, avec ce petit sourire en coin ; là, à 8, avec cette manière de bouger la tête, et puis, adulte, évidemment. Elle me jette des regards discrets en passant de l'un à l'autre, et tout le monde se rassied.

– Vous prendrez bien un café, Mary ?

– Volontiers.

Aldo fait son numéro, Clara court rechercher du café et Simon a l'air d'avoir un peu bloqué sur Mary. Il ne dit rien depuis son entrée. Pas plus que moi qui souris, l'esprit encore embrumé. La conversation se déroule sur des sujets anodins. Mary savoure le plaisir de retrouver sa fille. Je n'arrive pas à me joindre à eux. Il faut que l'on règle certaines choses avant. Il faut que Mary et moi parlions.

– Bien… Je ne voudrais pas casser l'ambiance, mais… Je crois que nous avons besoin de régler deux ou trois choses, Mary et moi… Des questions… familiales… et…

Le silence s'est fait. Les Caravaggio regardent leurs chaussures. Mary me fixe de nouveau.

– Oui, ce serait bien de régler ça.

Léonie s'approche de Mary, qui lui tend Zoé, et propose :

– Eh bien, montez chez moi ! Vous serez tranquilles. On va s'occuper de Zoé ; elle va commencer à avoir faim. Ça ne t'ennuie pas, Mary ?

– Non… C'est parfait. Allons-y Jesse !

– Allons-y.

Elle me devance vers la sortie. Léonie me regarde la suivre en souriant et en me lançant les clefs de l'appartement, confiante, aimante. Elle semble me dire : « Va, Jesse, va. Je serai avec toi quoi qu'il arrive. » J'en suis certain. Je poursuis la marche de mon destin dans celle de l'escalier.

***

– … Et ça ne te gêne pas de venir foutre la merde dans la vie des gens dix ans après les avoir abandonnés ??!

– Jesse… Je sais que…

– Tu sais… Tu ne sais rien… Tu t'es tirée sans jamais donner de nouvelles, tu me balances ta fille sans avoir même le courage de me rencontrer en face et tu mets tout le monde en danger ! Toujours aussi égoïste… et lâche !

– Je ne suis pas lâche, ni égoïste ! Je devais protéger Zoé. Vite. J'ai fait ce qui me semblait le plus… juste.

Il y a plus d'une demi-heure que nous échangeons cris et coups de griffe, comme deux chats de gouttière se battant pour un territoire. Dix ans de douleur et d'incompréhension ressortent. La peine, le manque, la déception, l'attente et le refoulement de tout le paquet explosant les vannes qui le retenaient, se déversant sur nous comme un fleuve incontrôlable.

– Juste ? Tu as un sens de la justice qui m'échappe !

– Alors, excuse-moi, mais quand on fait un boulot comme le tien, on ne fait pas de leçon sur la justice, ni de grands discours contre l'égoïsme, monsieur le milliardaire !

– Eh bien, si je suis aussi pourri, pourquoi tu m'as laissé Zoé sur les bras ? Ça ne t'a pas dérangée que ta fille se prélasse dans la soie des palaces pour le coup ! Là, j'étais assez bon pour faire l'affaire.

Nous nous recroquevillons chacun dans un coin, blessés. Mary s'est assise sur le canapé, les bras croisés, et je regarde par la fenêtre, debout, en silence. Je lui tourne le dos. Le mouvement de la rue m'apaise un peu. Nous ne nous en sortons pas. Je pense à Léonie.

« Le vouloir et le dire » ? Mais quoi ? Qu'est-ce que je peux dire ? Puis-je pardonner ? Une éternité est passée. Il est temps, non ?

Je reste tourné vers la fenêtre, plus calme.

– Pourquoi m'as-tu laissé, Mary ?

– …

– Pourquoi m'as-tu abandonné ? Tu m'as rangé dans une

case sans même vérifier que c'était la bonne, et tu as tout laissé, tellement sûre que tu avais raison. Ça a été difficile, tu sais. Maintenant tu reviens, et il faudrait que ça se passe comme tu l'as décidé, une fois de plus… Comme si de rien n'était…

– Je suis désolée, Jesse… Ça a été difficile pour moi aussi, mais j'avais trop mal. Tu avais l'air tellement plus fort que moi… de savoir… Je voulais trouver comment m'en sortir…

J'entends sa voix qui se brise. Je n'arrive pas encore à me tourner vers elle alors que mes larmes jaillissent sans que je puisse les en empêcher. Des larmes anciennes, enfouies. Des larmes que l'adolescent que je ne suis plus n'avait jamais pu verser. Des larmes qui me lavent du passé et qui font apparaître toutes les sales couches qui dissimulaient l'amour que j'ai pour ma sœur et que je n'ai jamais cessé d'avoir. Je me retourne enfin.

– Mary…

Elle se lève, en larmes aussi, et se jette dans mes bras.

Dix ans !

Nous restons enlacés un long moment, reprenant notre vie là où nous l'avions laissée et retrouvant la complicité de notre enfance. Nous décidons que nous ne nous quitterons plus et qu'il faut désormais s'allier pour nous sortir de l'histoire dans laquelle Mary s'est enferrée. Nous nous détachons doucement, apaisés.

Je peux enfin appeler Léonie.

***

– Ils veulent les codes des comptes secrets sur lesquels il y a beaucoup d'argent. J'ai tout mis sur une clef avant d'effacer les fichiers de mon ordinateur, mais j'ai fait ça vite et j'ai oublié d'effacer aussi ce qui montrait que j'avais tout sauvegardé et ils l'ont trouvé…

Mary nous explique enfin toute l'affaire en détail. L'amitié qui la liait aux autres hackers, la façon dont ils sont tombés sur de l'argent sale en voulant montrer que la sécurité des banques n'était pas infaillible et surtout la manière avec laquelle ses anciens amis ont basculé à la vue de tout cet argent caché et à disposition. Elle ne pensait pas qu'ils pourraient devenir aussi dangereux.

– Ils sont trois, mais ça, vous le savez malheureusement…

Elle se tourne vers Léonie, l'air désolé, mais Léonie n'est pas montée seule. Il y a aussi Zoé, et Simon qui dévore Mary des yeux.

– Ils s'appellent Jonathan King, Thaddeus Handerson et Pablo Aguilera. Je pensais que nous avions les mêmes buts, les mêmes idéaux, et puis…

– Et où est cette fameuse clef, Mary ?

– Je l'ai cachée et il est préférable que le moins de personnes possible ne sachent où, Jesse.

Sa réponse m'exaspère. Encore la « méthode Mary » !

– Je te remercie de ta confiance… Après tout ce qu'on a vécu à cause de cette clef !

– Justement ! Moins vous en saurez, moins ils auront de moyens de pression sur vous.

– C'est ça… De toute façon, je veux régler ça ce soir au plus tard. Tu es partante ?

– Oui.

– Ça va être plus facile grâce à toi. Tu vas nous dire comment faire pour les joindre et on leur donnera un rendez-vous pour les piéger.

Zoé fait du cheval sur les genoux de Simon, et Léonie rentre dans la conversation :

– Tu as décidé de l'endroit ? Qu'est-ce que tu veux qu'on fasse ?

– Rien. Il est hors de question que Mary et toi soyez là.

– Comment ?

Léonie semble soudain prête à m'arracher les yeux, comme si j'avais dit la pire chose qui puisse être.

– Tu as été assez exposée comme ça ! Je ne prends pas le risque !

– Mais Jesse, je ne suis pas une enfant à protéger, et j'ai des comptes à régler avec ces types.

– Moi aussi, mon cher frère !

– Écoutez…

Il va falloir être convaincant.

– Je sais et je vous comprends, mais je m'en voudrais toute ma vie si ça tournait mal et que…

– Et nous, on ne s'en voudra pas de ne pas avoir été là si ça tourne mal, peut-être ?

– Léonie, tu sais que j'ai raison… Il suffit que quelque chose dérape, qu'ils vous prennent en otage ou je ne sais quoi…

– Il a raison ! Et puis ça ne sert à rien d'être tous là et de vous mettre en danger inutilement.

Merci Simon !

Mary revient à la charge.

– On peut savoir où tu comptes les piéger, au moins ?

– Non. Comme tu dis toi-même pour la clef, « moins de

personnes… », tu vois ce que je veux dire…

– Vengeance un peu minable, mais OK ! Vous voulez votre petit rodéo entre hommes, quoi !

– Ironise, mais qui nous a envoyé les cow-boys déjà ? Et puis, ce n'est pas ça. D'ailleurs, Simon ne vient pas non plus.

Désolé Simon ! Je vois que ça te vexe, mais je n'ai pas le choix.

– Ah ? Mais… Je peux participer… Sans problème… Conduire ou…

– Laisse tomber Simon, tu vois bien que les mères et les chauffeurs ne sont pas conviés.

– Léonie…

– Jesse ? J'ai fait une erreur de diagnostic ? Une autre proposition, doc ?

Quand elle est comme ça, ce n'est pas la peine d'insister.

– Non. On en reparlera. Je vais prévenir les autres…

Je m'éloigne dans la chambre pour envoyer un SMS.

[Akira, Henry, on met le piège en place pour ce soir. Central Park, 18 heures. Bassin des bateaux miniatures entre la 72e et 75e Est. Mobilisez quelques gars de la sécurité aussi. Je pars pour l'hôtel. Je suis avec Mary.]

J'imagine qu'Henry va être un peu surpris. Akira, je n'en sais rien ; il a toujours l'air d'être au courant de tout avant que ça ne se passe. Quand je reviens, Simon et Mary jouent avec Zoé, et Léonie est au téléphone.

– OK, Jenny, on fait comme ça.

Elle raccroche et me regarde d'une manière indescriptible, mais son humeur a l'air d'avoir changé depuis tout à l'heure. Pas forcément en mieux !

– Eh bien, tout s'arrange pour tes plans, Jesse ! Je dois

rappeler Jenny en fin de matinée et je verrai Eva ce soir. Je trouve qu'on ne se connaît pas assez.

– Eva ? Oui… C'est une bonne idée… Vous allez faire quoi ?

– Complot de filles.

– Je vois… Bon, Mary, les autres nous attendent.

– C'est parti !

Mary embrasse Zoé, salue Simon et Léonie et se dirige vers la porte. Je m'approche de Léonie, un peu inquiet de nos derniers échanges, et l'attire à l'écart des autres.

– Ça va ?

– Oui, ne t'inquiète pas.

– Je… Je t'appelle tout à l'heure. J'ai… quelque chose à te dire.

– Tu ne peux pas me le dire maintenant ?

– Non.

– Alors j'attendrai, *mister* Mystère.

Je l'embrasse et rejoins ma sœur.

« Le vouloir et le dire », y arriverai-je ?

25
PASSAGE À NIVEAU

Léonie

Je m'en veux de m'être emportée. Jesse voulait me protéger, c'est tout. Je le sais, mais ça a été plus fort que moi. J'espère qu'il ne l'a pas mal pris. Mais bon, il veut me parler… On verra bien ce qu'il a à me dire ; je pourrai aussi m'expliquer.

En attendant, Simon traîne chez moi comme une vieille chaussette sans sa jumelle depuis le départ de Mary et de Jesse. Il a beau avoir l'air passionné par Zoé, je suppose qu'il a autre chose à me demander que la taille des couches de la petite. Je sens qu'il cherche le moyen d'entamer la discussion, avec son air faussement décontracté du type qui veut paraître naturel à l'extérieur mais dont l'intérieur turbine à plein régime. Il ne me la fait pas à moi ! Je le connais, mon frère ; on a tout de même grandi ensemble ; ce qu'il a tendance à oublier. Il croit certainement que personne n'a remarqué comme il « merlan-fritait » en regardant Mary. J'imagine donc que le sujet qui semble tant le préoccuper est plutôt grande, classe et avec un charme indéniable, en plus d'être intelligente. Attendons.

– Elle est sympa cette enfant. Elle ressemble beaucoup à sa mère, non ? Son père est comment ?

Bingo ! Monsieur veut savoir si la sœur est maquée. Je vais le faire lanterner un peu ; ça me calmera.

– À quel niveau ?

La tête de Simon s'allonge. Il ne s'attendait pas à cette réplique de fourbasse.

– Bah... Comment ça à quel niveau ? Je ne sais pas, moi...

– Précise ta question. Que veux-tu savoir ?

– Non... mais... rien... Je disais ça pour parler, histoire de...

Le pauvre, il a sorti les rames mais ce n'est pas facile de faire avancer un paquebot sur une mer de mélasse avec deux petits bouts de bois. En plus, il m'énerve à ne pas attaquer les choses de front.

– Histoire de quoi ? Tu t'intéresses au mec de Mary ?

Ça, c'est un peu vache !

Simon a pris la bourrasque en pleine poire. Je dois néanmoins dire qu'il est resté digne dans le décoiffage, mais je viens de lui éclater un morceau d'espoir. On a entendu le truc se briser jusqu'en bas de l'immeuble, et la bouche de Simon a marqué le coup par un petit rictus figé. Ce serait passé inaperçu pour n'importe qui d'autre, mais pas pour moi. Du coup, ça me fait de la peine. Il n'a pas mérité ça. Je vais recoller les morceaux.

– Allez, je te taquine. Mary élève Zoé toute seule. Le père s'est tiré dès qu'il a su qu'elle était enceinte, et je ne lui connais pas de remplaçant.

Tous les morceaux éparpillés ont effectué un rembobinage et sont venus se recoller sur le mur nommé « espérance » de mon frère, en lui laissant au passage un sourire béat sur le visage. Je viens de faire un heureux.

– Bon, je vois que ça va mieux, mais ne t'excite pas ! Je ne sais pas tout de la vie de Mary, surtout pas de sa vie sentimentale et encore moins si un type aussi « passionnant » que toi pourrait lui plaire.

Simon ne relève même pas la pique tellement il a l'air content. J'ai l'impression que Cupidon y est peut-être allé un peu fort pour une première rencontre.

– Non... Mais je n'ai pas dit qu'elle me plaisait... C'était juste comme ça... pour savoir... Que vas-tu imaginer ?

– C'est ça ! Eh bien, si j'étais Jésus, je ne te rebaptiserais pas Pierre, mais Hypocrite, et ce n'est pas sur toi que je compterais pour bâtir mon église ! La chrétienté serait restée une secte inconnue avec des types de ta trempe !

– Aucune importance, je n'ai pas l'intention de finir en apôtre.

Pas mal ! Tu remontes.

– Bon, mon frère, il est temps de rejoindre « Notre Père ». Emmène Zoé avec toi chez les parents et réfléchis à ta tactique de drague avec Mary, mais évite de mettre tes gros sabots de pèlerin, on t'entend venir à trois cents kilomètres à la ronde, et Mary a l'oreille fine. Tu peux déjà essayer de plaire à sa fille ; ce sera une bonne entrée !

– Tu es vraiment pénible parfois.

Simon attrape Zoé, qui a l'air ravi de se faire porter par le futur prétendant de sa mère, et le plaisir semble réciproque.

Je les pousse dehors. Ils sont déjà en train de rigoler.

Après tout… Si ça se trouve… Rien ne me paraît impossible depuis quelque temps. Mais ce n'est pas tout ça, il faut que je rappelle Jenny et Eva.

***

[Rejoins-moi au bout du Pier 17 vers 14 heures. On déjeunera ensemble. J'ai besoin de te voir.]

[J'y serai.]

Ce dernier message de Jesse me trotte dans la tête pendant que je fais le numéro de Jenny.

Pourquoi au Pier 17?

Elle répond dès la première sonnerie. Elle devait attendre mon coup de fil.

– Léonie, j'ai merdé.

Jenny a l'air complètement flippé.

– Tu as merdé quoi? Qu'y a-t-il?

– Je ne suis pas assez bonne! Je ne pourrai jamais monter mon agence de détectives!

– Ah bon? Si ce n'est que ça… Tu m'as fait peur! Ce n'est pas très grave, tu sais. En plus, ce n'est pas ton métier, donc…

– Non, mais ce n'est pas vraiment le problème… C'est parce que je pense qu'en fait… Tu vois…

Jenny a autre chose à me dire. Je commence à m'inquiéter:

– Non, mais là, je ne vois rien justement parce que je ne comprends rien à ce que tu me racontes. C'est quoi le problème?

– …

– Jenny ?

– Eh bien… J'ai rappelé John. Tu sais, pour le rassurer et puis… J'ai cru que je pouvais lui cacher des trucs, inventer, et alors…

– … Tu as parlé de Jesse !??

Elle vient de m'envoyer un coup de poing dans le ventre qui m'a fait remonter l'estomac le long de la colonne vertébrale. Je sens qu'il est en train d'envahir ma tête pour la faire exploser.

– Qu'as-tu fait, Jenny ?

– Non, non, calme-toi ! Je n'ai rien dit, mais je me suis noyée dans des incohérences en essayant de lui faire croire que ma recherche était vaguement un hasard. Je pense qu'il ne m'a pas crue… Mais alors pas du tout, du tout…

– OK… Bon… C'est un peu moins grave que je ne le pensais…

Mon estomac glisse doucement de nouveau vers sa place initiale, mais mon crâne résonne encore du choc.

– Oui… Enfin, je ne sais pas… Aux deux, trois choses qu'il m'a demandées, j'ai compris que…

– Que quoi ? Accélère, tu vas me tuer avec ton suspense en yoyo !

Mon estomac hésite de nouveau sur le chemin à prendre.

– Eh bien, je crois qu'il a commencé à enquêter sur l'affaire et que donc…

– … il va remonter assez vite jusqu'à nous.

– Oui.

Espérons qu'il ne fouillera pas trop avant ce soir…

Jenny n'en mène pas large. Elle a l'air d'une communiante qui se serait goinfrée de la boîte d'hosties juste avant la messe, mais je ne suis pas monsieur le curé.

– Écoute… Tout ça est de ma faute après tout. Tu as fait ce que je te demandais et au mieux. Le jeu était un peu risqué.

– Tu ne m'en veux pas ?

– Mais non.

Par contre, je vais éviter de lui dire qu'on règle tout ça aujourd'hui.

– On va attendre. D'ici à ce qu'il trouve vraiment quelque chose… J'espère que ce sera fini, et puis… S'il les attrape tous rapidement… Après tout…

– C'est vrai ? Tu m'ôtes un poids, je te jure. Je m'en voulais ! Je ne savais pas comment te le dire.

Absolution pour Jenny. Estomac rentré au bercail pour ma pomme.

– Laisse ! Tu sais bien qu'entre nous, c'est « À la vie, à la mort ».

– Cochon qui s'en dédie ! J'avais peur que tu me détestes et que tu ne me prêtes plus la poussette qui s'ouvre toute seule, là, tu sais ? Tu l'as encore ?

– Non, mais c'est pas vrai !

Je ne peux pas m'empêcher d'éclater de rire. Jenny m'accompagne dans la foulée. Je n'arrive jamais à lui en vouloir bien longtemps. Elle est tellement… unique. Mon crâne a fini de résonner.

– Il faut que je te laisse, j'ai un autre coup de fil à donner et je dois retrouver Jesse à 14 heures.

– OK, OK ! Tiens-moi au courant de ce qu'il se passe.

– Je n'y manquerai pas.

Évidemment, mais quand ce sera terminé. Avec Jenny,

c'est plus sûr !

Je raccroche et appelle Eva. Il ne me reste plus beaucoup de temps pour arriver à l'heure au rendez-vous que m'a fixé Jesse. Je sors pendant que je lui téléphone.

– Eva, c'est Léonie.

– Ah ! Léonie ! Ça me fait plaisir de t'entendre. Comment vas-tu ?

– Bien, bien. Je me disais qu'on n'avait jamais eu le temps de discuter toutes les deux. Tu serais libre ce soir pour boire un verre ?

– Mais avec plaisir ! Tu as un endroit de prédilection ?

– Non, je te laisse choisir, mais quelque part en terrasse. Il fait beau et j'en profiterai pour promener Zoé.

– Super ! J'ai une idée alors. Je t'envoie l'adresse sur ton portable. C'est dans Central Park. Tu verras, c'est sympa comme tout.

– Parfait ! À ce soir.

– À ce soir.

Voilà, affaire Jenny réglée, affaire Eva en cours. Ne me reste plus que l'affaire Jesse. Mon énigme, mon amour. Serons-nous tranquilles un jour ?

***

Jesse m'attend au bout du quai. Le vent léger agite ses cheveux. Les reflets du soleil dans l'eau lui donnent l'air de scintiller. Plus je m'approche et plus je suis heureuse de le retrouver. Mon énervement de tout à l'heure est largement passé, et son sourire m'indique qu'il ne m'a pas demandé de venir pour me parler de ça. Nous sommes juste deux amoureux qui se retrouvent. J'arrive tout contre lui. Il m'entoure de ses bras avant de me donner un baiser, celui des retrouvailles, celui de tous les pardons, celui qui nous redit à chaque fois ce que nous sommes l'un pour l'autre.

– Je voulais te voir, te parler.

– Tu es bien sérieux d'un coup ! Mais pourquoi ici ?

– Pour ça. Je t'ai préparé une surprise. J'ai fait livrer un repas.

– Où ça ?

– Viens.

Il me prend par la main et me guide sur une passerelle qui mène à un petit yacht. Jesse semble radieux et ému.

– C'est à toi ? Je ne savais pas que tu avais un bateau.

Il m'explique en détachant les amarres :

– C'est la première chose que j'ai achetée quand j'ai commencé à gagner de l'argent. J'ai appris à le conduire et j'allais toujours à un endroit où je veux t'emmener. On y voit tout New York. Je restais des heures à regarder. Tu vas voir.

Il se dirige vers la cabine de pilotage et s'arrête devant moi, dans un état étrange, en tout cas que je ne lui connaissais pas.

– Je n'ai jamais emmené personne sur ce bateau. Tu es la première.

Je reste figée comme une idiote, le cœur battant.

« La première. »

Je ne sais pas quoi lui répondre. Il y a une vibration étrange qui semble flotter dans l'air, comme si nous étions en train de passer dans un espace différent. Je n'arrive pas à définir si c'est la sensation de flottement due au bateau, l'attitude de Jesse, mon émotion…

– C'est… Je suis touchée… C'est… un beau cadeau.

Il m'entoure les épaules de son bras, m'embrasse au-dessus de l'oreille et m'emmène prendre la barre avec lui. Nous restons enlacés en nous éloignant du port. Jesse passe Governors Island et se dirige vers la statue de la Liberté. Nous naviguons en silence. Le temps a l'air suspendu. Malgré le bruit de la mer, des oiseaux, des bateaux qui passent au loin, nous sommes comme seuls au monde.

***

Jesse a jeté l'ancre à quelques centaines de mètres de la côte. D'ici, la vue est magnifique. Lady Liberty est de dos, et, au fond, nous voyons Manhattan et le pont de Brooklyn. Il fait grand soleil et tout luit de mille feux, comme si un artificier génial allumait, puis éteignait ici et là des milliers de bougies, au gré de sa facétie, pour nous faire découvrir toutes les facettes et la beauté de New York. Nous n'avons pas échangé un mot depuis le départ. Nos respirations se sont calées sur la même cadence et nous regardons tous les deux dans la même direction. Nous laissons l'instant se remplir. Il a pris le temps d'installer le déjeuner dans le petit salon du yacht, mais nous n'y avons pas touché. Nous sommes là, enlacés, face à la beauté offerte.

– Léonie.

– Jesse.

– Ça te plaît ?

– C'est magnifique.

– Je voulais que tu voies ce que je regardais tout seul avant, ce que je gardais pour moi pour le partager avec toi.

Il serre ma main un peu plus fort. Il est complètement là, avec moi, à mes côtés, mais aussi comme totalement englouti par lui-même. Je ne l'ai jamais vu comme ça. J'ai l'impression de voir une chrysalide frémir juste avant la sortie du papillon. J'aimais déjà la chrysalide, mais le papillon est encore mieux…

– C'est… plus beau que tout ce que tu m'as offert jusque-là, Jesse.

Il se tourne vers moi et me sourit doucement.

– Je voulais le partager avec toi parce que…

– …

– Je ne veux plus regarder… Je n'ai plus envie de regarder les choses… ma vie… sans toi.

– …

– Je ne pourrais pas… Je ne pourrais plus… C'est comme si je ne pouvais être entièrement moi-même que si tu es là… Tu comprends ? Tu veux ?

– Oh ! Jesse… Moi non plus, je ne pourrais plus…

– Je t'aime.

Le papillon se déploie devant moi. Il est plus beau que tout ce que je n'avais jamais pu voir, ni imaginer.

– Je t'aime.

– Tu veux qu'on reste…

– … ensemble ? Oui.

Le baiser qu'on se donne à cet instant n'a pas de nom. Il est le début et la fin, il est celui partagé par tous ceux qui se jurent un jour amour et fidélité, mais aussi le seul et l'unique, le nôtre, l'éternel recommencement, le saut dans le vide et la main qui nous retient, la peur et l'envie, le bonheur et l'angoisse, le passage, le désir.

Nous entrons dans l'amour. Nous allons le faire, et ce sera notre première fois. De nouveau.

Nous nous embrassons longuement. La lumière est magnifique et la baie de New York nous berce de ses flots. Je sens le corps de Jesse contre le mien et j'ai l'impression d'avoir 15 ans, un cœur tout neuf qui bat pour la première fois, un corps vierge de l'amour qu'on va lui donner et qu'il va prendre, partager et offrir à son tour. Je me sens maladroite, presque pataude. Jesse et moi, nous avons déjà tant vécu et nous avons tant à vivre. C'est comme un éternel recommencement, un monde à explorer. Je sentais confusément que nous rentrions dans une aura particulière en le retrouvant tout à l'heure, mais je ne pensais pas que nous allions nous y installer, nous engager. J'ai presque… peur, comme une montée de stress qui aurait le frisson du bonheur. Le trac. C'est ça, je pense que c'est ce que les artistes appellent le trac, mais en puissance mille. Le petit creux qui vous vrille l'estomac mais qu'on attend, qui vous fait battre le cœur plus vite. Le saut du trapéziste qui se lance dans le vide. Ça peut rater, mais on y va quand même.

Notre baiser dure encore, puis nos bouches se détachent, lentement, comme si ça leur paraissait absurde de se séparer une seule seconde, de ne plus faire qu'une.

– Je me sens toute drôle Jesse.

– Moi aussi.

– Et ce n'est pas le mal de mer.

– Moi non plus.

Nos lèvres se retrouvent, furtivement, mais avec la même passion.

– C'est étrange d'être ici, au milieu de nulle part, juste

avant ce soir et le piège que tu vas tendre à ces types… C'est comme si nous étions seuls au monde…

– C'est ce que je voulais… qu'on vive cet instant. Surtout si ça devait mal tourner et que…

– Ne dis pas ça.

Je lui pose la main sur la bouche.

– Je ne le supporterais pas. Je ne survivrais pas si je te perdais.

Jesse me fixe intensément.

– On ne se perdra pas. Jamais. Nous sommes liés désormais.

Il m'entraîne à l'intérieur du yacht sur les coussins moelleux du petit canapé du salon. Le sol tangue, ballotté au gré du ressac causé par les flots qui nous entourent. Un yacht dans lequel deux êtres qui s'aiment vont réapprendre à se connaître.

– J'ai envie de toi.

– Alors ne parle pas, viens.

Jesse s'approche de moi. Je nous sens encore presque timides. Ça pourrait être ridicule, mais c'est simplement émouvant.

– J'ai envie de te voir nue maintenant.

Je nous retrouve d'un coup. La simplicité, l'évidence. Je me lève, devant lui qui reste assis.

– Si ce n'est que ça, ça peut se faire ! Tu comptes travailler un peu ou je me débrouille ?

– Non, vas-y, je regarde. J'agirai le moment venu.

– Fainéant !

– C'est qui le capitaine ici ?

Je le regarde droit dans les yeux et commence à retirer

mes chaussures et mon jean. Je suis en petite culotte. Je sens mon désir monter.

– Stop !

Jesse pose sa main sur mon sexe à travers le tissu et commence à me caresser doucement en appuyant par petites touches précises aux endroits les plus sensibles. Il va et vient, se glisse. Je sens le tissu sur ses doigts s'introduire dans mon intimité. La soie le laisse pénétrer dans mon antre de plus en plus humide sous son toucher. C'est doux et gênant à la fois, mais j'aime cette sensation. Jesse retire sa main doucement, se recule un peu et me dit :

– Continue.

Je reste un instant en suspens avant de reprendre. J'ai hâte que mes vêtements me quittent complètement.

– Monsieur peut peut-être m'indiquer ce qu'il voudrait voir à présent ?

– Non. Propose.

Je retire alors ma culotte. Il fallait que cette part de moi déjà en feu se libère définitivement.

– Dans ce cas… Il va m'être difficile de ne pas agir…

Jesse m'attire délicatement vers lui en posant une main de chaque côté de mon bassin. Il soulève ma chemise et embrasse mon ventre. Un souffle de chaleur m'envahit et je sens son courant inonder mon sexe. La bouche de Jesse vient glisser sur ma toison. J'attends. Je sais le plaisir qu'il peut me donner. J'en ai de plus en plus envie. De ses lèvres. De sa langue en moi. Il me laisse le temps d'imaginer, passe ses mains sur mes hanches, sur le haut de mes cuisses, m'effleure avec son visage, puis il prend mes fesses, redescend et écarte lentement mes cuisses en les tenant par-derrière.

J'accompagne le mouvement, disponible, offerte. Il pose alors ses mains de chaque côté de mon sexe et écarte mes lèvres de ses pouces, découvrant mon clitoris que je sentais déjà tendu sous la peau fine qui le laisse désormais à nu. Je le sens, oui, mais Jesse, lui, le voit, et il y pose soudain le bout de la langue. Le contact me fait l'effet d'une décharge ; d'autant plus que Jesse ne le lèche pas tout de suite, mais appuie par à-coups comme s'il voulait le repousser sous sa cachette naturelle. Le plaisir est immédiat et je pourrais presque jouir sur-le-champ, mais Jesse ne s'arrête pas là. Tout en gardant sa langue sur mon extrémité la plus sensible, il introduit plusieurs doigts en moi avec la main qu'il a laissé glisser de mon pubis. Je n'ai plus envie qu'il soit le seul à s'occuper, ni le seul à être encore totalement habillé.

– Arrête ! Je veux te voir aussi, sentir ta peau.

Il m'abandonne en souriant, se reculant sur le canapé, et enlève sa chemise. Son torse et son front brillent déjà légèrement sous les perles de sueur. La vue de son corps musclé me fait toujours le même effet. J'ai envie de le saisir, de le goûter et qu'il soit à moi.

Je prends sa tête et l'embrasse en le poussant au fond de la banquette sur laquelle je monte dans le même mouvement, sans lâcher le visage qui va servir mon plaisir dans quelques secondes. Jesse a compris et se laisse faire. Je le chevauche et c'est moi qui imprime le mouvement de sa langue sur mon sexe. Je veux que ça aille vite. L'excitation est telle que je jouis presque aussitôt. Mes jambes tremblent et j'ai du mal à rester dans la position que j'ai moi-même initiée. Alors Jesse me porte et me bascule sur la banquette du yacht.

– J'ai envie de la même chose.

– Oui.

Il retire alors le reste de ses vêtements, presque en un seul geste, et vient dresser son sexe qui me paraît immense au-dessus de mon visage. Je l'attrape, le lèche sur toute la longueur jusqu'au gland, que Jesse enfonce soudain dans ma bouche. Il y commence alors un va-et-vient comme si c'était mon vagin. J'accompagne son mouvement de mes lèvres et de ma langue pour lui faire ressentir le plus de sensations possible. Cette position étrange m'excite presque autant que celle que je lui imposais quelques secondes auparavant. Je le sens se tendre et se gonfler davantage à chaque passage. Il pourrait venir dans ma bouche – je ne lui en voudrais pas –, mais je sais qu'il va se retenir, qu'il veut que l'on poursuive autrement après. Je sais qu'il veut me donner encore du plaisir avant de prendre le sien. Il continue, allant jusqu'au bord de sa jouissance. Sa position me permet de le caresser, d'atteindre chaque partie de son corps, ses cuisses robustes, ses fesses lisses et fermes, ses testicules qui viennent presque toucher le bas de mon visage quand il s'enfonce davantage, son torse que je repousse tendrement quand je veux qu'il suspende un moment son va-et-vient pour que je puisse jouer de son sexe avec ma langue.

Il se relève un peu, puis se retire de ma bouche et se retourne pour embrasser mon entrejambe qui a eu le temps de se calmer un peu depuis son premier orgasme. Je guide de nouveau le membre de Jesse dans ma bouche pendant que sa langue se réintroduit en moi, visitant tous les recoins qu'elle connaît par cœur. Nous nous donnons du plaisir ainsi jusqu'à la dernière limite, puis Jesse se relève pour venir s'allonger sur moi. Je remonte mes jambes en les écartant pour l'accueillir.

– J'ai envie de te voir, de te regarder dans les yeux quand nous allons jouir en même temps.

– Moi aussi.

J'enserre Jesse avec mes cuisses. Nous sommes totalement nus, collés, les yeux dans les yeux. Il a introduit son sexe en moi, et je le sens glisser doucement, tendu à l'extrême mais d'une douceur sans pareille. Nous sommes en osmose, comme si nos deux corps étaient simplement des parties autrefois séparées qui viennent de se retrouver pour se souder de nouveau. Il n'y a plus deux êtres, mais un seul qui a un jour été scindé et qui apporte à sa moitié réconciliée tout ce qu'il a appris de la séparation. Ce sont des retrouvailles. Une fête des corps qui apaise et déploie notre être le plus intime, le plus profond. Jesse m'entoure de ses bras comme je l'ai entouré de mes jambes. Sa main soutient ma tête, ses lèvres parcourent mon visage, vont de ma bouche à mon front, descendent sur mon cou, sa langue glisse dans mes oreilles et ses dents me mordillent, parfois jusque sur le bout des seins. Chaque contact de sa bouche augmente le plaisir qu'il me procure par le va-et-vient de son sexe, comme si tous ces mouvements n'en faisaient qu'un seul. Nos yeux se quittent le moins possible. Chaque facette de ses pupilles me signale par un éclat différent un petit morceau du plaisir qu'on se donne, en attendant l'envol final.

– Embrasse-moi.

Sa langue vient se glisser dans ma bouche comme elle se glissait tout à l'heure dans mon sexe. Nos lèvres ont le goût de toutes les parties de nos corps déjà explorées. J'ai l'impression de connaître Jesse en entier, de le posséder, de l'avoir intégré totalement en moi. Il continue de bouger doucement dans le bas de mon ventre quand je sens le moment de bascule qui va m'emporter bientôt. Jesse est dans le même état. Je sais qu'il a atteint, en même temps que moi, le point de non-retour. Il faudrait une catastrophe désormais pour que notre parcours vers l'orgasme s'interrompe. Ça ne peut être qu'une montée inexorable, et elle commence maintenant.

Sa pression se fait plus forte. Il va de plus en plus vite et semble s'enfoncer plus loin en moi à chaque mouvement. Il n'y a plus que nos bassins qui s'agitent, comme frénétiques, alors que le haut de notre corps est enlacé. Nos souffles se sont calés sur le même rythme, celui de l'attente. Ils sont de plus en plus courts, haletants, puis, d'un coup, j'oublie tout. Je n'ai plus autour de moi qu'une myriade de sensations. L'enveloppe de Jesse, qui me semble comme un rocher indestructible mais tellement léger, l'odeur de ses cheveux et de sa peau et la puissance de son membre qui me parcourt m'emportent dans son mouvement. Je me laisse aller, glisser vers lui. Soudain, tout se crispe, se tend. J'ai l'impression de serrer le sexe de Jesse dans le mien avec une telle force qu'il ne peut plus bouger, ni se retirer. Il frémit entièrement au moment même où je me rends compte de mon propre frémissement. Il ne bouge presque plus, juste une ou deux dernières saccades, et je nous entends pousser un râle au moment où la déflagration nous emporte. La jouissance a fini de nous souder. Nos corps ne peuvent plus se détacher. Le sexe et l'amour nous ont transformés en statue : un seul bloc, un seul cœur pour deux. Il va nous falloir un bon moment pour retrouver nos corps respectifs.

***

– On pourrait peut-être déjeuner, non ? J'avais presque oublié que tu avais prévu à manger. Je meurs de faim !

– Tu n'es qu'un ventre !

– Pas toi peut-être ?

– Si ! À table !

Jesse se jette sur le foie gras, le champagne et les toasts avant que je n'aie pu bouger un cil.

– Eh bien ! On ne dirait pas que tu es milliardaire pour te jeter sur le foie gras comme si tu n'en avais pas mangé depuis des semaines !

Jesse se tourne vers moi, la bouche pleine.

– Hein ? Mais ça ne fait pas des semaines qu'on ne vit ici que d'amour et d'eau salée ?

Il a l'œil qui frise. Nous éclatons de rire en même temps et je me jette sur lui pour dévorer le repas à mon tour, avant de recommencer à le dévorer, lui. Il nous reste peu de temps avant le retour au port, mais j'ai envie de le prendre de nouveau en moi. Je sais que j'aurai toujours faim de Jesse.

26
VOIE SANS ISSUE

Jesse

Nous rejoignons le port en silence, comme nous en étions partis. La bulle de temps suspendu, rien qu'à nous, s'apprête à éclater pour laisser place au quotidien, qui peut nous atteindre, nous blesser. Nous retournons vers le tourbillon de la vie après nous être permis ce pas en retrait, mais nous savons désormais que ce moment-là nous appartient à jamais, qu'il sera notre refuge et que nous pourrons nous y replonger, en rêve ou en réalité, pour revenir à nous deux. Personne ne pourra nous le retirer. J'ai laissé Léonie entrer dans ma vie, j'ai admis qu'elle y était, je lui ai avoué que je voulais qu'elle y reste. Je lui ai fait confiance. Je lui fais confiance. Je ne pensais pas en être capable, mais j'ai réussi à le dire, à m'abandonner parce que c'est elle, parce que c'est nous et parce que c'est cette histoire improbable et évidente, surprenante et nécessaire, essentielle... qui pourrait s'achever ce soir si les choses tournaient mal. Elles se passeront bien, il le faut. Je ne peux pas échouer. Il y a trop de choses en jeu. Notre vie tout simplement.

Le yacht vient se glisser le long du Pier 17. Je laisse tomber l'ancre et coupe les moteurs avant de sauter sur le port pour y attacher les amarres. Léonie me regarde faire. Elle profite comme moi des dernières secondes. Nous nous retrouvons soudain sur la terre ferme, avant de nous séparer une fois encore pour en finir avec la drôle d'histoire qui a permis notre rencontre et qui doit se clore pour que nous puissions poursuivre la nôtre.

– Tu feras attention à toi, James Bond. Les méchants sont vraiment méchants. Ce n'est pas du cinéma. Et puis… Je ne serai pas là pour te sortir du pétrin puisque 007 n'a pas voulu que Moneypenny se joigne à la sauterie…

– Il est toujours plus sûr que Moneypenny reste à l'abri pour protéger les arrières. Ne t'inquiète pas ; ça va être une simple promenade. On va les rouler dans la farine et se débarrasser d'eux en moins de temps qu'il ne faut à Jenny pour ouvrir et fermer la poussette magique.

La tendresse qui nous inonde à ce moment-là est le symbole de notre amour et de notre connivence. Nous nous embrassons tendrement. J'ai l'impression que nous nous connaissons depuis toujours et que ça ne pourra jamais s'arrêter.

– Et toi, que vas-tu faire en attendant la fin de ma mission ?

– Je vais me promener avec Zoé et la moufette en laisse. Enfin… C'est la moufette qui sera en laisse, hein ! Zoé, elle, sera dans sa poussette magique justement…

Je souris.

– Et puis j'ai rendez-vous avec Eva. J'ai envie qu'on se connaisse mieux.

– Je sais.

Et je sais aussi qu'elle veut me dire quelque chose à propos d'Henry. Ça attendra que tout soit plus calme.

– Bon.

– Bon.

– Je crois qu'il faut qu'on y aille maintenant.

– Oui.

– Tu m'appelles dès que tout est fini.

– Bien sûr ! Et je cours te rejoindre.

– Et on fera l'amour comme des bêtes ?

– Comme d'habitude ! Je ne vois pas quoi faire d'autre.

– Alors dépêche-toi, tu devrais déjà être revenu !

J'embrasse Léonie et commence à partir, à reculons, jusqu'à ce que nos mains se détachent. Je sens qu'elle est inquiète, mais qu'elle se retient de me le dire pour me laisser agir. Sa confiance me porte. Je m'éloigne enfin. Son regard suit mon départ, collé à mon dos. Je me retourne une dernière fois avant de disparaître au bout du port. Elle est toujours là, n'a pas bougé. Nous nous voyons encore distinctement. J'articule pour qu'elle lise sur mes lèvres :

– JE T'AI-ME.

Elle me sourit et je lis sur les siennes :

– MOI AU-SSI.

Nous nous faisons un dernier signe de la main, et je pars aussi vite que je le peux, sans me retourner, rejoindre Henry et Akira à l'hôtel. Le compte à rebours a commencé. Quand je reverrai Léonie, nous serons enfin libres.

***

– Tout est prêt ?

– Oui, c'est bon. L'équipe est en route pour sécuriser le coin. Ils n'attendent plus que nous et les ordres.

Les choses dangereuses ont commencé. Nous avons prévenu les anciens amis de Mary par son biais. Le rendez-vous est fixé. Tous les gars de l'équipe de sécurité sont sur le coup, envoyés par Henry. Nous sommes devant le *Plaza* en train de rentrer dans la voiture pour rejoindre Central Park, quand Mary débarque à l'improviste. J'aurais dû prévoir qu'elle préparerait un truc comme ça. Henry l'aperçoit et se tourne vers moi, tendu et inquiet de voir toute la préparation voler en éclats. Akira la fixe, impénétrable, comme si son arrivée n'avait pas plus d'importance que l'atterrissage d'un pigeon sur un toit new-yorkais. Quant à moi, je tente de ne pas m'énerver.

– Décidément, on ne peut pas te faire confiance. Il me semblait qu'on s'était mis d'accord pour que tu restes à l'écart, non ?

– C'est surtout toi qui étais d'accord !

– On n'a plus le temps de polémiquer, Mary. Tu restes là et puis c'est tout.

– Je ne pense pas.

Henry se retourne vers la voiture et pose les mains sur le toit, comme pour se calmer en s'appuyant sur quelque chose de solide au moment où tout risque de basculer. Akira tente de raisonner Mary à sa manière :

– Quand la balle est lancée, il n'est pas prudent d'interrompre sa course avant de connaître son point d'arrivée.

Je ne suis pas certain que ce soit le summum de la pertinence. Mary n'a pas cillé.

– Merci Akira, mais je pense que votre sentence n'a pas vraiment ébranlé la décision de ma sœur. Nous allons simplement l'empêcher de monter dans cette voiture ; ce sera plus simple.

Henry fait volte-face, décidé lui aussi à utiliser la force s'il le faut.

– Je ne m'adressais pas à votre sœur, M. Franklin.

J'ai un moment de doute avant de saisir ce que veut me dire Akira, puis fixe Mary dans l'attente de la suite. Visiblement, le ninja, comme l'appelle Léonie, a compris quelque chose qui nous a échappé.

– Pourquoi es-tu si sûre que tu vas monter dans cette voiture avec nous, Mary ?

Elle me sourit, vaguement triomphante, certaine que son argument va être imparable :

– Thaddeus a accepté le rendez-vous uniquement parce que je lui ai dit que je serais là, avec la clef. Sans moi, il ne se passera rien.

Son argument est effectivement imparable.

– Tu nous as doublés, quoi !

– Ne le prends pas comme ça, Jesse. Tout ce qu'il s'est passé est de ma faute. Je ne peux pas vous laisser prendre tous les risques sans en courir aussi, et je connais ces types. Ils n'auraient jamais accepté la rencontre si je n'avais pas été là. C'est aussi… surtout, une histoire entre eux et moi.

Henry monte à l'arrière de la voiture, sans un mot. La tension est à son comble. Je regarde Akira. Son visage est de marbre. Il ne bouge pas un cil. J'ai pourtant la vision nette et précise qu'il hoche la tête pour me dire d'approuver la décision de Mary, avant qu'il se glisse subitement à côté d'Henry.

C'est une image subliminale ou il m'a vraiment fait un signe ?

Je me retrouve seul, face à ma sœur. L'affrontement est silencieux mais réel. Nous n'avons plus de temps à perdre, et pourtant nous perdons de précieuses secondes de silence. Elle me passe soudain devant et va s'asseoir, elle aussi, dans la voiture, à l'avant, côté passager. Nous n'avons pas échangé une parole. Je fais le tour de la voiture et me mets au volant. Je démarre. Nous sommes en route pour le rendez-vous.

***

Je m'arrête quelques dizaines de mètres avant le lieu choisi pour la rencontre afin de déposer Henry et Akira, qui descendent de la voiture, toujours silencieux. Ils vont rejoindre les gars de l'équipe de sécurité et se positionner en surveillance avec eux. Le voyage s'est déroulé sans qu'aucun de nous n'ouvre la bouche, et la fin du trajet n'est pas plus loquace entre ma sœur et moi.

Je me gare devant l'entrée qui donne sur le bassin aux bateaux miniatures, et nous sortons à notre tour de la voiture. Je n'ai pas envie de parler. J'en veux à Mary et, en même temps, j'admire son courage. Quelque part, j'approuve aussi sa décision car je sais qu'elle a raison. Elle ne pouvait pas faire un autre choix. Il me met en porte-à-faux, mais, oui, elle avait besoin de réparer ses erreurs. Et puis, d'une certaine manière, c'est une façon comme une autre de nous retrouver vraiment : affronter enfin les choses ensemble alors que nous avons fui chacun de notre côté depuis la mort de nos parents. Cette fois, aucun de nous deux n'abandonnera l'autre, quitte à tout perdre définitivement.

Nous avançons vers le bassin. Il y a peu de monde, juste quelques clients à la cafétéria qui donne sur le point d'eau. Je cherche des yeux Henry et Akira, tente de repérer le reste de l'équipe et d'apercevoir nos ennemis. Mary marche à mes côtés, au même pas, puis se fige soudain.

– Jesse.

Je me tourne vers elle. La stupeur et la crainte se lisent sur son visage. Je regarde à mon tour vers le point qu'elle fixe avec effroi. C'est une table de la cafétéria, un peu isolée, sous les arbres. Il n'y a que deux personnes attablées. Deux personnes avec à leur côté une poussette et un drôle d'animal en laisse. Mon cerveau met quelque temps à me fournir l'information complète tant je refuse de comprendre ce que je vois. J'y suis obligé lorsque les deux personnes m'aperçoivent aussi et se rendent compte de ce qu'il est en train de se passer. Sans le savoir, celles qui n'auraient jamais dû se trouver là ont décidé de boire un verre à l'endroit exact où nous avons donné rendez-vous à nos pires ennemis. Eva, Léonie et Zoé.

Il est peut-être encore temps qu'elles s'enfuient.

– Thaddeus… Pablo… Jonathan.

Mary vient de nommer les trois ordures qui s'asseyent calmement à la table de Léonie après être sorties de nulle part. Ils nous regardent. Celui qui doit être Pablo ouvre ostensiblement un pan de sa veste pour nous montrer qu'il est armé. Un observateur extérieur ne remarquerait même pas qu'un drame se joue ici. Je ne peux pas détacher mon regard de la femme que j'aime. Il est trop tard pour s'échapper. Je n'ai pas d'autre choix que d'aller m'asseoir à cette table à mon tour pour tenter le tout pour le tout… et gagner.

***

Nous sommes désormais tous assis autour de la table comme une petite bande qui aurait ses habitudes ici, mais l'après-midi n'est pas festive. J'ai le sentiment désagréable d'être tombé dans mon propre piège. En approchant de la table, j'ai aperçu Henry et Akira en difficulté de l'autre côté du bassin, entourés par quelques sbires. Il semblerait que les « hackers » soient plus nombreux que prévu et bien mieux organisés que ce que l'on pensait. Même nos arrières ne sont plus un refuge possible et Léonie est piégée, comme nous tous ! Je lui jette des regards furtifs. Elle tient le choc avec un courage sans faille. On dirait que, pour elle, les trois petits gangsters à la manque ne méritent que dédain et mépris. Mary est également étrangement calme. Je sais qu'elles ne craqueront pas.

Le bal commence et c'est Thaddeus qui l'ouvre :

– On dirait que nous sommes en position de force cette fois, non ? On ne vous entend pas faire les fiers.

– Pas besoin, vous êtes tellement minables.

Léonie n'a pas pu s'en empêcher. J'ai vu Thaddeus tiquer et Mary esquisser un sourire. Eva reste en retrait, mais sereine. En tout cas, c'est l'image qu'elle donne !

– Bien ! Je vois qu'il y a des indécrottables. Il vaut mieux parler avec des gens sérieux. Donne-nous la clef, Mary.

Je tente un petit bluff :

– Vous n'êtes pas tant que ça en position de force. Nous sommes dans un lieu public où on ne fait pas n'importe quoi et j'ai des hommes à moi dans le parc. Ce serait peut-être plus sage de discuter calmement.

– Vos hommes ne sont pas très discrets et ils sont hors d'état de nuire depuis déjà pas mal de temps. Quant à votre lieu public… C'est vous qui l'avez choisi… Regardez autour de vous, il n'y a personne ici. Par contre, nous, nous sommes là, armés. Et puis il y a un bébé. C'est fragile, un bébé…

– Salauds ! J'espère que votre mère est déjà morte, qu'elle n'apprenne jamais ce que vous venez de dire.

Cette fois, c'est Eva qui n'a pas pu se retenir.

– Ne vous occupez pas de ma mère.

Il se tourne vers Mary.

– La clef.

Mary le fixe, fouille dans sa poche et pose une clef USB sur la table. Les deux autres s'agitent sur leur siège, certains de toucher bientôt le Graal, mais Thaddeus n'esquisse même pas un geste.

– Mary… J'aime bien jouer aussi… mais là, je fatigue. Je veux la clef, la vraie.

Je regarde Mary. Elle nous a doublés et elle essaie de les doubler aussi. J'admire son sang-froid, mais il va falloir nous sortir de là. Je commence à réfléchir à la configuration de la table.

Est-ce que j'aurais le temps de la faire voler contre eux sans blesser les autres ? Oui, mais après ?

Thaddeus reprend :

– Où est la clef, Mary ?

– Cherche…

– Très drôle.

Thaddeus jette un œil à Zoé en soupirant et faisant mine de se lever pour se diriger vers elle.

– OK ! OK ! Pas la peine de jouer les tortionnaires, Thaddeus. La clef est dans la moufette.

L'annonce de Mary glace tout le monde, entre dégoût et incrédulité. Celui qui doit être Pablo n'en revient pas :

– Non mais… Tu lui as glissé ça dans le…

– Toujours aussi vif, Pablo ! Non, je lui ai fait avaler dans un sachet. Un truc de narco ! Par contre… Elle va la ressortir par où tu penses. Petit cadeau !

À la vue de la tête que font les trois, Léonie et Eva ne peuvent se retenir de pouffer malgré la situation. J'avoue que j'ai du mal à retenir un sourire. Thaddeus apprécie moyennement, très moyennement.

– Je vois… J'éventrerais bien la bête ici, histoire de vous calmer et pour en finir vite, mais on va faire ça tranquillement, au calme. Pas seuls tout de même. Pablo ? Jonathan ?

À l'appel de leur nom, les deux acolytes se lèvent, comme programmés. Pablo attrape la poussette de Zoé et Jonathan prend Léonie par le bras. S'il lui fait mal, je ne réponds plus de mes réactions, mais Léonie me fait un signe discret pour me dire de ne pas agir tout de suite. Thaddeus se saisit de la moufette.

– On va partir tranquillement avec l'enfant, la furie et la bestiole. Vous trois, vous ne bougez pas. On vous préviendra quand on sera en sécurité et que vous pourrez récupérer vos « amies ». Enfin, ne comptez pas trop sur la moufette… Je n'ai pas envie de surveiller son transit. On fera plus court, mais si ça vous intéresse, on vous rendra les morceaux. Ça doit bien se manger ce truc-là…

Je les vois s'éloigner et je ne peux rien faire. Mary et Eva sont restées, tétanisées. Pour l'instant, je n'ai pas d'autre choix que d'attendre et de voir la femme que j'aime emportée par des brutes et ma nièce en danger.

Je les retrouverai. Ils ont gagné une bataille mais pas la guerre !

J'en suis là de mes ruminations quand la moufette, qui n'a pas l'air d'apprécier d'être tenue dans les bras de Thaddeus, commence à gigoter, se débattre. On dirait même qu'elle essaie de mordre. En tout cas, Thaddeus perd le contrôle de la situation et ne la retient pas assez. La moufette lui grimpe sur la tête, semble arracher quelques cheveux au passage, puis se jette sur le sol et détale à toute vitesse vers les arbres.

– Nom de Dieu ! C'est la moufette qui va nous sauver.

Eva, Mary et moi nous levons d'un coup. Pendant une fraction de seconde, les trois types nous regardent et semblent hésiter, puis ils lâchent Léonie et Zoé et se précipitent après la moufette, qui semble propulsée à une vitesse supersonique vers les broussailles où on ne peut que la perdre. Léonie n'attend pas une seconde pour agripper la poussette de Zoé et courir vers nous. Je me dirige vers elle à toute vitesse en poursuivant nos agresseurs et je m'arrête pour la prendre dans mes bras.

– Ça va ?

– Oui. On n'a rien. Rattrape-les et ramène-moi leur peau. C'est eux qu'on va bouffer.

– Avec plaisir !

Je lui souris et relève la tête pour continuer la poursuite, mais les choses ont changé sur le terrain. Nous ne sommes plus seuls. Des types armés se précipitent vers nous. Il en sort de partout. Je crois reconnaître ceux qui retenaient Akira et Henry tout à l'heure. Il va falloir se battre. Je peux au moins essayer de les retenir et laisser le temps à Léonie et aux autres de s'enfuir. Je me retourne vers elle.

– Sauve-toi vite et va te mettre à l'abri avec Zoé.

Je regarde Mary et Eva qui s'approchaient pour nous rejoindre.

– Sauvez-vous ! Partez !

Et je me précipite vers les hommes qui déboulent.

Je vais au moins les retenir, mais si ces types utilisent leurs armes, je suis mort. Sauve-toi Léonie, sauve-toi ! Je t'aime. Nous nous retrouverons quoi qu'il arrive, je te le promets. Nous nous retrouverons.

VI

ENSEMBLE

27
ATTENTION AUX PRIORITÉS

Léonie

Jesse est fou ! Tout le monde est fou ! On va tous mourir ! Je vais me faire tirer dans le dos par des hackers prêts à maltraiter des enfants et bouffer de la moufette, mais je sauverai Zoé même si je dois y laisser la vie !

Mon cerveau tourne comme un moteur de machine à laver en fin de cycle. Ça cogne de partout depuis que j'ai vu Jesse apparaître à l'endroit où Eva et moi nous étions fixé rendez-vous. Comment imaginer que c'était aussi le lieu de la rencontre avec les hackers ? Depuis, tout a tourné au cauchemar. Il ne me reste plus qu'à fuir, une nouvelle fois. Je pousse Zoé à toute vitesse en courant vers Eva et Mary qui semblent tétanisées devant le spectacle qui se passe derrière moi et que je ne peux plus voir.

Pourquoi ne fuient-elles pas ?

J'imagine Jesse se jetant sur ces types armés jusqu'aux dents.

Ils vont le tuer ! Ils vont tuer mon amour.

« POLICE ! POLICE ! PLUS PERSONNE NE BOUGE ! ON SE FIXE OÙ ON EST ! »

Mes pieds obéissent avant que ma tête ne comprenne vraiment l'ordre qui vient de tomber.

Police ?

Mary, Eva et moi nous fixons un moment. Je crois qu'il est impossible de savoir ce que nous pensons à cet instant précis. Les choses sont allées trop vite pour que notre raison ait pu analyser le moindre fait et en tirer des conclusions complètes. Nous savons simplement toutes les trois que nous sommes encore en vie, que nous allons le rester et qu'une partie de tout ce qu'il s'est passé ces derniers jours est en train de se terminer. Jesse n'est pas mort, Zoé n'est pas morte, moi non plus. La moufette, on verra plus tard.

Je me retourne pour voir la scène. Ce coin de Central Park n'avait pas dû connaître autant d'effervescence depuis sa construction, et la configuration du terrain a beaucoup changé depuis la dernière fois que j'y ai jeté un œil.

Les trois hackers sont couchés sur le sol, les mains dans le dos, déjà menottés ou en passe de l'être. Les policiers sont nombreux, vifs, efficaces. Ils ne rigolent pas et n'ont pas l'air de vouloir se dérider à brève échéance. J'ai l'impression qu'ils contrôlent tout et que l'on n'a pas d'autre choix que de se plier à la mise en scène qu'ils ont orchestrée. On a cru avoir piégé les hackers, les hackers nous ont roulés, mais ce sont les flics qui écrivaient le scénario, et ils viennent de faire claquer le clap de fin en beauté. Mary et Eva se sont rapprochées de moi, en silence, et nous regardons la même chose. Les trois hackers sont de nouveau debout et emportés loin du champ de bataille. Un policier s'approche de nous après avoir rangé son arme, mais Jesse nous rejoint avant, échappant aux policiers qui l'entouraient pour courir vers moi. Ils l'ont laissé faire sur un geste de celui qui semble être le chef. Nous sommes de nouveau ensemble, fatigués, un peu inquiets, mais sachant que la tension va retomber, que nous allons pouvoir nous retrouver vraiment. Plus tard. Pour l'instant, nous ne pouvons que nous abandonner dans les bras l'un de l'autre. J'ai l'impression que nous ne nous sommes jamais serrés aussi fort, ni jamais aussi profondément embrassés. Jesse se recule un peu et me regarde comme si nous venions de nous tirer des enfers, comme un Orphée qui aurait réussi son coup, cette fois.

– J'ai cru que tout était fini.

– C'est fini, Jesse, c'est fini. On va être enfin tranquilles.

Il m'embrasse de nouveau, puis enlace d'un bras Mary puis Eva, tout en continuant à me tenir de l'autre. Nous formons une boucle faite d'embrassades et de sourires. Mary a pris Zoé dans ses bras pour qu'elle se joigne à notre petite troupe, et nous la couvrons de baisers. Elle rigole sous nos chatouilles, insouciante de tout ce qui vient de se dérouler mais sentant certainement le soulagement qui nous a envahis. Le policier qui se dirigeait vers nous interrompt la scène après nous avoir laissés en profiter un petit moment.

– Je suis désolé mais il va falloir me suivre.

La boule rassurante que nous formions se déplie un peu pour faire front et marcher vers les explications. On nous attend à la cafétéria que nous avons quittée il y a seulement quelques minutes. Il y a une éternité. Mary repose Zoé dans sa poussette, et nous nous dirigeons vers nos sauveurs. Il ne peut plus rien nous arriver.

J'espère.

***

– Je me présente, je suis John Mc Stevens. FBI. Asseyez-vous.

Le type qui nous accueille ainsi est grand, même assis, et plutôt pas mal. Il me fait bonne impression, mais c'est peut-être seulement parce qu'il est le premier gars que je vois sourire depuis des heures. Akira et Henry ont aussi été rapatriés ici et se trouvent autour de la table avec nous. Jesse et moi ne nous sommes pas lâché la main. Elles sont comme soudées. Il ne nous est pas encore possible de nous parler, mais ce contact suffit pour l'instant. Il me permet de tenir aussi.

– Nous nous connaissons déjà, d'une certaine manière. Je me trouve ici grâce aux « petites erreurs » de votre amie Jenny.

Jesse me regarde avec un sourire doux accroché sur les lèvres, finalement soulagé que les frasques un peu foutraques de Jenny nous aient sauvé la vie.

– Comme vous le savez certainement, votre amie m'a demandé de faire des recherches qui m'ont mis la puce à l'oreille…

Oui, comme on le sait, enfin, Jesse et moi, parce que les autres auraient besoin d'un peu d'éclaircissements, j'imagine…

Mais, pour l'instant, tout le monde écoute religieusement la parole de John Mc Stevens.

– J'avais déjà quelques dossiers en attente sur un certain Thaddeus Handerson qu'on avait réussi à coffrer il y a quelque temps de cela, mais je n'avais pas fait le lien avec mes recherches sur les narcotrafiquants et surtout leurs comptes cachés…

Henry et Eva sont perdus. Akira affiche évidemment un air impénétrable pendant que Mary ne quitte pas du regard Mc Stevens, qui la fixe aussi. Elle pâlit de plus en plus, et une boule vient se former dans mon ventre. Jesse me serre la main un peu plus fort. Nous sommes trois, quatre avec l'ex de Jenny, M. FBI, à savoir comment va se terminer sa petite histoire.

– En cherchant un peu… et en utilisant les méthodes des hackers que vous connaissez bien, – n'est-ce pas, Mlle Franklin ? –, j'ai pu vous repérer et vous suivre…

– … Et nous sauver la vie. Je vous remercie M. Mc Stevens. Et maintenant ?

Mary l'a interrompu sans ciller, comme une statue de marbre qui se serait mise soudain à parler. Malgré le bloc d'impassibilité qu'elle arbore, sa blancheur trahit une angoisse certaine. Mc Stevens nous regarde tour à tour et revient sur Mary. Rien à dire, il sait ménager ses effets.

– Eh bien… Vous êtes suffisamment intelligente pour savoir que si j'ai réussi à trouver les hackers et leur lien avec les comptes des narcos…

– … vous avez aussi découvert qui a mis la main sur ces comptes…

– … et nous savons tous les deux que c'est vous.

Toutes les têtes se tournent vers Mary. Elle ne nous regarde pas et baisse les yeux vers Zoé dans sa poussette, qui regarde sa mère avec un grand sourire. Mon cœur se brise. Quand elle relève la tête, elle paraît étrangement soulagée, mais son sourire figé trahit quelques tremblements.

– Je vous suis.

Mc Stevens et Mary se lèvent dans un même mouvement. Jesse les imite à une microseconde près.

– Attendez ! Mary n'a rien fait de mal. Vous avez arrêté les coupables. Qu'est-ce qu'il vous faut de plus ?

Je comprends Jesse. Il doit avoir l'impression que sa sœur va disparaître une nouvelle fois. Elle le regarde, touchée, mais elle a déjà abandonné le combat.

– Calmez-vous, M. Franklin. Vous êtes un homme respectable et je connais votre histoire et celle de votre sœur…

Jesse accuse le coup. Nos mains sont toujours liées.

– … Mais j'ai besoin d'éclaircir certains points. En ce qui vous concerne, vous êtes libre, ainsi que vos amis. C'était un peu inconscient de votre part, mais vous avez finalement bien fait de ne pas venir armés. Par contre, je garde avec moi quelques gars de votre « équipe de sécurité » pour voir si leur port d'armes est bien en règle. Je garde aussi votre sœur, donc, qui est la seule à pouvoir apporter des réponses à mes questions. Nous verrons ensuite si notre entretien entraîne une inculpation ou pas.

– Et vous avez besoin de la mettre en prison pour ça !

– En garde à vue, au moins quarante-huit heures. C'est un dossier assez… lourd. Ensuite, vous pourrez payer une caution. Ne vous inquiétez pas, elle ne croupira pas au fond d'un cachot. Nous ne sommes plus au Moyen Âge.

Mary s'approche de Jesse. Il me lâche la main pour la prendre dans ses bras. Puis Mary se détache doucement.

– Ne t'inquiète pas, Jesse. C'est normal, j'aurais dû aller à la police dès le début. Il va bien falloir réparer tous les problèmes que j'ai causés.

Jesse se tourne vers Mc Stevens.

– Elle a le droit à un avocat, non ?

– Bien entendu ! Je crois que votre amie Jenny en connaît un, si je ne me trompe ?

Décidément, Hercule Poirot est au courant de beaucoup de choses. Jesse ne se démonte pas.

– Jenny connaît effectivement pas mal de monde, mais pour ce qui nous occupe, je vais mettre plutôt mes connaissances personnelles dans la partie, si vous le permettez.

– Je préférerais aussi. Saluez Jenny de ma part.

Il s'éloigne et attend Mary à quelques mètres. Elle le rejoint sans se retourner après nous avoir embrassés une dernière fois et serré sa fille dans ses bras. Jesse prend son portable et appelle son avocat. Nous restons tous là, encore sous le choc. Il va falloir partir d'ici, mais aucun de nous ne semble vouloir donner le signal du départ, comme s'il fallait digérer les choses.

Jesse vient se rasseoir à côté de moi. On dirait que nous sommes attablés après un enterrement.

– J'ai l'impression qu'il nous manque quelques éléments, non ?

Henry a brisé le silence en s'adressant à Jesse, qui se tourne vers moi et me caresse le dos avant de lui répondre :

– Oui, je crois qu'on vous doit quelques explications.

***

– … Et c'est pour ça qu'ils sont obligés de garder Mary, je suppose… Mais je vais la faire sortir de prison dès que possible.

Jesse vient de terminer le récit de toute l'histoire. J'ai pris le relais quand il le fallait. Désormais, nous savons tous la même chose.

– Tu as vraiment joué gros, Jesse, encore plus que je ne le croyais… Ça aurait pu nous coûter cher cette fois, et je ne parle pas d'argent.

Henry est visiblement un peu en colère même s'il a dit ça calmement en tenant Eva par les épaules. Il a raison. Il a eu peur pour elle. Il l'aime, c'est évident, mais je n'oublie pas pour autant sa vie parallèle qu'il faudra bien qu'il avoue à un moment. Pas maintenant, c'est sûr !

– Oui, je suis désolé. J'aurais dû t'écouter. J'ai cru que je pouvais tout gérer et j'ai mis les gens que j'aime en danger.

Henry et Jesse se regardent, droit dans les yeux. Henry a l'air encore plus étonné qu'heureux de l'aveu de Jesse. Il se tourne vers Eva qui lui sourit, puis sourit à Jesse. Elle me regarde. Nous comprenons toutes les deux sans nous le dire qu'il a changé, que le Jesse qu'elle connaissait laisse désormais parler d'autres facettes de sa personnalité. Henry vient aussi de le découvrir et il le lui dit, à sa manière :

– Faute avouée…

L'atmosphère commence à se détendre comme si tout revenait à la normale petit à petit, mais à une normalité encore inconnue.

– Je vais tout de même prévenir Jenny qu'on a rencontré son flic.

Je m'éloigne un peu pour lui téléphoner, laissant les vieux

amis terminer leurs explications.

– Salut Jenny. Je t'appelle pour te dire… Enfin… Ça y est, tout est terminé.

– Génial ! Je suis soulagée. Je vais pouvoir reprendre contact avec John et lui dire que c'est fini entre nous.

– Je pense que tu n'auras pas à le faire. Il vient d'embarquer Mary et les hackers. Il sait tout en fait.

– AH BON !??

Jenny a hurlé dans le combiné comme le jour où elle a compris que ses premières règles allaient revenir tous les mois. J'espère que le choc a été moins grand cette fois !

– Oui… Il s'était effectivement douté de quelque chose et il…

– Ah, mais c'est parfait ! Je n'ai plus rien à expliquer, alors ! Ça tombe bien parce que je viens de rencontrer un type super. Il s'occupe des machines dans la salle où je fais du sport. Il m'a fait une démonstration du truc pour les abdos, là… J'ai craqué. Je crois que c'est sérieux, cette fois !

C'est ma meilleure amie, mais cette femme reste une énigme.

– Heu… Bah… Bon ! Alors tout se termine pour le mieux. Tu m'étonneras toujours. Il faut que je te laisse. Je te rappelle plus tard.

– *Yes* ! Allez, à bientôt !

Son insouciance me désarme, mais, après tout, c'est peut-être elle qui a raison. Pourquoi ne pas voir que ce qu'il y a devant soi sans ruminer les choses passées ? Un peu facile à dire quand elles datent d'à peine dix minutes, à moins d'avoir un cerveau de poule ou un sérieux déficit de mémoire !

Je retourne auprès des autres avec le sourire que finit

toujours par me laisser Jenny, même quand elle ne le fait pas exprès. Sa vitalité me redonne de l'énergie.

– Alors, Jenny n'est pas trop embêtée ?

– Penses-tu ! Elle est déjà passée à autre chose.

Jesse, qui commence pourtant à la connaître, marque néanmoins un temps d'arrêt :

– Parfois, je me demande vraiment d'où sort cette fille…

– Et moi donc !

– Bon, ce n'est pas tout ça, mais la journée a été difficile. Ce serait pas mal qu'on parte d'ici pour se reposer un peu, non ? Et puis, on a les derniers échanges à préparer pour le contrat avec les Indiens, Jesse.

Toujours pragmatique, Henry nous rappelle au quotidien.

– Tu as raison. Allons-y. Essayons d'oublier trente secondes ces histoires de hackers, de clefs, de moufette éventrée…

– LA MOUFETTE !

Cette fois, c'est moi qui hurle et aucun rapport avec les règles de Jenny ! On allait oublier la moufette et la clef ! Jesse réagit aussitôt.

– Il faut la retrouver ! Allez, on s'y met tous. Henry et Eva par là, Akira, vous cherchez de ce côté, et Léonie et moi, on fouille par ici. Elle ne peut pas être bien loin !

Le groupe éclate dans toutes les directions de manière plutôt désordonnée. On dirait des morceaux de lave qui se projettent suite à une éruption inattendue, mais, d'un seul coup, la lave se fige.

– On a laissé Zoé !

J'ai crié assez fort pour que tout le monde entende et se retourne vers la poussette… qui a disparu de l'endroit où on l'avait laissée. La lave s'est changée en glace. Tout le monde se précipite vers l'endroit initial dans un même mouvement, comme si le volcan avait décidé d'aspirer vers son cratère ce qu'il avait projeté, en dépit de toutes les lois de la nature. Si des extraterrestres nous observent depuis leur planète en vue de conquérir la terre, on est tranquilles pour la prochaine invasion : personne ne viendra se frotter à de pareils dingues à moitié hystériques ! Le délire est de courte durée. En nous rapprochant de la table de la cafétéria, on se rend compte que la poussette a simplement roulé de quelques mètres en pente douce et que Zoé n'a pas plus l'air effrayé que ça de son petit voyage tant elle est occupée avec…

– LA MOUFETTE !

On aurait travaillé des semaines pour une chorale qu'on n'aurait pas pu être aussi calés. Le son est sorti d'une même voix, sauf celle d'Akira qui semble un peu lassé par nos va-et-vient et nos hurlements à chaque changement de direction.

– Même si le cri vient du mouvement, et le mouvement du cri, le sage préfère rester silencieux et immobile.

Impossible de résister à la vérité « akiresque » ! Nous voilà partis dans un grand éclat de rire en récupérant Zoé et la moufette pendant qu'Akira applique ses préceptes à la lettre : il nous attend, bras croisés, parfaitement immobile et mutique. Henry, quant à lui, semble enfin complètement détendu.

– Tout est bien qui finit bien, mais si je me souviens de tous les détails que vous nous avez livrés, il faut espérer que la moufette n'ait pas profité de sa petite escapade pour faire ses besoins dans Central Park. Ça ferait une sacrée chasse au trésor en perspective !

Les rires redoublent pendant qu'Akira nous jauge, l'air assez désespéré, avant de lancer :

– La perle n'apparaît qu'à celui qui sait la lâcher.

– Eh bien, celle-ci, elle est mastoc, Akira ! Je ne suis pas sûr que tu en aies maîtrisé tous les sens possibles.

La réplique d'Henry est suivie d'un léger moment de flottement avant l'explosion d'hilarité qui nous prend tous. Je vois même se dessiner un infime rictus sur le coin gauche des lèvres d'Akira. Ça doit être ce qu'il considère comme un fou rire.

Il a de l'humour, cet Akira !

Rentrons. Il est grand temps que l'avenir commence enfin.

28
RALENTIR AU ROND-POINT

Léonie

J'aime bien Martha. Elle n'est pas banale et je crois qu'elle aime beaucoup Jesse et Mary. Ils sont un peu les enfants qu'elle n'a pas eus ou n'a pas voulu avoir. Je suis venu l'aider pour le retour de Mary. Jesse a payé sa caution et il la ramène ici. Elle a préféré s'installer quelque temps chez Martha avec Zoé. Drôle d'idée ! Histoire de renouer avec un passé qu'elle avait quitté brutalement ? Revenir aux sources pour pouvoir repartir enfin apaisée ? Je ne vais pas faire de la psychologie de comptoir, l'essentiel, c'est que Martha est visiblement ravie. Zoé a l'air de l'être aussi. Martha lui a installé un coin dans le salon. Elle s'y amuse depuis des heures. On attend de voir la réaction de sa mère, mais ça devrait aller. Après tout, c'est elle qui a demandé à s'installer chez sa tante, même si Martha continue d'avoir une manière bien à elle de considérer la vie. Elle arpente les futures chambres de Zoé et de Mary avec une boussole et un pendule depuis deux heures et je dois suivre ses ordres à la lettre pour organiser l'espace en mode feng shui version Martha. Autant dire que ce n'est pas très orthodoxe ! Ça pourrait paraître dingue, et ça l'est, mais j'avoue que ça me détend.

– Non, Léonie, un peu plus à gauche ce pied du lit et celui-ci à droite.

– Mais… Martha… Le lit repose sur ses quatre pieds. Il faudrait que je sois Superman pour réussir ce que vous me demandez là. Et si je l'étais, on se retrouverait juste avec un lit coupé en deux. Est-ce vraiment le but ?

Martha me regarde, étonnée.

– Tu as raison… Je ne comprends pas, le pendule est formel et la boussole indique la meilleure direction. C'est incroyable.

– Incroyable en effet, mais peut-être qu'ils sont comme nous, ils fatiguent. Si on utilisait simplement notre bon sens pour cette fois, vu qu'ils ne sont pas d'accord ? Et puis ce lit a déjà fait cinq fois le tour de la pièce. J'ai l'impression que le sommier me lance des appels au secours pour se poser une bonne fois pour toutes.

– Tu entends le sommier ? C'est étrange, je ne perçois aucune onde qui vient de lui. Ce doit être le pendule qui brouille.

– Je ne vois pas d'autres explications. Mais moi, je l'entends clairement me dire : « Pose-moi là ! Pose-moi là ! »

– Dans ce cas, on ne le touche plus !

– Vendu ! Je vais quand même le mettre droit et tête contre le mur. Il préfère, et puis ça permettra aussi de rentrer d'autres meubles dans cette pièce.

– Ah !

Martha n'a pas vraiment l'air de comprendre ma manière d'agencer l'espace. Ça doit trop ressembler à une chambre normale, mais, pour le coup, elle me laisse tout de même faire. J'espère que Mary pourra s'occuper de la décoration avant que Martha n'y mette son grain de sel, sinon ça risque de ressembler à un bazar d'Istanbul là-dedans. Martha soupèse boussole et pendule en les regardant d'une manière dubitative puis en jetant un œil sur mon rangement, quand on sonne à l'entrée. Jesse et Mary sont arrivés. Martha me sourit. C'est parti pour les grandes retrouvailles.

***

– J'ai tout raconté à la police. Je suis inculpée de dissimulation de preuves, mais comme j'ai plaidé coupable et que je leur ai laissé tout ce qu'il leur fallait pour continuer leur enquête…

– … tu n'iras pas en prison. De toute façon, je ne t'aurais pas laissée y aller. J'ai une batterie d'avocats.

Jesse a retrouvé le sourire. Mary aussi, ainsi que quelques couleurs. Elle a pris Zoé sur ses genoux. J'espère que nous allons continuer à nous voir. Je me suis habituée à cette petite. Maintenant que toute cette folie est terminée, j'ai du mal à croire ce qu'il s'est passé. Depuis deux jours, j'ai à peine vu Jesse qui a dû reprendre ses tractations avec ses partenaires indiens tôt le matin et jusqu'à tard le soir. J'ai aidé Martha et je me suis occupée de Zoé comme si j'étais de la famille. Même si nous n'avons finalement pas eu beaucoup de temps pour nous, je sens que ce qui nous relie Jesse et moi est intense, fort. Tendre aussi. Ses gestes, ses sourires, ses regards… Tout est là, encore plus dense qu'avant. Il ne nous reste qu'à pouvoir nous poser un moment pour retrouver la magie vécue sur le yacht. En attendant, nous sommes autour de la table de Martha, qui a préparé une fois de plus une quantité de plats inquiétants. Il y en a qu'on s'attendrait presque à voir ramper en dehors de leur assiette pour se tirer en douce ou se jeter dans notre bouche si on ne fait pas gaffe. Quand la tante s'éclate comme ça, je reste au verre d'eau du robinet, c'est plus sûr, même si j'imagine que Martha a dû aussi envoûter les tuyauteries. Pour l'instant, personne ne mange de toute façon (et d'ailleurs manger quoi ?) et Mary se livre un peu.

– J'ai besoin de rester au calme, de réfléchir à ma vie, à Zoé et puis de renouer un peu avec Martha et cette maison.

J'avais vu juste, finalement.

La tante et la nièce se jettent un regard d'empathie mutuelle. Jesse a l'air ému. Moi aussi.

– J'ai raté pas mal de choses depuis quelques années, à part Zoé, bien entendu.

Zoé semble approuver le compliment en tapant des mains tout en propulsant ses postillons le plus loin qu'elle le peut et en imitant vaguement le bruit de la douche. C'est mignon, mais je regarde tout de même où ils atterrissent. Je ne voudrais pas que sa salive réveille le *gremlin* qui sommeille dans chaque *mogwaï* préparé par Martha pour le repas. On ne sait jamais.

– Je vais me mettre un peu au vert, retrouver un cocon.

– Quand tu voudras en sortir, je pense que mon frère sera derrière la porte pour t'emmener où tu veux.

Mary baisse la tête et rougit imperceptiblement. Je m'en veux presque de ma sortie au char d'assaut.

– Merci. Ton frère est… On verra.

Ouh… Mais on dirait que Simon ne l'a pas laissée insensible non plus. C'est la meilleure, celle-là ! Si je m'attendais à ce que mon frère lui plaise ! Attendons, je ne vais rien lui dire et je ne parlerai pas non plus à Mary du purjabid.

– On va te laisser t'installer Mary. On repassera bientôt.

Jesse se lève le premier, et tout le monde suit pour les au revoir. Même la moufette, qui a retrouvé sa grande cage, semble nous faire un dernier coucou. Nous partons main dans la main vers la voiture.

– Je peux conduire, cette fois ?

– Allez, tu l'as bien mérité ! Il faut laisser les hommes retrouver un peu de pouvoir parfois.

– Merci ! Tu pourras faire la vaisselle et le ménage dans la suite, si tu veux.

– C'est bien la peine de coucher avec un milliardaire ! Et sinon, puisque tu conduis, tu m'emmènes où ?

– Tu verras.

Jesse démarre, amoureux.

***

Nous sommes retournés à Coney Island. Jesse sait que la mer est mon élément. Il sait que cet endroit est celui de mon enfance. Et puis, c'est aussi là que nous avons fait les rencontres les plus improbables alors que nous cachions encore notre amour. C'est un peu notre lieu. Nous marchons le long de la plage, collés, enfin seuls, comme si nous n'étions plus à New York mais en vacances. Un moment rien que pour nous deux ! Jesse s'arrête soudain et me regarde, sérieux et attendri. Il prend mon visage entre ses mains et m'embrasse doucement. Ses lèvres ont le goût du sel. C'est étrange et délicieux. Il a son sourire de chat qui vient d'attraper une souris.

– Tu as vu *Breakfast at Tiffany's* ?

– Tu me prends pour qui, Jesse Franklin ?

– J'ai piqué une idée au scénario.

Jesse sort une petite boîte de sa poche et l'ouvre. Il y a deux anneaux magnifiques à l'intérieur.

– Je les ai fait graver avec nos prénoms, mais, contrairement à ceux du film, ils sont vraiment de chez Tiffany.

Nous sommes entourés de l'air marin, et pourtant, j'ai le souffle coupé. Je respire à peine, comme si le poulpe en moi était revenu et qu'on l'avait retiré une fois de plus de son milieu naturel. Je me sens gauche. Je n'ose pas toucher la bague offerte par Jesse. Je la regarde. Suis-je celle qui aura le droit de retirer l'anneau de son écrin comme Cendrillon était la seule à pouvoir enfiler sa pantoufle perdue ? Je tremble presque.

– Jesse… Mais c'est… Tu veux dire que… ?

– Je t'aime, Léonie.

Il prend ma main et y glisse la bague, qui semble avoir été ciselée pour mon doigt. C'est comme un anneau magique qui me donne alors la force de prendre la bague de Jesse et de la mettre à mon tour à son annulaire.

– Je t'aime, Jesse.

Nos mains reliées par l'anneau se tiennent pendant que nos bouches se retrouvent pour le baiser de l'engagement le plus fort que j'aie jamais connu.

– Léonie, je voudrais… Je voudrais qu'on fasse un bout de chemin ensemble, qu'on essaie.

– Moi aussi. Cet anneau…

– … est juste pour nous deux, pour nous dire qu'on a envie d'être là, juste là. Liés. C'est… je ne sais pas… pour avoir cette trace, se demander si… on est prêts.

– Je ne sais pas quoi te dire… Ça me… J'ai envie et, en même temps, j'ai peur.

– De quoi ?

Je ne sais pas de quoi j'ai peur. J'ai voulu ce qui arrive et puis ça arrive et, finalement, je n'y avais pas vraiment pensé. Jusque-là, nous étions dans l'urgence et maintenant…

– De moi, de nous, de nos différences. Moi et Simon, nous sommes à ton service et, d'un seul coup…

– Je comprends, mais les choses changent… ont changé. Tu le sais. Tu n'es plus vraiment… mon chauffeur.

Son sourire me rassure, mais pourquoi l'inquiétude s'empare-t-elle de moi ? Maman avait raison, je crains notre différence de milieu. Je crains de ne plus être aussi libre malgré tout cet argent, à cause de tout cet argent.

– Je veux que l'on soit ensemble, Jesse, que tu sois dans ma vie. Je sais ce qu'on a été depuis notre rencontre et ce qu'on est maintenant, mais je suis comme Mary, j'ai besoin que les choses s'apaisent un peu pour savoir où on va.

– Moi aussi, mais on peut continuer à le chercher et le découvrir ensemble, non ?

– Je n'imagine pas ça autrement.

Et nos deux corps ne font plus qu'un, balayés par le vent

de la mer, entourés par le bruit des vagues et de l'écho. Ici, maintenant, nous touchons l'infini.

***

Avant d'aller travailler, Jesse m'a déposée dans un bar où j'ai donné rendez-vous à Jenny. J'avais besoin d'avoir l'avis de Mlle Foldingue pour y voir plus clair. Jenny me connaît mieux que moi-même et, malgré ses « originalités », elle est souvent de bons conseils.

– Ouah ! La vache ! Tu t'es mariée ??! Mais pourquoi je n'ai pas été invitée ?

Jenny a l'œil. Elle a tout de suite vu la bague. Par contre, son cerveau produit parfois des raccourcis étonnants quand elle se fait surprendre.

– Jenny… Quand veux-tu que je me sois mariée et crois-tu que je ne t'aurais pas invitée ?

– Ah oui, tiens, c'est vrai ! Bah, c'est quoi cette bague, alors ?

– C'est un cadeau de Jesse.

– Tin ! Tin ! Tu choisis la robe quand ?

– Attends…

– Quoi ? Tu ne vas pas te marier en jean tout de même ?!! C'est moi la spécialiste des fringues. J'ai plein d'idées pour ton…

– Tu peux te calmer cinq minutes ?

Je ne vois pas vers qui je pourrais me tourner, mais, avec Jenny, il y a toujours un moment où je regrette d'avoir fait appel à elle. Et puis ça passe.

– OK ! OK ! Allez, dis-moi ce qui te chiffonne, Caravaggio.

– Avec Jesse, j'ai envie… Mais je ne sais pas ce qu'il se passe, j'ai peur d'un coup.

– C'est le contraire qui serait inquiétant !

– Comment ça ?

– Bah… Elle n'est pas commune votre histoire avec Jesse. La situation est particulière dès le départ. Il hésite, puis tu hésites… Rien que de très normal ! Ça prouve juste que c'est important, non ?

– Ça… Je ne veux pas le perdre, ni rater cette histoire, mais je ne veux pas devenir « la femme du milliardaire », tu vois ? Je ne veux pas devenir la femme qui n'a qu'à claquer des doigts pour que les choses tombent toutes cuites. Je n'ai pas été élevée comme ça.

– Personne ne te demande de claquer des doigts ! Et puis, je ne vois pas ce qu'il y a de mal à se faciliter la vie.

Jenny a toujours un bon sens à toute épreuve, mais c'est tout de même plus compliqué que ça.

– J'aime Jesse et je sais qu'il m'aime, mais…

– Tu ne veux pas arrêter d'être Léonie Caravaggio.

– C'est ça.

– Mais c'est Léonie Caravaggio que Jesse aime, non ? Pourquoi veux-tu qu'il t'empêche d'être ce qu'il aime le plus ?

Parfois, l'espace d'un instant, Jenny se réincarne en un philosophe de l'Antiquité grecque et elle me scie.

– Je t'aime ma Jenny.

– Je sais. T'inquiète, une fois que tu es avec un milliardaire, tu peux en rencontrer plein d'autres, et puis les gars qui sont à leur service et tout… Ça fait du potentiel !

D'un coup, le philosophe disparaît comme il était arrivé et Jenny revient au galop.

– Tu ne penses qu'au sexe !

– Non, j'imagine leurs fesses aussi, et puis…

– Stop !

Nous éclatons de rire. Avec Jenny, tout se termine toujours par une rigolade.

Une fois que j'ai repris mon souffle, je lui expose mon autre problème :

– Quoi qu'il en soit, il faut que je règle la question d'Henry.

– Le faux homosexuel ?

– Tu me fais rire… Je l'ai vu, je te dis !

– Pff… Si ce type est homo, je suis une vestale !

– Non, bah, laisse tomber ! Pour toi, c'est trop tard. Tu as mal tourné dès la maternelle, mais lui, j'ai besoin de lui dire ce que je pense de ce que j'ai vu.

– Eh bien, fais-le ! Pourquoi tu ne lui demandes pas de discuter en tête à tête ?

Encore le bon sens « jennyesque » ! Ce n'est pas une agence de détectives qu'elle devrait ouvrir mais une de coaching !

– Tu as raison. Je lui envoie un message et on se reprend un verre.

– Deux ?

– Attends !

[Bonjour Henry. Peut-on se croiser ce soir ? Je voudrais te parler. Top secret.]

[OK. Je suis en réunion avec Jesse. Je dois voir Maxwell au 230 Fifth vers 20 heures pour lui donner un sac. On se retrouve là-bas avant, vers 19 heures ?]

[Parfait. À ce soir.]

[À ce soir.]

– En fait, on va en prendre trois même !

– C'est parti ! Garçon ? Eh ! T'as vu le garçon ? Pas mal, non ?

– Jenny…

***

J'arrive au 230 Fifth avec une bonne demi-heure d'avance, un peu pompette, mais je dessaoule presque d'un coup en constatant qu'Henry est déjà là, en train de bouquiner. Un roman, on dirait. Je ne l'imaginais pas en train de lire autre chose que des livres de comptes.

Vraiment étonnant ce type !

Je me dirige vers lui après avoir pris une bonne respiration.

– Bonsoir Henry.

Il relève la tête d'un coup et me regarde un peu effrayé, avant de se reprendre.

On voit que j'ai bu ou quoi ?

– Ah ! Je vois. Asseyez… assieds-toi, je t'en prie.

– Merci. Il fallait que je te parle.

– Oui, oui, je vois ça. Je comprends. C'est important.

– Oui, très.

– Eh bien… Je t'écoute.

– Voilà, je… Franchement, je me moque que les gens aient des doubles vies…

– Mmm… Mmm…

Ça va être difficile s'il prend cette tête de psy qui fait : « Mmm… Mmm… » J'ai l'impression d'être analysée, là, alors que je suis venue pour lui souffler dans les bronches !

– Mais… J'aime beaucoup Eva et je suis… de plus en plus

proche de Jesse…

– Oui, oui, je comprends… Continuez, heu, continue.

– Non, mais ça va bien, Henry ?

– Oui, parfaitement. Je suis tout ouïe. J'ai hâte de savoir ce que tu as à me dire.

– Bon ! Eh bien…

Eh bien… S'il continue à se payer ma tête comme ça, il va se prendre une mandale avant que je ne trouve le temps de lui expliquer pourquoi je voulais le voir. Fais gaffe, Henry ! Ma main sans anneau frémit déjà et celle avec la bague pourrait t'en remontrer aussi. Je sens que les cocktails avec Jenny m'ont ouvert des capacités de boxeur insoupçonnées. Il est venu le temps des représailles !

– Alors voilà, ce que je voulais te dire…

29
RISQUES D'ÉBOULEMENT

Léonie

– Alors voilà ce que je voulais te dire… C'est… En fait… Je n'ai aucun problème avec l'homosexualité…

– Tu veux m'annoncer que tu es lesbienne ?

– Hein ?

– Bah, je ne sais pas… Quand quelqu'un commence par dire qu'il n'a pas de problème avec quelque chose…

– Mais non, je ne suis pas lesbienne, qu'est-ce que ça…

– Ça te poserait problème ?

– Hein ? Mais pas du tout !

– Ah bon ! Désolé, je disais ça comme ça. Ne t'énerve pas.

– Mais je ne m'énerve pas !

– Pourquoi tu cries alors ?

– Mais je ne crie pas !

En fait, si, je viens de hurler, et tout le bar s'est tu pour se tourner vers moi. Je leur lance mon plus beau sourire qui masque à peine ma folle envie d'étrangler Henry. Quitte à ce qu'ils me regardent tous, autant que je fasse un truc intéressant : tuer en public ce salopard qui se paye ma tête en faisant dévier la conversation.

– Très bien. Je vois que monsieur est joueur.

– Pas tant que ça. J'essaie juste de suivre et je ne sais toujours pas ce que tu veux me dire.

– Ce n'est pas faux, mais pas totalement de ma faute, non ?

– Comprends pas.

J'imagine mes mains en train de serrer son cou. Délectation.

– OK, ça suffit ! Je t'ai vu embrasser un homme, et tu le sais.

– Je croyais que tu n'avais pas de problème avec l'homosexualité.

– Arrrghh !

– Bonjour mademoiselle, que puis-je vous proposer ?

Je ne l'avais pas vu arriver, celui-là ! C'est vrai qu'on est dans un bar, mais je vais peut-être freiner sur les cocktails. Je suis déjà assez énervée comme ça. Je vais prendre un truc plus léger.

– Donnez-moi… un whisky. Sec. Double.

– Bien, mais mademoiselle ne préférerait pas quelque chose de plus… doux ? Pour…

– Pour quoi ??! Vous ne me trouvez pas douce, c'est ça ? Vous allez me dire que je fais trop de bruit aussi tant qu'on y est ? Ramenez-moi donc ma commande, sinon vous allez voir ce que ça donne quand je fais VRAIMENT du bruit !

– Bien, bien, mademoiselle.

Cette fois, personne n'ose me regarder, sauf Henry qui est hilare. Finalement, je n'avais peut-être pas totalement dissipé l'aura des cocktails et le whisky n'est pas forcément une bonne idée, mais je m'en fous.

– Reprenons. Est-ce que tu aimes Eva ?

– Beaucoup, oui.

– Et elle sait que tu la trompes avec un homme ?

– Mais je ne la trompe pas !

– Ah ! Voilà ! Monsieur va me faire du Jenny dans le texte ! Si on est du même sexe, ce n'est pas tromper, c'est ça ?

– Non.

– C'est quoi alors ?

– Je ne suis pas marié avec Eva !

– Quoi !!?

Qu'est-ce que c'est que cette histoire ? Pas marié, pas marié…

– Mais je… Peu importe ! Mariés ou pas mariés, vous êtes ensemble et…

– Non.

– Hein ?

– Tes répliques manquent un peu d'originalité !

– Ne t'occupe pas de mes répliques et…

Le garçon revient avec le whisky. Je lui arrache du plateau et le bois cul sec.

– Vous me remettez la même chose. Merci.

– Il me semble…

– Comment ?

– Tout de suite, mademoiselle.

Et le pingouin repart me chercher ma liqueur.

– Alors, Eva et toi vous n'êtes pas mariés, vous n'êtes pas ensemble… Tu vas me dire que c'est ta sœur comme on est partis !

– Ma belle-sœur.

– Quoi ?

– Décidément, tu manques vraiment de vocabulaire…

– Tu veux que je t'en trouve du vocabulaire pour te dire ce que je pense de toi ? Tu m'expliques cette histoire ! Maintenant !

Henry regarde par-dessus mon épaule et prend soudain un air déçu :

– Non, c'est lui qui va t'expliquer. C'est dommage, on s'amusait bien !

Je me retourne pour comprendre ce qu'il raconte et je vois Henry… qui regarde Henry.

Je n'aurais pas dû prendre ce whisky double qui me fait voir double.

Ma tête revient toute seule vers Henry, puis vers Henry, puis vers Henry… J'arrête. Je vais vomir. Ça me file le tournis.

Henry vient s'asseoir à côté d'Henry. J'ai mal à la tête.

– Bonsoir Léonie, je ne pensais pas que Maxwell serait déjà là. Vous avez fait connaissance ? Vous ne vous étiez jamais vus, je crois, non ?

Maxwell ? Henry ? Pas Henry, Maxwell. Merde !

– Si. Non. Je ne sais plus.

– Ça va Léonie ?

– Henry, je crois que Léonie ne savait pas que tu avais un frère jumeau.

– Ah bon ? Mais… C'est vrai, quand j'y pense, je ne te l'ai jamais dit…

– Et elle pensait que tu passais ton temps à rouler des patins à des hommes dans le dos d'Eva !

– Non ?!! Ah ! Je comprends mieux !

Les voilà partis dans un fou rire pendant que je rougis jusqu'à la racine des cheveux. Promis, quand le garçon revient, je renvoie le whisky et je commande à manger. Des patates, du pain, de la pizza... N'importe quoi pour éponger ! Et je termine la soirée à l'eau plate. Je la demanderai pas trop forte, si possible. Vraiment bien plate.

***

J'ai fini par rire avec eux, mais après quelques grosses bouchées de mie de pain et un passage aux toilettes pour reprendre une couleur un peu plus normale. Me rafraîchir, comme on dit. J'en avais besoin. Maxwell est psy, charmant, homo, et Henry n'est donc pas une ordure. Ouf !

– Tu t'es quand même bien payé ma tête, Maxwell !

– C'était de bonne guerre, non ? Après tout, tu m'as hurlé dessus dans une soirée mondaine, si je me souviens bien. Et puis... Le quiproquo était plutôt drôle. Tu dois être la seule à ne pas savoir que nous sommes jumeaux et, en plus, tu as réussi à ne pas l'apprendre jusque-là alors que tu passes tes journées avec Jesse ou à croiser Henry et Eva ! C'est énorme !

– Je dois dire... Mais c'est vrai que ces derniers temps ont été plutôt bien remplis, et puis vous vous ressemblez tellement... J'ai vraiment été cruche !

Je passe une bonne soirée, une des meilleures depuis longtemps. Décidément, les amis de Jesse deviennent vite les miens. Je me sens à l'aise avec eux, surtout depuis que les malentendus sont dissipés !

– Mais non ! C'est vraiment un concours de circonstances. On aurait voulu le faire exprès qu'on n'aurait pas réussi notre coup aussi bien.

Ça a l'air de réjouir Maxwell au plus haut point. Henry, lui, est sur un autre registre.

– En même temps, je dois dire que j'apprécie ta démarche, Léonie. Tu n'as pas hésité à venir défendre l'honneur d'Eva, mais sans « me » dénoncer et en osant venir « m »'en parler. Chapeau !

– Pas hésité, pas hésité… Ça m'a pris un certain temps tout de même…

– Je ne trouve pas.

Il a l'air sincère.

– On ne se connaît pas tant que ça. Tout a été très vite et tu m'as interpellé plusieurs fois, même si je n'y comprenais rien…

Nous rions de nouveau.

– Tu es quelqu'un de droit sur qui on peut compter. Jesse a de la chance de t'avoir trouvée.

Je me sens rougir de plus belle. La remarque d'Henry me touche. Je ne sais pas quoi répondre. C'est Maxwell qui met fin à ma gêne devant ce compliment. Je ne suis pas habituée.

– Bien ! J'espère qu'on se reverra bientôt. Je dois y aller. J'ai mon sac. Merci Henry. Au revoir Léonie.

– Au revoir Maxwell. À bientôt !

Nous nous embrassons chaleureusement comme si on se connaissait depuis des siècles. Les quiproquos ont parfois du bon. Henry appelle Jesse pour qu'il nous rejoigne pendant que j'envoie un message à Jenny pour lui expliquer le coup des jumeaux. Réponse à la hauteur du personnage :

[Quand je te disais que ce n'était pas possible pour ton

Henry. Par contre, deux beaux gosses, jumeaux, dont un homo, ça ouvre des perspectives !]

[Obsédée !]

Je coupe avant que Jenny ne me développe ses idées tordues sur la question. Je trouve déjà incroyable qu'elle y pense. Je vais essayer de m'ôter ça de l'esprit en attendant Jesse.

Non mais !

Henry me regarde en souriant, l'air faussement innocent.

– Jesse arrive bientôt et je crois qu'il a des choses à te dire.

– Décidément ! Ça va être la soirée des surprises, on dirait.

***

Jesse ne se remet pas de l'anecdote sur les jumeaux. Il est totalement ahuri qu'on ait pu occulter cette information et que ça ait généré une gamberge de cette taille de ma part !

– C'est un truc de dingue ! Mais en même temps, quand on y pense… Pour nous, c'est une telle évidence qu'on ne pense pas à l'annoncer « officiellement ». Et toi, tu n'avais aucune raison de t'en douter !

– Oui. Je ne l'ai pas imaginé une seconde. C'est un peu l'histoire de *La Lettre volée* de Poe. Tu l'as tellement sous le nez que c'est la seule chose que tu ne vois pas !

– Bah oui, c'est comme le fait qu'Eva était un homme avant de se faire opérer. Si tu ne le sais pas…

– Quoi ??!

Jesse et Henry éclatent de rire devant ma tête. Henry me rassure :

– Mais non, je blague.

Jesse m'embrasse sur la joue, mi-taquin, mi-consolateur, puis prend soudain un air plus sérieux.

– Par contre, j'ai une chose importante à te dire.

Henry s'enfonce dans son fauteuil, reculant un peu comme pour savourer la scène. Jesse me prend la main. Je commence presque à m'inquiéter.

– Vous me faites flipper avec vos airs, là. Tu as eu une relation avec la moufette sans me le dire ? Je comprendrais, tu sais, tu la trouvais douce… On n'est pas à l'abri d'un moment d'égarement…

– Mieux que ça !

– Tu as couché avec John Mc Stevens pour libérer Mary !

– Non, mais arrête, on dirait Jenny !

C'est vrai que je suis sur un registre un peu étrange… Jenny, sors de ce corps !

– OK ! Pardon, dis-moi tout.

– Eh bien… À la réunion avec mes partenaires indiens…

Henry se trémousse presque de plaisir sur le fauteuil. On le dirait pris soudainement par la danse de Saint-Guy.

– J'ai un peu changé mon fusil d'épaule.

– C'est-à-dire ?

Henry n'y tient plus.

– Je te jure ! Il était méconnaissable ! Tu nous l'as changé !

Jesse le regarde et se tourne vers moi en souriant.

– Que s'est-il passé ? Tu as réussi à vendre intégralement le sous-continent indien à Dubaï pour leur fournir de la main-d'œuvre à bon marché ?

– Eh bien non, justement !

Henry a presque hurlé. On aurait dit moi après trois cocktails. Je me tourne vers Jesse, interrogative. Il est calme, apaisé.

– Non… J'ai beaucoup réfléchi… Toute cette histoire m'a fait réfléchir… TU m'as fait réfléchir…

– Et ?

– Et je crois que tu as raison… Ce sont les gens qui sont importants… Je crois que j'ai compris qu'on peut faire des affaires sans briser des vies, en réfléchissant un peu et en étant responsable de ses actes.

– Jesse…

– Non, mais quand je te dis que l'amour l'a transformé !

Henry a l'air d'une ménagère de 50 ans devant la scène la plus quiche d'*Amour, Gloire et Beauté* !

– Mais… Tu veux dire…

– J'ai retravaillé les contrats avec les Indiens. On ne laissera aucun employé sur le carreau. Je vais essayer de produire… équitablement, comme on dit, et je voudrais que Mary rentre dans mes affaires pour m'aider à traquer… ce que j'étais avant.

– Je t'aime, Jesse Franklin.

Nous nous embrassons devant Henry, qui en aurait presque les larmes aux yeux si on était son feuilleton favori, mais tout cela est bien réel. Il n'empêche, j'ai quand même l'impression qu'il a les yeux qui brillent de manière inhabituelle !

– Allons chez Martha faire la surprise à Mary.

– Avec plaisir !

Nous laissons Henry, le sourire aux lèvres. J'espère que Mary a le cœur bien accroché ! Ado, elle avait fui celui qu'elle voyait devenir Dark Vador, elle va découvrir Luke Skywalker.

« Mary, je suis ton frère… »

***

Jesse n'a pas lésiné pour l'occasion. Il veut fêter l'annonce. On a dévalisé la moitié des magasins de la 5e Avenue et des environs. La voiture est remplie de fleurs, de gâteaux (on va enfin pouvoir manger quelque chose d'inoffensif chez Martha). On a acheté des jouets pour Zoé, – elle en aura jusqu'à ses 35 ans –, des cadeaux pour Martha (bols, gris-gris, tissus magiques et autres poupées aux pouvoirs exceptionnels) et d'autres pour Mary (robes, ordinateur dernier cri, tout l'attirail pour *cracker* n'importe quel système de sécurité !).

Nous voilà enfin devant la porte de chez Martha, prêts à hurler : « Surprise ! », quand la porte s'ouvre et apparaît, dans un superbe costume d'intérieur :

– AKIRA ??!

– Mlle Léonie, M. Franklin ! Entrez, je vous en prie.

Nous obéissons en suivant Akira qui se dirige vers le salon comme s'il était chez lui. C'est un miracle si nous n'avons pas lâché tous les présents que nous tenons dans nos bras. Nous arrivons dans la pièce comme des somnambules et posons nos paquets sur la table.

– Mais Akira ? Que ? Quoi ?

Jesse était parti pour faire son annonce miraculeuse et elle vient de percuter violemment ce qu'il voit sans comprendre. Ça lui donne une syntaxe assez minimale. En ce qui me concerne, je commence à faire quelques liens.

– Que... Que faites-vous ici ?

– J'allais me faire un thé. Vous en voulez ?

– Oui. Non. Hein ?

Comme à son habitude, Akira a disparu du salon et a

réapparu avec un plateau garni d'un service à thé sans que j'aie eu le temps de comprendre qu'il était sorti de la pièce et revenu. Il pose le plateau sur la table comme s'il opérait un sacrement et commence à nous servir. Jesse suit tous ses gestes du regard comme s'il assistait pour la première fois à un spectacle de magie de David Copperfield en attendant que les tasses se mettent à voler ou que des moufettes sortent des oreilles d'Akira.

Mais oui! La moufette... Chez Martha...

– Mais Akira... Vous... Où est tante Martha?

Jesse lui a demandé avec un brin de crainte dans la voix, comme s'il s'attendait à ce qu'Akira réponde: « Dans la théière, bien entendu! », mais il lui rétorque, plus prosaïquement:

– Elle est sortie avec Mary et Zoé. Elle revient dans quelques minutes.

Après un temps d'arrêt, avec un regard indescriptible dont je ne saurais dire s'il est teinté d'ironie:

– Elle ne vous attendait pas.

Nous avons fini par nous asseoir (enfin, plutôt nous laisser tomber) sur le canapé où Akira nous a apporté les tasses de thé. Jesse s'est un peu remis de sa surprise, tout juste assez pour reformuler sa question initiale:

– Akira, vous ne m'avez toujours pas dit... Comment se fait-il que vous soyez ici dans cette tenue? Enfin...

– Les nuages peuvent dissimuler le soleil, il n'en brille pas moins derrière.

– En clair? Parce que là, j'avoue que les nuages... me rendent tout cela un peu brumeux.

Akira me regarde droit dans les yeux. Il sait que j'ai compris. Il le sait depuis longtemps, bien avant que je ne le comprenne moi-même ou que je me le formule explicitement. Depuis une certaine visite que j'ai faite à Martha pendant laquelle il y avait une moufette qui n'aurait pas dû se trouver là. Depuis que Martha m'a dit qu'elle connaissait Akira avec cette petite lueur dans l'œil que j'ai fait en sorte de ne pas interpréter. Depuis que les coïncidences n'en sont pas et que les êtres qui doivent se trouver se trouvent toujours, pourvu qu'ils veuillent bien se l'avouer, sans forcément l'afficher aux yeux des autres. Je me souviens de la première fois où j'ai vu Akira, de la première fois où j'ai vu Martha, et comment tous les deux m'ont tout de suite plu. Eh oui ! J'ai compris et je sais pourquoi. Je comprends aussi qu'Akira, « chonze » pudique et fidèle, samouraï héroïque et serviteur attentionné, homme étrange et sans âge, me demande, en silence, d'expliquer à Jesse ce que j'ai compris et ce que ce doux jeune homme en pleine métamorphose, mon amour, ne veut pas encore voir. Parce qu'on ne dévoile pas comme ça un secret millénaire. Parce qu'il y a des choses tellement enfouies qu'elles ne peuvent sortir que par la bouche de quelqu'un d'autre. Parce qu'on a beau être un héros, parfois, le courage manque, au moins celui de trouver les mots. Parce qu'Akira me fait confiance et que c'est un honneur.

– En clair ? Je crois que ça l'est, Jesse, non ?

J'embrasse tendrement mon amour sur la joue.

– Je pense que Martha et Akira se connaissent bien, très bien même, et qu'ils ont réussi à être depuis tout ce temps et jusque-là ce qu'on essaie de tenter tous les deux depuis quelques jours.

Jesse regarde Akira en silence, puis me regarde. Il a compris. J'ai vu comme un éclair, une lueur de panique dans son œil. Il se lève brusquement et se dresse de toute sa hauteur devant Akira qui me paraît petit pour la première fois. Je ne respire plus. Le temps s'étire. Ils se regardent et je ne vois pas ce que leurs yeux se disent. Puis, Jesse tend lentement sa main. Akira la prend.

Ils sont encore dans cette position, – quelques minutes, quelques secondes, quelques heures, impossible à dire ! –, quand Martha, Zoé et Mary reviennent et les trouvent ainsi dans le salon. Ils ne bougent pas tout de suite, puis tournent ensemble lentement la tête vers elles, qui se sont figées devant la scène. Pour la première fois, je vois Akira sourire.

30
FIN DES TRAVAUX

Jesse

J'ai vu sourire Akira. Je ne pensais pas que c'était possible, et pourtant, j'ai vu Akira, décontracté, sourire à Martha ! L'amour est aussi capable de ça. Et puis tout m'est revenu d'un coup. Une image du passé, ce sourire, déjà, sur ce même visage, adressé à la même personne, mon père et ma tante qui se disputent, et Akira qui ne sourira plus jamais devant moi, jusqu'à aujourd'hui. J'étais enfant, je n'avais pas tout compris, mais je savais déjà tout. Et son sourire a réveillé mon souvenir.

C'était ça le secret ? Leur secret ? L'éloignement de Martha ? La fidélité d'Akira ?

– Vous étiez déjà ensemble quand on était enfants, Mary et moi ?

– Oui.

Tante Martha semble heureuse que tout soit dévoilé et Akira a retrouvé son impassibilité légendaire, mais quelque chose semble avoir changé en lui tout de même, comme s'il était moins… verrouillé, ou alors est-ce simplement qu'on trouve les gens changés quand on change soi-même ? Tout le monde est assis sur le canapé ou par terre, entourant Zoé qui joue sur le tapis aux figures improbables, certainement ésotériques.

Tout le monde : une famille ? Ma famille ?

Quoi qu'il en soit, c'est en tout cas l'heure des explications. Mary en a certainement eu quelques-unes avant moi, mais je veux tout savoir et comprendre.

– Je me suis souvenu d'un coup d'une dispute entre vous et papa. Akira était là, non ?

Martha et Akira se regardent tendrement, même si le souvenir semble douloureux pour tous les deux. Ce déchirement, redoublé par la mort de mes parents, la réconciliation complète qui n'a jamais pu se faire… La mort a rendu les choses irréparables, mais ils ont tout de même continué à leur manière.

– Oui. C'est étonnant que tu aies gardé ça en mémoire ! Tu étais tout petit. Akira était au service de ton père. John a découvert que nous nous aimions et ça l'a rendu furieux. Je n'ai jamais vraiment su pourquoi. Ça ne se faisait pas, c'est tout. Je crois. Et puis… comme frère… John a toujours été un peu possessif. Sarah a bien essayé de le raisonner, mais…

Tante Martha s'arrête. Visiblement, ces instants qui ont plus de vingt ans, sont toujours aussi présents. Elle reprend :

– Il tenait à garder Akira à son service et il voulait bien entendu aussi ne pas couper les ponts avec moi. Il a… induit, à sa manière, sans vraiment le dire mais en l'imposant tout de même, qu'Akira et moi pouvions faire ce qu'on voulait à condition que ça reste caché.

– Et vous avez accepté ?

– C'est… plus étrange que ça. On a vécu comme ça. C'est tout. On n'était pas du même milieu. Ce n'était simplement pas possible de l'afficher dans la famille.

Je sens Léonie frémir à côté de moi. Je repense à ses questions, ses doutes. Je lui prends la main pour lui dire que ça ne se passera pas comme ça pour nous.

Pas nous ! Nous sommes libres. Ce n'est pas la même histoire.

– C'est incroyable ! Akira ne m'a quasiment jamais quitté, toi, tante Martha, tu nous as recueillis et je n'ai jamais rien vu. Et toi Mary ?

– Non, moi non plus. Je l'ai découvert en venant habiter ici avec Zoé.

– Vous étiez jeunes et puis, à la mort de John et Sarah, ce n'était pas possible de vous le dire, ni pour vous d'être capables de le voir ou l'entendre. Ensuite…

– Ensuite il y a eu la disparition de Mary et puis moi qui…

Mary se lève du fauteuil et me pose une main sur l'épaule en passant. Elle va chercher un verre d'eau sur la table du salon, puis vient se rasseoir.

– C'est terminé, Jesse. Nous sommes tous de nouveau réunis et même encore plus qu'avant. Akira fait partie de la famille désormais, et puis il y a Zoé et Léonie.

– Mais sans papa, ni maman.

Je n'ai pas pu m'en empêcher. Mary a raison, mais chacun se retranche un instant dans ses pensées après notre échange. C'est vrai qu'ils nous manquent et que tout a tellement changé. Léonie boit une gorgée de thé et oriente la conversation sur le présent.

– Et les hackers, Mary, ils deviennent quoi ?

– Je ne les ai pas trop chargés malgré tout. J'ai juste dit la vérité. Et puis la moufette a « rendu » la clef à la police.

Tout le monde se tourne vers l'animal qui dort tranquillement dans son immense cage. On ne peut pas s'empêcher d'imaginer la scène.

Au secours !

– Ils vont prendre quelques années de prison, mais je crois qu'ils ont compris qu'ils étaient allés trop loin. Ils ont vraiment glissé. Je vous assure que ce ne sont pas des gars comme ça à la base…

– Je veux bien te croire, mais c'est un peu inquiétant ce que tu dis. Si le moindre gentil petit gars peut devenir un tueur potentiel pour quelques dollars… Ils m'ont quand même enlevée avec Zoé… menacée… fouillé la petite… failli éventrer la moufette… Ça me glace le sang. Ils n'ont aucune… morale ? Pas de garde-fou ?

– Oui, je comprends, Léonie. Ils m'ont fait très peur aussi et je ne leur pardonnerai jamais. C'est vrai que je n'arrive pas à comprendre comment ils ont perdu à ce point la raison.

– Si tes pensées naviguent dans l'obscurité, elles ne peuvent pas produire de la lumière.

Bon, ça y est, fin de l'interlude ! On a entièrement retrouvé notre Akira national.

– Puisqu'on est dans le noir, ajoutons que les narcos vont finir à l'ombre eux aussi, et pour longtemps.

– Dis donc, Jesse, tu te lances dans la métaphore filée… La classe !

Léonie se moque gentiment. Je suis bien, mais je ne sais

pas quoi en penser. Je n'aurais jamais pu imaginer qu'une scène comme celle-ci serait possible il y a encore quelques semaines.

– Puisque je suis dans les figures de style, je vais passer à mon exposé. Mary, j'ai quelque chose à te proposer.

Mon ton soudain sérieux a intrigué tout le monde, sauf Léonie qui sait déjà de quoi il retourne. Nous sommes venus ici pour faire cette annonce... avant qu'une information venant du passé, encore plus incroyable, nous tombe dessus. Il est maintenant temps de revenir au présent et de penser à l'avenir.

– Je voudrais que tu travailles avec moi.

Ça n'a pas l'air de la réjouir.

– Mais Jesse... Je... Enfin... C'est gentil... Mais je continue à... ne pas vraiment penser comme toi.

Léonie éclate de rire devant la tête de Mary et la mienne.

– Eh bien ! Je t'ai connu plus convaincant, Jesse Franklin ! On ne peut pas dire que ton argumentation soit au top.

Le rire de Léonie a un peu détendu les choses, mais ce n'est pas encore gagné.

– Je sais bien que tu ne penses pas comme moi, Mary. Enfin, comme moi avant, car, maintenant, c'est moi qui pense comme toi.

– C'est mieux ! Je te retrouve !

Léonie est décidément en pleine forme. Mary me regarde, perplexe.

– Je ne comprends pas.

– Eh bien, j'ai compris beaucoup de choses avec tout ce qu'il s'est passé... Je veux... J'aimerais que tu travailles avec moi pour m'aider à... à faire ce que je sais faire, mais de manière plus juste, pour le bien des gens, pour construire plutôt que détruire. Tu… Tu veux bien ?

– C'est-à-dire ?

– Eh bien, reprendre des entreprises mais pour les rendre… équitables. C'est comme ça que l'on dit, non ? Redonner du sens au travail des gens, faire peut-être moins d'argent, mais engager des choses sur la durée.

Je me tourne vers Léonie. J'ai pensé immédiatement à notre histoire en prononçant ces derniers mots. Je crois qu'elle a aussi entendu le message.

– Mais c'est formidable, Jesse ! Mary, il faut accepter ! Je vais aller interroger le pommier. Je suis sûre qu'il me donnera des signes positifs !

Martha se précipite dans le jardin sous nos regards effarés. On a beau la connaître, c'est toujours surprenant.

– Eh bien, attendons que Martha revienne. Si le pommier est d'accord, je suis partante aussi.

– *Yeeesss* !

Léonie s'exclame en tapant des mains. Zoé la suit. Même Akira semble au bord de l'extase : il a opéré un mouvement furtif mais affirmatif de la tête ; l'équivalent d'une ola pour lui ! Mais Mary nous arrête :

– Hey ! Hey ! Attendez !

– Quoi ?

– J'ai dit : « Si le pommier est d'accord. »

Le fou rire nous prend au moment où l'on entend tante Martha hurler depuis le jardin :

– C'est bon, le pommier approuve !

***

Nous avons fini par quitter la maison de tante Martha. J'ai dit à Léonie que j'avais aussi une proposition à faire à son père et que je voulais lui montrer quelque chose, à elle, ensuite. Le parcours en voiture qui nous emmène chez les Caravaggio est certainement un de ces moments dans une vie où on sent que de nouveaux chemins s'ouvrent et qu'on va bientôt savoir lequel va être vraiment emprunté.

– Bon, Jesse Franklin, tu me dis ce que tu veux annoncer à mon père ? Si c'est pour lui demander ma main, je te rappelle qu'on n'est plus au Moyen Âge et que j'aimerais autant être au courant avant du montant de la dot. J'ai quand même le droit de savoir quelle est ma cotation à l'argus avant d'être bradée à un client peu recommandable.

Léonie plaisante en conduisant, mais cherche tout de même à savoir ce que j'ai derrière la tête.

– Ne t'inquiète pas, je n'y vais pas pour acheter une vieille guimbarde comme toi. Ce sont des affaires d'une importance bien plus grande. Autrement, je ne me déplacerais pas. J'aurais envoyé ma secrétaire.

– Ah ! Bah, je suis rassurée, alors ! J'ai cru que je serais obligée de vivre dans le harem Franklin, contrainte de me terrer dans les hôtels de luxe avec des serviteurs partout et de l'argent qui coule à flots. Tu m'ôtes un poids !

Notre complicité est devenue naturelle, évidente. Je me penche pour embrasser Léonie sur la joue et reviens sur mon siège.

– C'est drôle, tu sais, parce que plus je te connais et plus j'aime ce que tu es. C'est peut-être aussi parce que tu es la même, mais que tu as un peu changé tout de même depuis notre première rencontre. Je ne saurais pas dire en quoi. Tu sembles plus… sereine peut-être.

Léonie me regarde avec un air étrange, comme si elle pensait à quelque chose, puis se retourne vers la route en souriant.

– Je peux en dire autant de toi, Jesse.

Nous finissons le trajet en silence.

***

– C'est une proposition à étudier, Jesse. Je vais y réfléchir.

Je vois bien qu'Aldo Caravaggio est aussi étonné qu'intéressé par ma proposition d'investir dans son garage. Simon en serait ravi visiblement, mais tous deux tiennent à garder le contrôle de leur entreprise. Je les comprends, et ça va tout à fait dans mon sens.

– Bien entendu, Aldo. Il ne s'agit pas pour moi de racheter l'entreprise Caravaggio, vous l'avez compris, mais de vous aider à la développer. Je vais désormais travailler dans cette direction avec ma sœur et je me suis dit que ce serait dommage de ne pas commencer avec la famille de la femme que j'aime.

Léonie sourit en échangeant un regard avec sa mère. Je ne sais pas ce qu'elles en pensent réellement toutes les deux, mais je crois que ça ne leur déplairait pas.

Aldo reprend :

– Oui, mais votre histoire avec ma fille est encore jeune…

Il se tourne vers Léonie, le regard bienveillant mais néanmoins un peu inquiet, puis poursuit en revenant vers moi :

– … et mon garage est ancien. Ceci dit, quand je vois

comment ma fille a changé à votre contact, je me dis que vous pourriez peut-être aussi avoir une influence bénéfique sur cette entreprise.

– Non, mais ça va tous les deux ? Dans cinq minutes, tu vas lui demander combien je vaux en chameaux, papa ?

– Vous voyez ? Vous comprenez ma prudence, Jesse. Je me suis peut-être un peu avancé sur le changement opéré par Léonie grâce à vous. On va attendre de voir ce que votre relation donne sur la durée avant que l'on s'engage pour le garage.

– Évidemment !

L'humour au second degré est quasiment génétique chez les Caravaggio et je m'y suis vite habitué. Aldo et moi nous sommes compris. J'attendrai de ses nouvelles. J'apprécie le respect qu'on se porte et je crois que lui aussi.

– Passons aux choses sérieuses, les enfants. Vous restez dîner ?

– Merci Aldo, mais j'ai prévu un repas ailleurs. Je veux montrer quelque chose à Léonie.

– Encore une surprise ! Tu es en mode feuilleton à rebondissements ou quoi, Jesse ?

– Un peu, ma chère Léonie. Je suis en train de commencer la trame d'une histoire. Je veux t'en présenter les grandes lignes avant de l'écrire avec toi.

– J'aime bien l'écriture, mais je peux aussi en apporter des idées, non ?

– On est partis pour ça.

Je me lève du fauteuil du salon pour saluer la famille. Aldo aussi, qui nous accompagne jusqu'à la porte de l'appartement après qu'on a embrassé tout le monde.

– Je ne comprends pas tout à vos discussions, mais vous avez ma bénédiction. Allez, bonne soirée les enfants !

– Bonne soirée, Aldo.

– Bonne soirée, mon Père.

***

– Alors, je n'ai toujours pas le droit de savoir ce que tu veux me montrer ?

– C'est une surprise ! Si je dévoile une surprise, ce n'est plus une surprise.

– C'est l'évidence, mais je veux savoir.

– Tu vas être exaucée. Tourne ici, vers la grille en fer forgé.

Léonie s'exécute et s'engouffre dans l'allée que je viens de révéler en ouvrant le portail avec mon bip. Elle se gare, arrête le moteur et découvre ce que personne ne s'attend à voir à deux pas de la 5e Avenue et que j'ai moi-même du mal à imaginer même si je l'ai achetée : une petite maison, ancienne et pleine de charme qui se dévoile dans le soir qui commence à tomber.

Nous descendons en même temps de la voiture, et je rejoins Léonie qui s'est figée devant le spectacle, admirative. Je reste derrière elle, mettant ma tête à côté de la sienne en la serrant dans mes bras. Elle les entoure des siens.

– Qu'est-ce que c'est ?

– On dirait une maison, mais c'est à vérifier.

– T'es bête !

– Viens ! J'ai les clefs.

Je prends Léonie par la main et l'emmène à l'intérieur. Elle me suit, attentive, curieuse et, je crois, heureuse d'être là avec moi, attendant que je lui dévoile tout ce que cela veut dire. Je suis heureux aussi et je veux faire durer l'instant. Nous entrons dans la pièce principale, un grand salon dans lequel un repas nous attend.

– Mais c'est magnifique ! Tu as tout prévu, Jesse. Tu vas enfin me dire ce qu'on fait là ?

– On a le temps, et j'ai faim ! Ce qu'on va faire là, dans un premier temps, c'est manger.

– Si tu me prends par les sentiments.

Nous passons à table. La nuit tombe petit à petit faisant monter les lumières du salon à mesure que la pénombre grandit. Il est presque impossible de se rendre compte que tout est réglé au millimètre tant l'atmosphère installée par la douceur des lampes qui éclairent désormais la pièce nous plonge dans une sorte de béatitude. Nous dînons seuls, heureux. Je n'ai jamais été aussi bien avec quelqu'un. J'ai l'impression de m'être retrouvé en la trouvant.

– C'est magnifique ici, Jesse, et le repas est délicieux, mais tu vas me dire à qui est cette maison et ce que cela veut dire ?

– Cette maison est à moi et c'est une petite partie d'une plus grande. Viens !

Je fais le tour de la table et invite Léonie à se lever en la prenant par la main. Nous sortons du salon par la baie vitrée qui donne sur le jardin de la maison. Comme prévu, les lumières s'allument le long du petit sentier qui donne sur le parc, caché jusque-là par quelques sapins. Au bout de l'allée se trouve ce que je voulais montrer à Léonie : deux hôtels particuliers éclatant de blancheur au milieu de la nuit new-yorkaise, même si l'on se croirait plutôt dans quelques châteaux d'une campagne de la vieille Europe. Léonie s'arrête, éblouie.

– Jesse, c'est incroyable ! Qu'est-ce que c'est que cet endroit ? C'est à toi aussi ?

– Mieux ! Cet endroit est à nous. C'est celui dans lequel je voudrais vivre avec ma famille, toute ma famille.

– Jesse…

Léonie me regarde, les yeux brillants. L'air s'est un peu rafraîchi, mais nous sentons à peine le petit vent qui agite les arbres. Étrangement, d'ici, on n'entend pas le vrombissement continu de la ville. Les arbres étouffent peut-être le chaos.

Ça plaira à tante Martha et à Léonie ?

– Ça te plaît ?

– Je me sens… Oui, j'aime cet endroit.

– Alors viens ! Je vais te faire visiter.

Je m'avance vers ma maison avec la femme que j'aime à mes côtés. J'ai envie d'elle, de lui faire l'amour dans cette demeure qui sera la nôtre. Si elle le veut, oui, nous allons faire l'amour chez nous, et ma vie ne sera plus jamais comme avant, plus jamais sans Léonie. Je le veux.

Léonie passe à mes côtés la porte d'entrée de l'hôtel particulier, celui des deux que je préfère, celui où je voudrais que nous vivions. Mon désir pour elle ne faiblit pas et le simple fait de lui faire visiter ce lieu, la nuit, tous les deux, dans une semi-pénombre simplement travaillée par les jeux de lumière douce que j'ai moi-même programmés augmente encore mon envie. Je lui ai fait découvrir mon yacht, mon rêve secret de jeune homme exaucé par l'argent, et elle découvre avec moi mon rêve d'homme, ce lieu que je pourrais partager avec elle, ce rêve que l'argent m'aide à avoir mais qui ne peut être exaucé que par l'amour. Le sien. Si elle n'aime pas cet endroit, je ne le garderai pas, mais ses yeux me disent avant ses lèvres qu'elle ressent la même chose que moi ici.

– C'est merveilleux Jesse ! C'est idiot, mais j'ai l'impression d'avoir toujours connu cet endroit.

– Ça m'a fait la même chose quand je l'ai visité pour la première fois. Ça recommence à chaque fois que j'y entre, et c'est encore plus fort avec toi.

Nous nous embrassons en nous serrant, comme pour nous engloutir, et mon sexe vient se cogner contre son bassin, rendant encore plus concrète l'érection qui a débuté depuis que nous avons pénétré dans le hall. Léonie s'en rend compte.

– On dirait que le dîner et la visite te font de l'effet. Tu as envie de me montrer la chambre pour commencer ?

– J'ai mieux.

Je me détache de son corps et l'entraîne vers la pièce où je pense l'emmener. Nous nous arrêterons un moment dans celle-ci, si j'en crois mon sexe qui me presse de le libérer par des secousses de plus en plus fortes, presque douloureuses.

– Cette visite devient vraiment intéressante. Où m'emmènes-tu ?

– Tu vas voir.

La pièce qui nous attend, au fond du couloir du rez-de-chaussée, est dédiée au service de nos corps. Salle de massage, hammam, jacuzzi, elle est surtout faite pour le désir que nous avons l'un pour l'autre à cet instant. J'ai envie de toucher Léonie, longtemps, lentement, et si j'en crois ses gestes et son attitude, elle partage mon sentiment. Elle entre dans la pièce avant moi et en fait le tour. Je la regarde depuis la porte, attendant qu'elle choisisse l'endroit où elle voudra que l'on se retrouve. Elle s'arrête devant la table de massage, caresse les serviettes, que je sais douces et chaudes, et me fixe, remplie du plaisir futur qu'elle vient de projeter sur cette couche pleine de promesses.

– J'aimerais bien que des mains musclées s'occupent de moi.

– J'avais exactement la même idée.

Sans me quitter des yeux, elle se met totalement nue et s'allonge sur le ventre en tournant la tête vers moi.

– J'attends. Il ne faudrait pas que le service laisse à désirer.

– En aucune façon.

Je me déshabille également pour libérer la force de mon sexe, qui s'est encore tendu à la vue de son corps nu, et je m'approche d'elle.

– Avec ou sans huile ?

– Avec, voyons !

Je vais chercher un flacon d'huile d'amande douce parmi tous ceux posés à côté de la table de massage. J'aime l'odeur et la sensation de ce liquide, et je commence à en verser quelques traits sur la colonne vertébrale de Léonie qui frissonne à son contact, même si l'huile est plus tiède que fraîche. Je suppose que c'est dû à l'excitation de ce qui va venir. Je m'arrête en haut de son bassin, laisse tomber quelques gouttes sur chaque fesse et glisse le reste pour finir le long de chacune de ses cuisses. Le baume n'attend plus que mes caresses pour étendre sa douceur sur le corps de mon amour.

D'un geste vif mais sensuel, elle a basculé sa chevelure sur un côté de son visage laissant découvrir ses épaules et le haut de son dos. Je décide alors de répandre l'huile sur toute la surface par de petits mouvements ronds. Je commence par le creux du bassin et remonte jusqu'au cou. Puis, je saisis ses épaules avec un peu plus de force et glisse le long de son dos jusqu'à ses fesses fermes et rondes. Mes mains voyagent sur ses courbes. Je palpe ses cuisses, reviens sur chaque fesse, les écarte, laissant découvrir le début de sa toison et le rubis déjà luisant de son désir qui s'offre à moi quand Léonie ouvre légèrement les jambes sous la pression de mes mains. Un appui léger mais explicite a suffi à lui faire comprendre que j'étais prêt à poursuivre plus intimement mes caresses. Je passe à l'intérieur de ses cuisses et remonte doucement sur les chairs tendres qui viennent s'achever sur ses lèvres entrouvertes. Mon sexe est de plus en plus dur à chaque fois que mes mains l'explorent davantage et il vient parfois buter sur une cuisse ou un flanc suivant l'endroit où je me trouve, mon gland glissant sur la peau désormais luisante de Léonie. Je sens la chaleur de son corps se répandre dans le mien par le biais du contact de mes mains. Je continue mon mouvement lent et doux, allant un peu plus loin, écartant davantage son intimité en fonction de mes passages. Au bout de mes doigts, l'huile d'amande douce et la cyprine se confondent, et je m'introduis lentement dans le chemin qu'elles m'ont préparé. Léonie lâche un soupir sous la caresse et se cambre légèrement pendant que je me retire avant de revenir doucement. Après plusieurs va-et-vient de mes doigts, elle arrête mon geste, se retourne et s'allonge sur le dos.

– Il y a l'autre côté qui commence à être jaloux.

– Je le comprends. Il me manquait aussi.

Mes mains sont suffisamment huilées pour que je n'aie pas besoin de chercher un nouveau flacon, et je les pose sur le ventre de Léonie, l'une glissant vers ses seins, l'autre retrouvant le chemin de son entrejambe. Ma main est à peine assez grande pour contenir son sein en entier et en titiller le téton. Quant à l'autre, elle a repris là où elle s'était arrêtée, caressant le sexe de Léonie qui s'ouvre de plus en plus, aidé par le fait qu'elle a soulevé ses jambes et posé ses pieds sur la table, m'offrant ainsi un passage plus aisé vers son clitoris et son intimité. Dans cette position, mon sexe dressé est à la place idéale pour que Léonie le prenne dans sa main, ce qu'elle fait en me souriant, les yeux mi-clos par le plaisir que mes caresses lui procurent. Le contact soudain de sa main sur mon membre rigide depuis longtemps déjà me fait l'effet d'une délivrance. Tout mon corps sait désormais qu'il va pouvoir jouir et se libérer aussi sous les caresses. Nous restons ainsi un moment, trouvant le rythme commun qui nous guide vers notre plaisir mutuel. Léonie pousse un râle comme si elle était près d'un orgasme, mais elle resserre l'entrée de son sexe sur mes doigts et semble ainsi contrôler la venue de sa jouissance, puis elle se redresse sur un coude pour porter mon sexe à sa bouche. Sa langue me recouvre de milliers de petites décharges électriques qui m'obligent à arrêter mes caresses tellement je ne peux plus me concentrer sur autre chose. C'était certainement le but qu'elle recherchait, voulant suspendre son propre plaisir avant de le reprendre plus tard. Elle alterne les effleurements de sa langue avec des pressions plus appuyées, des succions qui gonflent ma verge encore davantage, avant de l'engloutir au fond de sa bouche. C'est à la fois violent et doux. J'ai l'impression de ne plus rien maîtriser et je me retiens de jouir à chacun de ses gestes. Au moment où elle sent que je suis presque incapable de me retenir, elle m'invite à changer de position :

– Viens, allonge-toi !

Léonie descend soudain de la table de massage pour me laisser la place. Une fois que je suis couché à mon tour, elle revient sur moi, se servant de tout son corps comme d'une main géante, huilée, capable de me caresser sur toute l'étendue offerte de ma peau en un seul mouvement. Elle glisse sur moi comme une vague, un serpent, un souffle de vent. Ses seins enserrent mon sexe, ses tétons effleurent mon torse et sa toison vient se frotter sur mes cuisses. Elle poursuit cette houle un moment avant de se redresser et de venir s'asseoir sur moi, les lèvres de son sexe entourant le mien sans qu'il puisse, pour l'instant, pénétrer dans l'orifice dont le passage, que je sens totalement humide, pourrait pourtant s'offrir sans aucune entrave à ma raideur. Mais elle en contrôle l'entrée et commence à me masturber ainsi, son bassin allant puis s'arrêtant à l'extrême limite de ma verge tendue, rendant impossible la pénétration mais la suggérant à chaque passage, repoussant à l'infini le désir. Puis, au moment où je m'y attends le moins et où l'extrémité de mon sexe n'est plus qu'un nerf à vif, Léonie se soulève légèrement dans un dernier allant et enfonce ma verge en elle d'un seul coup. C'est comme une brûlure bienfaisante qui m'inonde sans prévenir. Elle a posé les mains sur ma poitrine et garde mon sexe totalement englouti en lui infligeant une série de coups secs et précis qui va nous amener à une jouissance certaine. Ce n'est plus qu'une question de secondes. Je me laisse faire, accompagnant simplement ses gestes de coups de reins qui vont dans son sens. Elle s'allonge brusquement sur moi et je l'entoure de mes bras pendant que nos bouches se collent.

J'ai envie de rester ainsi une éternité, mais la tension devient presque insupportable. Nos corps totalement huilés ressemblent à une mécanique de précision que rien ne pourrait enrayer. L'odeur de Léonie et de l'amande se mêle à celle de notre sueur, s'y retrouve aussi la saveur un peu âcre du sexe qui transparaît à travers nos bouches et mes mains qui ont pénétré le sien et se diffuse à tous nos sens, nous excitant à chacun de ses effluves. Nous nous regardons, nous embrassons, nous devinant presque davantage que nous voyant tellement le plaisir nous emporte, mais nous restons néanmoins conscients, maîtres du jeu. Léonie ralentit un peu ses gestes.

– On fait durer encore un peu ?

– Oui.

Sa phrase et la suspension du mouvement ont bloqué l'orgasme au bord de mon sexe tendu en elle. Je retiens les ondes qui se propagent et qui tentent de faire sortir ma semence malgré moi. Léonie semble en entendre chaque écho en elle et embrasse mes lèvres comme si elle me picorait à chaque fois que le battement se fait sentir. Une fois qu'elle voit que j'ai repris le contrôle, elle recommence son va-et-vient. Je sais que je ne vais bientôt plus pouvoir me retenir. J'ai l'impression que ma verge est un membre autonome qui aurait pris le pouvoir sur tout le reste de mon corps, sur toutes mes émotions et mes envies. Léonie bouge une dernière fois en me serrant encore plus fort avec ses bras, ses jambes, son corps tout entier, et je me retrouve en fusion avec elle alors que le dernier choc de nos bassins nous emporte. Léonie tremble de tous ses membres au moment où je sens que mon sexe se laisse jaillir en elle par des secousses qui me semblent ne pas vouloir finir. Nous échangeons les derniers souffles de notre jouissance commune par la détente de nos corps qui se transforme petit à petit en tendresse, toujours l'un sur l'autre, l'un dans l'autre. Nous restons ainsi un long moment, puis un frisson de froid nous envahit, certainement dû à la légère perte de chaleur que nous nous donnons encore, mais qui ne vient plus de l'intérieur et laisse des parcelles de notre peau, celles qui ne sont pas collées à l'autre, exposées à l'atmosphère plus fraîche de la pièce. Ce souffle discret nous rappelle que nous sommes deux corps différents qu'il va falloir séparer. Léonie se redresse, mon sexe toujours en elle, bien qu'un peu moins dur.

– Il doit bien y avoir une douche dans cette maison. Chaude, j'espère !

– Très bonne question ! Réponse : je te montre tout de suite.

– Et tu la prends avec moi ?

– Tu vois quelqu'un d'autre dans le coin ?

Nous nous levons à toute vitesse pour retrouver la chaleur perdue, et j'amène Léonie jusqu'à la douche immense qui n'attendait que nous. C'est à la fois étrange et naturel de nous promener nus dans cet endroit qui est déjà le nôtre. L'eau coule du pommeau comme une pluie tropicale, et nous nous frottons pour enlever les restes de nos ébats. Notre intimité me touche et m'excite. Il y a quelque chose de profondément sensuel et beau dans l'abandon créé par le fait de prendre une douche en commun. Laver le corps de l'autre est un acte qui n'est pas anodin, et je me prends à désirer de nouveau Léonie, qui passe le savon sur mon sexe autant qu'elle le caresse. Je sens qu'elle a le même désir que moi de nous retrouver dans l'état où nous étions il y a quelques minutes à peine. Nos baisers reprennent, cette fois mêlés à l'eau qui ruisselle sur nos corps et à l'odeur du savon. Mon sexe, qui s'est un peu reposé depuis tout à l'heure, se redresse de plus belle sous les caresses de Léonie et le désir qui me reprend. Léonie se colle contre le mur de la douche, un peu à l'écart du jet, qui continue tout de même de couler sur nous mais moins fort, et prend ma tête dans ses mains pour la guider vers le bas de son corps. Je comprends ce qu'elle me demande et me laisse entraîner. Je descends donc accompagné par la pression de ses doigts. J'en profite au passage pour embrasser ses seins, son ventre, et me trouve à genoux devant son sexe. Elle a gardé les mains sur ma tête et se cambre contre le mur, écartant légèrement une jambe et levant l'autre pour poser son pied sur mon épaule, m'offrant ainsi l'accès à ses lèvres entrouvertes, encore chaudes de notre dernière union. J'y glisse alors entièrement ma langue, le plus profondément que je peux, aspirant au passage l'odeur de son entrejambe, goûtant le piquant et l'acidité de son sexe. Les mains de Léonie sur mon crâne m'invitent à continuer, à aller plus loin. Ma langue se fait dure et précise pour explorer son intimité, passant sur chaque recoin jusqu'à aller lécher le clitoris gonflé pour redescendre aussitôt dans ses profondeurs. J'ai décidé que mes mains ne me serviraient qu'à caresser ses fesses, soutenir ses jambes, glisser le long de son buste jusqu'à ses seins, mais que seule ma langue l'amènerait à la jouissance. J'appuie donc à chaque passage avec plus d'insistance. Léonie bouge légèrement son bassin pour me montrer les endroits où ma langue doit rester davantage. Petit à petit, son désir se fait plus pressant et je pose définitivement ma langue sur son clitoris, dans un appui ferme et léger, en commençant le mouvement qui la portera à l'orgasme. Je sens sa pointe durcir pendant qu'elle détache une main de ma tête pour venir écarter ses lèvres et offrir un peu plus de surface à la douceur de ma langue. Je garde le même rythme, vif, lancinant, infatigable, et Léonie gémit en me tirant les cheveux de la seule main qui les tient encore. Je sens une soudaine tension dans ses cuisses, un tremblement. Elle me donne des petits coups de bassin sur le visage pour accélérer le rythme de ma langue, puis elle se relâche soudain entièrement et jouit dans ma bouche qui continue à la lécher bien qu'elle tente de faire échapper son clitoris en feu de mes caresses en essayant d'écarter ma tête de son sexe.

– Arrête, arrête, c'est trop sensible !

Elle reprend pied sur ses deux jambes, et je me redresse pour l'embrasser, heureux de l'avoir emmenée vers l'orgasme. Elle me sourit, le regard embué, puis se retourne et s'offre de nouveau à moi. Je la pénètre immédiatement, debout. Notre jouissance vient plus rapidement que sur la table de massage mais avec, au bout, un orgasme aussi fort que le premier. Nous restons collés, fébriles, épuisés comme après une course, les muscles endoloris. L'eau a continué de couler sur nous pendant que nous faisions l'amour, et j'ai presque du mal à séparer la sensation de nos deux corps de la chaleur de l'eau qui se répand, comme si tout cela ne faisait qu'un seul et même bloc de plaisir.

Nous sortons de la douche, prêts à nous essuyer mutuellement, continuant nos caresses, quand Léonie arrête mon geste.

– On va se détendre dans le jacuzzi ?

– On était tendus, là ?

– Non, mais mieux vaut prévenir que guérir.

– Je suis d'accord. Il reste le sauna, sinon.

– Mmm… On verra si tu es encore en forme.

– Me provoque pas !

– Pourquoi pas ?

Léonie court se plonger dans le jacuzzi et je la rejoins presque au même moment. Je pense qu'elle n'aura pas besoin de me provoquer. J'ai envie d'elle à chaque seconde et je compte bien que ça dure au-delà de la première visite de notre maison, au-delà du temps où nos corps ne seront plus aussi jeunes. C'est possible ? On verra bien. On a le temps devant nous.

31
VOUS ÊTES ARRIVÉS À DESTINATION

Léonie

Me voici dans mon nouveau chez-moi, mais avec une énorme différence par rapport à mon premier appartement. Ici, c'est en fait un « chez-nous ». Il y a à peine une semaine que j'ai découvert cet endroit acheté par Jesse, que nous y avons fait l'amour pour la première fois et beaucoup recommencé depuis. Cet endroit que j'ai aimé tout de suite, que Jesse nous a offert mais qu'il m'a laissé le choix d'accepter, j'y suis bien. J'y ai apporté une bonne partie de mes affaires et ne suis pas trop retournée dans mon petit appartement au-dessus de chez mes parents. Pour l'instant, je ne l'ai pas entièrement vidé, ni abandonné totalement. Jesse le comprend. Je veux prendre le temps de le quitter, de lui dire au revoir comme on le fait avec des lieux qui ont été importants et qu'on sait qu'on ne reverra plus, ou en tout cas pas de la même manière. J'ai aimé habiter là-bas ; c'est une partie de ma vie et elle m'appartient. C'était un cocon, mais, étrangement, ici aussi c'est un cocon. On y est comme hors de la ville, ailleurs. C'est une bulle, mais suffisamment grande pour accueillir tout le monde sans que chacun ne gêne l'autre. C'est le rêve de Jesse. Il aimerait être entouré des gens qu'il aime, recréer sa famille qui a explosé un jour et que le hasard, aidé par des hackers, a reconstituée d'une autre manière. Pour l'instant, seule Mary viendra habiter avec Zoé dans une partie du second hôtel particulier alors que nous nous sommes installés dans le premier. Ça me va. J'ai envie de mieux la connaître et aussi de continuer à voir Zoé. Quant aux autres… Jesse leur a dit à tous qu'il y avait de la place pour eux ici. Nous verrons bien, mais je ne suis pas sûre de vouloir avoir mon père dans les parages, qui pourrait rejouer sa douce, aimante mais parfois pesante surveillance ! Ceci dit, il a changé lui aussi.

Aujourd'hui, nous avons organisé la « présentation officielle » du lieu. On dirait une garden-party à la Maison Blanche. On verrait apparaître une brochette de chefs d'État à côté de Barack Obama qu'on ne serait pas plus étonnés que ça. Il y a des tables dans le jardin, des tentes, des endroits où s'asseoir tranquillement. Tous les mets sont délicieux. Il faut dire qu'on n'a demandé aucune recette à tante Martha ! Jesse a tenu à ce que tout soit impeccable et il a pris le meilleur traiteur, mais j'ai voulu que ce soit convivial et un peu « à la bonne franquette » tout de même. J'ai donc demandé que le traiteur installe tout, mais que nous soyons entre nous ensuite. Pas de pingouins tendus comme des strings qui bougent comme des automates pour nous servir ! On est en famille et ça suffira.

Tout le monde est là, ou va bientôt arriver (Jenny est toujours en retard). Jesse a l'air heureux. Je suis heureuse et tous semblent heureux de nous voir heureux. Il n'y a plus qu'à boire et à manger ! Je m'approche de Jesse qui sert un verre à mes parents et qui leur réitère son invitation à vivre ici, s'ils le souhaitent.

– Vous êtes évidemment les bienvenus.

– Merci Jesse, mais nous sommes habitués à notre appartement, à notre quartier, et puis c'est un peu « chic » dans le coin.

– C'est sûr, papa ! Maman passerait inaperçue, mais toi… Avec ton vieux pull du dimanche et ton pantalon à trous !

– Je te signale que je ne sors pas avec, ma chère enfant, et j'ai croisé beaucoup de jeunes en venant ici qui ont une tenue similaire, qui doit d'ailleurs coûter les yeux de la tête, j'imagine.

– Des jeunes, papa, tu l'as dit, des jeunes ! Et les trous dans leur pantalon sont faits « exprès ». À prix d'or, effectivement.

– Ça me dépasse !

Jesse rit de bon cœur et pose une main sur l'épaule de mon père.

– Ne l'écoutez pas, Aldo, vous pourrez venir ici habillé comme vous le voulez. Même avec des piercings si l'idée vous prend un jour !

– JAMAIS !

Je les laisse échanger sur les évolutions futures du look grunge de mon père et entraîne maman un peu à l'écart.

– Tu en penses quoi, toi, maman ?

– Des piercings de ton père ?

Elle joue. Nous nous sourions.

– Pas seulement, de tout ça : la maison, moi ici, Jesse qui

voudrait vous y installer aussi…

– La même chose que toi.

– C'est merveilleux, mais…

– … c'est votre lieu à toi et à Jesse…

– … et il n'est pas question…

– … que ton père et moi venions nous installer avec un jeune couple.

Nous éclatons de rire.

– Papa est d'accord ?

– C'est lui qui me l'a dit le premier, mais rien n'est figé. Il y a assez de place ici pour que l'on passe de temps en temps. Et puis on viendra garder vos enfants, ça évitera la gouvernante !

– Ah ! Ne me parle pas de gouvernante !

– Elle t'a bien servi la dernière que tu as vue, non ? Même si elle était « fausse »…

– Exact ! Autant ne pas recommencer avec une vraie, encore que… Je pense que j'en paierai une que je laisserai dans le garage juste pour installer les cosys. Quant aux enfants… Jesse pense déjà leur laisser le dernier étage. Vu la taille du lieu, il doit me voir en poule pondeuse.

Maman ne répond pas tout de suite et me lance une de ses mines que je suis seule à comprendre, une de celles qui m'invitent à déballer mon sac. Elle me le confirme d'ailleurs.

– Je ne pense pas que Jesse te prenne pour une poule. Tu sais, tu es radieuse ma chérie, mais je sens que tu es aussi inquiète, non ?

– Un peu.

– Tu doutes ?

– Pas de Jesse, ni de notre amour, mais de ma place dans tout ça, même si tout ce qui se passe me rassure chaque jour. Il s'est tellement révélé. En bien. Et moi aussi j'ai changé, je le sais.

– Mais tu ne t'es pas trahie.

– Non, je ne pense pas.

Je prends un temps pour réfléchir. J'ai toujours foncé comme un de ces bolides que je conduis, jamais contente, sûre de ce que je pensais, mais peut-être pour ne pas me confronter directement à des choses qui m'effrayaient, tout en m'attirant. Puis, tout à coup, je tombe sur l'homme parfait, l'histoire idéale.

– C'est presque trop beau, maman. Je crois que je ne veux rien perdre, ni ce que j'étais avant, ni ce que tout ça pourrait être, et du coup, ça m'angoisse parfois.

– Pourquoi tu n'essaies pas simplement de vivre chaque instant ? S'engager, c'est aussi redéfinir chaque jour à quoi on s'engage. Ça fait plus de trente ans que l'on fait ça avec ton père et, ma foi, ça ne marche pas si mal, même si nous ne sommes plus les deux tourtereaux qui se sont rencontrés il y a bien longtemps. Nous avons su vieillir ensemble en prenant le même chemin. Ça ne veut pas dire qu'on regarde tout le temps les mêmes choses, ni qu'on marche au même pas. C'est simplement qu'on veut faire la même route, et on s'interroge à chaque carrefour pour savoir si c'est toujours la même.

– Encore maintenant ?

– Encore maintenant. Sinon, ce ne serait pas « notre » voyage.

Maman a raison. Je savais tout ce qu'elle vient de me dire,

mais j'avais besoin de l'entendre.

– Merci maman. Tu sais que Jenny pense un peu comme toi. Je ne l'avais jamais remarqué, mais ça crève les yeux.

Maman me fait son petit rire sautillant.

– Eh bien, tiens, quand on parle de la louve !

Effectivement, Jenny apparaît, main dans la main avec une fille que je ne connais pas. Je ne sais pas pourquoi, mais la scène me donne un petit pincement au cœur. Je ne savais pas que Jenny avait une amie si proche à part moi, au point de l'emmener ici et de lui tenir la main. La fille est très belle, de surcroît.

– Léonie ! Clara ! C'est magique ici !

– Bonjour Jenny. Bonjour mademoiselle. Je vous laisse, les filles, ton père va me chercher dans dix secondes, tu vas voir, et je préfère devancer. On se voit plus tard.

Maman s'éloigne. Elle a compris que ce nouveau binôme m'interrogeait un peu et me laisse avec Jenny, qui a l'air métamorphosé, et sa nouvelle amie.

– À tout à l'heure Clara ! Muriel, je te présente Léonie dont je t'ai parlé : ma meilleure amie.

– Enchantée Léonie. Jenny est un peu en dessous de la vérité. À dire vrai, elle parle de toi tout le temps et je suis ravie de te connaître.

Jenny rougit, et ça ne lui arrive quasiment jamais.

Il y a anguille sous roche.

– Les amies de Jenny sont mes amies. Vous vous êtes rencontrées comment ?

– À une soirée. Ça a été le coup de foudre immédiat.

Le regard qu'elles se jettent en même temps ne laisse planer aucun doute.

– Le coup de foudre ? J'ai bien compris ? Vous êtes ensemble ?

– Oui.

Le « oui » de Jenny est doux et profond, impliqué et timide. Elle ne m'a jamais sorti un oui comme ça pour aucun homme.

– Jenny ??! Excuse-moi Muriel, mais je connais Jenny depuis qu'on est gosses et elle était plutôt axée sur le masculin jusque-là !

– Je sais.

Je me tourne de nouveau vers Jenny après la réponse laconique mais sincère de Muriel.

– Alors ça, c'est la meilleure ! Tu m'as toujours surprise, mais là, je dois dire que je ne m'y attendais pas du tout.

– Moi non plus.

Jenny semble sincère aussi, et épanouie. Décidément, le monde s'est retourné comme un gant depuis quelques jours. Nous nous dirigeons toutes les trois vers une table remplie de verres de champagne où se trouvent déjà Maxwell et Henry. Je présente tous ceux qui ne se connaissent pas. Maxwell, en bon psy, fait des liens.

– Jenny… Oui, j'ai entendu parler de vous par Henry que vous avez « rencontré » un jour à l'hôtel. Je suis son frère, comme vous le constatez. Vous êtes au courant du quiproquo avec Léonie ?

Il se tourne vers Muriel pour lui expliquer.

– Elle croyait qu'Henry était homosexuel et trompait Eva, sa femme, avec des hommes parce qu'elle m'avait vu embrasser mon compagnon.

Muriel répond du tac au tac.

– Eh bien, ça ne pourra pas arriver avec Jenny et moi. À

ma connaissance, aucune de nous deux n'a de jumelle !

Je vois l'œil de Maxwell qui s'allume. J'ai déjà aperçu cette lueur une fois, à mes dépens, et je sens qu'il a envie d'en savoir plus.

– Ah ! Vous êtes ensemble. Jenny a donc… Mmm, mmm… Intéressant ! Mais dites-moi…

Et le Dr Freud se jette sur le cas « Jenny ». Je les laisse s'amuser un peu pour retrouver Jesse. Il est avec Mary, Zoé et Simon. Je m'approche mais pas besoin d'être très près pour constater que Simon a entamé une danse du ventre devant Mary.

– Je vais reprendre la direction du garage et on va certainement discuter d'un partenariat avec Jesse. Je crois que tu vas travailler avec lui aussi ?

Mary sourit. Elle n'est pas dupe de la lambada un peu foireuse de Simon, mais il semble décidément l'intéresser. Il faudra qu'ils prennent le temps de se connaître mieux, ces deux-là.

– Oui. Jesse m'a demandé de rentrer dans sa société. On va donc être amenés à se voir plus souvent si vous devenez partenaires.

La réponse de Mary a gonflé Simon à l'hélium. D'un coup, ses pieds se sont décollés du sol et il plane au-dessus de la pelouse, flottant comme un petit Amour ravi dans un tableau de la Renaissance. J'en connais un qui va nous demander rapidement d'emménager dans une des ailes du château, pas loin de la chambre de la « reine » Mary !

Simon se reprend quand il constate que Jesse et moi l'avons vu s'envoler.

– Ce sera avec plaisir. Je vais développer un nouveau pool

de chauffeurs de voitures de luxe, mais sans Léonie !

Je ne peux pas laisser passer ça.

– Dommage pour toi, tu aurais pu avoir au moins une personne qui sait conduire dans ta boîte !

– Je te rappelle que c'est une entreprise de conduite de milliardaires, pas une écurie de rallyes. Et puis, même si on devient partenaires, j'espère garder Jesse comme client parce qu'il n'a plus de chauffeur maintenant !

– C'est vrai.

Je ris jaune à la dernière phrase de Simon qui me rappelle que j'ai effectivement perdu un travail et que j'ai aussi un peu délaissé ma passion. Jesse se rend compte de mon changement d'humeur et me prend par le bras.

– Eh bien, justement, on vous laisse. Il faut qu'on parle avec Léonie.

– À tout à l'heure !

Simon, sourire aux lèvres, nous a déjà oubliés et recommence sa tentative de séduction à peine avons-nous le dos tourné. Jesse me serre contre lui et m'entraîne vers la petite maison où nous avions dîné la première fois, au calme, rien que tous les deux. Sur le parcours, nous croisons tante Martha, Akira, Henry et Eva en grande discussion. Visiblement, Martha essaie d'expliquer le tao à Henry. Dommage que je n'aie pas la tête à ça, ça a l'air épique !

– Le tao, c'est la Voie. Il faut chercher la Voie.

– Et vous la trouvez comment ?

– Non, non, le problème n'est pas de trouver, mais de prendre le chemin.

– Je n'y comprends rien. Si vous voulez prendre une voie, il faut bien savoir où vous la prenez, non ?

Martha me lance un œil malicieux quand nous passons. Je sens qu'elle a décidé de perdre un peu Henry sur les chemins de la Voie. Enfin, si je peux dire. Jesse et moi poursuivons le nôtre jusqu'à l'entrée de la maison. Nous nous asseyons sur les marches du vieux perron pour échanger un baiser.

– Ça va Léonie ?

– Oui. Je suis bien.

– Mais ?

Nous sommes assez complices désormais pour qu'il sente quand quelque chose me chiffonne, et j'ai assez confiance en lui pour ne pas transformer ça en agressivité.

– Comme dit Simon, je ne suis plus chauffeur… et j'ai laissé tomber ce qui me plaît le plus.

– Il y a quelque chose qui te plaît plus que moi ?

Il a son sourire de chat qui me taquine.

– Je ne vois pas… À part le cinéma, la littérature, le sport, la danse, Jenny, mes parents, les voitures…

– OK, OK, n'en jette plus.

Nous rions, enlacés.

– Non, mais tu sais bien, avec tout ça, j'ai raté l'inscription au rallye que je voulais faire et ça fait des semaines que je ne m'entraîne plus.

– Il n'est peut-être pas trop tard.

– Bah, si…

– Tiens.

Jesse me tend un papier.

– Qu'est-ce que c'est ?

– Regarde.

Il y a deux feuilles. La première est un bulletin d'inscription pour le rallye ; la deuxième, un planning de conduite sur un circuit d'entraînement jusqu'à la date fatidique.

– Oh ! Jesse, tu as fait ça ? Tu y as pensé ? Mais comment ? Quand ?

– Disons que l'argent et les relations ont parfois du bon, et puis tout le retard que tu as pris est tout de même de ma faute. Je ne voulais pas que tu rates ce qui te tient le plus à cœur, à cause de moi.

Je me jette à son cou. Nous nous embrassons. Jenny avait raison. Maman avait raison. Quand on aime quelqu'un, on veut qu'il soit lui-même au maximum. Jesse m'aime et je l'aime.

– Et ça me plairait que tu gagnes ce rallye. Je n'ai encore jamais épousé de championne.

– C'est une demande en mariage ?

Mon cœur s'est mis à battre tellement fort que j'ai l'impression qu'il va sortir de ma poitrine.

– Ça se pourrait, mais on va attendre les résultats de la course.

– Je vois… Mais si je suis championne, qui te dit que j'aurai envie d'épouser un milliardaire un peu trop sûr de lui ?

– C'est une bonne question ! Je répondrai : « Quand tu as trouvé un trésor, tu ne te préoccupes plus de l'apparence du coffre. »

– Hum, ce n'est pas très clair. De l'Akira Ozu ?

– Non, du Jesse Franklin !

– Ah ! Je comprends mieux.

J'ai le trésor, mais je vais quand même garder le coffre. Il n'est pas mal non plus !

Nos bouches se retrouvent, mêlant baisers, rires, goût de mes larmes de bonheur qui ont surgi malgré moi, emportée par l’émotion. Je sais que nous empruntons le même chemin et que nous allons le faire ensemble, longtemps. Je le veux, et lui aussi. Et ce sera sans boussole, mais avec notre amour comme guide.

En route pour la nouvelle vie !

FIN

Extrait

LE BÉBÉ, MON MILLIARDAIRE ET MOI

Rose M. Becker

1

LA CHANCE DE MA VIE

D'abord un crachotement. Puis une grosse toux. Non, non, dites-moi que ce n'est pas vrai ! Les deux mains agrippées au volant, je vois une fumée blanche s'élever du capot de ma voiture. Pas maintenant ! Pas aujourd'hui ! Une odeur de brûlé chatouille mes narines et mes yeux me piquent. Pas en plein milieu de la circulation ! Avec un gémissement, j'écrase désespérément la pédale de l'accélérateur.

– Avance !

Je suis presque debout sur mon siège.

– Avance, vieux tas de ferraille !

Au prix de gros efforts, mon tacot s'extrait péniblement de la circulation et se traîne le long du trottoir tandis qu'un conducteur me dépasse en klaxonnant. Super. Comme si j'avais besoin de ça ce matin. Pile le jour où je passe l'entretien d'embauche le plus important de ma vie.

– Merde !

Sur le côté, un flot ininterrompu de véhicules frôle ma vieille guimbarde. À 8 heures du matin, les embouteillages paralysent déjà la ville et je ne peux pas rester au milieu du trafic. Je crois que je ne m'habituerai jamais à la circulation new-yorkaise. Quand soudain, mon moteur s'éteint dans un gros gargouillis. Cédant au désespoir, je tourne à dix reprises la clé de contact.

La vache. Qu'est-ce que je suis supposée faire ?

– S'il vous plaît, pas aujourd'hui. Pitié, pitié, pitié. Il me FAUT ce job. J'en ai besoin. Vous comprenez ? Si vous m'entendez là-haut…

Apparemment, il n'y a personne au bout du fil car le nuage de fumée s'épaissit, obstruant ma vue.

– Noooooon !

Je pousse un cri déchirant – et un poil ridicule, aussi. Puis je pars dans un fou rire nerveux. Un vrai rire de folle. Sur le trottoir, les passants me jettent des regards consternés mais c'est plus fort que moi : je ne peux pas m'arrêter. Mieux vaut rire que pleurer, non ? Car pour la première fois depuis des semaines, je suis convoquée à un entretien d'embauche. Et pas n'importe où ! Au siège de Stevenson Inc., la plus célèbre agence de pub des États-Unis. C'est la chance de ma vie et cette place d'assistante est pour moi.

Allez, c'est le moment de se reprendre. À la volée, j'attrape mon sac à main et mon grand carton à dessins, posés sur le siège passager. Tant pis pour la voiture. La fourrière n'aura qu'à l'embarquer – même si je n'ai pas les moyens de payer l'amende… D'un seul coup, je me jette dans la circulation. Je ne raterais mon rendez-vous pour rien au monde. Et l'air toujours aussi cinglé, je me précipite au milieu des voitures qui foncent sur l'avenue, les bras en V au-dessus de la tête.

– Hep ! Hep !

Un premier taxi me dépasse. Comprendre : il manque de me renverser dans le caniveau. Un peu secouée, je ne renonce pas pour autant et juchée sur mes chaussures à talons neuves qui réduisent mes pieds en bouillie, je repère un nouveau *yellow cab*.

Celui-là, il est pour moi !

Quand tout à coup, un grand type blond surgit sur le trottoir d'en face. D'un petit signe de la main, il interpelle MON taxi… qui s'arrête devant LUI. Quoi ?!! Je m'agite comme un épouvantail pour attirer l'attention du chauffeur, et lui, il n'a qu'à claquer des doigts pour monter ? Je rêve ! Malgré mes orteils tordus, je m'élance vers la voiture en clopinant, mon grand carton à dessins sous le bras.

– Eh !

Déjà, l'inconnu ouvre la portière.

– Eh, vous ! Je…

Je reste sans voix. Parce qu'il vient de relever la tête. Mon voleur de taxi. Dans ma poitrine, mon cœur s'arrête de battre – à moins que ce ne soit le temps qui s'arrête de défiler ? Jamais je n'ai croisé des yeux pareils. Bleu sombre. Bleu tempête. Comme le fond de l'océan quand il est en colère. Je déglutis avec peine, une main sur l'autre portière du taxi, mon carton coincé sous l'aisselle dans mon tailleur gris froissé. Cet homme… il est tellement beau que je ne trouve rien à dire. Je me contente de le fixer, les yeux ronds. Il a la beauté mâle, nordique, presque guerrière. Des cheveux blond foncé qui retombent sur sa nuque. Des lèvres parfaitement dessinées qui s'étirent en un sourire amusé. Un nez fin, avec une mystérieuse petite cicatrice sur l'arête. Une mâchoire virile, carrée. Et des épaules solides sous l'impeccable veste d'un élégant costume de luxe.

– Je…

Je… je… « je » quoi, au fait ?

– Un problème ?

Mes jambes flageolent. Il a une voix chaude et grave… une voix à vous donner la chair de poule. Il me dévisage en silence, son attaché-case en cuir noir dans une main, prêt à s'engouffrer dans la voiture. Et soudain, ça fait « tilt ». Le taxi. L'entretien d'embauche. La chance de ma vie.

Ressaisis-toi, Kate !

– Un gros problème, oui ! Vous êtes en train de monter dans mon taxi.

– Votre taxi ?

Il sourit de plus belle. Je ne vois vraiment pas pourquoi. Puis il se penche pour examiner les ailes du véhicule.

– Je ne vois votre nom écrit nulle part, mademoiselle.

Oh… même sa façon de dire « mademoiselle » est sexy. Même sa pomme d'Adam, à peine proéminente, est sexy.

Non, stop ! Reprends-toi tout de suite !

– Je l'ai vu avant vous.

– Vraiment ? Et vous avez des preuves ?

– Pardon ?

J'en reste coite alors qu'il me sourit, irrésistible. En temps ordinaire, j'aurais sans doute battu en retraite et attendu le taxi suivant… mais pas aujourd'hui. J'ai trop besoin de cette place d'assistante au service communication et marketing.

– C'est mon taxi, point final ! Je n'ai pas le temps de pinailler, dis-je en ouvrant la portière pour m'engouffrer à l'intérieur.

Seul petit hic : il m'imite et se glisse sur la banquette avec une souplesse nonchalante, répandant une bouffée de son parfum. J'en ai la tête qui tourne et au moment où nos genoux se frôlent, je sens une petite étincelle, comme si un courant électrique circulait entre nous. C'est presque douloureux. Interloqué, il relève la tête et nos regards se croisent.

– J'ai besoin de ce taxi. Un besoin vital, fais-je d'une voix blanche.

Il me regarde comme personne ne m'a jamais regardée. Intensément. Réellement. En fait, j'ai l'impression d'être regardée pour la première fois.

– Moi aussi, mademoiselle. J'ai une réunion urgente à 8 h 30, me répond-il avec un calme imperturbable.

Cette tension insupportable. Cette chaleur suffocante. Il se passe quelque chose, quelque chose d'inexplicable. Je le sens au plus profond de moi. Je retiens mon souffle alors qu'il garde le silence, me scrutant de son regard bleu arctique.

– Vous vous décidez ? fait le chauffeur, en nous jetant un coup d'œil torve dans le rétroviseur.

Et la magie se brise. Tirée d'un rêve, je me racle la gorge et mon bel inconnu détourne la tête. Serrant mon carton à dessins contre moi, je relève le menton avant de lâcher, magnanime :

– On n'a qu'à partager ce taxi…

D'un sourire, il dévoile une impeccable rangée de dents blanches qui me rappelle un loup. J'en frissonne.

– Vous m'avez l'air d'une femme qui sait ce qu'elle veut.

– Oui… et je veux ce taxi. Alors soit vous allez dans ma direction et vous restez… soit vous descendez tout de suite.

– Très bien. Je suis votre otage donc.

Je rougis comme une pivoine alors qu'il me dévisage, malicieux. Avalant ma salive de travers, je donne l'adresse de mon rendez-vous au chauffeur.

– Stevenson Inc., sur la 9e Avenue.

À côté de moi, mon mystérieux otage se raidit et me regarde intensément, les sourcils froncés. C'est un regard si lourd, si profond… que je plonge tête la première dans mon sac. J'ai désespérément besoin de m'occuper les mains. Mais mon bel inconnu ne semble pas décider à en rester là.

– Serait-il indiscret de vous demander pourquoi vous teniez tant à monter dans ce taxi ?

– J'ai un entretien super important, dis-je en sortant ma trousse à maquillage. Je dois absolument décrocher ce job d'assistante. Et je suis déjà en retard d'une demi-heure. Ma voiture m'a lâchée en plein milieu du boulevard.

Dégainant mon rouge à lèvres, je l'applique en vitesse à l'aide du minuscule miroir de mon poudrier. Dire que j'étais partie en avance justement pour éviter les embouteillages et me pomponner sur place. J'applique une dernière touche de rouge… quand le conducteur donne un grand coup de frein.

– C'est pas vrai ! beugle-t-il en klaxonnant un piéton suicidaire. Quel crétin !

Ouais. Je pourrais en dire autant de lui.

Une longue traînée de rouge à lèvres groseille zèbre maintenant ma figure, me donnant des faux airs de clown *serial killer*. J'étouffe un juron alors que mon voisin éclate d'un rire rauque et outrageusement sexy.

– Vous auriez dû attendre d'être arrivée.

Je n'ai pas le temps de répliquer, encore moins de réagir. Déjà, il sort un mouchoir en papier de sa poche et se penche vers moi.

– Vous permettez ?

Je ne prononce pas un mot – je n'en ai plus la force. Prise dans son aura, je sens toute énergie me quitter. Et tandis qu'il essuie délicatement mon barbouillage, je réprime un long frisson au contact de ses doigts. Puis je ferme les paupières, hypnotisée. Pourvu qu'il n'entende pas les battements affolés de mon cœur…

– Voilà. Vous êtes parfaite.

Je rouvre les yeux avec un train de retard. Comme si j'attendais autre chose. Comme si j'espérais plus. Mais il y a déjà longtemps qu'il a repris sa place sur la banquette et qu'il m'observe d'un air amusé. A-t-il lu dans mes pensées ? J'espère que non mais ma peau s'enflamme. Je ne suis plus rouge, je suis cramoisie. Et alors que notre taxi s'arrête à un énième feu rouge, je me maudis.

Mais pourquoi, pourquoi suis-je montée dans cette satanée voiture ??!

***

Ils sont tous là, entassés en rang d'oignons dans la salle d'attente qui jouxte le bureau de Joan Brookes, la directrice du service communication et marketing de Stevenson Inc. La dernière arrivée, je m'assois dans un coin, encombrée par mon carton à dessins. De toute manière, il ne reste plus qu'une seule place au bout d'une banquette. Je ne pensais pas que nous serions si nombreux. Je compte au moins une quinzaine de candidats et tire sur la veste de mon tailleur-jupe terne et fripé. Tous portent des vêtements de luxe. Du coin de l'œil, je repère le chemisier en soie corail d'une jolie brune et les stilettos Jimmy Choo d'une grande blonde. Rabattant mes jambes en arrière, je tente de planquer mes chaussures en similicuir noir achetées en soldes chez Macy's. Il flotte dans l'air une sorte de tension électrique, comme s'ils allaient tous se sauter à la gorge. Et à côté de moi, deux types parlent à mi-voix :

– J'ai suivi mon cursus à Brown.

– Ma petite sœur étudie le droit là-bas. Moi, j'ai préféré goûter au soleil de la Californie et profiter du campus de Berkeley.

Brown. Berkeley. Apparemment, ils viennent tous des plus prestigieuses universités du pays.

– Et vous ? me demande mon voisin. Vous venez d'où ?

– Moi… euh… J'ai été à l'université de New York.

Petit silence gêné. Puis les deux types reprennent leur conversation comme si je n'existais pas.

Mais où suis-je tombée ? En enfer ?!?

Désolée par ma réponse, une fille me jette un regard plein de commisération. Une autre me toise avec mépris – la fameuse blonde avec des chaussures de créateur.

– J'ai effectué un stage de six mois chez Publicis à Paris.

N'écoute pas, Kate. Bouche-toi les oreilles.

– Publicis ? Pas mal. Moi, j'ai d'abord travaillé au service publicité d'Apple avant d'être débauchée par Saatchi & Saatchi. Mais je vendrais mon âme au diable pour un poste chez Stevenson Inc.

La, la, la, la, la, la, la, la, la, la… J'entends rien !

– Tu parles le portugais couramment ? demande un grand échalas roux près de la porte. À cause du marché brésilien, je suppose ?

– Tout à fait. Et j'ai aussi appris le russe et le mandarin dans la foulée. Ce sont les bases.

– À qui le dis-tu ? Tout le monde parle ces langues dans le milieu de la pub. Les Russes et les Chinois sont devenus nos plus importants clients.

– J'ai aussi appris l'hindi et le tamoul ! s'exclame une petite brune à lunettes. Je veux pouvoir traiter avec l'Inde. C'est la grande puissance de demain.

Et pourquoi pas le grec ancien, hein ?

Cachée derrière mon carton et mon sac, je me recroqueville dans un angle. Je ne parle qu'anglais, j'ai décroché mon master dans une université publique payée grâce à mes petits boulots au fast-food et je n'ai pas effectué de stage dans une agence célèbre. J'ai soudain très envie de prendre la fuite. Je n'ai clairement pas le niveau et j'ai peur de me ridiculiser durant l'entretien.

Pile à cet instant, une petite sonnerie retentit au fond de ma poche. Posant mon barda, je m'empare de mon téléphone sous les regards réprobateurs des autres. Apparemment, les portables sont interdits. Ce qui ne m'empêche pas de consulter l'écran en catimini.

[Sam dort comme un loir. RAS à la maison. Je ne te dis pas bonne chance : ça porte la poisse. Alors… m**** !]

Je souris. Comment ma meilleure amie a-t-elle deviné que j'avais besoin d'un petit coup de pouce ? Julia sait toujours comment me remonter le moral. Un instant, je l'imagine en train de veiller Sam près de son petit lit à barreaux. Je n'ai pas le droit d'abandonner. Je dois rester pour lui, pour mon neveu. À la mort de ma demi-sœur, j'ai obtenu sa garde provisoire et j'ai juré de veiller sur lui. Et puis, je dois aussi rester pour une raison nettement plus prosaïque. Comment oublier M. Murphy, le propriétaire de notre appartement qui nous harcèle à cause des loyers impayés ? Depuis trois mois, Julia et moi n'avons plus les moyens de régler les factures de notre colocation.

Je me mords les lèvres. Non, je ne peux pas m'en aller. Ce job, je le veux… et j'en ai plus besoin que cette bande d'Einstein en vestes Armani ! Quand un bourdonnement me tire de mes pensées. Ou plutôt, une rumeur de voix. En face de moi, une fille plaque une main sur sa bouche, surexcitée. Et tous les regards convergent vers le couloir. Imitant les autres, je le vois à mon tour. Lui. Le type du taxi. Le grand blond sexy qui a partagé ma voiture.

– Il est là !

– Je ne pensais pas qu'on le verrait aujourd'hui.

– Il est encore plus impressionnant que dans les journaux.

Mon bel inconnu parle avec une femme d'une cinquantaine d'années qui pianote à toute allure sur un écran tactile en prenant des notes. Moi, je n'entends plus rien ni personne. Soudain, le monde tourne au ralenti… peut-être parce qu'il vient de relever la tête ? Peut-être parce que nos regards se croisent ? Peut-être parce qu'il me sourit ? Et peut-être aussi parce qu'il m'a débarbouillé la figure il n'y a pas une heure ? Je ne suis plus dans cette salle, parmi tous ces concurrents trop intelligents. Il n'y a plus que lui et moi… et ce courant magnétique entre nous. Du moins, jusqu'à ce que mon voisin me ramène à la réalité.

– Vous le connaissez ?

– Qui ça ?

Je ne me suis tournée qu'une seconde… mais mon bel étranger en a profité pour disparaître. Aussitôt, la tension se dissipe dans la pièce et toutes les filles soupirent en chœur, comme après le passage d'une rock star. L'une d'entre elles s'évente même avec la plaquette de l'agence.

– J'ai bien vu qu'il vous regardait, insiste mon voisin.

– Vous parlez du grand blond ? Oh… on s'est croisés dans la rue. Pourquoi ? Vous le connaissez ?

L'ancien étudiant de Brown me regarde comme si je débarquais d'une autre planète. J'ai la curieuse impression qu'il me prend pour une attardée.

– Vous plaisantez ?

Je secoue la tête. Et mon concurrent lâche dans un rire sec :

– C'est Will Stevenson.

Oh mon Dieu !

Will Stevenson ? Comme dans… Stevenson Inc. ?

***

Après trois heures d'attente, une femme entre deux âges s'approche de moi. À midi passé, je suis seule dans la salle et mon estomac crie famine… Mais dernière arrivée, je suis la dernière à passer. Tout ça à cause de cette fichue voiture ! La secrétaire me fait signe de la suivre dans le couloir. Bizarre. Tous les autres candidats ont rencontré Joan Brookes dans le bureau situé à gauche. Mon estomac se noue et au moment où la secrétaire ouvre la porte du fond, je glisse sur le parquet… La faute à ces maudites chaussures bon marché !

– Oups, je…

Je me rattrape de justesse à une console en verre tandis qu'un rire s'élève, familier. Désespérément familier. Mon cœur manque une dizaine de battements.

Oh, non ! Dites-moi que je rêve !

Derrière un immense bureau en acajou, un fauteuil à haut dossier de cuir pivote… et Will Stevenson apparaît face à moi. L'homme du taxi. Ou plutôt devrais-je dire le patron et créateur de l'agence de pub Stevenson Inc. ?

– Votre vie est toujours aussi mouvementée ou vous jouez de malchance aujourd'hui ? me demande-t-il de sa voix si particulière, à la fois chaude et grave.

Je me liquéfie sur place. Je voudrais mourir de honte. Tout de suite. Terrassée par la foudre.

– Mlle Marlowe, annonce la secrétaire d'un ton neutre.

– Merci, Linda. Laissez-nous.

Plus discrète qu'une souris, celle-ci disparaît, me laissant seule avec le big boss de l'entreprise. Oh ! Seigneur ! Il est encore plus beau que dans la rue. Assis derrière sa table de travail, il semble dominer New York : la ville s'étend à ses pieds à travers la grande baie vitrée qui couvre toute une cloison de la pièce. J'en ai presque le vertige. À cause de la hauteur. Ou de lui.

– Prenez place, mademoiselle Marlowe.

Je reste figée sur place, plantée comme une idiote.

– Je vous en prie.

Reprenant enfin vie, je m'assois timidement dans l'un des deux fauteuils en face de lui. Je m'accroche si fort à mon carton à dessins que mes jointures blanchissent. Pourquoi ne suis-je pas reçue par Joan Brookes ? Que fais-je dans le bureau de Will Stevenson *himself* ? Normalement, aucun PDG ne s'occupe de l'entretien d'embauche d'une petite assistante. Il me transperce de son regard bleu arctique et je me tasse sur mon siège.

– Nous nous sommes déjà rencontrés, tous les deux.

Je rougis comme une pivoine. Pas la foudre, non. Je préférerais disparaître. Devenir invisible. Right now.

– Vous êtes la voleuse de taxi.

– Quoi ? dis-je, outrée. C'est vous qui avez essayé de…

Et soudain, je m'interromps. Ce n'est pas le moment de monter sur mes grands chevaux. D'autant qu'il me sourit, amusé par ma réaction disproportionnée. Je respire un bon coup. C'est lui, le patron, ici. C'est lui qui tient mon avenir entre ses mains.

– Je suis désolée pour ce matin.

– Non, ne gâchez pas tout en vous excusant.

Un ange passe. Et au bout d'une minute, il ajoute :

– Joan a refusé de vous voir.

– Pardon ? fais-je, sous le choc.

– Mme Brookes avait une réunion importante à midi et elle ne supporte pas le manque de ponctualité. Pour elle, une personne incapable d'arriver à l'heure à son entretien d'embauche ne vaut pas la peine d'être reçue.

– Mais… c'est à cause de…

– À vrai dire, je ne lui donne pas tort. Mais j'ai tout de même insisté pour vous laisser une chance de vous rattraper.

Je dois me pincer pour y croire. Will Stevenson, le milliardaire à l'origine des campagnes de pub les plus percutantes et novatrices des dernières années, accepte de me recevoir en tête à tête. Je blêmis. Puis, du bout des lèvres :

– Pourquoi ?

Son regard me transperce. Et l'espace d'un instant, j'ai l'impression qu'il me sonde jusqu'à l'âme. Une étrange chaleur se répand au creux de mon ventre. À nouveau, la tension est palpable.

– Parce que vous allez me prouver que vous en valez la peine.

Il se rejette dans son fauteuil, en faisant craquer le cuir de son dossier. Et, croisant tranquillement les mains, il attend.

– Allez-y, mademoiselle Marlowe. Vendez-vous.

Me… me vendre ?

J'écarquille les yeux. Cette fois, on ne plaisante plus. C'est au grand patron que je m'adresse… et plus au mystérieux inconnu du taxi. En une seconde, toute sa physionomie change, comme s'il se figeait, comme si ses traits durcissaient. Son regard océan s'assombrit et il m'observe avec des airs de fauve guettant sa proie.

– Vous voulez réussir dans la publicité, n'est-ce pas ? Alors vendez-vous comme vous vendriez le produit d'un de mes clients. Je vous écoute.

Je suis en nage. En fait, je m'étonne de ne pas voir apparaître une grosse flaque d'eau autour de mon siège. Je suis nulle à ce petit jeu. Durant mes études, j'ai toujours brillé grâce à mon imagination, ma créativité… mais je n'ai jamais été une bonne commerciale. Surtout, je n'ai pas assez confiance en moi pour vanter correctement mes mérites. J'essaie pourtant de garder mon calme.

– Eh bien, je… j'ai obtenu un master pro en marketing, publicité et communication à l'université de New York.

– Tic tac, tic tac.

Will Stevenson tapote sa montre du doigt. J'en ai des sueurs froides.

– J'ai décroché la mention très bien pour mon projet de fin d'année. J'avais imaginé une publicité pour une lessive écologique et…

Renversé dans son fauteuil, il simule un bâillement sonore.

– Je suis un consommateur devant ma télévision, Kate. Et en ce moment, je suis en train de m'endormir.

Je me tortille, au comble du malaise. Je voudrais être n'importe où, mais ailleurs !

– Je… Je…

Et voilà ! C'est trop tard. Dès que je commence à bafouiller, tout est perdu. Le regard du PDG ne me quitte pas et j'aimerais rentrer sous terre, me cacher au fond d'un terrier.

– J'ai effectué mon stage dans l'agence de pub McConroy où j'ai participé à la création d'une stratégie de marketing viral pour…

– Stop !

La voix rude du PDG résonne dans toute la pièce, imposant le silence. Habitué à donner des ordres et à être obéi, il m'impose sans peine son autorité. D'autant que je suis au bord des larmes. J'ai été pire que tout. Pire que nulle. Et le grand patron pousse un profond soupir en se redressant dans son fauteuil. C'est fou ce qu'il en impose. Je suis obligée de baisser les paupières pour échapper à son regard.

– Votre temps de parole est écoulé. Savez-vous qu'à l'antenne, vous avez moins de vingt secondes pour capter l'attention des spectateurs ? Et j'ai été généreux : je vous ai donné trois minutes.

Je ne réponds rien.

– Je suis désolé, mademoiselle Marlowe. Mais vous n'avez ni le profil ni les nerfs pour ce travail.

Je me lève en silence. C'est fini. Je viens d'échouer lamentablement. Lui m'observe pendant que je rassemble mes affaires. Quand je l'entends marmonner dans sa barbe :

– J'ai du mal à reconnaître la femme du taxi dans cette petite étudiante terrifiée.

Une énorme boule se forme dans ma gorge. Je lui tourne le dos, prête à regagner la sortie… puis je me fige au milieu de l'immense salle décorée avec des tableaux de maître et des bibelots précieux. Non, je ne peux pas partir comme ça. Sam compte sur moi. Julia aussi. Et moi ? Pourrais-je me regarder dans une glace si je ne tente rien de plus ? J'ai conscience d'avoir gaspillé ma seule chance, mais je veux au moins partir en beauté. J'inspire profondément et fais volte-face.

– Vous avez raison, monsieur Stevenson. Sur le papier, je n'ai certainement pas le bon profil. Je n'ai que 23 ans, je ne parle pas le grec ancien, je ne suis pas diplômée d'une grande université et je n'ai pas fait de stage dans une prestigieuse agence. En gros, je n'ai rien pour plaire !

Posant mon carton à dessins, je l'ouvre sur son bureau, recouvrant tous ses dossiers sans la moindre gêne. Will Stevenson me contemple sans un mot tandis que j'étale tous les dessins humoristiques et les story-boards imaginés au fil des années pour diverses publicités.

– Mais j'ai une imagination hors du commun et je suis capable de vous trouver un slogan en moins de trente secondes. Je suis intuitive, créative, ingénieuse… et j'ai aussi un sacré coup de crayon. Je suis différente de tous les candidats que vous rencontrerez, parce que je ressemble à votre public, à tous ces spectateurs pour qui vous créez vos publicités. Je les comprends parce que je les connais. Je n'ai pas non plus peur de travailler et de me mouiller. Alors oui, je suis une débutante, mais je ne demande qu'à apprendre auprès de gens comme vous.

Je le fixe droit dans les yeux.

– Non seulement je veux ce job, mais contrairement à tous les autres concurrents, j'en ai besoin.

Et sur ces mots, je m'en vais en lui abandonnant mes croquis. Je ne lui laisse même pas le temps de répondre. Pas besoin. Je sais déjà ce qu'il va dire. De toute manière, je n'avais aucune chance de décrocher ce job. J'ai été folle d'y croire ! En traversant le corridor, je bouscule deux autres candidats, encore dans les parages. Et en dévalant les marches de l'escalier, j'entends des bribes de leur conversation :

– … toutes mes chances de…

– … marché comme sur des roulettes…

J'accélère le pas, les larmes aux yeux. Je viens de rater l'entretien le plus important de ma vie. J'ai raté le job de mes rêves… et la chance de côtoyer l'homme le plus canon de la planète tous les jours.

Je me présente : Kate Marlowe, chômeuse, célibataire avec un enfant à charge et sans un rond.

Déjà parus aux Éditions A Addictives

Eva M. Bennett
Sex Friends, Chloé et Alistair
Sex Friends, Lucy et Arthur

Phoebe P. Campbell
Tes ordres sont mes désirs – volumes 1 à 3
Promets-moi ! Au mariage du milliardaire
Oui, je le veux ! Au mariage du milliardaire

Anna Chastel
Toute à toi

Olivia Dean
À lui, corps et âme – volumes 1 et 2
Tous ses désirs – volume 1

Emma M. Green
Cent facettes de Mr Diamonds – volumes 1 et 2
Toi + Moi – volumes 1 à 3
Coffret *Toi + Moi*

Emma M. Green et Felicity Stuart
Love me if you can
Kiss me if you can

Megan Harold
Tout pour lui – volumes 1 et 2
Juste toi et moi – volumes 1 et 2
Sublime-moi

Kate B. Jacobson
Aime-moi. Corps et âme
Révèle-moi – volumes 1 et 2

Amber James
Contrôle-moi
Emprise

Lucy K. Jones
Mr Fire et moi – volumes 1 et 2
Envoûte-moi !

Nina Marx
Soumets-moi ! – volumes 1 à 3
Diamonds Private Club
Prétentieux, insolent… mais irrésistible ! – volume 1

June Moore
Déshabillez-moi ! – volumes 1 et 2
Étreinte – volumes 1 à 3

Heather L. Powell
Je te veux – volumes 1 et 2
Le jeu du milliardaire

Mina Shepard
Mon milliardaire, mon mariage et moi

Lisa Swann
Possédée
Adore-moi ! – volumes 1 et 2
Dark Fever. Sublime... mais dangereux

Hannah Taylor
Désire-moi ! – volumes 1 et 2
Je suis à toi

Chloe Wilkox
Ordonne-moi ! – volumes 1 à 3

Déjà parus dans la collection « Comédie »

Rose M. Becker
Le Bébé, mon milliardaire et moi
Désirs et désastres

Lolas Dumas
Lui, moi & le bébé

Emma M. Green
Bliss. Le faux journal d'une vraie romantique – volumes 1 et 2
Call me Baby – volumes 1 et 2
Call me Bitch

Mina Shepard
Je t'aime... toi non plus

Déjà parus dans la collection « Fantasy »

Amber James
Moonlight. Bloody Lily – volume 1

Alice H. Kinney
Dark Light. Vampire Brothers

Sienna Lloyd
Mords-moi !

Chloe Wilkox
Soul Lights – volumes 1 et 2

À paraître dans la collection « Adult Romance »

Olivia Dean
Tous ses désirs – volume 2 (mars 2016)

Emma M. Green
Jeux interdits (mars 2016)

Lucy K. Jones
Encore ! (avril 2016)

Nina Marx
Prétentieux, insolent… mais irrésistible ! – volume 2 (avril 2016)

Lindsay Vance
Kidnappée par un milliardaire (avril 2016)

À paraître dans la collection « Comédie »

Rose M. Becker
Sex Friends. Et plus si affinités (avril 2016)

À paraître dans la collection « Fantasy »

Amber James
Moonlight. Bloody Lily – volume 2 (mars 2016)

Auteure : Lola Dumas
Edisource
100, rue Petit, 75019 Paris
Imprimé par FINIDR – Lipova cp. 1965 – 73701 Cesky Tesin,
République tchèque
Dépôt légal : mars 2016 – Achevé d'imprimer : février 2016
ISBN : 978-2-37126-095-5
Réf. contrats : ZJES_001, ZJES_002, ZJES_003, ZJES_004,
ZJES_005, ZJES_006